WAIBAO YU
DISANFANG
WULIU GUANLI

物流外包与第三方物流管理

主　编　张　运
副主编　李　莉　李顺勇

电子科技大学出版社

图书在版编目（CIP）数据

物流外包与第三方物流管理 / 张运主编. -- 成都 : 电子科技大学出版社, 2010.11（2019. 1 重印）
ISBN 978-7-5647-0696-8

Ⅰ. ①物… Ⅱ. ①张… Ⅲ. ①企业管理－物流－物资管理 Ⅳ. ①F273.4

中国版本图书馆 CIP 数据核字(2010)第 217470 号

物流外包与第三方物流管理

主　编：张　运

副主编：李　莉　李顺勇

出　　版： 电子科技大学出版社（成都市一环路东一段 159 号电子信息产业大厦　邮编：610051）
策划编辑： 万晓桐
责任编辑： 万晓桐
主　　页： www.uestcp.com.cn
电子邮箱： uestcp@uestcp.com.cn
发　　行： 新华书店经销
印　　刷： 四川永先数码印刷有限公司
成品尺寸： 185mm×260 mm　　**印张** 18.5　**字数**　450 千字
版　　次： 2010 年 11 月第一版
印　　次： 2019 年 1 月第四次印刷
书　　号： ISBN 978-7-5647-0696-8
定　　价： 68.00 元

自　序

高素质人才是现代物流发展的关键因素，当前，我国物流管理专业教育发展迅速，且方兴未艾，物流人才培养已受到各地高校和物流行业的普遍重视。但另一方面，我国的物流学科体系建设滞后，不同层次的物流教育在培养方向、课程设置、教材建设等方面往往与人才的市场需求相脱节，物流人才的培养还不够成熟和完善。

在物流人才的培养过程中，学科体系、课程设置、教材建设是一个系统工程，教材是教学的核心资源，要培养和造就适应现代化建设和发展需求的物流人才，需要高质量的物流教材作为基本保证。大力发展物流管理专业教育，必须重视物流管理教材建设，编写和出版具有专业特色的教材。

另外，随着全球化竞争的加剧及物流业的发展，第三方物流应运而生，目前在我国正处于从无到有、从起步到快速发展的阶段，作为专业化物流的“第三方物流”已经引起我国物流业界和理论界人士的重视和关注，第三方物流的发展对整个物流产业起着至关重要的作用。因此，在物流人才的培养过程中，加强第三方物流管理方面的知识和技能是十分重要的。

目前，国内关于第三方物流方面的教材建设还比较欠缺，特别是用于较高层次物流管理专业教育的第三方物流教材。所以，编写《物流外包与第三方物流管理》这本教材，在内容体系和选材上更注重针对更高层次的物流管理专业教育，希望能将物流外包与第三方物流的理论知识、发展现状及趋势、操作内容全面系统地介绍给读者。

本教材的特色：

（1）教材主编长期从事教学、具有丰富的教学经验和教改实践经历，具有一定的学术造诣，同时具有丰富的生产实践经验；

（2）教材以实用性为基础，与教学改革的实践相结合，以培养高级专门人才为目标，突出实践教学环节及特点，使其在内容、体例上更具特色；

（3）遵循适用性原则，使教材在结构布局、内容重点的选取、案例的设计等方面符合教改目标和教学大纲的要求，把各教学环节有机地结合起来；

（4）结合交通类大学物流专业的专业特色，适当加强与交通运输环节的结合。

本教材由重庆交通大学研究生教育创新基金、重庆交通大学规划教材立项、西部交通与经济社会发展研究中心支持出版，适合物流管理专业本科生及研究生使用。

目　录

第 1 章　物流外包的理论基础……1
1.1 交易费用理论……1
1.1.1　交易费用理论的基本内容……1
1.1.2　基于交易费用理论的物流外包……2
1.1.3　基于交易费用理论的物流外包图示……3
1.2　委托代理理论……3
1.2.1　委托代理理论的基本内容……3
1.2.2　基于委托代理理论的物流外包……4
1.3　资源基础理论……6
1.3.1　资源基础理论的基本内容……6
1.3.2　基于资源基础理论的物流外包……8
1.3.3　基于资源基础理论的物流外包图示……8
1.4　资源依赖理论……9
1.4.1　资源依赖理论的基本内容……9
1.4.2　基于资源依赖理论的物流外包……10
1.5　竞争战略理论……11
1.5.1　竞争战略理论的基本内容……11
1.5.2　基于竞争战略理论的物流外包……12
1.6　核心能力理论……12
1.6.1　核心能力理论的基本内容……12
1.6.2　基于核心能力理论的物流外包……13
1.7　社会交换理论……14
1.7.1　社会交换理论的基本内容……14
1.7.2　基于社会交换理论的物流外包……15
1.8　权力与政治理论……16
1.8.1　权力与政治理论的基本内容……16
1.8.2　基于权力与政治理论的物流外包……16
1.9　物流外包理论的集成模型……17
1.9.1　建立物流外包理论集成模型的必要性……17
1.9.2　物流外包理论的集成模型……18
第 2 章　物流业务外包与第三方物流的关系……20
2.1　业务外包的历史及发展……20

2.1.1 业务外包的历史......20
2.1.2 业务外包的概念......20
2.1.3 业务外包的相关概念......22
2.1.4 业务外包的动因......22
2.1.5 业务外包的条件与决策依据......23
2.1.6 业务外包对社会经济发展的影响......25
2.1.7 业务外包的发展趋势......27
2.2 物流业务外包......28
2.2.1 物流业务外包的定义......28
2.2.2 物流业务外包的利弊......28
2.2.3 物流业务外包决策......31
2.2.4 物流业务外包的发展现状......38
2.3 物流业务外包与第三方物流的关系......42
2.3.1 物流外包与第三方物流的相互影响......42
2.3.2 物流外包与第三方物流的增长障碍......43
第 3 章 第三方物流通论......45
3.1 第三方物流的内涵......45
3.1.1 第三方物流的概念......45
3.1.2 第三方物流与相关概念的区分......47
3.1.3 第三方物流的特征......48
3.2 第三方物流产生的背景......49
3.2.1 第三方物流与物流演变......49
3.2.2 理论依据......50
3.2.3 现实条件......51
3.3 第三方物流企业的类型与来源......51
3.3.1 第三方物流的类型......51
3.3.2 第三方物流企业的来源......53
3.4 第三方物流的服务功能......54
3.5 第三方物流的利益来源......58
3.6 第三方物流的价值与价值创造......59
3.6.1 第三方物流的价值......59
3.6.2 第三方物流的运作价值......61
3.7 第三方物流的优越性与风险......62
3.7.1 第三方物流的优越性......62
3.7.2 第三方物流的风险......64
3.8 第三方物流决策......67
3.8.1 第三方物流决策的必要性......67
3.8.2 第三方物流决策的含义......67

3.8.3 第三方物流决策模型……68
3.9 第三方物流发展趋势……73

第 4 章 第三方物流客户服务……78

4.1 第三方物流客户服务的界定……78
4.1.1 客户服务的界定……78
4.1.2 第三方物流客户服务……80
4.1.3 第三方物流客户服务构成因素……81
4.2 第三方物流基本服务能力……84
4.2.1 存货可得性……85
4.2.2 作业绩效……87
4.2.3 可靠性……88
4.2.4 基本服务能力小结……90
4.3 完美订货与增值服务……90
4.3.1 完美订货……90
4.3.2 增值服务……92
4.4 客户服务水平的确定……95
4.4.1 第三方物流客户服务定律与供需法则理论……95
4.4.2 第三方物流服务与成本的关系……98
4.4.3 客户服务水平的确定……100
4.4.4 改善物流客户服务水平措施……106
4.5 以客户为核心的物流战略开发……109
4.5.1 以客户为核心物流战略开发步骤……109
4.5.2 客户企业生命周期与第三方物流服务选择……111

第 5 章 第三方物流战略与核心竞争力……113

5.1 第三方物流战略概述……113
5.1.1 第三方物流战略基本概念……113
5.1.2 第三方物流战略中的核心问题……115
5.1.3 第三方物流战略基本类型……122
5.2 第三方物流竞争战略选择……125
5.2.1 低成本领先战略……125
5.2.2 产品差异战略……127
5.2.3 目标集聚战略……128
5.2.4 “战略钟”模型……129
5.3 第三方物流战略制订……132
5.3.1 第三方物流市场细分与发展方向……132
5.3.2 第三方物流战略分析……136
5.3.3 第三方物流战略制订……146

5.4 第三方物流企业核心竞争力培育........151
5.4.1 企业核心竞争力........151
5.4.2 第三方物流企业核心竞争力........154
5.4.3 “战略就是革命”——物流企业核心竞争力的变革........157

第 6 章 绿色供应链管理与第三方物流........160

6.1 绿色战略理念........160
6.1.1 绿色战略理念——绿色经营意识和价值体系........160
6.1.2 绿色战略理念——绿色经营原则........160
6.1.3 绿色战略理念——绿色管理的具体体现........161
6.2 供应链管理概述........163
6.3 绿色供应链管理与第三方物流........166
6.3.1 绿色供应链管理........166
6.3.2 绿色供应链下第三方物流运作........170

第 7 章 第三方物流组织变革........186

7.1 组织变革的动因........186
7.1.1 一般企业组织变革的动因........186
7.1.2 物流企业组织变革的动因与方向........187
7.2 企业组织结构类型及特征........189
7.2.1 企业组织结构的基本类型........189
7.2.2 企业组织结构模式发展方向及演变类型........191
7.3 物流组织的发展........194
7.4 第三方物流组织架构变革与创新方式........200
7.4.1 第三方物流组织变革与创新的内容、方向........200
7.4.2 第三方物流企业组织变革与创新模式类型........202
7.4.3 我国第三方物流企业组织变革与创新的主流模式........203

第 8 章 第三方物流企业绩效评价及体系建立........209

8.1 第三方物流企业绩效评价理论基础........209
8.1.1 第三方物流企业绩效评价的一般理论基础........209
8.1.2 第三方物流企业绩效评价的直接理论基础........210
8.2 第三方物流企业绩效评价概述........212
8.2.1 第三方物流企业绩效评价的含义........212
8.2.2 第三方物流企业绩效评价的作用........213
8.2.3 第三方物流企业绩效评价系统的基本要素........213
8.2.4 第三方物流企业绩效评价的实施步骤........214
8.3 第三方物流企业绩效评价体系的建立........216
8.3.1 第三方物流企业绩效评价指标体系建立的方法........216

8.3.2 第三方物流企业绩效评价指标的确定......226
8.4 第三方物流企业绩效评价方法......237
8.4.1 层次分析法（AHP）......237
8.4.2 主成分分析法......241
8.4.3 多级模糊综合评价法......244

第 9 章 第三方物流合同......247

9.1 第三方物流合作风险及识别......247
9.1.1 第三方物流合作风险来源......247
9.1.2 第三方物流合作风险的表现形式及危害性......248
9.1.3 第三方物流合作风险防范......249
9.2 第三方物流合同范本......251
9.2.1 第三方物流合同简介......251
9.2.2 第三方物流合同范本......253
9.3 美国第三方物流合同范本......259

第 10 章 传统道路运输业、仓储业向第三方物流转换......263

10.1 世界物流前十强启示......263
10.1.1 世界物流前十强简介......263
10.1.2 世界物流前十强企业经验总结......267
10.2 禁区打开后，我国物流业如何面对......269
10.2.1 中美 WTO 协议关于物流方面的条款......269
10.2.2 加入世贸，是我国物流业的机遇，还是挑战......272
10.3 传统道路运输业、仓储业的选择——向第三方物流转换......274
10.3.1 转换的意义......274
10.3.2 向第三方物流转换的优势......275
10.3.3 机会分布的领域......276
10.3.4 进入市场的路径......276
10.4 传统道路运输企业、储运业如何发展第三方物流......277
10.4.1 传统储运企业向第三方物流业务转型对策分析......277
10.4.2 传统道路运输企业如何发展第三方物流......278
10.4.3 传统储运企业如何发展第三方物流......279
10.5 传统道路运输业、仓储业向第三方物流转化的方式、途径选择......279

参考文献......281

第 1 章　物流外包的理论基础

1.1 交易费用理论

1.1.1　交易费用理论的基本内容

诺贝尔奖获得者罗纳德科斯（R. H. Coase）在 1937 年提出“交易费用”概念，认为由于信息不对称、有限理性、机会主义和交易的不确定性，产生了交易费用。在科斯看来，交易费用包括两项内容：运用价格机制的成本，即在交易中发现相对价格的成本，其中包括获取和处理市场信息的费用；为完成市场交易而进行的谈判和监督履约的费用。同时，科斯认为，交易费用还包括由未来不确定性风险而引发的费用，以及度量、界定和保护产权的费用。

在科斯的基础上，威廉姆森（Oliver Williamson）（1975，1979，1985）深化了交易费用的分析，他把高比例交易费用的决定因素归纳为：契约人的行为假设，即契约人面对外界不确定性时，有限理性的不足假设与机会主义行为倾向假设；以及交易过程的三个维度的特性资产专用性、交易的不确定性和交易频率。这两组因素致交易活动的不确定性和复杂性，使交易费用增加，使某种制度安排和交易方式的选择成为必要。

（1）有限理性（Bounded Rationality）：指参与交易进行的人，因为身心、智能、情绪等限制，在追求效益极大化时所产生的限制约束。

（2）投机主义（Opportunism）：指参与交易进行的各方，为寻求自我利益而采取的欺诈手法，同时增加彼此不信任与怀疑，因而导致交易过程监督费用的增加而降低经济效率。

（3）不确定性与复杂性（Uncertainty and Complexity）：由于环境因素中充满不可预期性和各种变化，交易双方均将未来的不确定性及复杂性纳入契约中，使得交易过程增加不少订定契约时的议价费用，并使交易困难度上升。

（4）少数交易（Small Numbers）：某些交易过程过于专属性（Proprietary），或因为异质性（Idiosyncratic）信息与资源无法流通，使得交易对象减少及造成市场被少数人把持，使得市场运作失灵。

（5）信息不对称（Information Asymmetric）：因为环境的不确定性和自利行为产生的机会主义，交易双方往往握有不同程度的信息，使得市场的先占者（First Mover）拥有较多的有利信息而获益，并形成少数交易。

（6）气氛（Atmosphere）：指交易双方若互不信任，且又处于对立立场，无法赢造一个令人满意的交易关系，将使得交易过程过于重视形式，徒增不必要的交易困难及费用。

而上述交易费用的发生原因，进一步追根究底可发现源自于交易本身的三项特征。这三项特征形成三个构面影响交易费用的高低。

交易商品或资产的专属性（asset specificity）：交易所投资的资产本身不具市场流通性，或者契约一旦终止，投资于资产上的成本难以回收或转换使用用途，称之为资产的专属性。

交易不确定性（uncertainty）：指交易过程中各种风险的发生几率。由于人类有限理性的限制使得面对未来的情况时，人们无法完全事先预测。加上交易过程买卖双方常发生交易信息不对称的情形，交易双方因此透过契约来保障自身的利益。而交易不确定性的升高会伴随着监督费用、议价费用的提升，使交易费用增加。

交易的频率（frequency of transaction）：交易的频率越高，相对的管理费用与议价费用也升高。交易频率的升高使得企业会将该交易的经济活动内部化以节省企业的交易费用。

1.1.2 基于交易费用理论的物流外包

根据有关交易费用理论，我们知道交易费用是决定企业选择内部组织生产与外部市场交易的重要因素。企业物流外包决策问题实际上也是选择内部操作物流与物流外包给外部第三方物流公司的问题，交易费用在物流外包决策中也是至关重要的因素。企业进行物流外包与自营决策的依据是比较市场交易费用与内部组织费用的大小。如果内部组织费用大于物流外包的市场交易费用，就选择物流外包，如果内部组织费用小于物流外包的市场交易费用，就选择物流自营。交易费用的降低是物流外包形成与发展的推动因素之一。同时物流外包的发展又可以促进交易费用的进一步降低。

1．物流外包交易费用的降低推动第三方物流发展

物流外包交易费用的降低主要得益于信息技术的广泛应用，如：EDI 技术条形码技术、GPS、GIS、Internet 技术等。例如：应用 GPS 技术可以随时了解货物状态（运输车辆位置、货物数量、重量等）。如需要变更路线或中途卸载、加载也可以实时调度。提高了车辆的使用效率，降低了资产专业性及扩大了交易对象的数目，从而减少了机会主义行为的发生；网络技术、Internet 的广泛应用，可以降低寻找合作伙伴、市场参考价格的成本，减少了信息不对称，还可以使企业间的沟通更加便利和有效率，减少了谈判、签订契约等交易费用。交易费用的降低必然会推动本企业与第三方物流企业之间外包物流的交易。

2．物流外包可以有效降低交易费用

（1）从人的有限理性及机会主义的角度看，第三方物流企业与物流需求方的合作一般是比较稳定的关系。据安德森咨询公司《美国大型制造商使用第三方物流服务 2000 年度调查》显示：50%的被调查公司与第三方物流公司合作时间超过 5 年。这种长时间合作使双方增强了了解，提高了双方对不确定性的认知能力。可以减少因“有限理性”产生的交易费用。双方认知能力的提高也可以抑制在谈判、签约时的投机行为。长期战略合作关系也可以抑制执行合约过程中的投机行为。因为一次性的欺诈会引起合作伙伴“针锋相对”的报复，面临“逆向选择”的高昂代价，降低了因双方投机行为带来的交易费用。

（2）从交易频率上看，变易频率越高，交易费用一般就越大。长期战略合作伙伴关系的建立，有助于消除高交易频率带来的负面影响。专业第三方物流诞生以前，企业要么是自营物流，要么是通过签订一系列短期合同把传统物流业务委托给其他企业，这样达成的交易费用通常较高。现代第三方物流诞生以后，企业与第三方物流公司建立长期战略合作关系，用一个较长期的合约代替了原来一系列分散的短期合同，节约了耗费在契约上的费用，并可以把交易费用平摊到大量不断进行的交易中，进而使相对交易费用降低。

（3）从交易的不确定性上看，交易的不确定性越高，达成合约的交易费用就越高。不确定性与交易主体的有限理性和机会主义行为密切相关。物流外包后，交易双方建立长期战略伙伴关系，战略合作伙伴关系强调合作，交易主体的行为倾向于以一种约束竞争的方式进行，可以有效克服交易双方的有限理性及机会主义行为，降低市场上的不确定性，进而降低由不确定性带来的交易费用。另外，资产专业性也是交易费用重要的影响因素。资产专业性越高，意味着投资一旦形成，该资产转换其他用途的可能性越小，所以交易双方就会愿意维持合作关系，降低交易费用。

1.1.3 基于交易费用理论的物流外包图示

将交易费用的决定要素、物流外包追求的目标等以图标的形式集成在一起即所谓的物流外包（如图 1-1 所示）。图 1-1 说明，交易特征因素和人的行为因素将会影响交易费用，出于交易费用的考虑，企业选择外包，其目的即是降低交易费用。

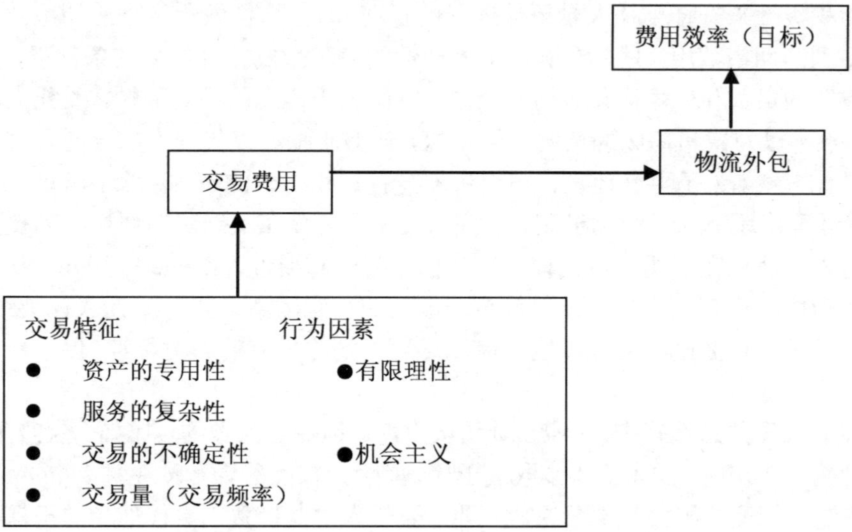

图 1-1　基于交易费用理论的物流外包图

1.2 委托代理理论

1.2.1 委托代理理论的基本内容

所谓委托代理关系，是一种契约关系。Jensen 和 Meckling（1976）将委托代理关系定义为：契约下，一个人或一些人（委托人）授权另一个人（代理人）为实现委托人的效用目标最大化而从事的某种活动。授予代理人某些决策权力，利用报酬机理吸引代理人，并对代理人进行约束监督等都包含在委托代理关系之内。委托代理关系广泛存在于企业组织中，不仅存在于内部的每一个管理层级上，也存在于跨组织之间。

委托代理理论包括一系列关于人类行为、组织和信息的性质方面的假设：

（1）委托人与代理人具有理性行为能力。即，它假设，受有限理性和风险回避的影响，人的行为都是自利的（self-interested）。换句话说，委托人、代理人都有通过签订契约获得分工效果的动机，并有权衡得失、签订代理契约的能力；

（2）委托人与代理人的效用函数的不一致性，即委托人的目标与代理人的目标之间有一定程度的矛盾；

（3）在委托人和代理人之间存在着信息的非对称性，所以很容易引发代理人的机会主义行为。

它还假设信息是可以购买的商品，因此委托人可以通过购买来获取代理人行为的更好信息。在这些假定下，委托代理理论的目标则是研究选择最有效的契约来治理委托人与代理人之间的委托代理关系。

然而要获得委托-代理的均衡合同，必须满足两个条件，即个人理性约束和激励相容约束。个人理性约束是指有理性的代理人参与接受委托人设计的机制时，代理人在该机制下得到的期望效益不会低于他不接受这个机制时得到的最大期望效用。代理人“不接受合同时能得到的最大期望效用”由他面临的其他市场机会决定，可以称为保留效用。激励相容约束是指代理人有积极性来选择委托人希望他选择的行动，即他这样做所得到的期望效用不小于他那样做所得到的期望效用。只有在满足个人理性约束和激励相容约束的条件下，委托人才能获得期望收益的最大化，才称其为均衡合同。然而由于信息的不对称性，委托人对代理人的能力、努力水平以及决策问题的情况了解不深，使得激励约束代理人的合同安排难以成为最优激励的最佳方案。为了更好地设计出促进双方目标相一致的契约，除了满足上述两个条件外，委托代理理论还引入了激励机制。它特别关注于解释在不确定的环境下委托人规避风险的行为，它强调信息在委托人对代理人行为控制中的重要性。Kumer（1996）认为，有效的信息交流所形成的信任的力量是外包等合作成功的决定因素。这样，委托人在契约的设计中，通常还引入各种显性激励与隐性激励机制以尽可能消除信息的不对称性，促进双方目标相一致。

在具体的代理关系选择中，Eisenhardt 认为，是选择行为契约（比如，层级干预、内包）还是结果契约（如，市场干预、外包）取决于代理费用。按照詹森和麦克林（Jemon&Meckling，1976）的说法，代理费用由三部分组成，即：委托人的监控费用、代理人的担保费用以及委托人的剩余损失。

代理费用为企业的组织形式提供了选择基础。Eisenhardt 在其随后的研究中，指出代理费用主要取决于 5 个要素。就外包合同来说，它们是：由于干预策略而带来的结果的不确定性；经济气候、技术变革、竞争对手的行动等；外包需求者（或提供者）对风险的规避性；对外包提供者事先界定其行为的程度；结果的测度或结果容易测度的程度以及代理关系的期限。很显然，外包关系越是不确定性，需要规避的风险越高；事先界定代理人行为的程度越低，结果的可测度差和关系越长代理费用（监控、担保和剩余损失）就越高。

1.2.2 基于委托代理理论的物流外包

在物流外包关系中，物流需求企业为委托人，第三方物流公司为代理人。

从物流需求企业的角度看，他追求自身效用的最大化（物流总成本最低，货物交付的及时性以及服务质量），同时知道第三方物流企业也追求自身效用的最大化（利润最大化）。很显然两者的效用最大化目标存在着不一致性。因此，物流需求企业必须设计出第三方物流企业能够接受的契约。这一契约能够使第三方物流企业在追求自身效用最大化的同时，实现物流需求企业的效用最大化。

一般来说，工业企业在设计契约时存在一定的难度：

（1）在签约前与第三方物流企业之间的信息是不对称的，无法了解第三方物流企业的真实能力；

（2）契约难以完备。因为契约中不可能确切地规定代理人的工作努力程度，即使做了规定，也难以观测；

（3）委托人不可能完全依据企业的利润向代理人支付报酬，因为外部环境的不确定性使委托人无法辨别利润的高低是否是由第三方物流企业的工作努力程度所致的。

对于第三方物流企业而言，因为拥有自己的信息优势，很容易损害到物流需求企业的利益。对于物流外包关系来说，通过逆向选择合同的设计是可以把不符合要求或能力低的物流供应商排除于代理人之外的。而且物流外包关系的建立不仅能满足个人理性约束与激励相容约束，而且长期的合作关系的建立有助于促进物流需求企业与第三方物流公司目标的一致性。

物流外包关系，意味着工业企业等物流需求企业授权第三方物流企业代表他们的利益从事物流服务的运作。

从第三方物流企业的角度看，接受物流需求企业的委托，成为物流需求企业的稳定伙伴，意味着第三方物流企业有了稳定的业务，在日益激烈的市场竞争中，稳定的业务是企业生存和发展的重要因素。也就是说，物流外包关系满足个人理性约束。同时，作为第三方物流企业为了获得持续的物流服务业务，有利于提高物流服务质量和降低物流成本的积极性作用，不仅提高自己的获利能力，同时还可以满足物流需求企业的要求，并使工业企业从第三方物流企业的服务中获得第三利润源泉。所以，物流外包关系满足激励相容约束。之外，物流外包关系的建立还会起到其他激励作用。物流外包，一般合同期限为 1～3 年，与基于单个交易的物流供需关系相比，显然，工业企业给予了第三方物流企业以显性激励。较长期的合作关系能促使第三方物流企业放弃短期行为，着眼于长期利益。同时第三方物流企业为了持续地赢得物流服务业务，会不断地向需求企业提供服务能力和服务水平等相应信息，并不断提高服务水平和服务绩效。与此同时，第三方物流企业也会加强组织学习以不断提高为工业企业提供创新性或增值服务的能力，以赢得物流需求企业的声誉激励（隐性激励），即合同到期后，双方还继续签署新的合同，保持和发展合作关系。这样，就可以减少因与第三方物流企业的信息不对称性而引发的第三方物流企业的机会主义行为，最大限度地降低第三方物流公司的自利风险，提高第三方物流服务企业在最大限度地赚取利润的同时，提高顾客服务水平，进而使双方的目标趋向一致。这样，对工业企业的物流需求企业来说，可以更好地专注于核心能力，并可以以整个供应链的竞争力更好地赢得竞争优势。

从代理费用的角度看，物流需求企业通过与第三方物流企业建立长期的合作关系，也有助于代理费用的降低。因为，外包合同是基于互惠互利、相互信任的基础而达成的，这样，供需的不确定性会得到很好的抑制，各种风险会得到很好的规避，第三方物流企业会为尽力提供更好的服务水平和质量而付诸行动。这样，代理的担保费用就会降低。至于绩效监控问题，第三方物流企业为了获得需求企业的认可，会主动提供测度标准或提供相关的绩效情况或相关信息，这样，监控费用也会降低。至于剩余损失问题，基于相互信任以及第三方物流企业的专业化优势，即使有，也会降到最低程度。

所以从委托代理理论的相关假设以及代理费用的角度看，物流外包有着明显的优势。基于委托代理理论的物流外包的决策因素、目的，如图 1-2 所示。

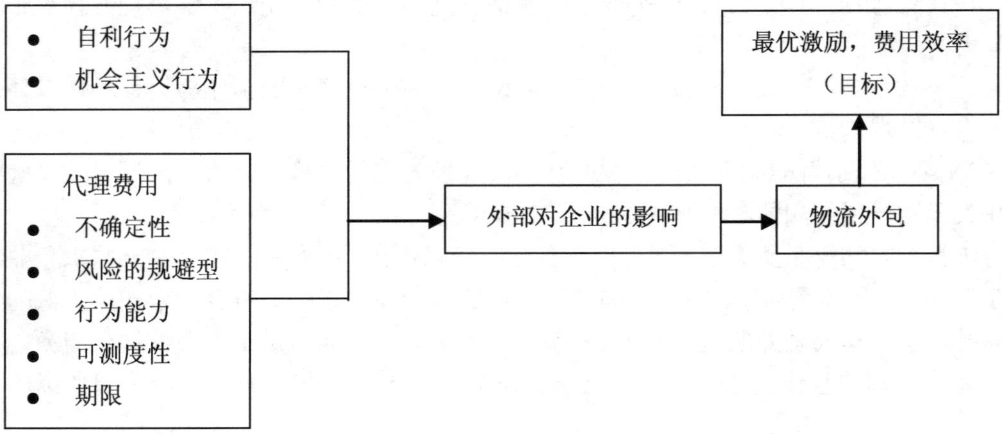

图 1-2　基于委托代理理论的物流外包图

特别现实中，工业企业在实施物流外包时，除了上文所提到的激励措施外，往往还会强化其他激励措施，以实现最优激励和获得费用效率。比如，在确定外包价格时，明确地给予第三方物流企业的获利余地，体现对其的激励。如有可能，尽可能减少第三方物流企业的数目，并与主要的第三方物流企业保持长期稳定的合作关系等。委托人还会开创激励的支付机制，以强化伙伴关系并谋求双赢。在这样的激励机制中，委托人设法将供应商的利益与自己的利益结合在一起。也就是说，当供应商给委托人带来了更多价值时，委托人就给予供应商更多的收入。在这一机制下，双方的价值和收入都可以得到提高。尤其是当将来的预期难以确定，环境的动态多变难以估计的情况下，激励的作用显得更为突出。激励的支付机制不仅有助于减少物流供应商的机会主义行为，更为重要的是双方更易于在绩效水平上达成一致，并在合作中取得双赢。

1.3　资源基础理论

1.3.1　资源基础理论的基本内容

企业资源基础理论的研究，其雏形可以追溯到 20 世纪 50 年代。1959 年，Penrose 发表了《企业成长论》，探讨了企业资源与企业成长的关系，指出企业是资源的集合体，企业资源的异质性决定了企业的异质性。进入 20 世纪 80 年代以后，关于企业资源基础理论的研究逐渐增多。1984 年，Rumelt 指出，企业的竞争地位是由一系列独特的资源和关系决定的。1984 年沃纳菲尔特（Wernerfelt）的《企业的资源基础论》的发表意味着资源基础论的诞生。Wernerfelt 认为资源对于企业成长和保持持续的竞争优势起着至关重要的作用。1991 年，Barney 把企业资源分为物质资本、人力资本和组织资本，他指出，有价值的异质性资源具有稀缺性、不易模仿性和非替代性。企业只有具有有价值的异质性资源，不断开发和利用外部的互补性资源，才能获取竞争优势，取得成功。

资源论的基本思想是把企业看成是资源的集合体，将目标集中在资源的特性和战略要素市场上，并以此来解释企业的可持续的优势和相互间的差异。概括地讲，资源基础理论主要包括以下 3 个方面的内容：

1．企业竞争优势的源：特殊的异质资源

资源基础论认为，每种资源都具有多种用途，其中又以货币资金为最。企业的经营决策就是指定各种资源的特定用途，且决策一旦实施就不可还原。因此，在任何一个时点上，企业都会拥有基于先前资源配置基础上进行决策后带来的资源储备，这种资源储备将限制、影响企业下一步的决策，即资源的开发过程倾向于降低企业灵活性。例如，拥有 1 亿元的企业几乎可能涉足任何产业，但它一旦将这 1 亿元资金用来购买了化工设备及化工原料，它就只可能从事特定的化工生产。尽管如此，企业仍然热衷于资源的开发利用，因为资源的开发增加了资源的专用性，有可能提高产出效率及资源的价值。如果决策得当，上面那家只能从事化工生产的企业也许会从化工生产中赚回 2 个亿。

2．竞争优势的持续性：资源的不可模仿性

企业竞争优势根源于企业的特殊资源，这种特殊资源能够给企业带来经济租金。在经济利益的驱动下，没有获得经济租金的企业肯定会模仿优势企业，其结果则是企业趋同，租金消散。因此，企业竞争优势及经济租金的存在说明优势企业的特殊资源肯定能被其他企业模仿。资源基础理论的研究者们对这一问题进行了广泛的探讨，他们认为至少有 3 大因素阻碍了企业之间的互相模仿：

（1）因果关系含糊。企业面临的环境变化具有不确定性，企业的日常活动具有高度的复杂性，而企业的租金是企业所有活动的综合结果，即使是专业的研究人员也很难说出各项活动与企业租金的关系，劣势企业更是不知该模仿什么，不该模仿什么。并且，劣势企业对优势企业的观察是有成本的，劣势企业观察得越全面、越仔细，观察成本就越高，劣势企业即使能够通过模仿获得少量租金，也可能被观察成本所抵消。

（2）路径依赖性。企业可能因为远见或者偶然拥有某种资源，占据某种优势，但这种资源或优势的价值在事前或当时并不被大家所认识，也没有人去模仿。后来环境发生变化，形势日渐明朗，资源或优势的价值日渐显露出来，成为企业追逐的对象。然而，由于时过境迁，其他企业再也不可能获得那种资源或优势，或者再也不可能以那么低的成本获得那种资源或优势，拥有那种资源或优势的企业则可稳定地获得租金。

（3）模仿成本。企业的模仿行为存在成本，模仿成本主要包括时间成本和资金成本。如果企业的模仿行为需要花费较长的时间才能达到预期的目标，在这段时间内完全可能因为环境的变化而使优势资源丧失价值，使企业的模仿行为毫无意义。在这样一种威慑下，很多企业选择放弃模仿。即使模仿时间较短，优势资源不会丧失价值，企业的模仿行为也会耗费大量的资金，且资金的消耗量具有不确定性，如果模仿行为带来的收益不足于补偿成本，企业也不会选择模仿行为。

3．特殊资源的获取与管理

资源基础理论为企业的长远发展指明了方向，即培育、获取能给企业带来竞争优势的特殊资源。由于资源基础理论还处于发展之中，企业决策总是面临着诸多不确定性和复杂性，资源基础理论不可能给企业提供一套获取特殊资源的具体操作方法 ，仅能提供一些方向性的建议。具体来说，企业可从以下几个方面着手发展企业独特的优势资源。

（1）组织学习。资源基础理论的研究人员几乎毫不例外地把企业特殊的资源指向了企业的知识和能力，而获取知识和能力的基本途径是学习。由于企业的知识和能力不是每一个员工知识和能力的简单累加，而是员工知识和能力的有机结合，通过有组织的学习不仅可以提高个人的知识和能力，而且可以促进个人知识和能力向组织的知识和能力转化，使知识和能力聚焦，产生更大的合力。

（2）知识管理。知识只有被特定工作岗位上的人掌握才能发挥相应的作用，企业的知识最终只有通过员工的活动才能体现出来。企业在经营活动中需要不断地从外界吸收知识，需要不断地对员工创造的知识进行加工整理，需要将特定的知识传递给特定工作岗位的人，企业处置知识的效率和速度将影响企业的竞争优势。因此，企业对知识微观活动过程进行管理，有助于企业获取特殊的资源，增强竞争优势。

（3）建立外部网络。对于弱势企业来说，仅仅依靠自己的力量来发展他们需要的全部知识和能力是一件花费大、效果差的事情，通过建立战略联盟、知识联盟来学习优势企业的知识和技能则要便捷得多。来自不同公司的员工在一起工作、学习还可激发员工的创造力，促进知识的创造和能力的培养。

1.3.2 基于资源基础理论的物流外包

根据资源基础理论，物流外包是一种战略选择，可以弥补企业在物流资源和能力上的缺陷。企业的物流资源随着企业的资源属性（价值、专有性、不易模仿性和非替代性）以及企业在物流资源上投资的差异而有所不同。根据企业对物流资源持有性的高低以及物流资源在企业的战略中的重要性，把物流运作模式分为自营、战略联盟与合作、附以条件外包或与竞争者联盟、外包这四种。

如果一个企业具有高效的物流运作系统，进行物流外包不会降低成本。当一个企业具有较差的物流运作系统时，应考虑将物流业务外包给第三方物流供应商。如果企业物流外包，企业的决策者应懂得如何管理物流外包，以及如何处理企业与第三方物流供应商的合作关系。在外包过程中，如果第三方物流改变提供物流服务的模式，企业必须尽快适应。如果第三方物流进行人员调整，外包企业也应尽快适应人员调整给物流外包业务带来的环境变化。另外，企业物流全部外包，还是部分外包，第三方物流供应商的选择也是企业物流外包的一道难题。

当企业决定物流业务由专业物流服务商来提供时，至少要考虑下列因素：企业是否具有协调物流服务商的能力；第三方物流能否实现自己产品价值链的优化，并满足顾客的需求的能力；是否具有在多家第三方物流企业参与竞争的前提下，选择最合适的服务商的能力。

企业把物流业务外包给第三方物流后，在合作过程中发现自己逐渐处于劣势，最终可能对本企业的物流运作失去控制。此时，企业应在长期依赖某一个第三方物流供应商和多个供应商之间权衡。如果企业长期依赖于某一物流商会对企业资本投资、物流运作效率提高带来一定的优势，但同时又会使物流商自满而让企业难以控制。为了便于控制，企业应尽量选择多个物流商，但这种短期行为又会令企业的成本提高或物流服务质量降低，给企业自身经营管理带来负面影响。

1.3.3 基于资源基础理论的物流外包图示

基于对企业资源属性的分析，如果物流资源不是至关企业竞争优势的异质性资源，企业自身的物流资源和能力又难以满足自身和顾客的需求，则将物流外包给专业化的第三方物流企业，企业就可以充分利用外部的物流资源和能力，弥补在资源属性、资源分配和物流能力上的不足，既满足生产的支持性服务，又满足日益个性化和挑剔的顾客的需求。这样，充分挖掘自己的有价资源，又广泛利用外部企业的互补性的有价资源，就可以大大增强企业的竞争力，企业就可以更好地实现价值最大化的目标。物流外包的机理如图 1-3 所示。

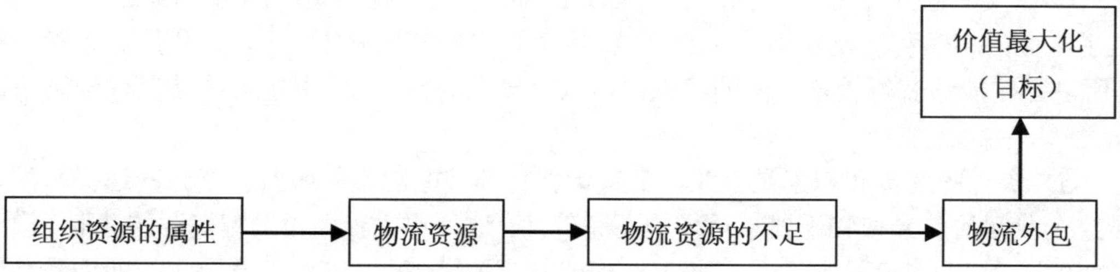

图 1-3　基于资源基础理论的物流外包

1.4　资源依赖理论

1.4.1　资源依赖理论的基本内容

资源依赖理论属于组织理论的重要理论流派，是研究组织变迁活动的一个重要理论，萌芽于 20 世纪 40 年代，在 70 年代以后被广泛应用到组织关系的研究，目前与新制度主义理论被并列为组织研究中两个重要的流派。其主要代表著作是杰弗里·普费弗（Jeffrey Pfeffer）与萨兰奇克（Gerald Salancik）1978 年出版的《组织的外部控制》。为后来的研究及企业实践鉴定了理论基础。

资源依赖理论强调组织权力，把组织视为一个政治行动者，认为组织的策略无不与组织试图获取资源，试图控制其他组织的权力行为有关。资源依赖理论也考虑组织内部因素。普费弗等也分析了组织内部的权力问题，认为能够提供资源的组织成员显然比其他成员更加重要。后来的研究者又对资源依赖理论进行了大量的经验研究，使其成为一个系统的理论。

资源依赖理论认为，各企业之间的资源具有极大的差异性，而且不能完全自由流动，很多资源无法在市场上通过定价进行交易。比如：组织才能，它们以惯例为衡量尺度，可能比机器设备等有形资源在市场上带来更长期的竞争优势。但是，它却不可能从市场上购买。与此同时，相对于企业不断提升的发展目标来讲，任何企业都不可能完全拥有所需要的一切资源，在资源与目标之间总存在着某种战略差距。因此，为了获得这些资源，企业就会同它所处的环境内的控制着这些资源的其他组织化的实体之间进行互动，从而导致组织对资源的依赖性。因为这种依赖性，组织会：（1）试图支配他们的环境，并计划它们对偶发事件的反应；（2）努力追求亲密的关系；（3）避免对市场的依赖和对技术化的机会的依赖。

资源依赖理论主要包括以下几方面的内容：

（1）因为环境的不确定性和缺乏足够的资源，组织可能会追求更多的资源，以保障自己的利益，减少和避免环境变化带来的冲击。

（2）可持续的竞争优势来源于审慎的理性管理、选择性资源的积累和配置、战略性的产业要素和要素市场的不完善。

（3）该理论认为应将组织的目标集中在资源的特性和战略要素市场上，并以此来解释企业的可持续的优势和相互间的差异。企业关于资源选择和积累的决策被认为是一种经济理性，受制于有限信息、认知偏差和不确定。

（4）正是那些有价值的、稀缺的、难以复制的不可替代的资源的有效利用和理性识别，导致了企业的超额利润及其相互间的差异。因为环境的资源有限，不足以供所有人和组织消耗，所以那些能够获得较多资源的组织便可以有较大的自主性，并能够影响其他缺乏资源的组织。

（5）资源的选择和积累是企业内部决策和外部战略因素的函数。资源的选择和配置能否导致企业间的差异依赖于要素市场的不完善性。这种不完善性指关键资源的获取、模仿以及替代的障碍。这些障碍阻止了竞争者获得或复制关键资源的能力，导致了企业间盈利能力和长期差异。

1.4.2 基于资源依赖理论的物流外包

资源基础理论是从企业内部分析企业所拥有的资源和能力情况以作出外包决定。资源依赖理论则是集中于对企业外部环境的分析。资源依赖理论认为，所有的组织在某种程度上都依赖于外部环境，对外部环境的依赖性在于任何组织都需要从外部组织获得所需资源或某种产品或服务。企业首先必须对组织的任务环境了如指掌。即，集中性、资源的充裕性和相互联系性。集中性是指某种资源在外部环境中的集中程度或分散程度，比如：某种资源仅集中在少数几个企业，则企业对外部组织的依赖性就非常高；资源的充裕性，是指关键资源的供应的充足性或稀缺性；相互联系性是指不同组织的数目和联系方式。基于任务环境的分析，企业应制定出抓住关键资源、稳定与外部环境的关系、使组织更好立足的战略。外包、战略联盟或控股等都是值得考虑的战略。组织的生存取决于从外部环境对必要资源的采购。因此，为了从外部获得内部所没有的资源，企业就必须与外部组织建立起交易关系。基于合作关系的外包或战略联盟通常就成了企业的战略选择。所以，资源依赖理论为物流外包提供了理论依据。

作为物流资源来说，一般企业具备基本资源，但要想使自己的物流成为“企业的第三利润源泉”则很难做到。除了物质资源无法与第三方物流企业相比外，人力资源也严重不足。所以说，能够实现高质量、低成本物流服务所需要的资源一般掌握在外部的第三方物流企业。目前，在市场上能够提供一体化的、无缝隙服务的第三方物流企业比较稀缺，主要集中在较少数的大型物流企业，物流服务的供应呈现出市场的集中性、资源的稀缺性的特点，这样就增强了生产性企业对第三方物流企业的依赖性。为了获得关键的有助于提高企业竞争力的物流资源、减少物流供应商的转换成本，与物流供应商之间建立企业稳定的较长期的合作关系，就成了工业企业的战略选择。物流外包日益盛行恰好说明了工业企业对外部第三方物流企业的依赖性。基于资源依赖理论的物流外包机理如图 1-4 所示。

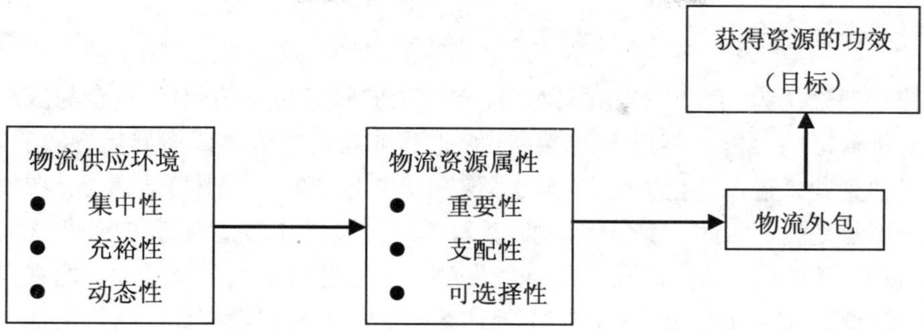

图 1-4　基于资源依赖理论的物流外包

1.5　竞争战略理论

1.5.1　竞争战略理论的基本内容

20 世纪 80 年代迈克尔·波特（Michael Porter）创立了竞争战略理论。他强调企业在制定竞争战略时要联系企业所处的环境，指出行业是企业经营的最直接的环境，行业的结构决定了企业的竞争规则、竞争范围及战略选择。企业战略的核心是竞争优势，获取竞争优势取决于两个因素：一是企业所处行业的盈利能力，即行业的吸引力；二是在行业内的相对竞争地位。因此，企业要获得竞争优势就应该选择有吸引力的产业。围绕这一命题，他提出了说明、分析竞争状态和盈利能力的基于供应商、购买者、当前竞争对手、替代产品和行业的潜在进入者的五要素的竞争模型，也被称波特的五力模型。

在此模型的基础上，将选定的行业进行定位，对企业进行 SWOT（企业内部的优势、劣势与行业的机会、威胁）分析，提出了三种可供选择的竞争战略：总成本领先战略、差异化战略、集中化战略。

随后，波特在《竞争战略》一书中又提出了价值链的概念。根据波特的价值链的概念，企业是一个综合设计、生产、销售、运送和管理等活动的集合体，其创造价值的过程可分解为一系列不相同但又相互关联的价值增值活动，这些增值活动就构成了奇异的价值链。价值链就是一套分析优势来源的基本工具，它可将企业的各种活动以价值传递的方式分解开来，借以了解企业的成本特性，以及现有与潜在的差异化来源。企业应该根据竞争优势的来源，并透过了解组织结构与价值链，价值链内部的链接，以及它与供应商或营销渠道间的链接关系，制订一套适当的协调形式，而根据价值链需要设计的组织结构，有助于形成企业创造并保持竞争优势的能力。

此外，自从迈克尔·波特创立了竞争战略理论以后，国外一些学者也开始从竞争战略的角度来论述外包、战略联盟、虚拟经营、供应链管理的机理。Christopher 指出，企业竞争优势的获得取决于整个供应链的竞争优势。Judith Gebauer 从市场力的角度论述了企业从事虚拟经营的必要性。Yim Yu Wong＆Thomas E．Maher et a1．从竞争战略的角度论证了物流外包的原因，实行物流联盟的必要性和建立物流联盟的渠道。

1.5.2 基于竞争战略理论的物流外包

竞争战略理论认为，企业应当根据对内部竞争优势与劣势和外部的机会与威胁的深入分析或企业的价值链的分析，制订出正确的战略以强化自身在成本或差异化方面的竞争优势。

作为工业企业来说，其竞争优势一般体现在研究与开发、生产与营销上，在物流的运作上一般处于劣势地位。然而，就全球竞争来说，物流越来越成为企业获取竞争优势的重要源泉。自 20 世纪 80 年代以来，国际上的一些生产企业纷纷把提高经济效益、增强竞争力从生产领域转向流通领域。如，Dell 公司一手抓住客户，一手抓住供应商，高效率地组织零部件的采购、转运、装配和发送，赢得了顾客的忠诚。将物流交给第三方物流服务企业，不仅可以降低企业的物流成本，也可以在同行业竞争中获得差异化优势。

从价值链的角度看，企业应该将精力集中在价值链中具有竞争优势的某些专门技术或专长上。价值链指企业是一个综合设计、生产、销售、运送和管理等活动的集合体，其创造价值的过程可分解为一系列不相同但又相互关联的价值增值活动，这些增值活动就构成了企业的价值链。企业的竞争优势来源于其价值链的优势，然而一个企业不可能在价值链的各个环节上都有优势，因而寻求企业间的合作，以获得价值链上的优势互补是市场竞争的必然趋势。作为物流来说，在工业企业的价值链中，内部一般不具有优势，通过将精力集中在价值链中具有竞争优势的研发和生产等领域，将物流外包给专业的第三方物流公司，企业的整个价值链就可以得到强化，企业的顾客价值就可得到提高，企业的竞争优势也会因此得到增强。基于竞争战略的物流外包决策因素、目标如图 1-5 所示。

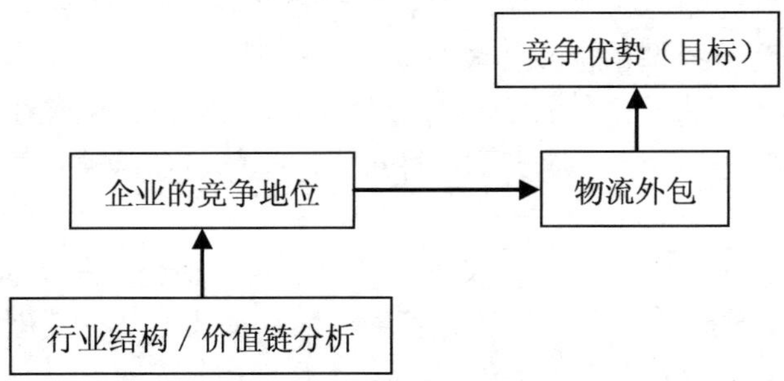

图 1-5 基于竞争战略理论的物流外包

1.6 核心能力理论

1.6.1 核心能力理论的基本内容

企业核心能力理论起源于传统的企业能力理论。最早可以追溯到 18 世纪早亚当·斯密（Adam Smith）的企业分工理论，而 20 世纪 20 年代马歇尔（Marshall）的企业内部成长论可以说是该理论的雏形，企业内部成长论指出企业内部各职能部门之间、企业之间、产业之间存在着“差异分工”，这种分工与其各自的知识与技能相关，这种知识与技能就可以看成是企业的能力。

随后，又有学者通过实证分析得出了拥有独特竞争能力的组织有望获得更高的经济绩效的结论。另外，飞利浦·萨尔尼科（Philip Selnic）在对领导行为的分析中指出过企业特殊能力的概念。这些理论的不断提出和发展为企业核心能力理论的出现奠定了基石。

1990 年，Prahalad＆Hamel 发表了《企业的核心能力》一文，标志着核心能力理论的正式提出。该理论认为，核心能力是企业持续获得竞争优势与新业务发展的源泉，它们应成为企业的战略焦点，企业只有具备核心能力、核心产品和市场导向这样的层次结构时，才能在竞争中保持领先。其理论要点为：

（1）公司的竞争力来源于能够比竞争对手以更低的成本和更快的速度建立核心能力。

（2）核心能力是多因素的复合体，它是技术、治理结构和集团学习的结合。企业的核心能力是一种稀缺的、难以模仿的、有价值的、可延展的能力。检验核心能力的标准是：

第一，是否为通往多种市场提供潜在的通道；

第二，是否为消费者带来显著地价值；

第三，是否使竞争对手难以模仿。

（3）多元化的企业应是核心能力的组合，而不是波特学派的产品与事业的组合。公司所拥有的核心能力组合与价值创造体系对企业的竞争优势起决定性的作用。

（4）构建核心能力及相关技术的未来路线图，通过战略构造，以保持企业内部资源的一致性。

该理论的突出特点是把开创新事业作为公司战略的重心，把核心能力作为企业可持续竞争优势和新事业发展的源泉。从理论基础来看，核心能力理论是以资源作为基础的竞争优势观，把企业看成是一系列独特资源的组合。

1.6.2 基于核心能力理论的物流外包

核心能力指的是关于企业战略地位的基本资源，是一种稀缺的、难以模仿的、有价值的、可延展的能力，企业的竞争优势来源于企业的核心竞争能力。企业应该持续地在具有核心能力的业务上进行投资，而将不具备核心能力的业务进行外包。外包非核心活动可使企业提高管理注意力，加大对绩效显著工作的资源的分配，而将相对劣势的工作交给外部组织承担，不仅可降低成本而且可提高质量，外包可使企业专注于核心竞争力。对核心能力的界定是能够给企业带来长期的竞争优势的能力，必须予以保护。

核心能力是企业成长壮大的基础，并为其发展提供了方向。只有那些具有显著的唯一性的资源才能称为企业的核心技巧，有关核心技巧的业务或活动，应由内部完成。互补性技巧，如果在企业中具有非常重要的战略作用，则可以通过外包、联盟等合作形式来完成，以提高交易质量。企业的核心技巧不是一成不变的，随着时间的推移，更多的产品或服务可以通过外包、战略联盟等合作形式或市场来获得，外包能使买卖双方从长期关系中获益，实现双赢。

物流对于多数工业企业来说，不是核心能力，然而对于第三方物流企业来说，其从事的是专业化的物流服务，一般拥有专业的知识和专门的信息网络，在物流服务水平、服务质量等方面可以获得竞争优势，为众多的物流需求企业提供服务，即能够实现规模经济。规模经济的结果，又带来了成本的降低。所以说，物流经营是第三方物流企业的核心能力。工业企业将物流业务外包给第三方物流企业，既可以强化自身在产品研发、核心部件的生产和销售等方面的核心能力，又可以充分利用外部企业的核心能力实现能力互补，达到“强强联合”的效果，进而提高整个企业的竞争力。基于核心能力的物流外包的机理，如图 1-6 所示。

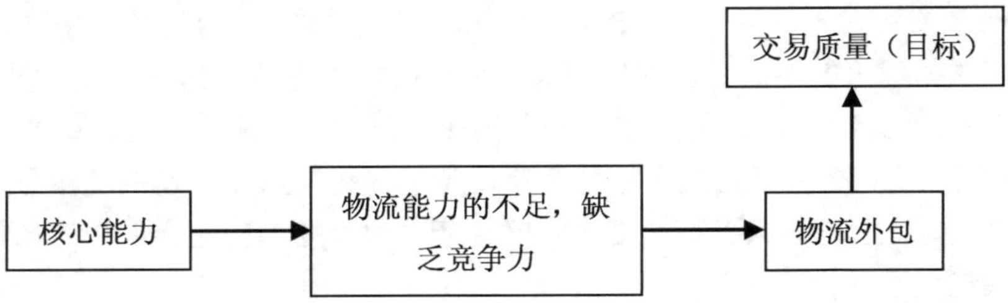

图 1-6　基于核心能力理论的物流外包

1.7　社会交换理论

1.7.1　社会交换理论的基本内容

社会交换理论是20世纪60年代兴起于美国进而在全球范围内广泛传播的一种社会学理论。由于它对人类行为中的心理因素的强调，也被称为一种行为主义社会心理学理论。这一理论主张人类的一切行为都受到某种能够带来奖励和报酬的交换活动的支配，因此，人类一切社会活动都可以归结为一种交换，人们在社会交换中所结成的社会关系也是一种交换关系。社会交换理论由霍曼斯（Homans）创立，主要代表人物有布劳（Blau）、埃默森（Emerson）等。

社会交换论的基本研究范畴和概念包括：价值、最优原则、投资、奖励、代价、公平和正义等。霍曼斯是交换理论的创始人。他提出了一组普遍性命题：

（1）成功命题。一个人的某种行为能得到相应的奖赏，他就会重复这一行动；某一行动获得奖赏愈多，重复活动的频率也随之增多；获得的奖赏愈快，重复活动的可能性就愈大。

（2）刺激命题。相同的刺激可能会带来相同或相似性行为。如某人过去在某种情况下的活动得到了奖赏或惩罚，而在出现相同的情况时，他就会重复或不再重复此种活动。

（3）价值命题。如果某种行为的后果对一个人越有价值，那么，他就越有可能去重复同样的行动。

（4）剥夺与满足命题。某人（或团体）重复获得相同奖赏的次数愈多，那么，这一奖赏对该人（或团体）的价值就愈小。

（5）攻击与赞同命题。该命题包括两方面：一是当个人的行动没有得到期待的奖赏或者受到了未曾预料到的惩罚时，就可能产生愤怒的情绪，从而出现攻击性行为；二是当个人的行动得到预期的奖赏，甚至超过期望值，或者没有遭到预期的惩罚时，他就会高兴，就会赞同这种行为。

霍曼斯将 5 个命题看成是一组“命题系列”，强调它们之间相互联系的重要性，并认为只要将 5 个命题综合起来，就能够解释一切社会行为。霍曼斯指出，利己主义、趋利避害是人类行为的基本原则，由于每个人都想在交换中获取最大利益，结果使交换行为本身变成一种相对的得与失。对个人来说，投资的大小与利益的多少基本上是公平分布的。

布劳的交换理论是从社会结构的原则出发考察人与人之间的社会交换过程，其理论目标既想克服功能主义忽视研究人的理论缺陷，又想弥补霍曼斯理论只局限于微观层次方面的不足。布劳的理论方法是从描述交换过程及其在微观层次上的影响开始，再从群体层次上升到制度与社会的宏观层次。他认为，社会交换关系存在于关系密切的群体或社区中，是建立在相互信任的基础之上的。社会交换是一种有限的活动，它指个人为了获取回报而又真正得到回报的自愿性活动。布劳还区分了经济交换与社会交换、内在奖赏和外在奖赏的差别，引入了权力、权威、规范和不平等的概念，使交换理论在更大的范围内解释社会现象。布劳的社会交换理论从微观到宏观，系统地追溯了交换现象的各种发展过程及其影响，从而形成一种归纳过程取向的社会结构理论。

继布劳之后，对交换理论作出重要贡献的还有埃默森等人。埃默森运用严密的数理模型和网络分析，阐述社会结构及其变化、社会交换的基本动因和制度化过程，在方法论上进一步充实了交换理论的理论体系。

1.7.2 基于社会交换理论的物流外包

跨组织的交换理论认为，供需双方的成功关系很大程度上取决于社会交换行为，如信任和约定等。物流外包是一种跨组织之间的相互依赖关系，与传统的交易关系相比存在着本质的区别。

就物流外包来说，由于工业企业在物流资源、运作管理上与外部的第三方物流企业相比存在一定差距（相对水平），这样工业企业在物流运作上就愿意将业务交给外部组织承担。诚然，刚开始可能与第三方物流企业之间的关系并不紧密，有一定距离，主要靠合同机制和市场机制制约双方的行为。然而，随着社会交换过程的进展，交换双方会逐步营造出相互信任的环境，纯合同关系、市场关系就可以转化为互惠互利的合作关系。合作双方在作出行动时，就会约定将双方的价值纳入各自的收益范围，即在几乎一致的价值基础上，确立出双方都适合的、都得益的并符合公正原则的“代价—报酬”机制。双方在作出行动选择时，就会不仅考虑自己的利益，还会顾及对方的利益， 并且视满足对方的要求为实现己方目的前提。这样在物流外包关系中，不仅工业企业可以获得所需的物流服务，第三方物流企业也获得了应有的收益。第三方物流企业在为工业企业提供物流服务时，不仅会考虑自身的经济利益，还会为工业企业着想，全力为工业企业提供优质、及时的物流服务，而不伤害工业企业的利益。例如，物流企业在运作成本和交付速度上，就会以工业企业的需求为中心，在必要的情况下，也会不惜以高成本选择快速的运输方式。物流企业的诚信合作态度，又会赢得工业企业的回报，工业企业会持续不断地将物流业务交其承担。结果双方的合作关系将越来越融洽，各方信息交换的渠道越来越畅通，基于相互信任，相互约定，双方会开创出共享信息、 共担风险、共享收益的价值观和企业文化观，形成“鱼水”关系。在这样的关系下，实现期望和满意，避免冲突，促进问题的解决，降低不确定性，保证柔性就成为可能。此时，个人或社会的优势可能超越了甚至替代了经济优势。

毫无疑问，由于社会的相互联系性，又有助于工业企业更好地、动态地处理好物流外包关系。因为，如果第三方物流企业所提供的服务水平、质量、成本无法与社会的其他企业相比， 企业就可根据具体情况作出相应的决定。是否更换， 企业会认真考虑双方的合作关系（过程），同时会考虑潜在的第三方物流企业的相对优势。作为第三方物流伙伴来说，为了继续获得持续的伙伴关系，会积极改进质量注意与物流需求企业的沟通，并全力缩小与可替代企业之间所存在的相对差距（相对水平）。所有这些都有助于实现合作关系的能动性。基于社会交换理论的物流外包，如图 1-7 所示。

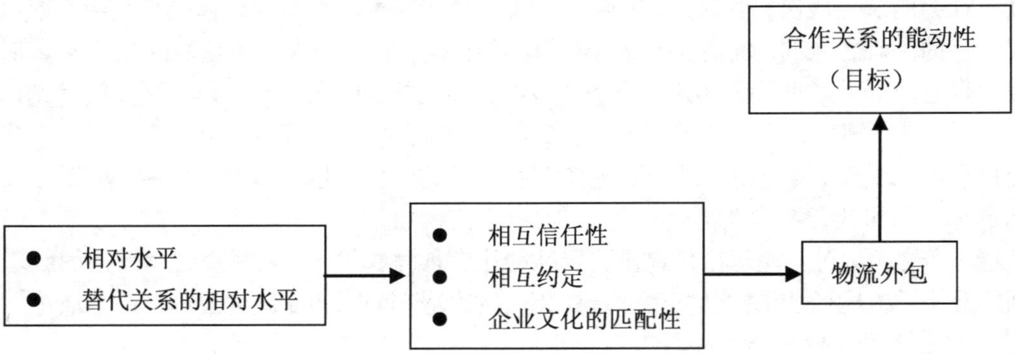

图 1-7　基于社会交换理论的物流外包

1.8　权力与政治理论

1.8.1　权力与政治理论的基本内容

宏观权力反映组织及环境之间的相互依赖性。根据 Hardy 对内部组织权力的研究结果，组织权力是由以下三要素的相互关系决定的：

（1）一个组织应对和降低外部不确定性的能力；

（2）该能力可替代的程度；

（3）组织活动与外部组织相互联系的程度。

1978 年，普非弗和萨兰西克（Pfeffer and Salancik）在《组织的外部控制》（The External Control of Organization）一书中指出，组织能够努力去改变环境以使环境适合组织。在他们看来，由于组织的内部连接日益增强，组织间的影响也更多地由规章制度和政治协调而不是由客观的市场力量来调停，所以协商、政治战略、对组织制度关系的管理就变得非常重要。权力与政治理论研究的是不同的跨企业关系的形成及动因。Stern & Reve（1980）指出，企业通过创立一定的结果或过程可以充分利用外部环境的机会和抵御威胁，强化内部的优势和避免劣势。这样明确了内、外部经济的、社会政治的环境状况，企业就可以做出跨企业结构的决策。

就当前的经济环境来说，竞争更加激烈，消费者更加苛刻，需要更为多样性和个性化。就社会政治环境来说，不确定性、相互依赖性在增强。在这样的经济和政治环境中，组织难以孤立运行，而是处在与其他参与者和组织相互作用的复杂网络中或链条中，这些参与者包括供应商、竞争者和顾客。相互依存的发展迫使组织放弃对抗性竞争，转而走向协作。

1.8.2　基于权力与政治理论的物流外包

就第三方物流来说，能够为用户处理各种不确定性，对于成熟的物流企业来说一般难以替代，且物流与其他组织相互依赖。这也就是第三方物流企业的权力之所在。作为工业企业，将物流外包给外部专业化的第三方物流企业正是企业没有能力应对物流活动以为企业获取竞争优势的结果，也是企业应对来自组织内部和外部的竞争要求的自然结果。将物流外包，可以借用外部资源大大地降低物流成本和企业的官僚成本。与此同时，企业还可以更好地强化内部的研发、生产等优势。特别地，与外部的物流企业形成较长期的合作关系，双方形成利益共同体，就可以大大地降低第三方物流企业的不确定性，也可以增强抵御其他外部环境不确定性的能力。这样，物流外包，不仅可以降低物流成本，强化企业的核心能力，还有助于实现对顾客的快速反应，更好地满足顾客的需求，进而有助于提供竞争力。换句话说，企业实施物流外包，放弃内部自营是对内部官僚权威关系的摒弃，不仅是为经济利益所驱使，也有着不可忽视的政治原因和宏观权力原因。旨在建立起优化的跨组织关系，以优化的跨组织关系，共同应对外部物流环境的不确定性，在合作中赢得胜算。外包的决策因素及目标，如图 1-8 所示。

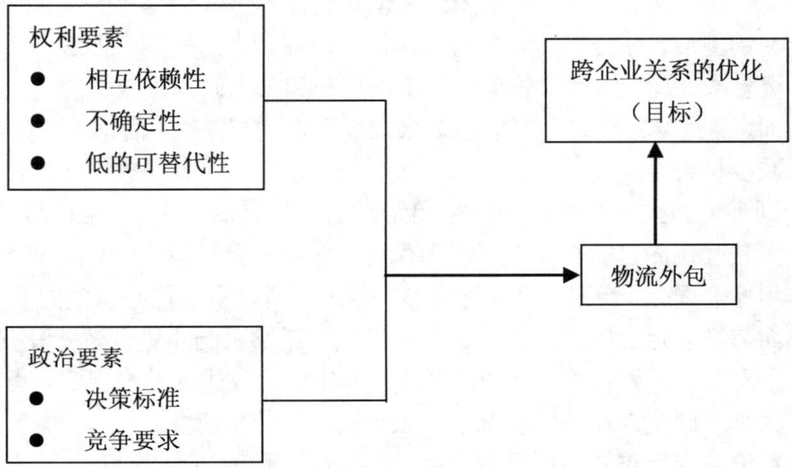

图 1-8　基于权利与政治理论的物流外包

1.9　物流外包理论的集成模型

1.9.1　建立物流外包理论集成模型的必要性

交易费用理论、委托代理理论主要从经济（费用）的角度研究物流外包的机理。换句话说，工业企业之所以外包物流是因为将物流交给专业化的第三方物流企业可以实现规模经济。就基本的研究目标而言，则是寻求解释干预或合同结构的特征。然而他们没有考虑环境、结构和战略等因素对组织的影响。事实上，组织外包物流，费用效率仅仅是重要的考虑因素之一。如果仅从经济的角度研究物流外包，那么，谁提供的费用低就会成为外包伙伴，而不考虑以往在与该伙伴的合作是否愉快、默契以及交易的质量如何。这样也会导致决策的不切实际性。

竞争战略理论、资源基础理论、核心能力理论是从战略的角度研究物流外包的机理。在这些理论看来，企业实施物流外包是为了获得对企业的生存与发展至关重要的内容所缺乏的物流资源以获得或维持企业的竞争优势。战略理论强调了企业与外部组织的相互依赖性。然而，这些理论却没有考虑怎样管理或驾驭企业与外部组织的关系。因为，战略管理理论着眼于使内部组织实现价值最大化，而没有考虑外包组织的情况。事实上，在当今日益激烈的市场竞争环境中，企业要抓住稀缺资源，实现组织目标的最大化，就必须解决好应对外部环境的不确定性问题。

社会交换理论，权利与政治理论则是从社会的角度对物流外包的机理进行研究，主要用来回答组织于第三方物流企业建立密切关系的成因问题。他们试图从动态的过程研究如何与第三方物流企业的相互作用，并与之交换出有价值的物流资源。这些理论认为基于相互信任、协作，企业的经济目标才能更好地得以实现。

如果从单个理论来看，既存在某种程度的片面性，相互之间又有很强的互补性。就交易费用理论来说，尽管长期合同有助于降低交易费用，但是时间越长，经营中的不确定性因素就越多，经营形势也会发生前所未有的改变。所以说，交易费用理论总是从静态而非演化的状态出发，为我们对市场中的经济组织的治理模式选择提供分析框架的，这种静态的分析则可能会影响交易的性质，使分析的结果与现实情况形成较大的差距。再者，它仅以效率（成本或费用）的概念来处理问题，对管理交易中的信任和公平问题则很少提及。另外，它强调交易的理性方面，通过增加信息分享的意愿来减少理性的有限性，而不考虑如何增加信任和限制合作者以减少机会主义。

代理理论则强调建立一个激励和监控相结合的机制来保证代理人的行为与委托人的目标保持一致，尤其强调激励在合作关系中的作用。然而只是当双方的信任变得越来越强时，监管机制的作用才会弱化，激励的作用才会变得突出。所以说信任是有效的委托代理关系形成的基础。然而怎样制定合同或采用什么样的方式，激励机制才更有效并没有涉及。另外，各种假设看轻了意外性因素，然而这却是经济关系中经常发生的社会现实。也就是说，代理理论的假设看轻了不同个人在不同情况下行驶不同行为的可能性。

竞争战略理论着眼于对外部环境的分析，强调在内部特征（优势和劣势）和外部环境（机会和威胁）中寻找战略匹配，但它也没有考虑信任的力量，而且伙伴的选择往往以自我为中心，而忽略了对方的观点。另外 Porter 的结构分析师框架式的用这种方法来处理外部战略随着时间的变化则难以奏效，复杂的环境与外包关系一起演化则会快速地改变竞争的景况，这些变化可能会比行业的盈利性更能改变决策者的战略观。

资源基础理论则强调基于对公司内部所拥有的各种资源德尔分析做出战略选择（充分利用内部有价值的资源或从外部企业获得有价值的资源以实现企业价值的最大化）。可以说，是对竞争战略理论的发展。它揭示了在组织的成员和外部环境之间以及在合作的公司之间的动力学作用。与交易费用理论相比，它是用一种演化的方式来分析的。

核心能力理论强调能力的难以获得性与互补性，这与竞争战略中的价值链理论实际是一致的，不同的是，它尤其强调了无形资源对合作的重要性。

社会交换理论则从建立伙伴关系的角度对物流外包进行阐释，强调相互信任的作用，认为在相互信任的基础上可以破除零和竞争，实现双赢。

权利与政治理论着眼于研究组织与外部环境的相互依赖性，以及协作的必要性。主要是以宏观权利和社会政治为中心，而不是以经济为中心，旨在减少竞争或保全市场等。

因此，整合物流外包的相关理论，更全面、更充分地考虑物流外包的相关要素，建立起集成模型对于进一步对物流外包的研究以及指导实践非常重要。

1.9.2 物流外包理论的集成模型

所谓物流外包理论的集成模型（如图 1-9 所示）是指将物流外包的相关理论放在一起，

全面、系统地考虑物流外包的决策要素，既避免单个理论的片面性，又体现相关理论的互补性。

在集成模型中，右边的相关理论是从经济角度考虑物流外包的；左边的理论是从战略角度，上下方向则是从社会的角度考虑物流外包。把这些理论的考虑要素以及决策目标放在一起，不仅一目了然，而且很容易弄清相互之间的区别与联系，更为重要的是突出了整体感。

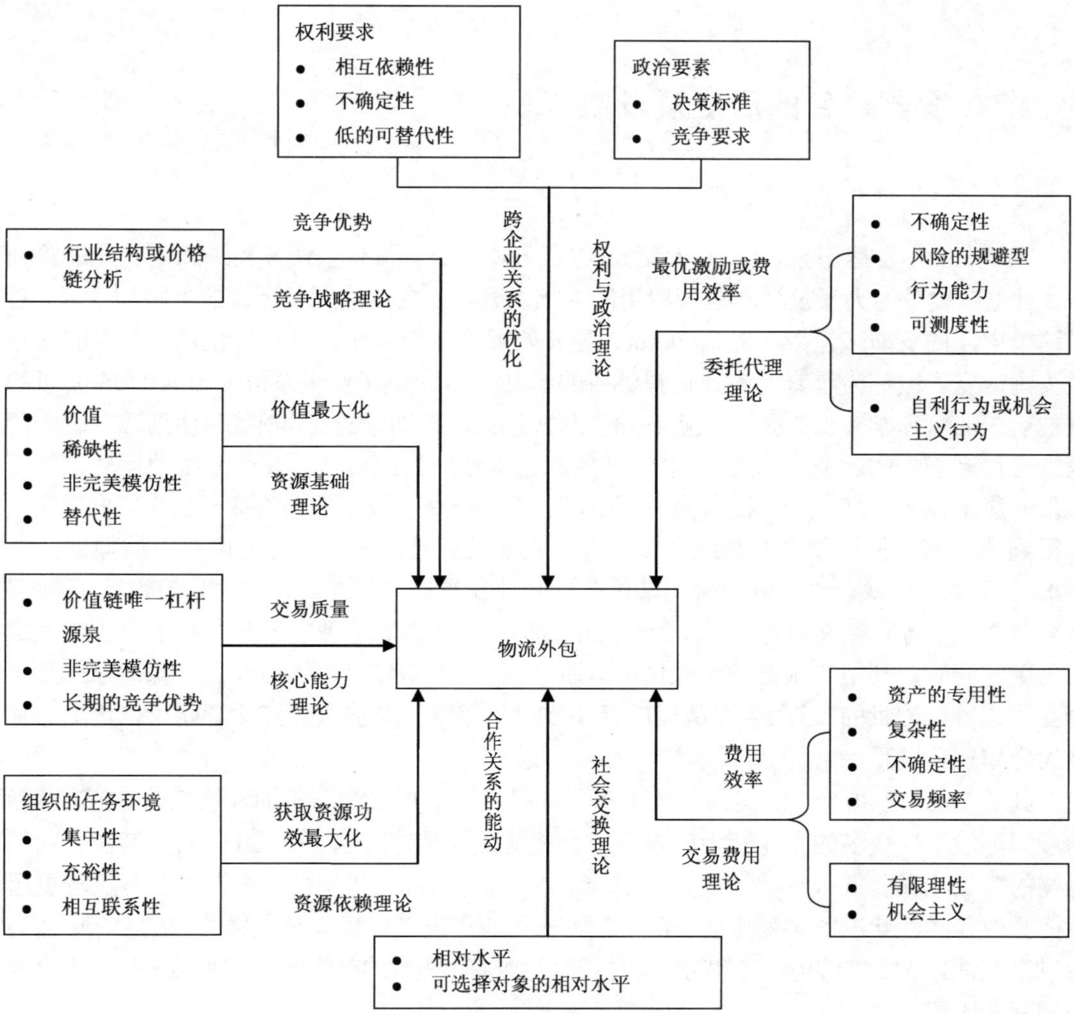

图 1-9　物流外包的集成模型

第2章　物流业务外包与第三方物流的关系

2.1　业务外包的历史及发展

2.1.1　业务外包的历史

在欧、美等发达国家，从20世纪60年代开始，随着信息系统开始进入到企业的管理部门，对电脑设备的大量投资和运营费用的大幅上升，使企业感到了巨大的负担和压力。看到了这个问题的罗斯·佩罗（Ross Perot）便开始了其基于委托计算和委托软件开发的服务，在美国成立了被称为首家业务外包提供商的EDS公司（电子资讯系统公司）。EDS公司的成立被后来的管理学者认为是企业业务外包形式正式出现的标志。当时（即使到现在这个问题也没有得到根本的改变），企业信息系统的构建需要庞大的资金，整个系统的运转也伴随着大量的成本投入，再加上新技术的不断出现，使企业对于设备的改造疲于应付，同时，企业中得到能熟练掌握这些尖端系统的技术人员也非常困难。对于企业面临的这些问题，如果EDS公司能够解决，势必能使采用其服务的企业获得巨大的帮助。总之，EDS公司将用户削减费用、提高运营效率的目标作为自己的经营项目的想法，使它本身找到了可以赖以生存的土壤。同时，利用其服务的企业也可以通过利用EDS公司这样的外部资源，以达到实现企业经营目标的目的。这种各取所需的合作方式使服务方及被服务方两者间可以达成一种战略的合作伙伴关系。

到了20世纪80年代，美国经历了第二次世界大战后最为严重的经济低迷，在这种残酷的经营环境下，众多的企业开始被迫考虑企业的流程重建问题（reengineer）。解决企业管理机构的官僚主义和低效率问题成为许多企业的主要任务，“机构精简”和“业务过程重组”就成为改善经营状况的关键步骤。企业业务外包的出现刚好适应了这样的时代要求，作为一种以削减成本为目的的经营策略出现的新型经营形式也逐渐转化为一种有效提升企业竞争力的战略手段。

2.1.2　业务外包的概念

1．业务外包的定义

业务外包（Outsourcing），也称资源外包、资源外置。1990年，美国学者普拉哈拉德（C．K．Prahalad）和哈默尔（Gary Hamel）在其《企业核心能力》一文中正式提出“业务外包”这一概念。根据他们的观点，所谓业务外包，指企业基于契约，将一些非核心的、辅助性的功能或业务外包给外部的专业化厂商，利用他们的专长和优势来提高企业的整体效率和竞争力。通过实施业务外包，企业不仅可以降低经营成本，集中资源发挥自己的核心优势，更好地满足客户需求，增强市场竞争力，而且可以充分利用外部资源，弥补自身能力的不足，同时，业务外包还能使企业保持管理与业务的灵活性和多样性。

随后，西方学者 Loh 和 Venkatraman、Kotabe、Lei 和 Hitt，以及 Willcocks 和 Johnson 等从不同角度对业务外包进行了定义（如表 2-1 所示）。此外，根据我国《物流术语》国家标准的解释，业务外包是指企业为了获得比单纯利用内部资源更多的竞争优势，将其非核心业务交由合作企业完成的一种经营方法。

表 2-1　西方学者对外包的理解和定义

学者	对外包的理解和定义	时间（年）
Loh 和 Venkatraman	外部供应商从事与企业整体或部分生产设施相关的物资或人力活动	1992
Kotabe	由来自世界各地独立的供应商为企业提供产品或部件的活动	1992
Lei 和 Hitt	依赖于外部资源制造部件或从事其他增值活动	1995
Willcocks	为获得预期结果，把组织的部分或全部信息技术和相关服务交给第三方管理	1995
Johnson	一种将部分管理义务或责任向外部组织转移，改变服务传递与组织内部员工管理模式的安排	1997

虽然这些定义不尽相同，但其本质是一致的，即认为业务外包是企业整合利用其外部最优秀的专业化资源，从而达到减低成本、提高效率、充分发挥自身核心竞争力和增强企业对环境的迅速应变能力的一种管理模式。企业自身仅专注于那些核心的、主要的功能或业务，而通过外包，将一些非核心的、次要的或辅助性的功能或业务外包给企业外部的专业服务机构，利用它们的专长和优势来提高企业整体的效率和竞争力。所以从本质上讲，外包是企业的一种经营战略，是企业经营管理的一种新理念。

2．业务外包的外延

外包是协助企业组织提升效率最有效地管理工具之一，同时，实用性是外部的特殊性质。本质上来讲，外包是企业的一种经营战略。它利用外部资源来完成传统上由企业内部人力和资源完成的功能或业务。此工具的力量不在于它能提供企业快速、立即解决问题的方案，而是在于它能够帮助企业组织重新思考整体商业运营的方式，甚至其存在的目标。最终，外包不只是一种商业工具，它更是一种协助企业思考的新方式。可以说：

（1）外包是一种决策，它需要企业对成本与收益进行权衡，在“内部化”还是“外部化”之间做出抉择；

（2）外包是一种经营理念，这种经营理念不再追求“大而全”的横向化模式，而强调在某个环节建立核心竞争优势，然后再以协作与战略联盟的方式牢牢确立企业在产业链中的地位；

（3）外包是一种企业运作模式，这种运作模式模糊了内外的概念，将企业的边界大大拓展，以企业有限的自身资源撬动丰富的外部资源为我所用；

（4）外包更是一种战略高度的创新与突破，在信息技术的高度进步给原有产业和企业的组织形式造成巨大冲击的情况下，外包作为一种战略创新思路和方式，推动了企业改制，赋予了组织变革的速度与柔性。

同时，外包需要崭新的管理技能：从规律的筛选流程到影响关系的文化和情感决定性因素，都需通盘了解。

2.1.3 业务外包的相关概念

1．内包（Insorcing）

内包是外包的一种应变措施，是指将外包功能完全交给企业的内部另一部门来执行。换句话说，就是借由改善某一区域的运营来承担来自其他部门的工作。在美国，该术语也被用来指那些在美国投资的外资公司雇佣美国本土员工。

2．近岸外包（Nearshoring）

近岸外包是指企业将业务外包给境内公司，其特点为：距离短、联络方便、在相同或相近时区。

3．离岸外包（Offshoring）

离岸外包是指将业务外包给境外公司。将业务外包给近邻国家的公司有时候也会被视为近岸外包。

外包强调的是把某些工作或生产过程转给公司外部的供应者，并不考虑其供应者来自国内还是国外；离岸则是把工作或生产过程转给国外的供应者，不关心供应者来自公司外部还是内部（如图 2-1 所示）。由于外包引发的工作岗位流失日益成为敏感的话题，因而目前国际上开始用“全球分包”这一较为中性化的概念取代外包和离岸外包。

	本国	跨国	
企业外部	国内外包	国际外包	离岸
企业内部	国内供应	国际内包	

图 2-1 外包的相关概念

2.1.4 业务外包的动因

关于外包发展的动因，国内外学者给出了不同的解释。

大量研究表明，降低成本是企业外包最重要的动力。Henri L.F.de Groot（1998）从交易成本理论出发，认为企业实施外包是为了达到降低交易成本、采取并监控在不同治理情形下的业务实施等目标。作者通过构建模型，得出了降低交易成本、实现规模经济、节省工资和利润的支出以及满足企业战略需求是企业寻求外包的主要动因，其中，降低交易成本是企业外包的关键动因；Grossman、Helpman&Szeidl（2004）从规模经济的角度对外包的动因进行了分析，认为外包之所以产生，是因为对于一个复杂产品，单个厂商生产该产品所有部件的成本过于高昂，而外包则是降低成本的有效方式；Nirupam Bajpai（2004）对外包的调查支持了上述观点，该项调查中 70%的被调查公司开展外包的首要原因是降低成本，其他依次为提高产量、利用海外劳动力、获得更好的技术和系统以及提高服务水平等。

李玉红（2005）从产品价值链理沦出发，把外包归结为国际分工的一种新变化，强调了在技术革命和经济全球化的推动下，国际分工已不再局限于产品的生产阶段，而是扩展到产品的整个价值链，国家之间的比较优势体现在产品价值链上某些特定环节，跨国公司为实现其全球战略对整个产品价值链进行拆分，由此带动了国际外包的迅速发展。

不少学者对外包的动因进行了综合或是折中主义的分析。张芬霞、刘景江（2005）指出，离岸外包是经济、技术和政策3方面因素共同作用的结果；spencer（2005）综合运用国际贸易理论、产业组织理论与合约理论，分析了发达国家向印度和我国的外包活动，指出相关专业化投资、不完全合同以及寻找和匹配等是国际外包的主要决定因素。Olsen（2006）认为，技术进步、降低成本提高生产效率的经济和竞争压力、受益于贸易自由化的公司组织结构的发展，这3个因素的相互作用促使了外包的产生与发展；陈菲（2005）则以美国服务外包为例，从外部环境动因（技术、经济和市场动因）和内部推动力（节约成本、关注核心竞争力）两方面解释外包的动因。

由于行业的技术特征和市场结构不同，除了对低成本的共同追求之外，不同行业的企业开展外包的动机存在差异。一些文献结合具体产业的特征考察外包产生的原因，这类研究对外包动因的分析更加微观化。sturgeon、Floria（2001）分析了汽车行业和软件行业外包发展的动因，包括技术复杂性提高、物流的复杂性增加、生产分散化、供应商能力增强、降低成本与风险；赖有为（2005）认为，推动软件外包市场发展的因素主要有大幅度削减成本、获得专业技能和资源、增强企业的资源配置能力、降低软件开发风险、减少资金消耗甚至获得现金收益。

2.1.5 业务外包的条件与决策依据

1．业务外包的条件

（1）跨国公司是外包的主要载体

随着全球化趋势增强，中小企业外包的机遇增多。普遍的观点认为，只有大规模的运营和全球视角才能赋予公司充分的知识和资源搜寻并利用外包机遇，因而大公司特别是跨国公司才是外包的主角（Helleiner，1981）。然而，技术变革与外部环境的变化为中小企业开展外包创造了条件。Jones、Kierzkowski&Chen（2005）指出，随着经济全球化趋势增强以及进入门槛的降低，同一行业的企业将处于同一竞争平台，一定程度上削弱了跨国公司凭借企业内部网络获得的外包优势。因而，中小企业在外包领域也同样有所作为。

（2）不同国家要素成本的差异为国际外包提供了可能性

Swenson（2005）认为，根据比较优势的原则，企业应在成本最低的国家（地区）设计、加工生产和组装等各个阶段，不同国家（地区）要素成本的差异成为外包的前提；Antras&Helpman（2003）则认为，不断拉大的南北工资差距以及中间投入品的贸易成本逐渐降低促进了离岸外包的迅速发展。这些观点显然得到了充分的实证支持，近年来印度、菲律宾、中国等发展中国家从发达国家承接了大量外包业务，很大程度上是以双方要素成本的差距为前提的。

（3）技术和生产组织方式创新为外包发展创造了条件

随着现代知识体系日趋复杂，单个企业不可能掌握全部知识和创新资源，而依靠知识分工，将复杂的知识系统模块化，并通过标准化的界面将各个模块对接，已成为全球范围内技术创新的重要方式。在这种方式下，不同类型企业共享创新资源与成果很多时候是靠外包实现的。

同时，网络技术的普及以及模块化生产方式的应用使企业内部组织的垂直层级减少，专业化程度提高，有助于企业开展外包业务；Sanchez&Mahoney（1996）的研究发现，模块化是外包产生的重要条件，因为在模块化的产品结构中，部件衔接界面的标准化可以降低外包的协调成本；sturgeon（2002）则认为，在模块化基础上，一旦外包业务产生规模效应，则更能刺激外包的发展，原因在于外包商在向不同客户供应产品时可采用标准的生产设备及程序，从而使其平均成本曲线向下倾斜。

2．业务外包的决策依据

关于企业应将何种业务进行外包或者是哪一类业务适合外包，目前学术界仍有争议。其中大多数观点认为，企业的核心业务不宜外包（ltinkemer，1994；Quinn、Hilmer，1994；Amold，2000）。核心业务外包面临的风险或可能造成的危害主要表现为自身创新能力的下降、关键技术外溢以及供应商竞争力的提升，进而抵消外包带来的成本效益。因此，企业在进行外包决策时，一般应将核心业务保留在企业内部，外围业务或补充性业务可交由供应商完成（如图 2-2 所示）。但也有学者认为，核心业务可以外包。崔南方、李怀玉（2004）认为，虽然理论上普遍认为企业的核心业务不能外包，然而，市场并没有遵循这一规律，外界环境的变化使得许多企业正在考虑将自己的核心业务外包出去（有被动、主动选择之分。如，TCL 手机）。

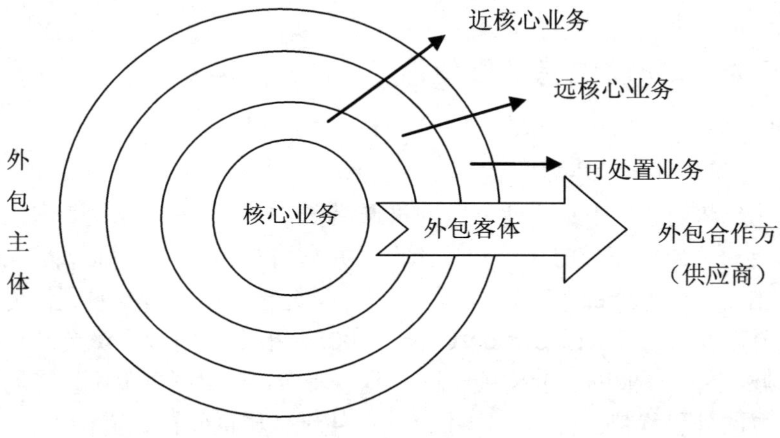

图 2-2　企业外包的模型设计

依照这一研究思路，业务的性质成为企业外包决策的主要依据。不少学者试图为外包决策建立一个基本框架，以判断企业的何种业务适宜外包。其中，Quinn&Hilmer（1994）的矩阵模型影响较大。该模型依据核心竞争力理论，认为如果企业某一业务不能或者很难为企业带来竞争优势，那么就应将其外包给该行业最好的专业公司，从而将企业的优质资源集中于本公司的核心业务。该模型把影响外包决策的因素分为两类：一是潜在的竞争优势。指在考虑交易费用后，企业某项活动对于竞争力的影响程度；二是战略性风险程度。指当外包失败时，对企业潜在的破坏程度。以这两种因素分别为横纵坐标，该模型给出了企业应采取的策略：当两个维度都处于低水平时，企业应直接采用现货买卖；两个维度都处于高水平时采取内部自制；而当两个维度都处于中间水平时，则可以实施合同安排，即外包如图 2-3 所示。

潜在竞争优势 \ 战略性风险程度	高		低
高	战略控制（自制）		
		中级控制（外包）	
低			低级控制（现货购买）

图 2-3　外包/自制决策矩阵

另外，按照产品复杂性和资产专用性的不同，可以将企业的外包环境分成 4 种类型，在不同环境下，企业采取相应的策略：

（1）产品复杂性和资产专用性较低，最适合建立外包合同；当资产专用性低时，大量的供应商会形成有效竞争，因而应选择外部采购；

（2）产品复杂性低而资产专用性高。为防止供应商凭借专用资产所有权控制投标价格，发包企业可以自行投资专用性资产，并将其出租给承包企业；

（3）产品复杂性高而资产专用性低。企业外购的管理、法律咨询等专业服务，具有这种组合特征。在这种组合下，外包交易的协调尤为关键；

（4）产品复杂性和资产专用性高。如果符合这类组合特性的业务环节与企业的核心能力密切相关，企业应采取自制方式。如果业务环节与企业的核心能力相关程度较低，自制或外包两种模式企业都可以选择。

2.1.6　业务外包对社会经济发展的影响

1．外包对经济增长以及就业等宏观层面的影响

国内外许多学者对外包的宏观经济影响比较关注，围绕着这一课题进行了大量研究。

（1）对劳动生产率的影响

关于外包对劳动生产率的影响，学者们的研究得出了不同的结论。Glass&、Saggi（2001）建立了一个包含南北国家厂商的产品周期模型，认为离岸外包可以降低发达国家的生产成本、提高劳动生产率，并使发达国家有更多的资源开展创新活动；Hartmut Egger 和 Peter Egger（2006）分析了外包对欧盟制造业中低技术工人生产率的影响，其研究表明，由于欧盟劳动力和产品市场存在不完全性，限制了生产要素使用和产出结构的及时调整，因而在短期内离岸外包作用于低技术工人实际价值增加值的边际效用较弱，而对长期的参数估计显示这一边际效用相当强；Olsen（2006）的研究则认为，外包对劳动生产率的影响没有定式，而是取决于外包行业和企业自身的特性。一般来说，制造业企业将其服务环节的业务外包（包括物流外包）出去对提高劳动生产率意义不大，反之则效果显著。

（2）对劳动力需求结构及工资水平的影响

Feenstra&Hanson（1999）在研究外包过程中南北国家高技术和低技术工人相对工资变化的基础上，认为外包在一定程度上造成低技术劳动力的工资水平相对于高技术劳动力下降，指出美国企业把中间品生产进行离岸外包，能够增加美国对高技能劳动力的需求，并以

1979～1990 年的美国为例，探讨了与低工资国家的贸易和技术转让对工资水平的影响，计量分析说明两者可以充分解释非生产性工资的增长，其中外包可以解释增长的 40%。

（3）对发包国就业的影响

外包是否会大幅度减少发包国的就业机会一直是研究的热点。对此问题学术界有两种截然不同的观点。

Mary Amiti 和 Shang-JinWei（2004）分析了英国 1995～2001 年中 69 个制造业和 9 个服务业的外包情况，得出的结论是服务业外包对就业有负面影响，但是这种影响很小，原因在于尽管服务外包持续增长，但其总体规模在 GDP 中比重较低，而且在美国及其他工业化国家，国内外包的比例远大于离岸外包；陈漓高、黄秀祥（2005）通过对 2000～2003 年美国就业市场变化的研究，认为美国的高失业率是其经济运行在就业市场的直接反映，与外包没有直接的关系。另一种观点认为，外包使发包国就业机会大大减少。据 Gartner&Forrester 公司的联合预测，到 2015 年美国将有 330 万个高技术领域和部分服务业的工作岗位因离岸外包流失到国外。

（4）对接包国经济增长的影响

各种文献资料主要是把发展中国家视为外包的接包方，研究外包对发展中国家经济增长的影响。主流的观点认为，外包对发展中国家是良好的机遇。Jones，Kierzkowski&Chen（2005）认为如果发展中国家在最终产品上没有竞争力，那么通过承接外包可以在某些生产环节上发挥优势；Grossman&Helpman（2004）认为，把所有的低工资国家都看成是外包的可能承接国是不合理的，缺少辅助机构、法律不完善、基础设施落后和工人技能低下等因素均会削弱甚至抵消低工资产生的低成本优势。反之，在拥有良好的设施、对外包方需求适应能力强的合作伙伴以及对外包实行有效法律保护的情况下，高工资国家仍可能吸引外包。

2．外包对微观层面的影响

（1）对外包企业绩效的影响

不少学者认为，外围业务的外包可以提高企业绩效（Quinn，1994）：一是减少企业的外围业务，把主要的资源用于核心业务的发展；二是把外围业务外包给在该环节具有相对比较优势的公司可以提高业务完成质量；三是降低了企业的成本。

Kierzkowski（2005）把外包视为产品生产链的技术分解，指出相对于生产在一地完成，通过利用不同地区生产要素成本及生产力的差异，使企业的成本-产出曲线斜率不断向下倾斜，即产品的边际成本随产品生产过程的分解而递减，这种递减趋势实质上是生产各环节外包后规模收益递增的体现。同时，他也注意到了外包过程中企业运营的风险，认为外包程度的加深有可能导致产品过于标准化，不利于企业应对不同消费者的个性化需求。更为谨慎的观点则认为，关于外包对企业绩效的影响既不能完全否定也不应过于乐观。

Gorzig&Stephan（2002）以德国制造企业为例，采用德国 1992～2000 年成本结构调查中 43 000 家制造企业有代表性的面板数据，区分了服务环节和非服务环节的外包，证实了实物环节的外包与企业利润的增长有很强的相关性，然而服务环节的外包则对企业利润的影响很小。

Gorg&Hanley（2004）对爱尔兰电子业的外包进行了研究，指出效益与外包的关系取决于企业的具体特征，尤其取决于企业的规模。该研究发现远高于平均雇用人数的企业会从实物环节外包的过程中受益，这一点在小企业中却得不到明显的体现，服务环节外包对利润的影响也无法得到明确的结论。

（2）对企业组织方式的影响

随着外包的发展，企业特别是跨国公司的边界不断改变。sturgeon（2002）分析了美国电子产业中的合同制造现象，认为纵向外包和水平专业化是公司发展的两种趋势，而这两种趋势之间存在相互促进的效应，由此产生了一种新的组织结构一模块化生产网络。在这类模块化产业中，领先的企业把某些产品模块的生产外包给专业化的承包企业，后者在供应不同客户产品时则可采用相同的生产过程；刘景江（2006）指出，不断扩大与完善的外包网络将产生高级的虚拟一体化组织，甚至是彻底的虚拟组.织；Aurelio G.Mauri（1999）认为，企业将越来越多的业务进行外包时，企业本身就有可能演化为集各种独立商业活动为一体的网络，即所谓的虚拟企业。

2.1.7 业务外包的发展趋势

1．外包市场的总体规模及发展

在当前技术更新一日千里、市场竞争全球化的情况下，企业不得不更加注重高附加值的业务内容，更强调速度、专门知识、灵活性和革新。与传统“垂直一体化”的做法相比，实行业务外包的企业更注重那些真正使它们区别于竞争对手的技能和知识，而将一些非核心业务职能外包给世界范围内的“专家”完成，从而使资企业的整个运作提升到世界级水平，同时还往往可以降低成本和开支，节省一些巨额投资。更重要的是，调查显示，毫不奇怪，业务外包这一经营形式也由此获得了强大的生命力和迅猛的发展。

由于业务外包这种方式的巨大效用，全世界企业业务外包的规模十分巨大。米切尔·卡伯特联合有限公司 2002 年 6 月发表的《全球外包市场 2002》的调查报告中指出，全球外包正在以每年 19.6%的速度增长，2001 年全球的外包市场已经增长至 37 800 亿美元，美国占到了全球外包市场的 2/3；在 2001 年企业 14.8%的日常运营进行了外包，外包市场的 2/3 是由大公司消费的；信息技术外包占到了整个外包市场的 10%。而国外的著名研究机构 Gartner 计算，2004 年企业签订新的外包交易的数量增长约 30%。因此，IBM、ED 和 Accenture 等外包服务提供商可能要根据这种需求做出调整。另据统计，价值 1 亿美元以上的外包交易数量在 2003 年为 244 个，增长了 49%，价值 10 亿美元以上的外包交易数量为 29 个，增长了 1 倍多。

此外，一份最新研究报告认为，印度目前仍然是接受全球资讯工业业务外包最多的国家，但是它这一保持了 10 多年的地位将很快被中国取代。该份报告指出，中国将在 10 年之内取代印度，成为全球科技业务外包的最大承接国。美国全球投资风险研究所国际战略顾问梅涅维奇说，这是第一份全面而系统地评估业务外包给公司带来的好处以及面临的风险的报告，“这份报告集中考查了许多比较项目，考核了 20 多个经济体，全面比较了目前承接资讯工业业务外包订单的国家的总体经济状况。重点考核项目包括 3 个独立评估标准：第一，不同国家的生产成本；第二，包括地缘政治、人口、资讯工业竞争力、法律、文化和基础设施在内的经营风险因素；第三，每个国家的市场条件。”

2．国内外业务外包情况以及发展趋势

据美国克利夫兰市场咨询公司的调查，2004 年全球项目外包开支约 5.15 万亿美元，占全球商务活动总金额的 24.5%。预计未来 10 年，全球项目外包市场将以每年约 18.6%的速度增长。信息技术外包的兴起是当前外包市场蓬勃发展最主要的推动力。信息技术外包主要包括：系统管理、电话中心以及程序开发等内容。目前美国该市场已达到125亿美元。相比而言，企业在财务方面的业务外包起步较晚，规模也不是很大，在美国该市场规模约为 74 亿美元，但预计今后会有较大幅度的增长。目前，全球项目外包开支的一半花在了制造业、建筑业、后勤服务、人力资源发展等领域。其中，用于信息技术产业的项目外包开支约占项目总开支的 10%。在全球外包开支中，美国约占 2/3，为全球之最。此外，项目外包开支在欧洲快速增长，从 2003 年的 18.3%增至 25.8%。美国所占的份额将从 66%降到 58.1%，亚洲将保持现有的 8.8%。

历史表明，业务外包的流行领域包括：信息系统/技术（40%）、不动产和有形工厂（15%）、后勤（15%），以及管理、人力资源、消费者服务、金融、营销、销售和运输（30%）。据美国一家业务外包研究所的研究，业务外包可以使得公司实现平均约 9%的成本节约和 15%的能力与质量增长。所以，业务外包正成为世界商业发展的趋势。外包策略也正在成为企业发展的一种重要的策略工具。美国管理学家詹姆斯·奎因（James Quinne）指出，“在过去，资源外取被认为是企业的一种劣势，但是现在资源外取却可能是智慧型企业运作的关键。”

2.2 物流业务外包

2.2.1 物流业务外包的定义

物流已经成为新经济时代企业模型的一个不可缺少的部分。然而，市场对物流系统的要求超越了目前许多公司物流机构的分配资源的功能和能力。因此，由外部公司提供所需要的功能和服务——外包，作为物流系统的一个可行选择已经得到广泛应用。

所谓物流业务外包（logistics business outsourcing），即制造企业为集中资源、节省管理费用，增强核心竞争能力，将其物流业务以合同的方式委托给专业的物流公司（第三方物流）运作。外包是一种长期的、战略的、相互渗透的、互利互惠的业务委托和合约执行方式。

2.2.2 物流业务外包的利弊

1．物流业务外包的作用

企业选择物流业务外包可以获得成本节约、提高生产效率、提高资本回报率等好处。具体说来，将物流业务外包能够给企业带来如下的优势：

（1）企业得到更加专业化的服务，从而降低营运成本，提高服务质量

当企业的核心业务迅猛发展时，也需要企业的物流系统跟上核心业务发展的步伐，但这时企业原来的自理物流系统往往因为技术和信息系统的局限而相对滞后。与企业自理物流相比，第三方物流可以集成小批量送货的要求来获得规模经济效应，在组织企业的物流活动方面更有经验、更专业化，从而降低企业的营运成本，改进服务，提高企业运作的灵活性。

对于委托企业而言，它不可能获得所需要的各方面人才。通过将物流外包，委托企业不但可以引入资金、技术，同时也可以根据自己的需要引入“外脑”。物流方面的专家或是专门人才不一定属于该委托企业，却可以成为企业所使用的一部分有效的外部资源。特别是对于那些财力、物力有限的小企业而言，通过将物流外包，更容易获得企业所需要的智力资本。

（2）解决企业资源有限的问题，更专注于核心业务的发展

企业的主要资源，包括资金、技术、人力资本、生产设备、销售网络、配套设施等要素。资源的有限性往往是制约企业发展的主要“瓶颈”，特别是在当今时代，技术和需求的变化十分复杂，一个企业的资源配置不可能局限于本组织的范围之内。即使对于一个实力非常强大、有着多年经验积累的跨国企业集团来说，仅仅依靠自身的力量，也是不经济的。物流外包策略对于企业有限资源的合理利用非常重要，国内外的许多企业正是通过利用物流外包，突破原有的资源“瓶颈”，获得了难以想象的增长速度。

利用物流外包策略，委托公司可以集中资源，建立自己的核心能力，并使其不断提升，从而确保委托公司能够长期获得高额利润，并引导行业朝着有利于企业自身的方向发展。应该认识到，无论企业是处于扩张期还是压缩期，大多数企业可用于投资的资金总是有限的，通过物流外包可以节约资金和资本投入，使公司资本集中在主要的、能产生高效益并取得主要竞争力的业务上。通过物流外包不仅可以减少物流基础设施的新投资，而且可以腾出自有仓库与车队所占用的资金，并把资金用在更有效率的地方。

（3）提高企业的运作柔性

委托企业选择物流外包的重要原因之一是提高柔性的需要。企业可以更好地控制其经营活动，并在经营活动和物流活动中找到一种平衡，保持两者之间的连续性，提高其柔性，使实行物流外包的委托企业由于业务的精简而具有更大的应变空间。

由于大量的非特长业务都由合作伙伴来完成，物流外包企业可以精简机构，中层经理传统上的监督和协调功能被计算机网络所取代，金字塔状的总公司、子公司的组织结构，让位于更加灵活的对信息流有高度应变性的扁平式结构，这种组织结构将随着知识经济的发展而越来越具有生命力。

（4）减少监督成本，提高效率

委托公司可以利用物流外包策略缩小公司的规模，精简公司的组织，从而减轻由于规模膨胀而造成的组织反应迟钝、缺乏创新精神的问题。规模偏小的公司，管理事务比较简单，更易于公司专注于自己核心能力的培养。公司要想在激烈竞争的环境里成长，就必须尽量控制公司的规模，以确保公司的灵活反应能力，物流外包策略在这方面具有非常重要的意义。

（5）降低风险，同时也可以同合作伙伴分担风险

首先，在迅速变化的市场和技术环境下，通过物流业务外包，委托公司可以与合作公司建立起战略联盟，利用其战略伙伴们的优势资源，缩短产品从开发、设计、生产到销售的时间，减轻由于技术和市场需求的变化造成的产品风险。其次，由于战略联盟的各方都发挥了各自的优势，这有利于提高新产品和服务的质量，提高新产品开拓市场的成功率。最后，采用物流外包策略的委托公司在与其战略伙伴共同开发新产品时，风险共担，从而降低了由于新产品开发失败给公司造成巨大损失的可能性。

（6）提升企业形象

专业化的物流服务提供商可以实现门对门的配送服务，及时周到、保质保量，有的甚至还能够提供一些增值性的物流服务，这使消费者在享受高效优质服务的同时对于企业的忠诚度越来越高，这对于企业来讲是一种无形财富，在一定意义上提升了企业形象。

2．物流业务外包的风险

物流业务外包虽然具有成本节约等方面的优势，但同时也隐藏着种种风险，这也是有些

企业放弃物流外包而选择物流自营的原因之一。

（1）对物流的控制能力降低甚至丧失的风险

物流对于大多数企业来说虽属非核心业务，但企业采用第三方物流后，第三方物流企业介入客户企业的采购、生产、销售及顾客服务的各个环节，成为客户企业的物流管理者，必然使客户企业对物流的控制能力降低，而这也将导致第三方物流企业与客户企业讨价还价的能力降低。随着第三方物流企业在客户企业的物流业务上介入程度的加深，这种能力也会加强，对客户企业形成潜在的威胁。在协调出现问题时，甚至可能出现物流失控的现象，即第三方物流企业不能完全理解并按客户企业的要求来完成物流业务，或者第三方物流企业不是以客户企业为中心来处理每一个环节，而是站在自己的立场事不关己或消极对待，从而降低企业顾客服务的质量。凯玛特（K-mart）公司最后败于沃尔玛（Wal-mart）公司的竞争，重要原因之一就是大部分物流外包虽然在短期降低了公司的营运成本，但却丧失了对物流的控制，从而使公司总成本上升。

（2）顾客关系管理上的风险

在顾客关系管理上，企业采用第三方物流后可能存在削弱企业同顾客关系的风险。采用第三方物流后，订单集成、产品的递送甚至售后服务一般是由第三方物流完成的，最直接接触顾客的往往是第三方物流企业，基本上是由第三方物流企业与顾客打交道，从而大大减少了客户企业同顾客直接接触的机会，减少了直接倾听顾客意见和密切顾客关系的机会，这对建立稳定的顾客关系无疑是非常不利的。第三方物流割裂企业同最终顾客的联系，可能导致企业顾客快速反应体系失灵，甚至对企业形象造成伤害。例如，由于第三方物流企业经常与企业的顾客发生交往，第三方物流企业会通过在运输工具上喷涂自己的标志或让员工穿着统一服饰等方式来提升第三方物流企业在顾客心目中的整体形象而取代客户企业的地位。

（3）业务流程重组带来的风险

将物流外包给第三方，必然会改变企业的运作流程，企业要进行业务流程重组，要将面向职能的管理改变为面向流程的管理。这个过程很可能对职能部门的业务及员工的生存产生影响，如：物流外包意味着职能部门目前从事的工作很可能会被第三方物流所取代，一些员工可能被解雇，因此可能遭到企业内部员工的抵制，如果业务流程重组的各个环节处理不当，就会对企业正常的生产经营产生负面影响，这对企业的管理者来说意味着一个非常大的风险。

（4）企业战略被泄密的风险

对企业来说，为了保持其竞争优势，特别需要将诸如：原材料供应、生产流程、技术工艺、销售网络等战略运营要素保持一定的隐秘性。企业采用第三方物流后，由于双方合作的紧密性以及提高物流效率的需要，通常要求双方的信息平台对接，实现有关信息共享，其中不乏企业的大量机密战略信息，如销售策略、产品更新等。这样，从渠道调整到市场策略，从经营现状到未来预期，从产品转型到顾客服务策略，第三方物流企业都可能得到客户企业相关的信息，从而对客户企业的企业战略有很深的认识。最令企业担心的是，在某一行业专业化程度高、占有较高市场份额的第三方物流企业往往会拥有该行业诸多企业的客户，而它们正是企业的竞争对手，第三方物流企业与客户企业的信息共享可能会导致企业的运营情况通过第三方物流企业而泄露给竞争对手。

2.2.3 物流业务外包决策

企业物流外包决策是一个非常复杂的过程，它能给企业带来新的发展机会，但决策失误将可能导致企业核心能力和竞争优势的丧失。企业若是盲目从事外包，企业外包的项目不但未获改善，反而会更加恶化。因此企业若想充分发挥物流外包的优势，必须谨慎、有系统地实施外包。

1．物流业务外包决策依据

由于物流对企业的成本影响很大，企业对其物流能力的解决至关重要。物流能力是自身建立还是外包，是企业面临的最重要也是最困难的决策之一。一个拥有一流物流能力的企业可以通过向顾客提供优质服务获得竞争优势。如何确定企业自营还是外包这一战略问题要求企业明确自己的核心能力，即自己与众不同并立于不败之地的特点。

（1）企业战略

企业战略是市场竞争中企业生存和发展的总纲领，是企业发展中带有全局性、长远性和根本性的问题，也是企业经营思想、经营方针的集中表现。它是对“我们要成为什么样的组织”的正确回答。中国很多企业由于受传统的经营理念的影响，在决策过程中，自给自足的自豪感产生了很多问题。而实际上即使是大公司也不可能完全实现自给自足。比如，福特曾希望能在他的纵向一体化程度最高的生产厂里制造所有所需零件，并建立包括内陆港口和一个错综复杂的铁路与公路网络。但如今的福特汽车公司早就不是那样了，它 50%的零部件需从外部购买，并且根据各分公司的不同情况来确定其物流能力是自建还是外包。企业越追求自给自足，企业的规模会越大，从而管理任务也越复杂和多元化。这样很可能导致管理层由于过度分散而无法有效管理。所以企业在决定“自建还是外包”时，要把这种自给自足的情感因素剔除。

在企业的战略决策中，核心竞争力是重要的因素。成功的企业都通过将资源集中在一个或有限的几个能力，去超过竞争者，发掘与众不同的竞争优势。并且这些企业都会将其所需要的核心能力建立在行业平均水平以上，围绕其竞争优势，很少将资源投向非核心能力。物流能力无疑是形成企业竞争优势的一个重要基石。企业必须通过物流来实现其业务目标，同时满足企业自身的需求和顾客的需求。

（2）企业规模

企业规模大小体现了企业的资金实力以及企业生产的复杂程度。一般来讲，企业的规模越大，其生产的复杂程度也会越高，它与供应商和销售商有着千丝万缕的联系。如果物流外包，企业的生产经营结构要进行大范围的调整，而这个调整成本往往是非常高的，同时会影响企业供应网络和销售网络的稳定性。另一方面，企业的规模比较大，其中一个表现就是物流资源相对比较丰富，比如说拥有自己的运输和仓储设施等，如果企业自身能够对这些资源进行有效的利用和管理，自营物流可能只需投入少量的成本进行技术更新就可以同时满足自身和消费者的需求。在这种情况下，可能以比外包更低的成本达到相同的服务水平。另外，还可以利用过剩的物流网络资源拓展外部业务，逐步积累物流服务经验、技术和所需的资金，发展专业化物流，为企业以后的长远发展开拓道路。而对于中小型企业来说，资金的规模小，生产的变动性大，一方面无力投入大量的资金进行自有物流设施的建设，而且由于企业内部业务流程重组风险的存在，还可能受到企业内部员工的抵制和资源的浪费。因此，可以利用物流能力外包来突破资源“瓶颈”，使企业的发展获得较高的增长速度。

（3）成本

“如何使总成本最低”是企业在制定物流战略时首先要考虑的问题，也是企业追求的目标之一。当然，这里所要降低的成本并不是物流的功能成本，而是整个企业的运营总成本。企业需要对物流成本的构成有一个全面的了解，并具有对需要展开的功能成本进行分析和动态成本计算的能力。当然，在实际中对有效的物流过程进行总成本计算，还是比较困难的。但是，企业可以对自营的成本与外包后潜在的成本进行分析比较，这是目前一个比较有效的能够证明外包是否对企业有益的方法。

因此，企业关键是要掌握使自己的物流能力与顾客的期望和需求相匹配的艺术，对顾客的承诺是形成物流战略的核心。据此来确定企业物流的总成本，并确定物流能力是自建还是外包。

（4）服务质量

在现今的经营环境中，如果企业愿意承担必须的资源，几乎任何想要的物流服务都是能达到的。例如，在地理上靠近顾客的位置建立一个专用仓库，可以使一支车队保持随时待运的状态等。这种物流服务在顾客下单后几乎可以即时响应顾客需求，但是代价是高昂的。物流服务在本质上是服务优势和服务成本的一种平衡。企业需要了解物流服务供应商的管理深度和幅度、战略导向，看供应商的服务是否能满足本企业的需求，尤其是供应商的发展战略要与需求企业相匹配或类似。

一般来说，供应商的物流服务水准可以从三个方面来衡量：

① 可获得性；

② 作业效率；

③ 服务可靠性。

2．物流业务外包模式选择

企业选择物流外包策略与模式，既要考虑企业自身的实际、面临的内外环境等因素及其变化趋势，又要考虑实施企业物流外包的必要性，以及实施的外部环境等诸多因素。一般来说，企业实施物流外包可供选择的模式主要有以下几种：

（1）部分业务外包模式，或称专项业务外包模式。即将一项完整的物流管理职能工作的一部分外包给企业外部的物流服务机构，其他部分继续由企业自身物流部门负责。例如，将物流规划和设计工作外包给物流专家，而企业的物流信息、运输、仓储等业务的实施和管理仍由自己负责。这种外包模式有利于企业根据自己在物流业务中的优劣势采取适宜的外包模式，且容易把握和达到外包目的。

如果企业的物流活动属于如下两种情况，企业则可考虑部分外包。

一是企业拥有一定的物流能力，但随着企业的发展壮大，企业原有的物流能力不能完全地满足自身的需要，企业可考虑将自身不足以完成的物流业务交给外部组织承担；

二是企业的物流能力虽然可以满足企业的需要，但考虑某些物流业务不是企业的核心能力，则可考虑将非核心活动交给外部组织承担。

（2）整体业务外包模式，或称一条龙外包模式。即将一项完整的物流管理职能工作的全部外包给企业外部的物流服务机构，企业自身物流部门不再履行此项职能，只是作为联络者、协调者和企业代表。例如，将企业物流规划、物流设计、物流信息管理、物流运作等相关工作整体外包。这种外包模式有利于打破企业内部原有的管理格局，尽可能减少非企业核心业务的影响，以提高企业核心竞争力。但这种模式的选择需要良好的外部环境，需要对外部的物流服务机构进行深入的调研和抉择。

上海惠尔物流有限公司与上海家化的合作是物流整体外包的典型例证。整体外包前，上海家化自身拥有庞大的企业物流管理团队和同营销网络相匹配的仓储运输网络，以及齐全的物流设施。但物流系统比较分散，物流部门同制造部门、采购部门职能不够明晰，协调管理成本高、难度大。从而导致其对市场反应过缓，运作环节多，信息沟通不畅，总体物流运作成本较高。为此，家化将物流业务整体外包给第三方物流公司惠尔，并按照承接上海地区成品物流、接管全国各地 RDC（区域分发中心）、强化 CDC（中央分发中心）的管理、提升原材料物流管理 4 个阶段加以实施。惠尔物流承担了家化业务每年数万吨、价值 20 亿元的货物运输与中转，在数万平方米的仓库里面管理着四五千种产品和数万个批次的家化产品，根据家化的订单准确、及时地将货物发往全国数千目的地。物流外包后，上海家化物流业务水平得到了明显地改善。家化的物流人员大幅度精简，库存大幅度下降，家化的生产和销售力量更加集中，市场反应速度和竞争力得到了加强，资金周转速度更快，物流成本两年内降低了 25%。

（3）复合业务外包模式，或称综合业务外包模式。即将多项物流管理职能工作外包给企业外部的物流服务机构。既可将多项外包业务交给同一物流服务机构，也可将某些职能管理的部分业务外包。这种模式需要社会上有健全的物流服务提供机构，完善的管理制度和服务体系，且能够大大缓解企业物流管理的各种压力和矛盾，使企业有更充足的时间关注战略性、核心竞争力、前瞻性和宏观管理等方面的一些重大问题的研究和决策。

另外，物流外包的活动主要分为常规性的物流外包、增值性的物流外包和逆向物流外包。常规性的物流外包服务就是提供物流的几大基本功能要素，即提供仓储、运输、装卸、搬运等服务。它主要依靠物流设施、设备、器具等硬件来完成，是资产和劳动密集型的服务，具有标准化的特征。增值性的物流外包是指第三方物流企业根据客户的需要，为客户提供的超出常规的服务，或者是采用超出常规的服务方法提供的服务，如流通加工、配送服务各常规性物流活动的延伸服务等。逆向物流外包是将客户手中用过的、损坏的、或者不满意的产品和包装回收，直至最终处理的外包，它是正向物流的补充与扩展。

3．物流业务外包供应商选择

物流外包决策中很重要的一个问题是包给谁的问题，即物流供应商的选择。首先，需要对外部的潜在物流供应商进行调查、分析、评价、调查物流供应商的管理状况、战略导向、信息技术支持能力、自身的可塑性和兼容性、行业运营经验等，评价其从事物流活动的成本状况，评价其长期发展能力，评价其信誉度等。特别是对于物流供应商的承诺和报价，企业务必认真分析衡量。报价应根据物流供应商自身的成本确定，而非依据市场价格，报价不仅仅是一个总数，应包括各项作业的成本明细。对于物流外包的承诺尤其是涉及政府政策或物流供应商战略方面的项目，必须来自物流供应商最高管理者，避免在合约履行过程中出现对相关条款理解不一致的现象。在评价的基础上，对潜在的多个物流外包伙伴进行比较，从中选择最适合企业需要的外包伙伴。

一般说来，企业决定使用第三方物流服务后，可按下列步骤选择合适的第三方物流供应商。

（1）组成跨职能选择团队

虽然企业物流部门一般明显地参与对第三方物流供应商选择的决策，但企业其他部门如，财务、制造、营销、信息系统、人力资源等也常常参与其中。另外，公司总裁参与选择决策也是常见的。所以，企业要从其财务、营销、制造、质量控制、信息系统以及物流等部门抽调人员组成选择团队，并使每一个人都参与整个选择过程。

（2）设定外包目标

一旦团队成立，团队应设定外包的目标。对外包目标的透彻理解是选择第三方物流供应商的指南，并为后来的第三方物流供应商的绩效考评提供依据。

（3）确定物流需求

团队应对企业内部和外部顾客进行调查以确定当前物流的优势和缺点，从而明确自己的物流需求，并把它们明确地表达出来，成为对潜在第三方物流供应商的服务需求。由于大多数第三方物流决策对企业目标的实现关系重大，所以开始时对物流需求理解花费的时间通常较长。

（4）制定选择准则

选择准则应与企业的外包目标和物流需求相联系，如，准时交付、可靠性、顾客服务以及价格往往是企业优先考虑的准则。表 2-2 所列的是第三方物流服务用户认为最重要的项目，从该表中可以看出，用户非常关注降低风险和提高服务能力的指标，如，财政稳定性、客户服务能力和服务价格。

表 2-2　第三方物流供应商特性的重要性

特性	占回答者的百分比%							
	非常重要	略微重要	无关重要	略微不重要	非常不重要	等级1	等级2	等级3
资产拥有	22.0	42.8	25.5	5.5	4.2	2.7	4.0	3.5
服务价格	66.1	31.7	2.0	0.0	0.2	31.1	17.7	15.0
大小	10.7	55.7	27.1	6.1	0.4	1.0	1.2	2.7
人力资源政策	10.4	35.8	41.1	9.5	3.3	1.0	1.2	1.2
公共声誉	48.6	43.4	7.2	0.9	0.0	8.2	7.5	10.0
财政稳定性	72.8	24.6	2.4	0.2	0.0	12.4	17.2	19.0
国际范围	17.7	37.6	29.7	9.6	5.5	1.7	1.5	2.8
问题解决创造力	59.2	34.5	5.2	1.1	0.0	9.0	11.0	11.0
公司文化哲学兼容性	44.8	38.4	14.0	2.6	0.2	9.2	9.5	7.2
与公司优先关系	12.9	37.5	37.7	8.3	3.7	0.5	1.2	0.5
信息系统和技术	54.2	37.7	6.1	1.8	0.2	6.0	12.2	12.0
客户服务能力	72.5	22.7	3.9	0.7	0.2	14.7	12.5	11.0
持续改进声誉	27.1	43.4	8.5	1.1	0.0	1.2	2.7	5.5

资料来源：马里兰大学供应链管理中心，物流外包调查，1997 年

（5）列出候选名单

候选者应具有与企业相似的业务方向并能提供所必需的地理覆盖范围的服务。为选定潜在的合作伙伴，团队可以与专业组织联系，与供应商和顾客交流，甚至在因特网上查找。从欧美 500 家最大的工业企业的经验来看，主要通过两种渠道：与其他物流同行的交流和第三方物流供应商的销售拜访，如表 2-3 所示。

表 2-3　获取供应商信息的渠道

信息源	西欧（%）	美国（%）
与其他物流同行交流	77	46
第三方物流公司的销售拜访	69	54
国内物流会议	19	19
专业广告	19	11
当地物流会议	15	14
直邮广告	15	11

另一个值得注意的趋势是，企业开始更注重专业刊物上的广告和其他途径如，专业刊物上的文章、咨询项目和私下的人际交往等方式。

（6）候选者征询

团队向候选者发出征询信，询问对方有无兴趣投标。信中应包含企业的信息和外包项目的实质和范围，同时要求候选者提供其公司及服务能力的基本信息。

（7）发出招标书及收回投标书

企业向有资格的且对该项目感兴趣的第三方物流供应商发出招标书。招标书应对企业的外包目标及物流需求做详细说明，详细到假设潜在卖方对本企业情况（如，产品线、运送量、销售量预测、所处行业等）一无所知，且对各个潜在卖方一视同仁。当然，为便于竞标者编制预算，一些基本的专业信息是要做出说明的，如：工作范围、最终客户需求、信息技术需求、附加价值服务需求、场所和专门设备需求。应选者的投标书中应包括一些特定信息，如组织结构、能力和现有顾客及报价模式和选择。

（8）初评及现场考察

在初步评审投标书的基础上，将候选者范围缩至四五家，现场考察其作业情况。通过考察让团队了解候选者的管理设施、程序和职员情况。在考察时应依据标准的检查表，并安排相同的团队成员对候选者的能力进行一对一的比较。

（9）候选者资格评审

团队应研究有关资料和投标书的细节，使用检查单和现场考察完成的调查表，评审候选者的财务状况、信息技术能力、服务柔性和战略符合程度及经营理念。

（10）利用分析工具选择第三方物流供应商

目前在供应商的选择上国内外常用的方法有：直观判断法、招标法、协商选择法、层次分析法、线性规划法和神经网络算法等。这里主要利用层次分析法（AHP），根据选择准则，确定最佳的第三方物流供应商。具体模型如下：

① 指标体系结构（如图 2-4 所示）

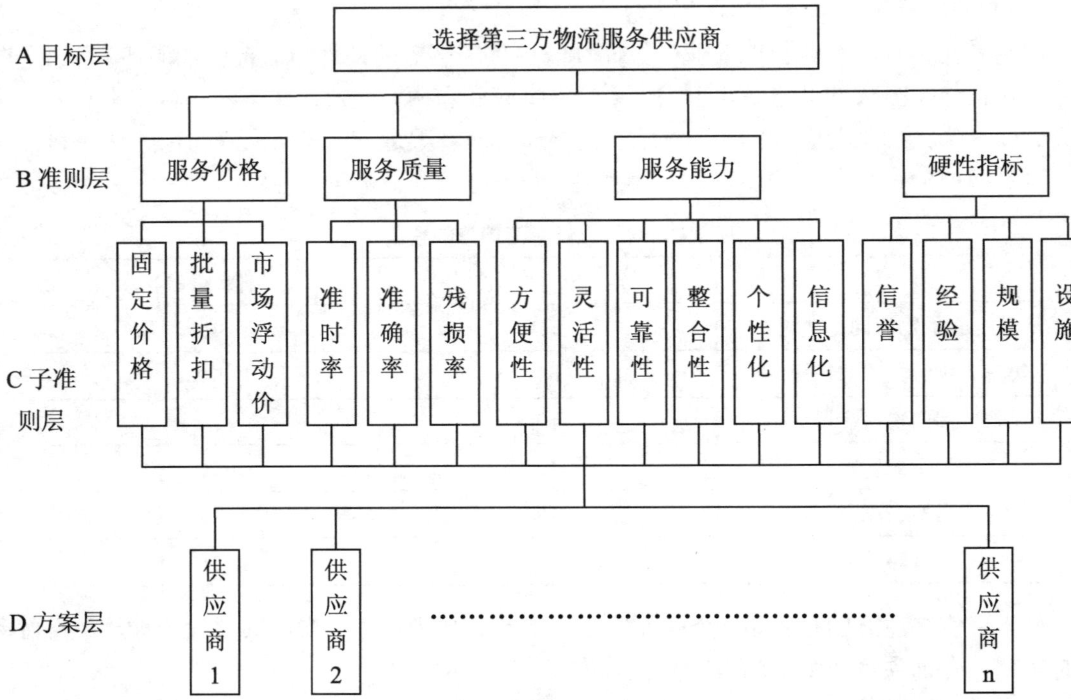

图 2-4 物流外包供应商选择指标体系结构图

② 建立判断矩阵

所谓判断矩阵，即每层评价指标之间以上层某个指标为依据，进行两两比较得到的量化矩阵，具体可以根据“专家打分法”获得矩阵中各比较值。在准则层与目标层、子准则层与准则层之间应用时，需先设计出“指标对比调查表”，寄送各有关专家根据“比较尺度表”（如表 2-4 所示）填写，然后综合反馈的信息，得出判断矩阵；在方案层与子准则层之间应用时，要设计出“方案判断调查表”，请各专家根据“判断尺度表”（如表 2-5 所示）填写，得出不同方案针对不同指标的加权平均判断值。

表 2-4 比较尺度表

比较值 a_{ij}	定义
1	i 因素与 j 因素相同重要
3	i 因素与 j 因素相比比较重要
5	i 因素与 j 因素相比重要
7	i 因素与 j 因素相比很重要
9	i 因素与 j 因素相比极重要
2，4，6，8	以上比较值之间的中间状态
倒数	j 因素与 i 因素的比较值，$a_{ji}=1/a_{ij}$

表 2-5　判断尺度表

判断值 d_{ij}	定义
1	差
2	较差
3	一般
4	较好
5	好

判断矩阵基本形式如下：

$$A=(a_{ij})_{n\times n}$$

其中 a_{ij} 就是元素 u_i 和 u_j 相对于 C 的重要性的比例标度。判断矩阵 A 具有下列性质：

$$a_{ij}>0\text{，}\ a_{ji}=1/a_{ij}\text{，}\ a_{ii}=1$$

③ 各层次指标相对权重计算

计算判断矩阵每行所有元素之和，即

$$w.i=\sum_{j=1}^{n}a_{ij}\left(i=1,2,\cdots,n\right)$$

将 $w.i$ 归一化，即

$$\widehat{w}.i=\frac{w.i}{\sum_{i=1}^{n}w.i}\left(i=1,2,\cdots,n\right)$$

$\widehat{w},1,\widehat{w},2,\cdots,\widehat{w}.n$ 即为判断矩阵中各因素的相对权重。

计算判断矩阵一致性指标 $C.I$，检验矩阵的一致性。

$$C\cdot I=\frac{\lambda_{\max}-n}{n-1},C\cdot R=\frac{C\cdot I\cdot}{R\cdot I\cdot}$$

式中，$\lambda\max$ 为最大特征值；$R.I.$ 为平均随机一致性指标（如表 2-6 所示）

表 2-6　平均随机一致性指标

阶数 n	3	4	5	6	7	8	9
$R.I.$	0.52	0.89	1.12	1.26	1.36	1.41	1.46

当 C.R<0.1 时，判断矩阵的一致性是可以接受的。

④ 各层次指标组合权重计算

当各层次因素的相对权重确定后，就要根据层次模型中各个层次间的关联，计算各层次因素的组合权重。

设 L 层因素为 l_1，$l_1\cdots l_j\cdots l_k$，各因素相对权重分别是 $\widehat{w}.1^{(1)}$，$\widehat{w}.2^{(1)}$，$\widehat{w}.3^{(1)}\ldots$

$\widehat{w}.j^{(1)} \ldots \widehat{w}.k^{(1)} \ldots$；它的下一层 M 层有 n 个因素是关于的权重为 m_1，m_2，$\cdots m_i$，$\cdots m_n$，m_1 关于 l_j 的权重为 $w.ij^{(2)}$，则 M 层的因素 m_i 的组合权重为 $v.i^{(2)} = \sum_j \widehat{w}.j^{(1)} \times \widehat{w}.ij^{(2)}$，这时得到的 $v^{(2)} = \left(v_1^{(2)}, v_2^{(2)}, \cdots, v_n^{(2)}\right)^T$ 即为 M 层各因素的组合权重。

值得注意的是，选择并不是像一次交易那样挑选要价最低者，因为合同一经签订，与物流伙伴的关系就要维持相当一段时间，因此应选择那种最适合企业需求和文化互补的第三方物流供应商。同时，最终选择决策也应在团队成员之间进行一定程度的协调，以保证他们中的每一位对做出的决策有一致的理解，并了解对被选的物流公司的期望。

当然，正确选择第三方物流供应商，只是保证企业物流外包策略成功的第一步。要想实现外包目标，企业还需正确理解双方关系：应视与第三方物流供应商合作为追求长远发展的战略合作伙伴关系，而非注重短期利益的交易关系，视物流合作为价值中心、利润中心而非成本中心；加强双方的交流与沟通，深刻理解对方希望从合作中获得何种需求与目标；建立有效的监督机制，定期考评第三方物流绩效等。值得注意的是，绩效评价标准一般应以同行业先进的其他企业或者有相同特征的其他行业中的领先企业为基础，而且评价标准不应使用如，“削减成本”之类泛泛的词语，而应包含具体的商业目标，如，“库存量减半”“履单错误率减少 30%”“客户的满意率提高 25%”等。同时，企业衡量第三方物流供应商绩效的目标是改善作业而不是惩罚，是为了当合作出现问题时能及时协商改进避免因事态恶化而造成严重损失。

2.2.4 物流业务外包的发展现状

1．国外物流外包发展现状

发达国家工商企业制定物流战略有两个显著的特点：

其一，是供应链管理。它是指企业对包括供应商、生产商、分销商、零售商的上下游企业及运输、库存、信息及其他服务为一体的管理——从原料的供应贯穿到最终消费。供应链管理是物流管理的最高境界。其目标是使整个供应链从原料采购、加工生产、分销配送，到商品销售给顾客的各个环节进行的高效协同工作，降低整个供应链的物流成本，实现对顾客的快速反应，同时提高顾客服务水平。

其二，是在物流一体化基础上的外包。在美国、日本等国家，尽管不同厂商因所处的行业部门不同、规模不同可能采用的是不同程度的一体化管理，但总的趋向是从 20 世纪 70 年代末的内部一体化逐步向 90 年代以来的外部一体化演化，一体化程度在不断加深。以美国为例，进入 20 世纪 90 年代以来，近 70%的企业将物流业务交由第三方物流公司或与外部企业缔结战略联盟来加以运作，只有 30%的企业实行物流自营，并且主要采用物流服务部或物流子公司的形式。

（1）美国物流外包发展现状

2005 年 9 月《美国运输观察》开展的一项物流外包调查显示，美国有 42%的企业将物流活动外包给第三方物流公司，尽管如此，由于目前大多数行业正在经历一个过渡的阶段，可以说日益增长的货主认为值得把一项或多项物流活动外包。排在前三位的物流活动是运输、仓储和信息系统。

① 外包的内容

关于外包的内容，企业对于外包作业与外包管理是有明显区别的。接近2/3的企业将运输外包，但是仅有13%的企业外包了车队管理。仓储的情况也是如此，只有不到10%的企业将存货管理外包，反映了存货管理在物流链中的关键地位。但是这不影响有超过1/3的企业将部分仓储作业外包出去。值得注意的是有1/4的企业外包了信息系统，表明客户对第三方物流企业在数据安全水平和数据管理能力方面的信任度上升。

② 第三方物流运营的评价

在对第三方物流运营的评价方面，调查企业对第三方物流商的满意度普遍是好的占79%。其中，有62%的企业认为好，13%的企业认为比预期的好，4%的企业认为非常满意。有21%的企业认为“差”或“比预期的差”，如图2-4所示。

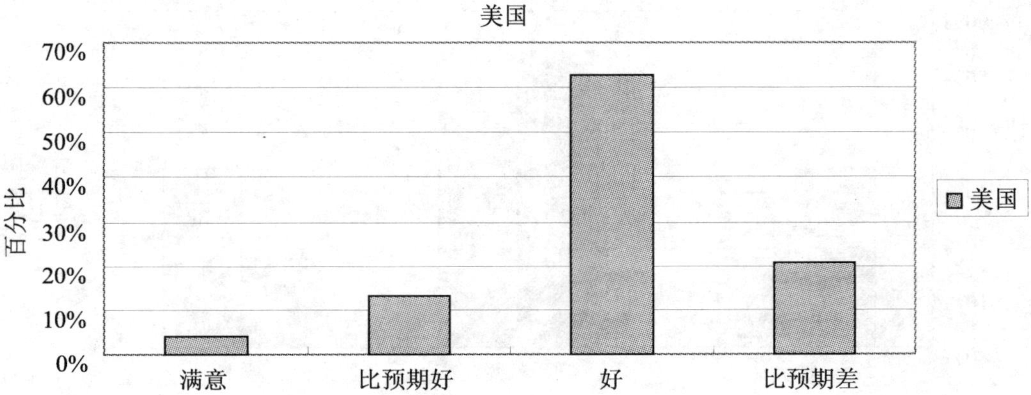

图2-4 美国企业对第三方物流商的满意度

（2）日本物流外包发展现状

另据日本通运公司2000年12月份对货主企业的物流现状调查，日本约70%的货主企业将本企业的物流业务委托外部专业公司承办，其中近30%的企业表示今后将进一步扩大物流相关业务外包的比重。从业务类别看，排在首位的是运输业务，有近90%的企业选择外包，其次是保管与装卸业务，有约60%的企业外包，居第三位的为包装业务，约占40%的企业外包。其他相关业务和委托处理废弃物外包的比重也较高。其中，将部分物流业务委托外部企业承办的比重约为30%，全部委托承办的约为40%。今后拟委托外部企业构筑物流系统的货主企业也逐渐增多。

2．国外物流外包的发展趋势

图2-5是美国与日本企业对未来外包情况的对比图。可以看出，美国79%的企业反映目前外包物流的状况不错，将增加他们的外包活动。大概有52%的企业认为有可能增加或保持现状。32%的企业认为非常可能增加。尽管有21%的企业对目前第三方物流外包的水平不满意，但其中仍有不少企业认为，在竞争激烈的市场中外包是将来可供选择的方式。

在日本与物流有关的业务，尽管外包比例有高有低，今后想扩大外包的占26.6%，与现在同样程度进行外包的占41.4%，今后想减少外包的占32%。从业种看，普通机械、运输机械、精密机械等的与机械有关业种以及食品、饮料、纸浆、纸，消费资料批发等进行外包的比例很高。

从物流业务和物流周边业务，物流管理业务、物流系统构筑业务等各业务外包的实施状况看，物流业务的各项业务以前委托给专业者进行，现在则是以外包为主。其次，从今后五年左右会有多少外包的意向看，根据目前实施外包的状况，物流业务方面增加的余地较小，尤其在运输方面与现在几乎没有变化。在物流管理业务方面，目前将部分业务外包的企业占近三成，全部外包的企业只占 4%。另外，将物流系统开发业务外包的企业占 6%。但是，打算在今后将物流管理业务、物流系统开发业务外包的意向很强烈。其中，一些企业准备将全部物流管理和物流系统开发业务外包。

从上述结果看，可以认为与物流有关业务的外包今后将有逐步扩大的趋势。从各业动向看，在欲扩大外包的企业的比例中，食品和饮料、化学和塑料、精密机械、消费资料批发类的企业外包比例很高，如图 2-5 所示。

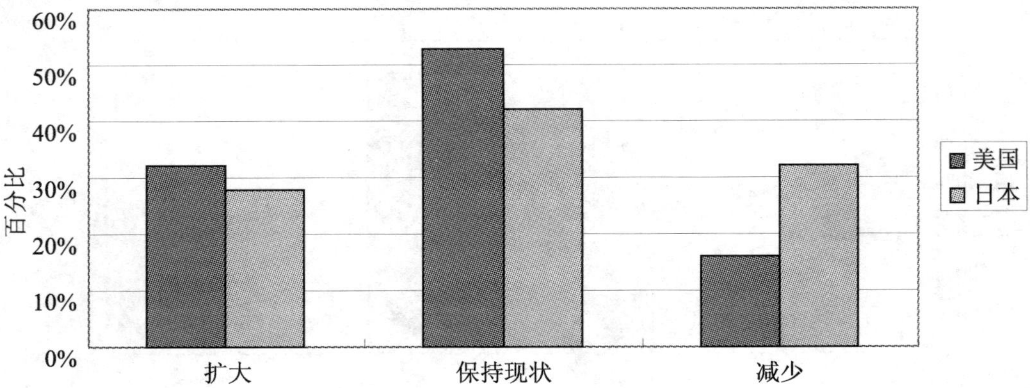

图 2-5　美国与日本企业今后外包的趋势

3．国内物流外包发展现状

由于整体工业化水平不高，经营观念落后，物流外包本身情况复杂，第三方物流服务商系统设计能力不足，整体营运水平不够，物流外包实践水平不高以及未形成物流外包的评价体系等因素的影响，国内物流外包与发达国家有较大的差距，目前还处在发展阶段，各方面都不太成熟，但是国内物流外包发展速度远远超过发达国家，市场潜力大，有很大的发展空间。

（1）我国物流外包市场现状

我国物流外包市场目前尚未成熟，供需关系极不稳定。以下是根据中国采购与物流联合会完成的全国第四次物流调查资料得出的一些结论。

① 我国企业物流外包市场需求现状

a．物流外包需求市场潜力巨大，增长较快。第三方物流业有较大发展空间，大多数企业物流需求量处于增长状态，即时性的服务需求也将增多。

b．物流业务外包需求存在着明显的地域和行业分布特点。从地域上看目前需求主要来自东部沿海经济发达地区；从行业上看，电子、烟草、医药等行业生产和流通企业的平均物流量小于机械及原材料行业企业。

c．生产企业自营物流的比例偏高，导致物流业务外包的有效需求还不足。企业物流供应一般都由企业自身或供货方来承担，第三方物流公司承担得较少。据统计我国生产企业原材料，生产企业成品，商业企业等的物流外包所占比例分别为 15%、47%、47%。

d．物流外包需求企业对物流服务需求的层次还不高，服务需求仍集中在传统仓储、运输等基本服务上。生产企业的外包物流首先集中于干线运输，其次是市内配送。商业企业的外包物流一般依次集中于市内配送、仓储、干线运输等。

e．物流服务企业目前的信息化程度还不高，难以满足需求企业要求下的整个系统无缝链接，从而达到物流运作的高效率的目标。

② 我国企业物流外包市场供给现状

我国企业物流外包市场供给市场现状可以说是物流供给能力有效利用率不高、资源浪费、物流服务水平有待进一步提升。

a．我国物流服务企业规模普遍偏小，500 人以上的企业仅占 20%左右。并且拥有的物流设施设备及其能力也较弱。

b．我国许多生产和流通企业拥有并保留着自己的运输、仓储、装卸服务物流设施，生产企业和商业企业自身拥有汽车车队、仓库、机械化装卸设备的比例分别为 53%和 70%，59%和 80%，34%和 25%。自我物流服务依然是工商企业获得物流服务的重要来源。由此造成企业的运输供给能力还没有达到运输需求规模及网络分布要求，生产企业和商业企业的车辆空驶率平均高达 34.70%和 38.50%，同时物流企业的仓库供给能力有余，但效率不高，生产企业和商业企业库房平均利用率为 78.50%和 76.40%。总之现有的功能性物流企业，运作供给能力要大于物流市场需求。

c．从数据来看，物流服务企业的作业能力，以及作业质量能够满足市场的需求。统计显示物流企业的单据准确率为 97%，配送及时率为 92%、货损率为 2%。

d．物流信息系统建设情况有了较大改善，信息建设受到物流企业的重视，拥有物流信息系统的企业比例已经提高到接近 60%。

（2）影响我国物流外包发展的主要因素

① 出于制度和观念的阻碍，其主要表现为以下几点：

a．内部员工的抵制。企业物流外包是对企业的内部业务流程重组，企业某些员工目前从事的工作很可能会被第三方物流所取代，这也就意味着企业将解雇大批员工，这对企业的管理者来说意味着一个不小的风险。

b．缺乏认识。第三方物流行业相对来说还很年轻，尤其是在中国，一些领先的物流公司只有不到 10 年的历史。许多企业还没有认识到供应链管理在企业竞争中的巨大作用。

c．害怕失去控制。企业担心，当企业过于依赖第三方物流服务商，却无法控制或影响他们的时候，物流活动的失控可能阻碍核心业务与物流活动之间的联系而降低用户满意度。此外，企业还需要在长期依赖某一个第三方物流服务商和依赖多个第三方物流服务商之间权衡。长期依赖某一个第三方物流服务商会对其资本投资，效率提高具有潜在的好处，但同时又会使其滋生自满情绪而让企业难以控制。为了便于控制，企业应该选择多个第三方物流服务商，但是这种短期行为又会令企业的成本提高或服务质量降低。

② 物流外包业务有其自身的复杂性

首先，供应链物流业务通常和公司其他业务，如财务、营销或制造集成在一起，物流外包业务本身就很复杂。对一些实际业务，包括运输和仓储的集成可能会带来组织上、行政上和实施上的一系列问题；其次，公司内部信息系统的集成性特点，使得把物流业务交给第三方物流公司来运作变得很困难；最后，准确地衡量物流成本对信息技术和人力资源的影响比较困难。很难确定物流外包业务到底能够给企业带来多少潜在的成本好处。

③ 第三方物流市场的不成熟

第三方物流市场的不成熟也使我国的物流外包举步维艰。在国内，第三方物流市场相对较新，因此行业发展中难免存在许多不规范的地方。比如，第三方物流公司的内部管理失控，在其短期利益的驱使下，尚未树立提供优质服务的经营理念。更有在具体外包细节以及工作范围等方面划分不明确，第三方物流公司却没能在客户要求的时间内去完成，或者只是为完成而完成，并没有认真对待。

4．国内物流外包发展对策

尽管物流业务外包在近阶段得到迅猛发展，但是未来我国物流外包市场的健康可持续发展必须注意解决好以下几方面的问题。

（1）提高物流服务供应方服务水平

物流服务方企业必须通过自身成本的降低来优化客户的物流成本，提高运作管理水平，加强规范化管理，明确物流服务供应方的工作范围，要在服务质量、响应速度和费用等多方面争取满足物流需求方的要求。

（2）培养专业的物流人才

美国著名物流专家 Jack Roser 认为：在处理外包时，专业物流顾问与技术工人一样，他的作用比企业领导更重要，合格的顾问能够给项目带来许多领导所不知的东西，他需要去管理维护公司项目设计规划的过程、提供物流需求，以及项目数据，而这些事情常常与外包的成败相关联。企业领导仅仅扮演监督员的角色，如果缺乏具有项目设计和作业操作技能的专业人才，那么，外包营销将无从谈起。

（3）供需双方建立有效的协调交流机制

企业的物流外包决策是一个复杂的过程，需求企业与物流服务商的合作也是一个长期磨合的过程，需要双方经常进行信息交流，加强沟通，出现问题及时解决。

在全球正在掀起外包旋风的同时，物流外包在我国却还没有能够引起足够的重视。整个社会的物流效率低下、物流费用惊人。我国已经加入世界贸易组织，外资企业蜂拥而至，如果仍旧保持现状维系大而全的局面，将很难面对来自外国竞争对手的竞争。我国生产及商业企业应该转变观念，认识到物流业务外包的迫切性，及时整合自身优秀的资源，这样才能够增强企业的核心竞争力。

2.3 物流业务外包与第三方物流的关系

2.3.1 物流外包与第三方物流的相互影响

1．物流外包对第三方物流的影响

物流外包即是第一方（物质产品的供应方）和第二方（物质产品的需求方）企业将业务外包给第三方物流企业（提供物流交易双方的部分或全部物流功能的外部服务提供者）。第一方和第二方企业面对日趋激烈的竞争将主要精力放在核心业务上，将运输、仓储等物流业务交由更专业的物流企业进行经营，而放弃物流自营。其目的是充分利用第三方专业化物流管理人员和技术人员，利用专业化物流设备、设施，发挥专业化物流运作的管理经验，不断提高物流运作效率和降低物流总成本并取得整体最佳的效果。

物流外包对第三方物流的影响可以从三个方面来认识：

首先，物流外包使原本局限于企业内部的物流转变成了企业外物流，企业外物流的增长为组织社会化物流，为开展第三方物流服务提供了广阔的市场空间。

其次，对于绝大多数企业而言，物流业务不能构成其核心竞争力，这些企业具有将物流业务外包的愿望。与此同时，大量的物流企业只能将物流业务当做自身的核心竞争力来加以培养，以吸引客户、扩大市场。如果两者结合，物流需求企业把物流业务外包给物流企业，以第三方物流的形式进行管理，则可发挥各自的优势，在合作中实现双赢。因此，第三方物流策略是厂商业务外包的重要内容。

最后，不同物流企业的核心竞争力也有不同的侧重点。任何一家物流企业都难以在全球范围内、在所有的物流功能要素上都拥有绝对优势，因此它们在经营第三方物流的过程中，也会存在业务外包的问题。物流企业间的业务外包可以使全社会的物流能力得到合理利用，在物流产业内部实现资源的优化配置。

2．第三方物流对物流外包的影响

物流外包与第三方物流相辅相成，相互作用、相互影响。企业的物流外包增多了必然会推动第三方物流的发展，而第三方物流的发展、完善也必然会降低物流外包的风险，进一步促进企业的物流外包，外包进入良性的发展态势。相反，第三方物流如果不能抓住市场机会提高专业水平和服务水准，将会导致更多的企业不选择物流外包，第三方物流市场会进一步萎缩，外包进入恶性循环。因此物流服务商必须抓住机会提高专业水平和服务意识，使更多的企业将物流外包，扩大外包规模，降低成本，从而降低社会总成本，提高全社会的竞争力。

2.3.2　物流外包与第三方物流的增长障碍

1．物流外包者的局限

（1）基于测量的困难

企业外包一项或几项物流职能主要是基于减少物流成本。通常，如果把所有的物流职能外包出去，则对期望的量化是简单的。但是，大多数企业只是外包部分的物流职能，这就使得企业很难分离和跟踪相关外包的物流成本。特别是物流职能外包的复杂性、没有现存的绩效数据和缺乏一个合适的数据采集与报告机制。

（2）选择外包物流职能的困难

企业并不总是外包那些需要外部供应商或者是从成本削减角度和服务改进角度进行考虑的物流职能。一个相关的问题是企业往往对于不同的物流职能采用复合的供应商，这将导致供应商之间缺乏协调，物流方面的工作缺乏跨职能的协调，从而导致重复和浪费，信息常常被扭曲或延迟，权利界限和责任常常是模糊的，没有人能够对结果真正清晰地负起责任来。而且，也很难测量一个供应商与另外一个供应商之间的关系。这种安排使协同好处丧失，并导致物流外包企业不愿意再花时间和资金用于维护与物流供应商之间的沟通。

（3）专门技术的缺乏

并不是所有第三方物流都在所有物流职能方面是专家。因此在选择第三方物流供应商时必须建立起一个整体过程。企业内的员工必须参与到过程中来，因为他们对企业的产品和所需要的物流要求的了解程度远远大于其他人。即使与第三方物流供应商签订了协议，企业也应当保持一群企业内的专家来监控第三方物流供应商的绩效，同时给他们提供所需的业务信息。

2．第三方物流供应商的局限

第三方物流供应商们必须面对许多挑战以应付日益激烈的竞争和不断变化的购买者的需求。

（1）第三方物流供应商之间的竞争

激烈的竞争迫使供应商降低价格，这将意味着更低的边际利润。当供应商发动成本削减项目时，他们必然会无法满足顾客服务，这将使顾客不满意，导致取消或不再订新合同。更低的价格和更高质量的服务水平对于第三方物流供应商是一个两难选择，搞不好，第三方物流供应商将被淘汰出局。

（2）第三方供应商并不一定是物流职能方面的专家，大部分第三方物流供应商是局部的运输网络或仓储经营者。也许他们是优秀的运输经营者或仓储经营者，例如他们能够让货车在运输网络里最优移动或让某一区位的仓库发挥出最大生产力，但是他们也许缺乏按照交货时间、产品种类要求协调运输和仓储之间最小库存水平和最大化顾客服务的知识、经验和技能。也就是说，他们的核心竞争力并不是通过第三方物流服务提供一整套的供应链解决方案。

（3）第三方物流服务市场的影响

不同于其他商业行为，对于第三方物流业而言，购买者追求物流供应商，市场营销努力并不一定成功，主要原因是因为没有一个部门能够作为一个接触点来站在供应商角度启动物流过程。利用第三方物流供应商的请求也许来自于公司内一个或几个部门，因此大多数第三方物流协议的最终形成需要通过与首席执行官和财务总监直接谈判来加以最终确定。

第 3 章　第三方物流通论

3.1　第三方物流的内涵

3.1.1　第三方物流的概念

第三方物流（the third-party logistics）的概念源自于管理学中的 Out-souring。Out-souring 意指企业动态地配置自身和其他企业的功能和服务，利用外部的资源为企业内部的生产经营服务。将 Out—souring 引入物流管理领域，就产生了第三方物流的概念。经过几十年的迅速发展，第三方物流现已具有多种多样的形式，但至今还没有一个明确的、权威的、得到各方认可的定义。国内外的不同学者在概念解释方面，或者在理论和实际运作方面，都存在着一些差异。

2001 年 4 月 17 日由国家质量技术监督局发布，2001 年 8 月 1 日实施的国家标准《GB/T18354 物流术语》对第三方物流给出的定义是：第三方物流是由供方与需方以外的物流企业提供物流服务的业务模式。指在物流渠道中，由中间商以合同的形式在一定期限内向供需企业提供所需要的全部或部分物流服务。

美国物流管理协会于 2002 年 10 月 1 日公布的《物流术语词条 2002 升级版》的解释是：第三方物流是将企业的全部或部分物流运作任务交给专业公司称之为第三方物流提供商。它们的存在加速了原材料和零部件从供应商向制造商的顺畅流动，更为产成品从制造商向零售商的转移搭建了良好的平台。它们提供的集成服务涵盖了包括：运输、仓储、码头卸载、库存管理、包装及货运代理在内的诸多业务。

关于第三方物流的概念，目前主要有两种不同的理解。

其一，以物流运作的主体来划分，凡是买卖双方不承担的物流活动，都算作第三方物流。按照这种观点，第三方物流应该是与货物有关的发货人和收货人之外的专业物流服务提供者，即第三方物流是承担企业物流活动的一种物流形态。在有关的研究中，对这种第三方做了更进一步的界定，认为第三方物流供应者，是通过合同的方式确定回报，承担货主企业全部或一部分物流活动的企业。所提供的服务形态可以分为与运营相关的服务、与管理相关的服务以及两者兼有的服务 3 种类型。无论哪种形态都必须高于过去的一般运输者和合同运输者所提供的服务。这是一种广义上的定义。

其二，从物流运作的手段和方式来划分，认为只有能够提供一体化服务的物流服务提供商才能被称为第三方物流。也有人从另外的角度对此做了更详细的解释，认为对外委托形态才是真正意义上的“第三方物流”，即由货主以外的专业企业代替其进行物流系统设计并对系统运营承担责任的物流形态。这种观点认为，第三方物流与传统的对外委托有着重要的不同之处。传统的对外委托形态只是将企业物流活动的一部分，主要是物流作业部分，如货物运输、货物保管交由外部的物流企业去做，而库存管理、物流系统设计等物流管理活动以及一部分企业内物流活动仍然保留在本企业去做。第三方物流则是站在货主的立场上，以货主企业的物流合理化为设计系统和系统运营管理的目标。而且，第三方物流企业不一定要保有物流作业能力，即可以没有物流设施和运输工具，不直接从事运输、保管等作业活动，只是负责物流系统设计并对物流系统运营承担责任。具体的作业活动可以采取对外委托的方式由专业的运输、仓储企业等去完成。这是一种狭义上的理解。

在上述两种不同的阐释中，实际上也是对现实形态多样性的一种反映。其实，即使在发达国家，货主企业物流对外委托的内容大多还只是停留在物流作业活动上，物流系统设计可以委托物流业咨询公司来做，系统的运营、管理仍然由货主企业自己承担。冠名为第三方物流的企业也有各种各样的经营方式，能够站在货主角度提供从系统设计、计划、管理，到实施全面个性化物流服务的第三方物流企业还不多。

为了便于理解，这里给出第三方物流的一个描述性定义：

1．从服务的内容看，第三方物流企业侧重于为客户提供一体化的综合物流服务，具体内容既有纵向的连接，也有横向的整合。在纵向连接方面，第三方物流公司可以完成从原材料物流、生产物流到销售物流的完整过程的组织和管理；从横向的整合看，主要体现在对物流服务资源的整合和优化利用，如运输车队的选择，仓储资源的选择等。

从服务的内容角度看，可以把第三方物流企业同一般的货代企业区分开来，也可以把第三方物流同以单环节的标准化服务（如，快递、快运、海运、空运等）区分开来。

2．从业务运作看，第三方物流企业在一个完整的物流服务体系当中，处于客户和包括车队、仓储企业等在内的低层专业化物流企业之间。第三方物流企业通过整合低层的物流资源，为客户提供一站式的物流服务，如图 3-1 所示。

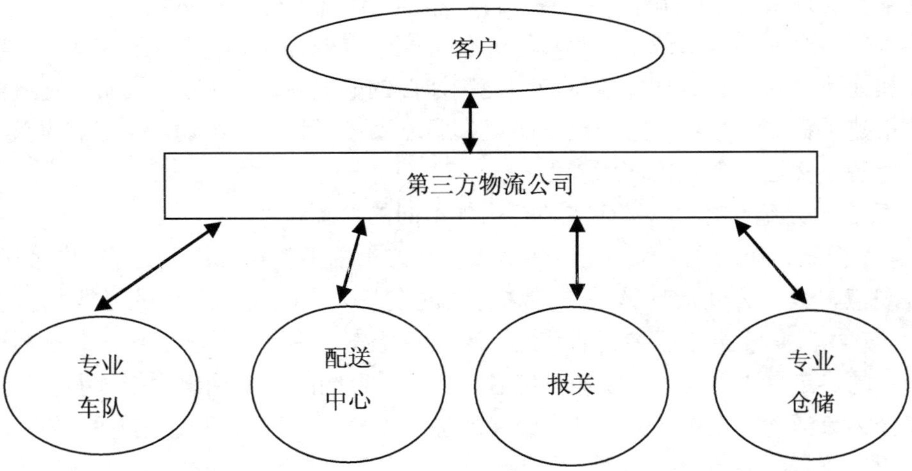

图 3-1　管理型物流公司业务运作模式

从物流运作模式可以明确看出第三方的本质，即管理型第三方物流企业是独立于物流需求和物流的供应之外的一方。第三方物流具有十分明确的整合和管理内涵。

3．从客户关系看，第三方物流的采购不是货主向物流服务商偶然的、一次性的物流服务采购活动，而是采取委托-承包形式的业务外包的长期的合作关系。物流服务提供商同客户之间体现为一种战略性的合作伙伴关系，这有别于简单的货运或仓储服务。实际上在西方，第三方物流服务商本身就是作为客户企业的战略联盟提出来的。

4．从拥有的运作资产来看，管理型第三方物流企业一般不掌握物流运作的核心资源，或自身拥有的资源在整个服务所使用的资源中所占的比重比较小。

此外，还有一些其他术语，如合同物流、物流外协、物流联盟等，也基本能表达与第三方物流相同的概念。

3.1.2 第三方物流与相关概念的区分

1．第三方物流与第一方物流、第二方物流

第一方物流是指由物资提供者自己承担向物资需求者送货，以实现物资的空间位移的过程；第二方物流是指由物资需求者自己解决所需物资的物流问题，以实现物资的空间位移。

第三方物流与第一方物流、第二方物流的关系如图 3-2 所示。

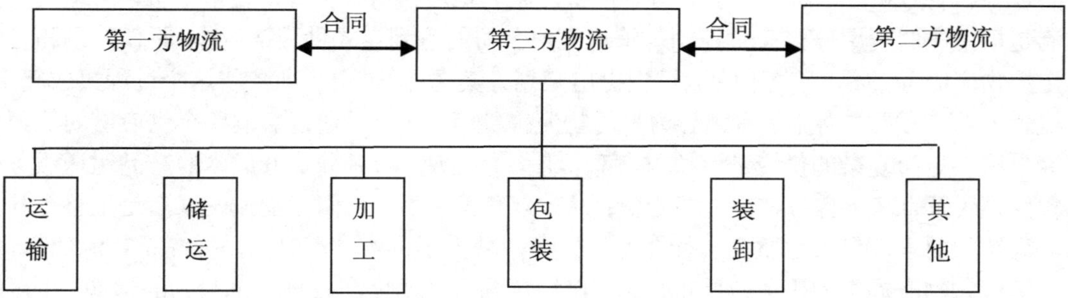

图 3-2 第三方物流与第一方物流、第二方物流的关系

2．第三方物流与物流一体化

物流一体化是以物流系统为核心，经由生产企业、物流企业、销售企业、直至供应链终端的客户而形成的整体化和系统化的物流过程，如图 3-3 所示。它是物流业发展的高级和成熟阶段，即物流业高度发达，物流系统完善，物流业成为社会生产链条的领导者和协调者，能够为社会提供全方位的物流服务。物流一体化可分为三个层次：物流自身一体化、微观物流一体化、宏观物流一体化。物流自身一体化是指物流系统的观念逐渐确立，运输、仓储和其他物流要素趋向完备，子系统协调运作、系统化发展；微观物流一体化是指市场主体企业将物流提高到企业的战略地位，并且出现了以物流战略作为纽带的企业联盟；宏观物流一体化是指物流发展到这样的水平：物流业占到国家生产总值的一定比例，处于社会经济生活的主导地位。物流一体化和第三方物流都是物流专业化的表现形式。

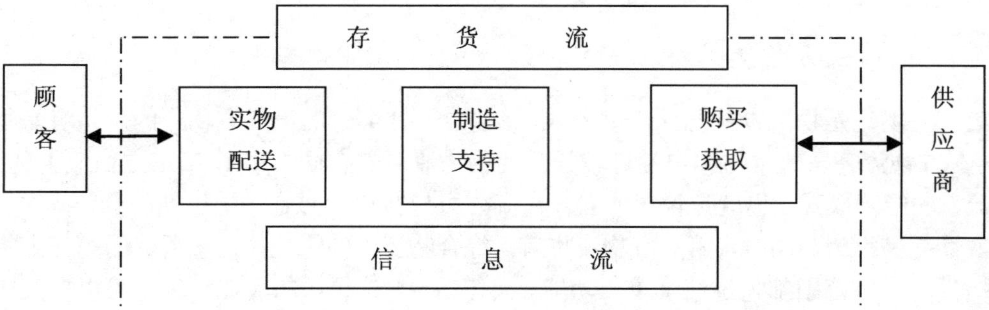

图 3-3 物流一体化

一方面，第三方物流是物流一体化的基础。物流一体化是物流产业化的发展形式，是物流发展的高级形式，必须以第三方物流充分发育和完善为基础。物流一体化的实质是一个物流管理的问题，它要求第三方物流的实践培养专业化物流管理人员和技术人员，充分利用专业化物流设施、设备，发挥专业化运作的管理经验，以取得整体最佳的效果。

另一方面，物流一体化的趋势为第三方物流的发展提供了良好的发展环境和巨大的市场需求。从物流业的发展看，第三方物流是在物流一体化的第一个层次时出现萌芽的，但这时只有数量有限的功能物流企业和货代企业，第三方物流是在物流一体化的第二个层次得到迅速发展的，这时专业化的功能性物流企业和综合性的物流企业出现，并快速发展。这些企业发展到一定水平，物流一体化就进入第三个层次——宏观物流一体化。

3．第三方物流与第四方物流

第四方物流是一个供应链的集成商，它对公司内部和具有互补性的服务供应商所拥有的不同资源、能力和技术进行整合管理，提供一整套供应链解决方案。通俗地讲，所谓第四方物流是指集成商利用分包商来控制与管理客户公司的点到点式供应链运作，不仅控制和管理特定的物流服务，而且对整个物流过程提出策划方案，并通过电子商务将这个过程集成起来。从概念上看，第四方物流是有领导力量的物流提供商，它可以通过影响整个供应链的能力来为客户提供更为复杂的供应链解决方案和价值，使迅速、高质量、低成本的产品运送服务得以实现，从而为其顾客带来更大的价值；从宏观角度来看，第四方物流发展满足了整个社会物流系统的要求，最大地整合了社会物流资源，减少了货物物流时间，提高了物流效率。

第三方物流提供的服务范围很广，可以简单到只是帮助和安排一批货物的运输，也可以复杂到设计、实施和运作一个公司的整个分销和物流系统。在最复杂的层次上，第三方物流企业可以与整个客户的供应链完全整合在一起，通过提供增值信息服务来帮助客户更好的管理其核心能力。这种第三方物流服务对客户是比较理想的，但是它对客户和第三方物流企业双方的实力与合作程度有很高的要求，目前还无法普及。第三方物流企业和典型的运输或其他供应链服务公司的关键区别在于：第三方物流的最大附加值是基于知识和信息，以一定程度的信息整合为契机，提供物流供应链上的一条龙服务，而不是靠提供最低格的一般性的无差异的服务。

从上述比较可以看出，就职能而言，第三方物流侧重于实际的物流运作以及面对客户需求的一系列信息化服务，他通过将供应链上每一环节的信息进行比较和整合，力求达到跟踪满足客户需求的目的，而第四方物流侧重于从宏观上对供应链进行优化管理，其优势在于管理理念的创新和变革能力，它的目标在于将一定区域内甚至全球范围内的物流资源根据客户的需求进行优化配置，以形成最优方案。

3.1.3 第三方物流的特征

第三方物流是物流专业化的新型模式，专业化、社会化的第三方物流的承担者是物流公司。第三方物流公司通常与客户签订较长时间的物流服务合同，所以，第三方物流也称为“合同物流”的经营模式。也就是说，第三方物流公司与客户之间是一种长期的合作关系，而不是一次性交易行为。同时，第三方物流也有“综合物流”的特征，几乎所有的第三方物流公司所提供的服务范围都超过某个单一功能。换句话说，该领域的潜在顾客都可以向某一个物流公司购买其所需的全部物流需求或两种及两种以上的服务，直到满意为止。综合物流服务可以接受顾客多种运输服务需求及订货、取货和包装等需求，包括完成递送服务。

一般而言，第三方物流表现出如下特征：

1．以合同为导向提供一系列服务

第三方物流有别于传统的外协。外协只限于一项或一系列分散的物流功能，如运输公司提供运输服务，仓储公司提供仓储服务等。第三方物流虽然也包括单项服务，但更多的是不限于某项，而是可提供多项甚至全方位的物流服务，它注重客户物流体系的整体运作效率及效益。同时，第三方物流都是根据合同条款的要求，提供规定的物流服务，而不是根据客户的临时要求提供服务。

2．个性化、定制化物流服务

第三方物流服务的对象一般都较特殊，且服务延续的时间较长，往往长达几年，这是因为需求方的业务流程不尽相同，而物流、信息流是随价值流流动的，因此第三方物流服务应按照客户的业务流程，提供定制化的服务。从这个角度看，第三方物流企业充当的是具有专业优势和管理经验的专职物流部门。

3．与客户建立长期的战略合作伙伴关系

第三方物流企业扮演的是同盟者角色，与客户形成的是相互依赖的市场共生关系，客户通过信息系统对物流全程进行管理和控制，物流服务企业则对客户的长期物流活动承担策划、组织和运作的职能。第三方物流企业的业务涉及客户企业销售计划、库存管理计划、订货计划、生产计划等整个生产经营过程，与客户形成一种战略合作伙伴关系。

4．以现代信息技术为基础

信息技术的发展是第三方物流出现和发展的必要条件，现代信息技术实现了数据的快速、准确传递，提高了仓库管理、装卸运输、采购订货、配送发运、订单处理的自动化水平，客户可以更方便地使用信息技术与物流企业交流和协作，企业间的协调和合作又可能在短时间内迅速完成。为适应第三方物流的职责，企业应尽快立足于以下建设：

（1）以客户服务为着眼点，发展、健全高效的网络体系。

（2）加强对设施的投入，拥有完善的物流设施。

（3）强化咨询信息管理系统的建设。

（4）IT 的管理能随时随地跟踪货物流向，使货物流动万无一失。

（5）拥有一支训练有素、服务至上的专业人才队伍。

3.2　第三方物流产生的背景

第三方物流的产生有其深厚的理论和现实背景。总体来说，第三方物流是在物流演变过程中适应了新的经济环境及需求而出现的一种新的物流形态，是物流专业化、产业化的结果，供应链管理、虚拟经营等理论是其产生的依据。

3.2.1　第三方物流与物流演变

物流的概念从提出到现在，其形式与内涵随着实践的发展得到了不断的补充和拓展，并且不断推动着传统物流向现代物流转变。

从 20 世纪 60 年代开始，现代物流的形成经历了以下三个阶段：20 世纪 60 年代至 70

年代初期为第一阶段，此阶段注重制成品到消费者的实物配送环节，对与实物配送相关的一系列活动进行系统管理，以最低的成本确保把产品有效地送达顾客处；70 年代初至 80 年代为第二阶段，其特征是在实物配送的基础上引入物料管理的新概念和新技术，例如准时化服务、全面质量管理以及全过程控制等，大大改进了物流系统的管理水平；80 年代后期，开始进入第三阶段，由于供应链管理思想的引入，物流活动扩展为从原材料采购到生产安排、订单处理、存货管理、运输仓储、最后到销售和售后服务的全过程管理，旨在协调与全过程相关的一切活动及其信息系统，使其成为一个“天衣无缝”的即时生产、即时分拨、即时销售的适销对路而没有库存积压的工商业循环系统。第三方物流是随着物流业发展而发展起来的。物流业发展到一定阶段必然会出现第三方物流，而且第三方物流的占有率与物流产业的水平之间有着非常规律的相关关系。西方国家物流业实证分析证明，独立的第三方物流要占社会的 50%，物流产业才能形成。可见，第三方物流的发展程度反应和体现着一个国家物流业的整体水平。

3.2.2 理论依据

第三方物流是供应链管理、虚拟经营等创新管理模式从生产领域延伸到流通领域而形成一体化概念后出现的，虚拟经营、供应链管理是第三方物流得以产生的重要理论基础。

1．虚拟经营

虚拟经营是一种企业经营模式，是企业在组织上突破有形的界限，虽有生产、行销、设计、财会等功能，但企业却没有完整的执行这些功能的组织。就是说，企业在有限的资源下，为了取得竞争的最大优势，仅保留企业中最关键的功能，而将其他功能虚拟化——通过各种方式借助外力进行修正和弥补。

虚拟经营对第三方物流的产生有两方面的意义：

一方面，它回答了企业为何选择第三方物流完成原本属于内部物流的各种功能。经济的迅速发展，使得企业间的竞争日益激烈，单个公司要具备支持竞争优势的所有要素越来越不可能，只有让有限的资源发挥最大的效率，才能获得竞争的优势。因此，企业日益从自己负责运输与仓储走向把这些功能交给第三方物流公司，而自己采取虚拟经营，集中主业，把有限的财力、人力、物力用于产品的研制、设备的更新、生产流程的再造、质量的控制、销售网络的广泛改善和品牌的创立等活动上。

另一方面，它解释了第三方物流提供者的一体化水平。随着第三方物流公司业务的拓展和规模的扩大，物流服务呈多样化的发展。单个公司无法满足不同使用者差别化的需求，物资的空间转移范围扩大而在途时间要求缩短，迫使不同的第三方物流提供者结成联盟，组成战略联盟，在信息共享的基础上，优势互补，为低成本、高效率的完成物流任务创造条件。

2．供应链管理

供应链管理是一种集成的管理思想和方法。在供应链管理环境下，企业成功与否不再由“纵向一体化”的程度高低来衡量，而是由企业集聚和使用的知识为产品或服务增值的程度来衡量。企业在集中资源于自身核心业务的同时，通过利用其他企业的资源来弥补自己的不足，从而变得更有竞争优势。传统的企业组织中的采购、加工制造、销售等看似整体，但缺乏系统性和综合性的企业运作模式，已经无法适应新的制造模式发展的需要，而那种“大而全，小而全”的企业自我封闭模式的管理体制，更无法适应网络化竞争的社会发展需要，因此，作为物流供应链组织者的第三方物流企业应运而生，并得到了很大的发展空间。

3.2.3 现实条件

全球经济一体化趋势及以电子商务为代表的新经济的发展，给了第三方物流广阔的发展及运作空间。

随着经济全球化进程的迅速发展和新兴市场的形成，企业将不得不采用全球战略，以寻找它们的生产资源及产品市场。目前，越来越多的第三世界国家成为新兴工业国，并且已经参与到世界经济与贸易中，这些新兴国家不仅代表了新兴市场，而且意味着理想生产基地的出现。它们以低价生产来满足世界经济的增长要求，其最终结果就是形成一个世界范围内联合的工业生产地区。同时，各地的消费习惯正在变得越来越相似。全球产品的数量将不断增长，也就是说出现了质量同一，并在几乎无差别的经济条件下，在全球各地销售的品牌产品。由于全球将出现多个经济中心，因此，国际运输量将大幅增长，随之而来的是世界经济的加速增长和运输流量的转变。

在这样的情况下，可以说，没有一个企业愿意依靠自身的力量完成物流活动，因为即使有条件，也将是不经济的。因此，越来越多的企业倾向于将内部物流作业外包化。这无疑给第三方物流企业提供了一个广阔的发展空间，越来越多的传统物资流通企业转型成为第三方物流供应商，促进了第三方物流事业的发展。

3.3 第三方物流企业的类型与来源

3.3.1 第三方物流的类型

第三方物流有不同的分类方法：

1．第三方物流企业根据其服务内容和服务对象的多少，可以分为四类，如图 3-4 所示。

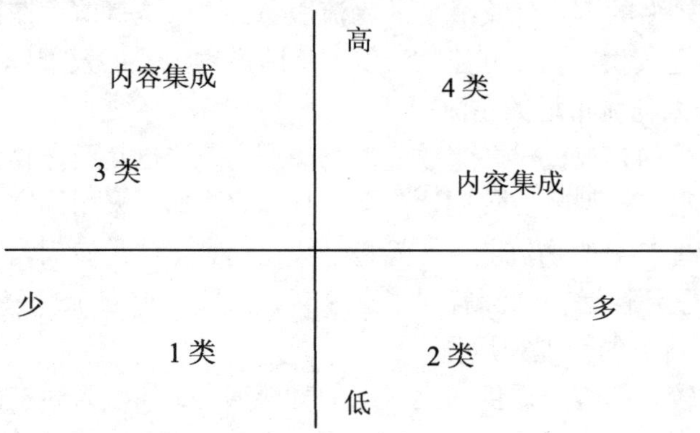

图 3-4 第三方物流分类

就服务内容的集成度而言，从低到高的顺序如图 3-5 所示。

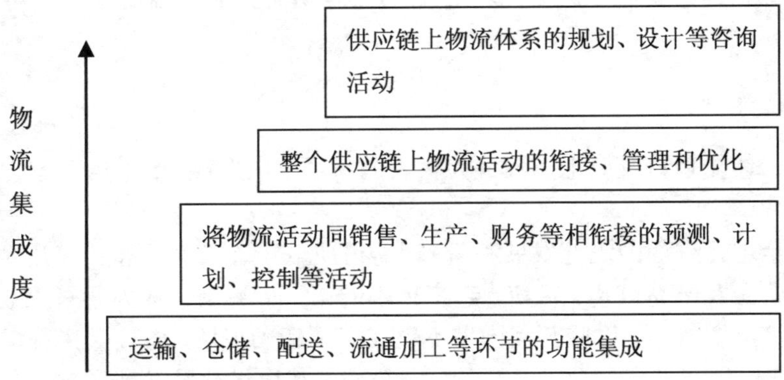

图 3-5　物流服务集成内容阶段梯

就服务客户的多少而言，从一个到几百个不等。

实践表明，服务集成度的高低同服务对象的多少有相反的关系。假定企业的基本规模和能力相同，其提供服务的集成度越高，其能够服务的对象呈现减少的趋势，反之，呈现增多的趋势。这主要是因为集成度越高，物流活动的个性化越强，物流活动中可以共享的资源越少，这种资源的不可共享性限制了其发展新客户的能力。

图 3-4 中的四类第三方物流企业，其基本情况如下：

第一类：针对少数客户提供的低集成度的物流服务。针对少数客户提供低集成度物流服务，存在两种情况，一种是作为成长阶段性存在的，即物流企业在发展初期，其客户资源有限，且服务能力还处于不完善阶段，能够提供的物流服务集成度有限，但他们有为多客户提供一体化物流的潜力；另一种是他们的定位就是第一类第三方物流企业，这些服务商因为自身的规模和能力限制，不具备提供高集成度物流的能力，同时，由于投入有限，只能为很有限的客户提供服务，从中国物流市场的现状来看，对高集成度的物流需求还是有限的，大多数物流需求还是低集成度的，因此，定位在低集成度上，仍然有很大的空间。

第二类：同时为较多的客户低集成度的物流服务。这也是目前存在比较多的一种第三方物流企业。比较典型是宝供物流、虹鑫物流等，从国内物流业的发展和国外的实践来看，第二类物流企业将是未来物流市场的主流模式。

第三类：针对较少的客户提供高集成度的物流服务。这也是西方物流服务的一种典型模式。值得注意的是，很多大型物流集团，在操作具体客户时，采用同客户共同投资新的物流公司的方法，全面管理客户的物流业务，就整个公司而言，就是专门为特定客户提供高集成度服务的典型。如，联邦快递在欧洲就同某家家具公司联合成立了一家物流公司，专门负责该家具公司全球物流业务的管理和运作。

第四类：同时为较多的客户提供高集成度的物流服务。同时为较多的客户提供高集成度的物流服务是很困难的，主要是由于：（1）高集成度的物流服务不适合大规模运作；（2）高集成度的物流服务具有强烈的排他性；（3）高集成度的物流服务需求不旺盛；（4）高集成度的物流服务的供应能力不足。

2．从固定资产的多寡划分

第三方物流企业的另外一个划分是根据企业的固定资产的多寡。一种为全资型的第三方物流企业，它拥有完备的仓库和运输工具，能满足客户的物流需求，我国的中远是此类型的典型代表。另一种为非全资型第三方企业，它并不拥有完备的物流资产，只有部分物流设施，有时候会把部分业务外包出去。

3．从国内外业务角度划分

第三方物流可分为国内物流和国际物流。国内物流处理的是国内用户委托的物流业务，和客户结成伙伴关系，帮助客户管理供应链是国内物流功能的大部分。国际物流，主要是指那些处理进出口物流业务的企业，比如，我国的中外运和中远集团。

4．从对商品所有权的性质划分

从第三方物流提供者对所处理的商品是否拥有所有权可分为两类：

（1）经营性质的第三方物流，它拥有商品所有权，承担经营中的风险；

（2）代理性质的第三方物流，它不拥有商品所有权，赚取的是佣金。

3.3.2　第三方物流企业的来源

大多数第三方物流服务公司是以传统的“类物流”业为起点而发展起来的，如仓储业、运输业、空运、海运、货运代理和企业内的物流部等，具体情况如下：

1．以运输为基础的物流公司

这些公司都是大型运输公司的分公司，有些服务项目是利用其他公司的资产完成的。国外公司如，UPS、FedEx、TNT、DHL 等都是由陆运、空运为主的公司发展成为第三方物流公司的。在中国，以陆上运输为主的如，中外运、大通公司已经逐步向第三方物流转化，而中国有影响的海运公司如，中远、中海等也纷纷成立了第三方物流公司。

传统运输企业发展第三方物流，有以下优势：（1）客户资源：许多运输企业发展第三方物流，实际是客户驱动的，许多客户希望能够提供更加完善和个性化的服务；（2）网络资源：大型的运输企业，一般都有相对健全的运输服务网络，这些网络为网络化的物理服务提供了基础；（3）运作能力：现代物流服务内容丰富，但最核心的物流活动仍是运输，运输能力强弱往往是衡量物流企业管理和运作水平重要的指标。

2．以仓库为基础的物流公司

当传统的仓库业向配送中心转化的时候，这些传统的公共或合同仓库已经有了向第三方物流发展的雏形。当然，传统的仓储业向第三方物流转化并不局限于转变成配送中心，有些仓库的功能延伸指向的是库存管理等。经验表明，基于仓库的公司要比基于运输的公司转为综合物流服务更容易与简单一些。在欧洲，EXCEL logistics 和 Tibbet&Britten 都是由公共仓储业发展成为第三方物流服务商的。

3．以货代为基础的物流公司

货代企业转型第三方物流是在原有的信息服务和货运过程的协调的基础上，通过实物存储和运输环节的延伸，达到为客户提供综合一体化物流的目的。货代本身来说，就有点第三方物流的雏形，他们一般无资产，非常独立，而且介于第一方物流和第二方物流之间，但是传统的货代公司只是简单的提供以信息为基础的货代服务，由于信息技术的发展和电子商务环境的成熟，传统货代的发展空间越来越小，发展第三方物流也就自然而然了。国外的 Emery、BAX、MSAS、Schenker AEI、Circle 等和国内基于华夏货运的华润物流有限公司都是如此。

4．以托运人和管理为基础的物流公司

这一类型的公司是从大公司的物流组织演变而来的，他们将物流专业的知识和一定的资源（如，信息技术）用于提供第三方物流服务。国外的 IBM、Caterpillar 和国内的海尔物流公司，美的的安得物流就是托运人从事第三方物流的典型。这些供应商具有管理母公司物流的经验，因此对外部客户证明了自身的能力。

5．以财务或信息管理为基础的物流公司

这类公司本身就具备第三方物流的许多特征，第三方物流的横向整合是体现对物流服务资源的整合和优化利用。以财务或信息管理为基础的物流公司提供整合资源的管理工具如，控制和监控、采购、跟踪和存货管理等。这类企业有 Accenture、GE Information Services、Encompass 等。

6．港口码头/铁路等

这类企业基于终端作业的优势，并将业务延伸至运输和配送，目前，这类企业的典型代表是 PSA 和 CWT。

7．电子分销商

零部件分销商和增值服务商，也开始进入物流增值服务的领域。服务内容包括：系统配置、EDI、货物跟踪、信息系统集成，库存管理等。

3.4　第三方物流的服务功能

我们在进行第三方物流分析时，将按照一般物流企业习惯的角度，将常见的物流活动分为运输、仓储/配送、信息服务、其他增值服务和总体策划五大类。

1．运输类业务

（1）运输网络设计和规划

在运输类业务中，从物流服务的技术含量来看，应该首推运输网络设计。对于业务覆盖全球的跨国公司来说，其采购、生产、销售和售后服务网络非常复杂，要设计一个高效并在某种程度上协同的运输网络是非常困难的。在技术比较领先的第三方物流公司中，一般有专门的设计专家队伍，通过计算机模型来完成运输网络设计工作。在复杂的运输网络设计中，还要考虑工厂和仓库等选点问题，复杂性会进一步增加。

我国的第三方物流企业，基本上不具备运输网络的设计能力，就是有这方面的业务，也是通过经验来完成的，很少通过计算机模型来完成。

（2）“一站式”全方位运输服务

一站式服务是由物流企业提供多个运输环节的整合，为客户提供门到门的服务。如，在国外非常流行的多式联运业务，就是这类服务。现在，在世界范围内，出现了海运公司上岸的热潮，这些海运公司可以提供国际海运、进出口代理、路上配送等业务，将原来的港到港的服务，延伸到门到门服务。目前，像马士基物流、中远物流、中海物流等都有类似业务。一站式服务涉及很多环节，中间采用多种运输方式。

（3）外包运输力量

在此类业务中，客户在运输需求上，不是完全的外包，而是采用第三方物流企业的运输能力，由第三方物流企业为客户提供运输车辆和人员，客户企业自己对运输过程进行组织、控制和管理。

（4）帮助客户管理运输力量

这也是一类新型的物流业务，客户企业自己拥有运输力量（如，运输车辆和员工），但在物流业务外包时，将这些运输能力转给物流企业，由物流企业负责运输工具的使用和维护及运输人员的工作调配。

这类业务在国外比较常见，尤其是很多企业在采用第三方物流服务前，一般都拥有自己的运输部门，在采用第三方物流服务后，原来的运输部门一般就没有必要设置了，将这一部分业务交给第三方物流企业管理，这是一种比较好的做法。实际上，在我国，企业小而全、大而全现象非常严重，大多数生产制造类企业都有自己的运输部门。这些部门的存在往往成为采用第三方物流的障碍，采用由第三方物流管理客户企业运输工具和人员的做法，值得研究和推广。

（5）动态运输计划

动态运输计划是根据企业的采购、生产和销售情况，合理安排车辆和人员，保证运输的高效率和低成本。在国外，动态运输计划一般也是由计算机自动完成的。如，上海虹鑫物流有限公司，就是通过两个运输调度，为多家客户提供动态运输计划。

（6）配送

严格来讲，配送是仓库作业和运输的综合，是比较复杂的一类运输。在我国，由于整个物流网络还不健全，配送有时被作为一个独立的第三方物流服务项目提出来。以上海为例，消费类产品进入上海连锁零售系统一般有几种模式：一种是直接将产品送给各个连锁系统的配送中心，由配送中心完成向各个门店的配送；另一种是将产品送往独立的第三方物流配送中心，由第三方物流配送中心完成向各个超市的配送。

（7）报关等其他配套服务

在国际物流业务中，还会涉及报关等业务，目前，在国内提供报关业务的一般有专业报关公司、国际货代公司和进出口货物公司。第三方物流公司本身拥有报关权的并不多，但一般都通过和报关公司的合作来为客户提供报关服务。

2．仓储/配送类业务

（1）配送网络设计

配送网络设计包括仓库定位、配送中心能力和系统设计等，是仓储/配送类业务中最具技术含量的领域之一。这一部分服务功能可以作为独立的咨询项目存在，也可以作为物流服务整体方案的一部分。

（2）订单处理

订单处理是仓储配送业务中最常见的第三方物流服务项目。客户企业负责在取得订单后，通过第三方物流企业完成拣货、配送和送货的工作。

（3）库存管理

库存管理实际是物流管理中最核心和最专业的领域之一。完整的库存管理包含市场、销售、生产、采购和物流等诸多环节，一般企业不会将库存管理全部外包给第三方物流企业，而是由客户企业自身完成库存管理中最复杂的预测和计划部分，但在库存管理执行环节，第三方物流却大有作为，如与仓储有关的库存管理主要涉及存货量的统计、补货策略等。在一站式物流管理中，第三方物流企业甚至可以通过对客户历史数据的挖掘，为客户提供专业化建议。

关于库存管理还有一种特殊的服务模式，在涉及商流的贸易类物流中，物流企业根据同客户企业制定的库存策略，自行完成特定产品的库存管理。

（4）仓储管理

仓储管理的内容一般包括货物搬移、装卸、存储活动等，是最常见的传统物流服务项目。

（5）代管仓库

代管仓库也是一种比较常见的合作形式。这种情况一般发生在客户企业自己拥有仓库设施，在寻求物流服务商时，将自己仓库的管理权一并交给物流企业管理。

（6）包装和流通加工

包装和流通加工是仓储类业务中的重要增值服务内容之一。随着物流模式的创新，包装和物流加工的服务内容也更加丰富，如运输包装、促销包装、配货包装等。

3．信息服务

（1）信息平台服务

客户通过第三方物流信息平台（如，EDI、XML），实现同海关、银行、合作伙伴等的连接，完成物流过程的电子化。我国有些城市目前在推行电子通关服务，将来有大量的第三方物流企业都要实现同海关系统的连接，客户可以借助第三方物流企业的信息系统，实现电子通关。

（2）物流业务处理系统

有许多客户使用第三方物流企业的物流业务处理系统，如仓库管理系统和订货处理系统等，完成物流过程的管理。随着物流复杂性的增加和物流业务管理系统的完善，这方面的信息服务还将进一步加强。

（3）运输过程跟踪

信息跟踪是另一类信息服务，就目前的市场看，信息跟踪服务主要集中在运输过程的跟踪。而在发达国家，通过 GPS/GIS 系统等跟踪手段，已经做到了运输过程和订单处理的实时跟踪。如，FedEx、UPS 等快递公司，都为其客户提供全程跟踪服务。

4．其他增值服务

（1）延后处理

延后处理是一种先进的物流模式，企业在生产过程中，在生产线上完成标准化生产，但对其中个性化的部分，要根据客户需求再进行生产和加工。

（2）零件成套

零件成套就是将不同的零部件在进入生产线前完成预装配的环节。如汽车制造商，一般委托第三方物流企业管理零配件仓库，在零配件上装配线之前，可以在仓库内完成部分零件的装配。

（3）供应商管理

第三方物流提供的供应商管理包括两类，一类是对运输、仓储等提供物流服务的供应商的管理；另一类就是近几年才出现的，由第三方物流对客户企业的原材料和零配件供应商的管理。供应商管理一般包括以下内容：

①供应商的选择；

②供应商的供货；

③供应商的产品质量的检验；

④供应商的费用结算等。

（4）货运付费

货运付费是第三方物流常见的业务之一，在第三方物流服务过程中，第三方物流企业一般代理客户付海运等费用，在国内，此类收费一般称为代垫、代付费用。

（5）JIT 制造支持

JIT 制造支持是一种新型的第三方物流服务。在准时制的生产体系中，第三方物流提供的服务有及时的采购运输和生产线的及时供货。

（6）咨询服务

第三方物流企业提供的咨询服务包括物流相关政策调查分析、流程设计、设施选址和设计、运输方式选择、信息系统选择等工作。

（7）售后服务

售后服务对于第三方物流来说，是一个新的服务领域，一般包括退货管理、维修、保养、产品调查等项目。

5．物流系统总体策划

目前有一种倾向，就是将物流体系的总体规划内容划为第四方物流的服务范围，成为一个更加专业的独立领域。但在目前实际运作中，为客户提供物流系统总体策划的服务仍可看成是第三方物流企业一项重要的服务内容。同时，能否具备这种能力也可作为第三方物流公司主动提升自身专业水平的一种重要手段。

实际上，第三方物流的服务内容远不止以上五个方面的内容，很多内容都是在合作过程中新开发出来的。第三方物流的服务内容从在具体合作中出现的频率看，在不同的国家也有明显的不同。表 3-1 列出了在欧洲和美国第三方物流一般提供的服务项目。

表 3-1　第三方物流提供的服务项目

物流功能	欧洲（%）	美国（%）
仓库管理	74	54
合同配送	56	49
车辆管理	51	30
订单履行	51	24
产品回收	39	3
搬运选择	26	19
信息系统	26	30
运价谈判	13	16
物流加工	10	8
订单处理	10	3
库存管理	8	5
零配件供应	3	3

3.5 第三方物流的利益来源

第三方物流发展的推动力就是要为客户及自己创造利润。第三方物流公司必须以有吸引力的服务来满足客户需要，服务水平必须符合客户的期望，要使客户在物流方面得到利润，同时自己也要获得收益。因此，第三方物流公司必须通过自己物流作业的高效化、物流管理的信息化、物流设施的现代化、物流运作的专业化、物流量的规模化来创造利润。

1．作业利益

第三方物流服务首先能为客户提供“物流作业”改进利益。一方面，第三方物流公司可以通过第三方物流服务，提供给客户自己不能自我提供的物流服务或物流服务所需要的生产要素，这是产生物流外包并获得发展的重要原因。在企业自行组织物流活动情况下，或者局限于组织物流活动所需要的专业知识，或者局限于自身的技术条件，是企业内部物流系统难以满足自身物流活动的需要，而企业自行改进或解决这一问题又往往是不经济的。物流作业的另一个改进就是改善企业内部管理的运作表现，增加作业的灵活性，提高质量和服务、速度和服务的一致性，使物流作业更具效率。

2．经济利益

第三方物流服务为客户提供经济或与财务相关的利益是第三方物流服务存在的基础。一般低成本是由于低成本要素和规模经济的经济性而创造的，其中包括劳动力等要素成本。通过物流外协，可以将不变成本转变成可变成本，又可以避免盲目投资而将资金用于其他用途从而降低成本。

稳定和可见的成本也是影响物流外协的积极因素，稳定成本时的规划和预算手续更为简便。一个环节的成本一般来讲难以清晰地与其他环节区分开来，但通过物流外协，使用第三方物流服务，则供应商要申明成本和费用，成本的明晰性就增加了。

3．管理利益

第三方物流服务给客户带来的不仅仅是作业的改进及成本的降低，还应该给客户带来与管理相关的利益。正如前面所述，物流外包可以使用企业不具备的管理专业技能，也可以将企业内部管理资源用于别的更有利可图的用途中，并与企业核心战略相一致。物流外包可以使公司的人力资源更集中于公司的核心活动，而同时获得的是第三方物流公司的核心经营能力。

此外，如单一资源和减少供应商数目所带来的利益也是物流外包的潜在原因，单一资源减少了公关等费用，并减轻了公司在几个运输、搬运、仓储等服务商间协调的压力。第三方物流服务可以给客户带来的管理利益还有很多，如：订单的信息化管理、避免作业中断、运作协调一致等。

4．战略利益

物流外包还能产生战略意义。包括地理范围跨度的灵活性（设点或撤销）及根据环境变化进行调整的灵活性。集中主业在管理层次与战略层次高度一样具有重要性。共担风险的利益也可以通过第三方物流服务来获得。

3.6 第三方物流的价值与价值创造

3.6.1 第三方物流的价值

1．第三方物流的成本价值

在竞争激烈的市场上，降低成本、提高利润率往往是企业追求的首选目标。这也是物流在20世纪70年代石油危机之后其成本价值被挖掘出来作为“第三利润源”受到普遍重视的原因。物流成本通常被认为是企业经营中较高的成本之一，控制物流成本，就等于控制了总成本。完整的企业物流成本，应该包括物流设施设备等固定资产的投资、仓储、运输、配送等费用（即狭义的物流费用），以及为管理物流活动所需的管理费、人工费和伴随而来的信息传递、处理等所发生的信息费等广义的物流费用。在衡量物流成本的增减变动时，应全面考虑所有这些有关的费用构成的物流总成本，而不能仅以运输费用和仓储费用的简单之和作为考察物流成本变动的指标，否则企业在进行物流成本控制或采用第三方物流后，最终核算时有可能会得出企业物流成本不降反升的错误结论。

企业将物流业务外包给第三方物流公司，由专业物流管理人员和技术人员，充分利用专业化物流设备、设施和先进的信息系统，发挥专业化物流运作的管理经验，以求取得整体最佳的效果，企业可以不再保有仓库、车辆等物流设施，对物流信息系统的投资也可转嫁给第三方物流企业来承担，从而可减少投资和运营物流的成本；还可以减少直接从事物流的人员，从而减削工资支出；提高单证处理效率，减少单证处理费用；由于库存管理控制的加强可降低存货水平，削减存货成本；通过第三方物流企业广泛的结点网络实施共同配送，可大大提高运输效率，减少运输费用等。这些都是第三方物流能够产生的成本价值。对企业而言，应建立一套完整的物流成本核算体系，以便真实地反映企业实施物流控制或采用第三方物流所带来的效益，促使企业物流活动日趋合理化。

2．第三方物流的服务价值

在社会化大生产更加扩大，专业化分工愈加细化的今天，服务成为企业竞争的关键因素。以最小的总成本提供预期的顾客服务已成为企业努力的方向，帮助企业提高顾客服务水平和质量也正是第三方物流所追求的根本目标。服务水平的提高会提高顾客满意度，增强企业信誉，促进企业的销售，提高利润率，进而提高企业市场占有率。在市场竞争日益激烈的今天，高水平的顾客服务对于现代企业来说是至关重要的，它是企业优于其同行的一种竞争优势。物流能力是企业服务的内容之一，会制约企业的顾客服务水平。例如，在生产时由于物流问题使采购的材料不能如期到达，也许会迫使工厂停工，不能如期交纳顾客订货而承担巨额违约金，更重要的是会使企业自身信誉受损，销量减少，甚至失去良好合作的顾客。这就是为什么现代企业如此重视服务，重视物流的原因之一。物流服务水平实际上已成为企业实力的一种体现。而第三方物流在帮助企业提高自身顾客服务水平上自有其独到之处。利用第三方物流企业信息网络和结点网络，能够加快对顾客订货的反应能力，加快订单处理，缩短从订货到交货的时间，进行门对门运输，实现货物的快速交付，提高顾客满意度；通过其先进的信息技术和通信技术可加强对在途货物的监控，及时发现、处理配送过程中的意外事故，保证订货及时、安全送达目的地，尽可能实现对顾客的承诺；产品的售后服务，送货上门，退货处理，废品回收等也可由第三方物流企业来完成，保证企业为顾客提供稳定、可靠的高水平服务。

企业对物流的控制和管理，实际上就是成本与服务之间的一种均衡，而且在市场环境下，服务甚至比成本更重要。现代企业必须充分认识顾客服务的重要性，在考虑是否采用第三方物流时，应处理好成本与服务的均衡问题，不应一味追求物流成本的削减，即使在企业自己从事物流时也应如此。因为低成本往往容易导致低服务，过分压价，会使第三方利益受损，无力通过自身积累来扩大规模，也就无力给企业提供更好的服务，反过来也会损害企业自身的长远利益。应该说只要企业顾客服务水平的提高所带来的效益大于其成本支出，那么这种决策就是可取的。只有当企业采用第三方物流后既增加成本，服务水平又不见有提高甚至下降时，企业才应该重新决策。

3．第三方物流的风险分散价值

企业如果自己运作物流，要面临两大风险，一是投资的风险，二是存货的风险。前面已经说过，企业自营物流是要进行物流设施、设备的投资的，如建立或租赁仓库、购买车辆等。这样的投资往往比较大，而如果企业物流管理能力较低，不能将企业拥有的物流资源有效协调、整合起来，尽量发挥其功用，致使物流效率低下，物流设施闲置，那么企业在物流上的投资就是失败的，这部分在物流固定资产上的投资将面临无法收回的风险。另一方面，企业由于自身配送能力、管理水平有限，为了及时对顾客订货作出反应，防止缺货和快速交货，往往需要采取高水平库存的策略，即在总部以及各分散的订货点处维持大量的存货。而且一般来说，企业防止缺货的期望越大，所需的安全储备越多，平均存货数量也越多。在市场需求高度变化的情况下，安全库存量会占到企业平均库存的一半以上，对于企业来说就存在着很大的资金风险。尽管存货属于流动资产的一种，但它不仅不是马上就能动用的资产，而且它还需要占用大量资金。存货越多，变现能力往往越弱，企业资金越少。而且随着时间的推移，存货越有贬值的风险。在库存没有销售出去变现之前，任何企业都要冒着巨大的资金风险。企业如果通过第三方物流企业进行专业化配送，由于配送能力的提高，存货流动速度的加快，企业可能减少内部的安全库存量，从而减少企业的资金风险，或者把这种风险分散一部分给第三方物流企业。

4．第三方物流的竞争力提升价值

企业利用第三方物流，可使自身专注于提高核心竞争力。生产企业的核心能力是生产、制造产品，销售企业的核心能力是销售产品。而且随着外部市场环境的变化，企业的生产经营活动已变得越来越复杂。一方面，企业需要把更多的精力投入自己的生产经营当中；另一方面，企业交往的对象更多了，所要处理的关系也更为复杂，在处理各种关系和提高自身核心能力上，企业的资源分配便会出现矛盾。如果将企业与顾客间的物流活动转由第三方物流企业来承担，便可大大降低企业在关系处理上的复杂程度。企业通过采用第三方物流后，原来的直接面对多个顾客的一对多关系变成了直接面对第三方物流的一对一关系，企业在物流作业处理上避免了直接与众多顾客打交道而带来的复杂性，简化了关系网，便于将更多精力投入自身的生产经营中。

此外，作为第三方物流企业，可以站在比单一企业更高的角度上来处理物流问题，通过其掌握的物流系统开发设计、信息技术能力将原材料供应商、制造商、批发商、零售商等处于供应链上下游的各相关企业的物流活动有机衔接起来，使企业能够形成一种更为强大的供应链竞争优势，这是个别企业所无法实现的工作。

在专业化分工越来越细的时代，再有实力的企业也不可能面面俱到，什么都做得很好。把自己较不擅长的部分，或者说不是自己核心能力的部分给第三方来承担，扬长避短，实际上就使得企业和第三方物流各自的优势得到强化，既能促使企业专注于提高自身核心竞争力，有助于企业的长远发展，又有利于带动物流行业整体的发展。

5．第三方物流的社会效益

以上所说的，实际上可归为第三方物流的经济价值，而除了其独特的经济效益外，第三方物流还具有另一种被大多数人所忽视的价值——社会效益。首先，第三方物流可将社会上众多的闲散物流资源有效整合、利用起来。在过去的计划经济体制下，受大而全、小而全思想的影响，我国很多企业都建有自己的仓库、车队，而且往往也存在仓储设施老化、仓储管理人员素质低下等问题。企业各自进行分存储，导致物流设施使用低效，有的企业仓库不足，需扩建，而有的企业仓库则大量闲置、浪费，造成社会物流资源的不合理配置；自行组织运输则使运输效率低下，社会运力得不到有效利用，车辆空驶现象普遍，运输成本高。而且企业由于受到原有一套物流系统的限制，很难依靠自身力量来进行更新改造，强化物流管理。而通过第三方物流企业专业的管理控制能力和强大的信息系统，对企业原有的仓库、车队等物流资源进行统一管理、运营、组织共同存储、共同配送，将企业物流系统社会化，实现信息、资源的共享，则可从另一个角度上极大地促进社会物流资源的整合和综合利用，提高整体物流效率。

其次，第三方物流有助于缓解城市交通压力。通过第三方物流的专业技能，加强运输控制，通过制定合理的运输路线，采用合理的运输方式，组织共同配送、货物配载等，可减少城市车辆运行数量，减少车辆空驶、迂回运输等现象，解决由于货车运输的无序化造成的城市交通混乱、堵塞问题，缓解城市交通压力。由于城市车辆运输效率的提高，可减少能源消耗，减少废气排放量和噪声污染等，有利于环境的保护与改善，促进经济的可持续发展。

最后，第三方物流的成长和壮大可带动中国物流业的发展，对中国产业结构的调整和优化有着重要的意义。

3.6.2 第三方物流的运作价值

第三方物流服务供应商面临着的挑战是要能提供比客户自身物流运作更高的价值。他们不仅考虑同类服务的提供者的竞争，还需要考虑到潜在客户的内部运作。第三方物流提供商一般需要从提高物流运作效率、与客户运作的整合、发展客户运作三方面创造运作价值。

1．创造比客户更高的运作效率

物流运作效率的提高意味着对每一个最终形成物流的单独活动进行开发（如，运输、仓储等）。例如：仓储的运作效率取决于足够的设施与设备及熟练的运作技能。在作业效率范围内另一个更先进的作用是协调连续的物流活动。除了作业技能外，还需要协调和沟通技能。协调和沟通技能在很大程度上与信息技术相关联，协调与沟通一般是通过信息技术这一工具来实现的。如果存在着有利的成本因素，并且公司的注意力集中在物流方面，那么用较低的成本提供更好的服务是非常有可能的。

2．客户运作整合

第三方物流服务带来增值的另一个方法是引入多客户运作，或者是在客户中分享资源。

例如，多客户整合的仓储和运输网络，可以利用相似的结合起来的资源，整合运作规模效益成为提高效率的重要方面。第三方物流整合运作的复杂性很高，需要更多的信息技术与技能。这一整合增值方式对于单个客户进行内部运作的很不经济的运输与仓储网络也适用。因此表现出来的规模经济效益是递增的，如果运作得好，将导致竞争优势及更大的客户基础。当然，一些拥有大量货流的大客户也常常投资协调和沟通技能及其资产，自行整合公司的物流资源。

3．横向或者纵向整合

前面讨论的主要是第三方物流客户的内部运作外包化带来的效率的提高，其实从第三方物流服务供应商角度看，也需要进行资源整合，业务外包。对无资产主要是以管理外部资源为主的第三方物流服务提供商，这类公司为客户创造价值的技能是强有力的信息技术和物流规划管理与实施等技能，它可以通过纵向整合，购买具有成本和服务优势的单项物流功能作业或资源，发展同单一物流功能提供商的关系，也是创造价值的一种方法，这样，物流供应商可以专注于自己和新的能力的服务。在横向上，第三方物流公司如果能够结合类似的但不是竞争的公司，可以联合为客户服务，扩大为客户提供服务的地域覆盖面。

4．发展客户运作

第三方物流公司为客户创造价值的另一类方式是通过发展客户公司及组织运作来获取价值，这种第三方物流服务基本上接近传统意义上的物流咨询公司所做的工作，所不同的是这时候提出的解决方案要由物流供应商自己来开发，完成运作。增值活动中的驱动力在于客户自身的业务过程，所增加的价值可以看成源于供应链管理与整合。

3.7　第三方物流的优越性与风险

3.7.1　第三方物流的优越性

物流业在第二次世界大战后得到迅速发展，是由社会生产力发展水平决定的。第二次世界大战以后，企业内部生产水平的进一步下降，伴随着存货管理已实现生产与分配间的“零库存”的优化，这意味着原材料、部件与组件的备货时间应该大大减少。同时全球经济一体化进程的迅速发展和新兴市场的形成，迫使企业采用全球战略，以寻找他们的生产资源，越来越多的产品作为全球产品在世界范围销售。这些需求构成了物流发展的源动力，其中企业内部生产水平的降低是主要原因。同时，为参与世界性竞争，企业必须降低产品的成本（包括生产成本和销售成本），降低库存（包括仓储和运送过程中的库存），增加效益；企业要求准确及时的信息，要求增加整个供应链流程的可视性。第三方物流提供者为企业解决了上述难题，因此，越来越多的企业纷纷选择了物流业务的外包。

第三方物流给企业（顾客）带来了众多益处，主要表现在：

1．有利于集中主业

一般来说，任何企业的资源都是有限的，生产企业的关键业务不会是物流业务，并且物流业务也不是他们的专长，企业应把自己的主要资源集中于自己擅长的主业，而把物流等辅助业务留给物流公司。而新兴的第三方物流企业由于从事多项物流项目的运作，可以整合各项物流资源，使得物流的运作成本相对较低，物流作业更加高效，生产企业如果将物流业务交给他们来做，将得到更加专业的物流服务，同时也可以集中精力开展核心业务。

例如：美国通用汽车的萨顿工厂通过与赖德专业物流公司的合作，取得良好的效益。萨顿工厂集中于汽车制造，而赖德物流管理萨顿工厂的物流事务。赖德工厂接洽供应商，将零部件运到位于田纳西州的萨顿工厂，同时将成品汽车运到经销商那里。萨顿物流使用电子数据交换（EDI）进行订购，并将信息发送给赖德物流。赖德物流从分布在美国、加拿大和墨西哥的300个不同的供应商那里进行所有必要的小批量采购，并使用特殊的决策支持系统软件来有效地规划路线，使运输成本最小化。

2．业务优势

（1）使生产企业获得自己本身不能提供的物流服务。由于客户所从事的行业不同，由此带来的客户服务要求也是千差万别的，例如：生鲜产品对快速、及时、冷藏的要求，危险化工品对安全、仓储设备的要求。这些要求的差异往往是生产企业内部的物流系统所不能满足的，但却是第三方物流市场细分的基础。生产企业通过物流业务的外包就可以将这些任务转交给第三方物流公司，由他们来提供具有针对性的定制化物流服务。

（2）降低物流设施和信息网络滞后对企业的影响。小企业的物流部门缺乏与外部资源的协调，当企业的核心业务迅猛发展时，需要企业物流系统快速跟上，这时企业原来的自营物流系统往往由于硬件设施和信息网络的局限而滞后，而物流第三方恰好可以突破这种资源限制的瓶颈。

3．成本优势

（1）第三方物流可降低生产企业运作成本。专业的第三方物流提供商利用规模生产的专业优势和成本优势，通过提高各环节资源的利用率实现费用节省，使企业能从分离费用结构中获益。对于生产性企业来说，物流成本在整体生产成本中占据了较大的比重。另外，由于企业使用外协物流作业，可以事先得到物流服务供应商声明的成本或费用，可变成本转变成不变成本，稳定的成本使得规划和预算手续更为简便，这也是物流外包的积极因素。

（2）第三方物流可以减少固定资产投资，加速资本周转。现代物流领域的设施、设备与信息系统的投入是相当大的，企业通过物流外包可以减少对此类项目的建设和投资，变固定成本为可变成本，并且可以将由物流需求的不确定性和复杂性所带来的财务风险转嫁给第三方。尤其是那些业务量呈现季节性变化的公司，外包对公司资产投入的影响更为明显。

（3）灵活运用新技术，实现以信息换库存，降低成本。当科学技术日益进步时，专业的第三方物流供应商能不断地更新信息技术和设备，而普通的单个制造公司通常一时间难以更新自己的资源或技能；不同的零售商可能有不同的、不断变化的配送和信息技术需求，此时，第三方物流公司能以一种快速、更具成本优势的方式满足这些需求，而这些服务通常都是制造商一家难以做到的。同样，第三方物流供应商还有可以满足一家企业的潜在顾客需求的能力，从而使企业能够接洽到零售商。

如，美国赖德专业物流公司向一家床垫制造商西蒙斯公司（Simmons）提供一种新技术，使得后者彻底改变了自己的经营方式。在合作前，西蒙斯公司在每一个制造厂储存了20 000到50 000个床垫来适时满足客户的时尚需求。合作后，赖德在西蒙斯的制造厂安排一个现场物流经理。当订单到达时，该物流经理使用特殊的软件来设计一个把床垫发送给客户的优化顺序和路线。随后这一物流计划被发送到工厂的楼底，在那里按照确切的数量、款式和顺序制造床垫，并全部及时发送。该项物流合作从根本降低了西蒙斯对库存的需求。

4．客服优势

（1）第三方物流的信息网络优势。第三方物流企业所具有的信息网络优势使得他们在提高顾客满意度上具有独特的优势。他们可以利用强大便捷的信息网络来加大订单的处理能力、缩短对客户需求的反映时间、进行直接到户的点对点的配送，实现商品的快速交付，提高顾客的满意度。

（2）第三方物流的服务优势。第三方物流企业所具有的专业服务可以为顾客提供更多、更周到的服务，加强企业的市场感召力。另外，设施先进的第三方物流企业还具有对物流全程监控的能力，通过其先进的信息技术和通信技术对在途货物的实施监控，及时发现、处理配送过程中出现的意外事故，保证订货及时、安全送到目的地。

5．有利于建立本地关系而全面进入新的市场

通过专业化的发展，第三方物流企业通常已经开发了信息网络并积累了针对不同物流市场的专业知识，包括运输、仓储和其他增值服务，在国内外有良好的运输和分销网络。希望拓展国际市场或其他地区市场以求发展的企业，可以借助这些网络，以较为经济的方式进行市场渗透。特别是对于某些物流还处于管制状态的地区，利用第三方物流，企业可以开展自身无法开展的物流业务。

6．有利于提升企业形象

如前所述，第三方物流企业与客户企业之间是相互依赖的市场共生关系，两者是战略合作伙伴关系，不是竞争对手。第三方物流企业为客户着想，通过全球性的信息网络使客户的供应链管理完全透明化，客户企业可以随时通过 Internet 了解供应链的情况；第三方物流企业是物流专家，他们利用完备的设施和训练有素的员工对整个供应链实现完全的控制，减少物流的复杂性；他们通过遍布全球的运输网络和服务提供者大大缩短了交货期，从而也帮助了客户企业改进服务，树立了自己的品牌。

3.7.2　第三方物流的风险

与自营物流相比，第三方物流在给使用企业带来诸多好处的同时，也会给企业带来一些风险，主要有：

风险 1：物流外包市场不成熟

企业基于第三方物流进行物流外包是否成功与物流外包市场是否成熟密切相关。如果物流外包市场不成熟，那么物流外包市场中将很少存在提供第三方物流的服务承包商，或者即使市场上存在一些第三方物流的服务承包商，但这些公司也普遍没有经过第三方的资质论证。在这种情况下，企业如果要进行物流业务外包，必然增大物流服务提供商的信息搜集成本、外包运作过程中的监控成本以及更换物流服务商的转换成本，即交易成本增加，从而造成企业期望通过外包物流降低物流成本的努力变成徒劳。在一个不成熟的外包市场环境中进行物流的“完全型”外包，风险非常大，成功的可能性非常小。

风险 2：物流外包目标不明确

企业外包物流给第三方物流公司必须有一个非常明确的物流外包目标。不同的企业物流外包的目标存在很大差异。对于生产功能性产品的企业（如，家用电器、日用品等）与生产

创新性产品的企业（如，手机、电脑、服装等），他们外包物流的目标完全不同。前者希望通过外包物流降低物流外包成本、提高物流外包的服务水平；而后者，则更注重通过外包物流，缩短物流周期，以便对快速变化的市场流行趋势作出及时反应。如果对于生产功能性产品的企业过于关注通过外包物流缩短物流周期以快速响应市场需要，而对于生产创新性产品的企业则过于关注通过外包物流降低物流外包成本，则大错特错。因此，物流外包的目标必须明确。

风险 3：物流外包范围确定不当

物流外包业务范围确定不当，将会导致物流资源支离破碎。如果将紧密联系的物流资源部分外包或分别外包给不同的服务商，则可能会导致严重的沟通协调问题。当出现问题时，不同的服务商容易相互推诿自己的责任，这样容易掩盖问题的真相。当然，与该风险相关的因素较多，但如果选择了合适的外包业务类型，风险会明显减少。

另一方面，物流外包范围确定不当还会导致公司丧失学习机会和培养核心竞争力机会的风险。通过不恰当的物流外包环节，有时破坏了作为整体的设计、生产、运输等活动的互动关系，从而影响了公司的核心竞争能力。

风险 4：与承包商关系定位不准确

借鉴 Pinnington 和 Woolcock 的观点，结合物流外包的特点，企业外包方与第三方物流承包商之间存在四种关系类型：交互战略（Reciprocal Strategy），客户主导战略（Client Dominant Strategy），服务商主导战略（Vendor Dominant Strategy）和优选服务商战略（Preferred Vendor Strategy）。当外包方和承包商都处在开放、竞争的商业环境中，双方具有均衡的谈判能力时，可以采用交互战略；当外包方为了有效控制物流资源，将物流资源分割，与较多的服务商签订时间较短、范围较小的服务合同，以此获得主导权，可以采用客户主导战略；当外包方外包大部分或全部物流资源给服务承包商，该外包关系是服务商主导战略；当双方共同分享外包的成果和共担外包的风险时，可以采用优选服务商战略。这四种关系类型应该分别对应于物流外包的不同策略。如果物流外包策略与关系定位错位，必然导致相应的风险。

风险 5：选择承包商失误

选择合适的承包商是企业能否在竞争中取得成功的关键环节，即“一着不慎，全盘皆输”。选择物流承包商通常是为了降低物流成本、实现物流质量、交货期以及财务状况的改善和提高，并且选择服务承包商时一般通过招标方式挑选，不仅考虑价格、质量，而且还必须考虑资质和信誉。但是，在实际评价过程中，由于存在许多影响招标决策的不确定因素，往往根据一定经验，定性地考评和选择承包商，甚至某种程度上还存在着部门或个人利益驱动下的外包关系，导致承包商的评价选择不能客观公正，从而导致物流的外包风险。

由于企业和承包商之间存在信息的不对称，特别是承包商比企业更了解自己的资质、真实的技术实力和能够提供的服务水平，但是他们有可能为了自己的利益向企业提供不充分或不真实的信息，从而导致了“逆向选择”（Adverse Selection）——企业误选了不适合自身实际情况的承包商。

风险 6：错误的物流外包决策

企业进行物流外包一般需要经过战略层次的物流外包决策和战术层次的物流外包决策。在战略层次，物流业务外包决策的核心问题是：物流外包是否可行。物流外包是否可行主要取决于物流业务是否是核心业务。如果物流业务是企业的非核心业务，则物流外包可行；如果物流业务是核心业务，则物流外包不可行。在这一战略决策过程中，物流外包决策的风险主要在于企业往往不能准确判断物流业务是否是核心业务。另外，在战术层次方面，物流外包决策需要对战略层次可行的物流外包进行进一步的物流业务分析，以决策是“选择性外包”还是“完全型外包”。在这一战术决策过程中，物流外包决策直接决定了物流外包的风险和收益。

风险 7：与承包商签订不恰当的合同。

严谨的外包合同是外包成功的开端。通过严谨的合同可以适当地约束双方，一旦因利益分歧产生纠纷时，能有一个依据的标准。然而，在实际操作过程中，企业往往会与物流服务承包商签订“标准”合同。由于物流服务承包商在涉及物流外包业务技术指标时更有经验并处于主导地位，因此，包含非常详细的技术指标的刚性合同，不可避免地会在这些技术指标后隐藏“额外”费用。同时，由于技术更新速度快，物流服务承包商缺乏来自企业的激励，为赚取更多利益反而会限制新技术的应用或服务费用的降低。这种由于信息不对称的隐蔽行动从而导致“败德行为”（Moral Hazard）。

风险 8：内部工作人员的抵触。

企业物流外包往往会影响企业的内部业务流程，需要企业的内部业务流程重组。这个过程很可能对所有员工都产生影响，受到企业内部员工的抵制而对企业正常的生产经营产生负面影响。

风险 9：运营信息泄漏。

在物流外包合作过程中，合作双方的一方发生变化，另一方也应尽快随之调整，才能达到预期双赢的目的。然而，在企业利用第三方物流供应商获得服务时，往往面临对有价值运营信息失控的风险。物流外包企业为了更好地适应市场环境变化和顾客需求，在未曾与第三方物流供应商进行及时沟通的情况下私自调整产品结构，而第三方物流供应商依然以原来的模式为外包企业提供物流服务，可能导致物流运作的某个环节发生阻碍，不能达到预期的物流绩效，造成了不必要的损失；如果物流外包企业把企业的产品结构调整如实地告知第三方物流供应商后，由于第三方物流供应商不慎泄漏外包企业的发展战略，并被外包企业的竞争对手知道，物流外包企业将陷入竞争的被动局面，从而造成巨大损失。

风险 10：没有有效的服务绩效测评。

当物流外包进行运作时，企业必须建立有效的服务绩效指标，并对物流外包的绩效测评。物流外包的绩效测评包括：物流费用测评和服务质量测评。物流费用测评包括：评价每笔订单物流运作费用、物流外包费用等。服务质量测评需要评价第三方物流供应商提供物流服务的客户满意度、送货及时率、准确率、货损货差率等。绩效评价指标应该系统地评价第三方物流供应商的整个物流运作过程，准确地反映第三方物流供应商与合作企业的关系，有效地实现第三方物流供应商与企业用户的整合。然而，物流外包企业往往存在没有有效的服务绩效测评体系的风险，无法对物流外包的日常运作作出有效评估。

风险 11：不能有效地进行计划组织。

当物流外包进行运作时，企业运营活动的计划组织由企业与物流服务承包商之间共同完成，计划组织所需的人财物资源也由双方共同提供。在这种情况下，企业一定要在“控制”与“信任”之间寻找平衡点。如果过于“信任”各物流服务商，给予服务提供商很大的行动空间，缺乏有效的监控，必将造成对物流服务商的失控，从而不能有效地对其资源进行计划控制和组织；如果过于“控制”各物流服务商，会引起他们的不良情绪，失去对企业的信任，甚至中断与企业的合作关系。

风险 12：不能有效地沟通协商。

物流外包的运作过程，不只是物流本身的运作问题，更重要的是在运作过程中外包方和承包商之间往往需要有效的协商与沟通。但在物流外包合作中，合作双方一方面渴望交流，同时合作双方又存在一定的文化与观念上的差异，管理风格和行政制度各不相同，各自的价值取向也不相同，这就需要合作双方进行有效地沟通和协调。如果处理不当，甚至在沟通协调中不能正确对待企业间的文化冲突，就可能导致双方员工互相猜疑，引发双方员工非理性报复，从而致使物流外包合作失败。国外许多管理学家研究表明，许多企业之间的合作失败几乎都是因为忽视了企业之间的文化和观念上的差异带来的后果。

风险 13：不能对物流外包的阶段性结果作出正确的评价。

经过一定外包阶段或者合同期满，企业应该对物流服务商提供的服务质量进行总体评价。然而，总体评价是否能科学准确地反映物流外包效果非常重要。因为总体评价的结果直接决定合同激励措施的兑现和处罚措施的实行，同时，根据测评结果决定是否继续聘用该承包商，以及是否重新签订合作合同。

3.8 第三方物流决策

3.8.1 第三方物流决策的必要性

采用第三方物流服务能给使用企业带来诸多好处，但同时也伴随着一些风险，第三方物流的优越性不是绝对的。第三方物流的优越性是在同自营物流的比较中体现出来的相对优越性，不是在任何情况下都能体现出其优越性。

事实上，现实中企业的物流运作有很多形式，并不是任何企业都需要采用第三方物流服务。在物流业务外包盛行的今天，自营物流同样有存在的必要。对于有些企业而言，如果物流活动不是很复杂，物流活动波动不是很大，企业可以选择自营物流。有些企业的产品有特殊性，如药品、冷藏品等，对物流设施、设备有特殊要求，企业也可以选择自营物流。有些企业的物流本身就是其经营中的核心能力，完全可以选择也应该选择自营物流，如 2001 荣登世界 500 强企业之首的美国沃尔玛公司，其成功的一个决定性因素就是拥有一个强大的物流配送和供应链支持系统。

3.8.2 第三方物流决策的含义

所谓决策，就是泛指作出决定，即人们在采取一项行动之前，反复比较和权衡各种方案的优劣，然后作出决定。在现代管理科学中，对决策常有两种解释：狭义理解和广义理解。狭义理解，认为决策就是作出决定，仅限于对不同的方案作出最佳选择。广义理解，把决策看成是一个过程，即为了实现某一特定系统的预定目标，在占有信息和经验的基础上，根据客观条件，提出各种备选方案，应用科学的理论和方法，进行必要的判断、分析和计算，按照某种准则，从中选出最满意的方案，并对方案的实施进行检查，直到目标实现的全过程。后一种广义理解的代表人物是美国的 H.A.Simon，他提出了“管理就是决策”的著名论断，把决策行为贯穿于管理的全过程。

第三方物流决策是企业考虑使用第三方物流服务时的决策问题，引用的是决策的狭义理解，泛指企业在选择自营物流和外包物流活动时作出的是否使用第三方物流服务以及在多大程度上使用第三方物流服务的决定。

3.8.3 第三方物流决策模型

1．一般性模型

一般学者，如 Oliver Williamson、Prahalad & Hamel 都是从两方面着手来研究外包决策的模型，即交易费用经济和核心能力。根据集成模型，企业可以在基于层级制度的物流自营、基于市场的市场交易或在介于两者之间的内部外包或外部外包的混合形式之间作出正确选择。外部外包是指与物流供应商之间通过缔结正式的或非正式的协议，建立起长期的伙伴关系。内部外包一般是将业务交由集团公司的独立的利润中心，在公司之间市场因素起着作用。内部外包也可组织成独立公司的横向协作体，有时采用一般服务公司（合资企业），甚至是资本投资。

依据交易费用理论，当物流资产的专用性程度和交易频率都很高，且产出有较高的不确定性时，则专用性资产应纳入一体化的层级组织中，即自己运作（也可根据需要采用内部外包）。当交易是一次性的，且资产的专用性程度较低，则市场交易是合适的。当物流资产的专用性一般，且交易重复发生时外包就是最优选择。如果在物流运作中，几乎不需要与交易伙伴交换信息，则外部外包不仅可以节省信息费用，而且还能够从外部外包伙伴中获取规模经济。如果物流资产的专用性较高，则交易之前、当中、之后必须有充分的信息沟通为支撑，这样，市场交易成本就会极其高昂，此时如果从外部组织又不可能获得规模经济，物流运作采用内部外包应是最好的选择。

企业在物流运作中从自己生产到外包（混合形式）到市场化，很显然，层级协作的程度越来越低、市场协作的程度越来越高。

依据核心能力理论，企业在物流运作中，只有当物流资源可用于多种用途，属于企业的核心能力时，物流业务才不应该外包，而应该自己运作。否则就应该考虑采用外包或市场化运作。具体说来，虽然物流不是企业的核心能力，但物流却是企业的核心活动，或近核心活动，而且集团公司内部的物流资源和诀窍，具有可持续性的竞争优势，此时内部外包应是最佳选择，但如果集团公司内部不存在持续的具有竞争优势的物流资源，如在新建物流能力和外部外包之间进行选择，企业将有限的资源用在核心能力上，综合利用外部资源，实施物流外包仍是明智之举。如，戴尔公司（既不生产硬件也不生产软件，所有的零部件和软件都是外购的。但，戴尔靠着一手抓客户，一手抓供应商，以及高效率地组织零部件的采购、转运、装配和发送，赢得了顾客的忠诚），物流堪称企业的核心活动，但戴尔自身并不运作物流，而是采用外部外包；如果物流不是企业的核心能力，也仅是企业的较重要的支持性活动，即使企业具有一定的物流能力，运作特征也较明显（如，海尔物流），在市场上也有一定竞争力，但从长远来看，外部外包仍是更好选择，这样，企业可专注于强化其核心能力。如果物流活动仅仅是企业的一般活动，采用市场交易则为最佳选择。

很显然，如果仅从物流的战略重要性考虑企业的组织设计，物流在企业的战略重要性越高，越趋向内部运作，否则就应考虑外包或市场化运作。

建立在理论基础上的一般性模型，对企业的物流外包决策能起到战略性指导作用，但在实际工作中缺乏可操作性，亦难以定量决策。

2．描述性模型

传统上，物流外包的决策依据是企业是否有能力自营物流，如果企业有设备、有技术就选择自营，以便于控制；如果企业不具备足够的物流能力，就选择外包。在此依据下，物流总成本与顾客服务水平的考虑放在其次，而且通常物流外购是企业向运输公司购买运输服务或向仓储企业购买仓储服务，这些服务都只限于一次或者一系列分散的物流功能，需求是临时的，物流公司没有按照企业独特的业务流程提供独特的物流服务，即物流服务与企业价值链是松散的联系。

Ballow 注意到了传统决策标准的局限性，提出了二维决策标准，如图 3-6 所示。他认为自营还是外购服务决策主要基于两个因素：物流对企业成功的影响程度和企业对物流的管理能力。物流对企业成功的重要度较高，企业处理物流的能力相对较低则外购物流；物流对企业成功的重要度较低，企业处理物流的能力也低，则外购公共物流服务；物流对企业成功的重要度很高，而且企业处理物流的能力也高，则用自营方式。Ballow 建立的准则有一个致命的缺陷：没有考虑成本和顾客服务的影响，同时，也没有明确指出区分核心业务和非核心业务、物流能力高低的具体评价标准。

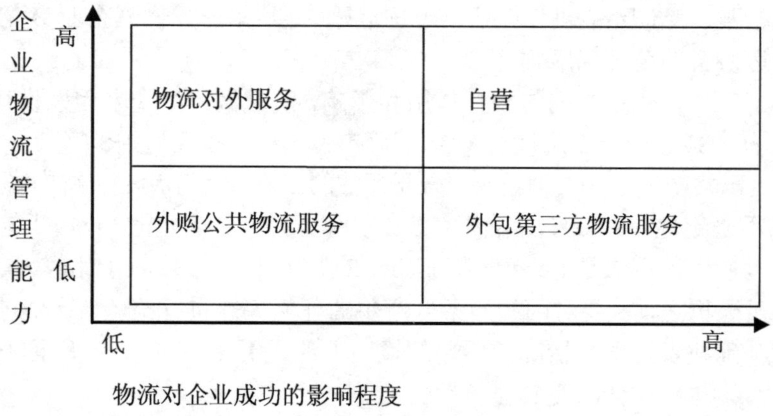

图 3-6　现代二维第三方物流决策标准图

3．操作性模型

正如以上所述，这些模型（无论是一般性模型还是物流外包决策模型）都还只是一些描述性的模型，方法虽然涉及经济学、管理学以及市场营销学，但是并没有一个统一的结论。接下来，介绍几个典型的操作性模型，模型所用的方法涉及统计学、启发式方法以及多目标线性规划等。

（1）Carol C.Brenstock 和 John T.Mentzer 的运输外包决策模型

在很多产业，运输费用占到整个销售额的 25%，而且企业投资在配送业务上的资产占到整个企业投资的 30%以上。有超过一半的物流费用是花费在运输上的。另一方面，运输管制的解除，也在一定程度上刺激了运输业务的外包。从 1980 年起，美国的运输结构已经有了根本性的改变。1993 年，通过了《协议费率法》；1994 年出台了《卡车运输行业规章制度改革法案》，进一步减少了联邦法规的约束，放开了对私人承运的限制。Carol C.Brenstock

和 John T.Mentzer 两人的研究正是在此背景下进行的。

该研究的理论基础是交易成本经济学。决策目标锁定在最优的卡车运输外包决策。为此，研究使用了总运输成本的概念，并将它解析为生产成本（这里指运输过程中，各环节所承担的成本总和）和交易成本之和，以此作为因变量。

为了计算生产成本，研究采用了计算机模拟技术，来虚拟一个运输系统模型。该技术的优点在于弥补了现有外包研究的一些弱点，例如：现实可操作性差等。之所以采用计算机模拟，是因为物流系统所产生的数据容易量化，此外，运输过程中所涉及的固定设施网络和节点也是物流系统适合用计算机模拟的原因。

为了计算交易成本，研究采纳了 Williamson 的三维结构，即资产专用性，不确定性以及交易频率。并将它们设定为自变量，此外还考虑了结构不同，即自营还是外包对交易成本的影响。其中，资产专用性在这里指用于运输一件产品的设备是否能用于其他活动。例如，如果一件产品在运输过程中需要特别处理（例如，冷冻），那么就需要在专业运输设备上进行投资；不确定性是指运输业务的不可预测性，其中顾客服务需求（如，订单履行周期等）是一项重要的考虑。交易频率指运输量是否足以承担企业在该设备上的投资成本。用运输时间来度量。

上述自变量的值来源于以下途径：对某制造业企业 H 配送经理的一系列访谈。另外，访谈对象还包括某食品制造企业 P（要求冷冻运输），某第三方物流企业 B 等。统计资料则来源于美国货运协会的公开出版物。

为了弄清楚三个自变量之间的相互作用和影响，研究做了一个全因素设计。该设计包括四个因素：结构（S），资产专用性（A），不确定性（U）和交易频率（V）。每一个因素都分成两个层次，一共产生 $2^4=16$ 种结果。需要评估的三组相互作用是：结构×资产专用性（S×A），结构×不确定性（S×U），结构×交易频率（S×V）。变量分析用于检验模型的主要影响和作用。所使用的方法是 Scheffe 和 Fisher 的 LSD 检验（依赖于比较因子的多少）。

在进行变量分析之前，要对因初始条件产生的任何偏差进行检验。这个过程是为了确保模拟模型能够精确地表达现实情况。所用的检验方法是 Law 和 Kelton 所推荐的。检验的结果显示，模拟系统与真实情况没有显著性偏差。

对模拟系统的研究显示：在交易频率相同的条件下，外包是更为有效的结构。这个结果表明在作运输决策时，应该评估交易频率、不确定性程度、必需资产的成本和可得性。分析要试着评估运输成本和交易成本之和，应该意识到外包时，资产专用性和不确定性会增加交易成本。然而，决策最终依赖于总成本。

应该指出的是，虽然该研究提出了一个完整的运输外包决策框架，但是，考虑的范围还仅限于成本。事实上，应该考虑的决策要素还有很多，例如：投资于运输设备的资产可得性，管理技能的可得性，顾客服务的重要性，运输的一致性等。这些都还有待进一步的研究。

（2）Arnold Maltz 的仓储外包决策模型

Arnold Maltz 的模型用到了 Williamson 的交易成本理论和 Porter 的竞争战略概念。交易成本理论忽略了公司战略的影响，为了克服这些缺陷，当前的研究吸收了 Porter 的竞争优势框架。Porter 指出了三种基本的战略。成本领先战略意味着企业追求低成本生产来获取竞争优势；而差异化战略则意味着企业追求独特的生产或服务，获取高于平均收益的竞争优势；第三种是集中化战略，它是成本领先或差异化战略在一个狭窄细分市场上的应用。因为无法区分集中化战略，所以该研究只考虑前两种战略。

该研究首先提出了六个基本假设，前三个假设与交易成本相关，后三个假设与竞争战略相关。并用了一个二项式对数模型来验证这些假设：

$$Y_i = \frac{1}{1+e-z}$$

这里，Y_i是企业使用第三方仓储的可能性。由一个潜在的响应变量 z 来决定。而 z 则由下面的公式来决定：

z=b_1（AS）$_i$+b_2（UC）$_i$+b_3（FREQ）$_i$+b_4（COST）$_i$+b_5（SIZE）$_i$+b_6（VAL）$_i$+b_7（FOOD）$_i$+b_8（CHEM）$_i$+b_9（PHRM）$_i$+e_i

公式里的 AS，UC，FREQ，COST，SIZE，VAL 分别代表资产专用性，不确定性，交易频率，成本，规模和产品价值。FOOD，CHEM，PHRM 是指示变量。如果企业 i 属于特殊行业，赋值 1，否则赋值 0。

在问卷调查的基础上，研究运用 SPSS 软件包对模型进行了统计分析。分析包括两个步骤，分别就交易成本因素和战略因素进行了分析。标准的模型参数评估方法是测定概率，也就是外包的可能性/外包的不可能性。运用该概率的算法，或外包可能性的对数（logit），将模型简化为：

logit（Y_i）=b_1（AS）$_i$+b_2（UC）$_i$+b_3（FREQ）$_i$+b_7（FOOD）$_i$+b_8（CHEM）$_i$+b_9（PHRM）$_i$+e_i

研究结果表明交易成本理论对外包决策具有重要意义。另外，不同产业外包的仓储业务也不一样，消费品和化工企业比汽车企业更可能使用第三方仓储服务。这些企业面对的是非常确定的顾客需求，交易频率高，规模一般适中。最后，外包使用者可能认为他们的仓储业务不需要通过外包来获得财务或人力的投资。

我们可以看出，该研究不但考虑了仓储外包的成本因素，也考虑了企业规模、产品价值、产品成本等战略因素，比前一个决策模型更趋合理，然而，该研究也存在一个很大的缺陷。那就是，仍然没有弄清企业战略对物流外包倾向的影响。企业战略能够改善企业环境，精确的定义、测量，并建立模型，研究战略对外包行为的影响很重要。另外，该研究的整个过程都是建立在数据分析的结果上的，没有形成一个系统性的外包决策分析框架。

（3）基于关系总成本的物流外包决策模型

有很多的企业在外包决策过程中，考虑非价格因素时，通常用到的是所有权总成本 TCO（Total Cost of Ownership）概念。TCO 是分析物流外包问题的很好的起点。然而，物流，特别是产成品配送，和外部顾客与服务有很重要的关系，因而不像内部顾客与产品。因此，物流面对的是服务而不是零部件，任何物流分析，从最初的装载到最终的运送都必须考虑第三方物流过程。与此相比较，物流外包在某些场所，涉及监督成本，通常这些场所包括物流供应商的装运码头或者工厂接收码头。物流的焦点是外部顾客，因而不但要收集第三方物流绩效的数据，也要收集顾客满意的数据。

考虑到这些原因，Arnold B.Maltz 和 Lisa M.Ellram 对 TCO 概念进行了修改，并重新命名为关系总成本（Total Cost of Relationship，简称 TCR），用于分析物流外包决策。修改后的 TCR 考虑了额外的界面，质量检测，顾客满意成本等传统外包分析没有考虑的因素。研究首先比较了生产性外包和物流外包的区别（如表 3-2 所示）。

表 3-2　生产性外包和物流外包的区别

项目	生产性外包	物流外包
采购类型	产品或零件	过程/运输
顾客	内部	外部
界面	供应商或卖方	物流买方/物流供应商 物流供应商/最终顾客
质量测定	与目标规格一致；交付一致性	可靠性；灵活性/响应率；顾客满意
确保质量的方法	统计过程控制；供应商鉴定	顾客反馈；广泛的交易测量
决策者	采购/制造	配送/物流

于是，在比较完生产性外包和物流外包的区别之后，Arnold B.Maltz 和 Lisa M.Ellram 以关系总成本概念为基础，提出了一个物流外包的整体框架，具体步骤如表 3-3 所示。

表 3-3　构建物流外包整体框架的步骤

过程步骤	关键考虑
步骤一 决定期望的 TCR 收益	哪一项成本减少可以量化？你将获得战略的，但难以评估的新能力吗？你如何与你的顾客分享你的收益
步骤二 决定要分析的业务过程	能够提供好的服务吗？你的顾客接受第三方物流服务吗？哪一项业务可能产生最大的收益
步骤三 选择标准模型，独特的或混合的	当外包涉及重要顾客，必须应用特殊情景下的模型
步骤四 选择成本模型还是收益模型	分析一个物流外包机会总会涉及顾客服务。一个不只考虑“硬件成本”的收益模型是必要的
步骤五 组建评估团队	应该包括营销/销售，信息系统部门的员工，可能还有顾客。如果采购部门以前有经验，那么还应该包括采购部门员工
步骤六 检验 TCR 收益和模型	选择确实要外包的业务，进行分析。如果结果显示应该自营，那么再返回去检查假设和成本信息
步骤七 调整 TCR 分析方法	通过顾客，营销以及第三方反馈数据，确定分析过程。获得合理标准，例如，合约期限，供应商能力以及共享成本数据

该研究提出的关系总成本是对所有权总成本方法的一个扩展，是分析物流外包决策的有用工具。TCR 对外部的关注意味着更多地考虑了营销、顾客和供应商组织，所以各方都理解不同采购决策的基础。TCR 使物流管理者在进行外包分析时，更多地考虑顾客和供应商的能力。

该研究强调，物流服务不同于生产性合约，因而要求一套不同的工具来支持决策过程。两者在本质上的差异表现为，物流主要关心外部顾客，然而，采购主要是满足内部用户。物流基本上是服务，然而，很多采购工作是可见的货物和产品。物流必须对顾客需求作出反应，然而，采购能够创造需求。

通过对上述几种物流外包决策模型的比较、分析，发现以下一些问题：

首先，物流外包有两大理论基础：交易成本理论和核心能力理论。交易成本理论主要从物流实施成本的角度来考察外包决策问题，在决策中不但要考虑物流作业过程中的各种成本，还要考虑由于资产专用性、不确定性以及交易频率而产生的成本。核心能力理论则从企业战略的角度来考察外包决策问题，在决策中判断物流作业是否属于企业核心能力就成了首要问题，然后再考虑其他因素，例如，成本因素等。

其次，物流外包的决策因素主要有两大类：战略因素和经济因素。传统上，外包决策的主要依据是成本，该方法较为简单，但其局限性也很明显。Ballow 注意到了这种局限，提出了一个二维决策标准，加入了战略重要性因素。Kevin P.O’Brien 则指出了影响物流外包决策的五个因素：竞争压力，物流运作知识，物流技术能力，劳力安置和运用的灵活性，物流业务的集成度。尽管如此，还是可以将这些因素归结为以上两大类。

最后，物流外包决策模型主要侧重于定性描述。无论是 Carol C.Brenstock 和 John T.Mentzer 的运输外包决策模型，Arnold Maltz 的仓储外包决策模型，还是 Arnold B.Malts 和 Lisa M.Ellram 的关系总成本模型等，都是从定性的角度来描述外包问题的，研究的主要焦点是决策因素，而非量化结果。

不难看出，所有这些研究的缺点也是很明显的：停留在概念讨论阶段，缺乏量化的决策模型；侧重于物流外包的决策因素，缺乏系统化的决策模型；决策因素不够完全等。

3.9 第三方物流发展趋势

第三方物流现阶段发展迅猛，主要呈现以下趋势：

1．第三方物流发展趋势之一：规模化

现代物流业正在全球范围内加速集中，并通过国际兼并与联盟等整合手段，形成越来越多的巨无霸。当今世界正处于新一轮的产业升级和结构调整的大潮中，不仅全球航运界的各大船公司跨国兼并、联盟、联营如火如荼，国际物流业也在加速行动。1998 年欧洲天地邮政（TNT）以 3.56 亿美元兼并法国第一大国内快递服务商 JEF SERICEO；1999 年 9 月德国邮政宣布增持敦豪（DHL）公司 51%的股份，实现对其控股；2000 年 3 月，马士基优利物流与海陆物流公司合并，成立后的新公司已成为全球最大的物流管理公司之一。

这些物流公司通过重组、资本扩张、兼并、流程再造等形式，已经形成了跨国综合物流企业。这些物流公司，拥有雄厚的资金、先进的技术和设备、先进的管理理念与经验、全球性的服务网络。兼并活动不仅拓宽了这些企业的物流服务领域并且增强了其市场竞争力。并且，国际物流市场专家们认为，世界上各行业企业间的国际联合与并购，必然带动国际物流业加速向全球化方向发展，而物流业全球化的发展走势，又必然推动和促进各国物流企业的联合和并购活动。新组成的物流联合企业、跨国公司将充分发挥互联网的优势，及时准确地掌握全球的物流动态信息，调动自己在世界各地的物流网点，构筑起本公司全球一体化的物流网络，节省时间和费用，将空载率压缩到最低限度，为货主提供优质物价服务。

对我国而言，加入 WTO 以后，由于我国物流行业是承诺开放的领域，吸引着越来越多的国外物流企业进入，使我国物流业的国际化竞争更加激烈。面对国际市场竞争的压力，国内物流企业加大整合改造力度，以提高企业的竞争能力。这种整合主要表现在两个方面：

一是物流企业加强内部资源整合，通过深化内部改革、优化网点布局、应用现代物流技术、完善物流功能等，以提高企业管理水平和竞争实力；二是物流企业之间实施并购联合，建立现代企业制度、转换经营机制、扩大规模、开拓市场，涌现出一批能够提供多功能服务的大型物流企业。近年来，第三方物流企业广泛开展以产权为纽带的兼并联合，实现设施、网络、技术等资源优势互补，形成我国第三方物流的龙头企业。已具品牌实力的新型物流企业正在致力于新的发展战略，朝着规模化、网络化、信息化、多功能的现代物流方向发展。如，中远集团在整合原中远国际货运公司和中国外货代理公司的基础上组建了中国远洋物流公司，拥有资产 60 亿元，旨在为国内外客户提供现代物流、国际船舶代理、国际多式联运、仓储、拼箱等服务，在国内外成立多家区域公司或代表处，形成功能齐全的物流网络系统，推出汽车物流、家电物流、项目物流和展运物流四大品牌。同时，通过与科龙、小天鹅合资成立安泰达物流公司，全面接管两家企业的成品库、周转库及相关的配送业务，实现家电物流良性发展。

总体而言，相对物流跨国公司，我国的物流企业大多规模小、实力弱、能力低，在与国际大型物流公司的市场竞争中处于不利地位。因此，国内的中小型物流企业，有一部分将利用拥有国内网络及设施、人力资本成本低等本土优势，与国内外大型物流企业建立战略合作伙伴关系；一部分将可能被大型物流公司收购、兼并；还有的将进行战略性重组和改造，向综合物流发展，为大型跨国物流企业配套，成为供应链的重要组成部分。

但无论如何，大规模兼并、重组已经成为新世纪不可逆转的潮流。

2．第三方物流发展趋势之二：电子商务化

用户和第三方物流提供商在回答“去年行业发展中什么最有意义”时。大部分第三方物流提供商的 CEO 回答是“行业兼并”，其次是“电子商务的扩大”——与此有关的是商业机会和快速变化的信息技术。比全球化更重要的是电子商务的增长。最近两年，首席执行官们都将电子商务确定为第三方物流提供商的最大的增长机会；因为他们公司近 90%的客户具备电子物流渠道，许多第三方物流提供商也建立了独立的分支机构或特殊的内部组织为其客户提供电子商务服务。其中，第三方物流公司的电子商务业务收入有 45%来自 B2B 交易，55%来自 B2C 业务。像传统商务过程一样，电子商务中的任何一笔交易，都包含着以下几种基本的“流”，即信息流、商流、资金流和物流。过去，人们对电子商务过程的认识往往只局限于信息流、商流和资金流的电子化、网络化，而忽视了物流的电子化过程，认为对于大多数商品和服务来说，物流仍然可以经由传统的经销渠道实现。但随着电子商务的进一步推广与应用，物流的重要性对电子商务活动的影响日益明显。

第三方物流公司在期望电子商务成为其企业增长的源泉的同时，也必须想方设法解决那些严重的商务问题。不恰当的价格和收益率以及在 IT 系统开发中相伴出现的困难，都是严重的行业问题，这些问题都对物流业的长期生存构成威胁。21 世纪是世界网络经济飞速发展的世纪，电子商务以“电子速度”在全球兴起，我国电子商务领域也显示出空前的热度，截止 2003 年第一季度，中国已经有各类消费类电子商务网站 2100 多家。电子商务在生产和消费中起着不可替代的作用。由网络经济中涌现出来的电子商务企业，最终将明白：没有现代化物流系统为依托，自己将成为时代浪潮中的泡沫而被淘汰；传统的物流企业和制造企业也逐步认识到，如果不乘上网络经济和电子商务的快车，就将被时代所抛弃。

3．第三方物流发展趋势之三：特色化

随着市场竞争的日益激烈，企业的生产经营已逐渐从少品种、大批量为特征的大众营销阶段转向以多品种、小批量为特征的差异化营销阶段，讲求以市场为导向。这种趋势反映在第三方物流企业中，就要以特色的服务来适应市场的需求，加强与客户的沟通和协作，保证信息在两个组织的管理层之间流动，使之与每个公司的垂直沟通相结合。如，中外运针对客户主要是独资或合资企业的状况，提出“咨询式销售”的办法，即利用专业人才优势，从为特定客户提供物流咨询服务入手，深入企业内部，提供全套物流解决方案，帮助企业整合业务流程和供应链上下游，进而提供仓储、配送等配套服务。

（1）个性化物流

许多第三方物流公司的服务对象并不多，只有一家或数家，但服务时间却较长，往往长达几年，这异于公共物流服务——“来往都是客”。这是因为各个行业与各个企业物流服务需求方的业务流程各不一样，而物流、信息流是随价值流流动的，因而要求第三方物流服务应按照客户的业务流程来定制，这也表明物流服务理论从“产品推销”发展到了“市场营销”阶段。

（2）绿色物流

物流虽然促进了经济的发展，但是物流的发展同时也会给城市环境带来负面的影响，如运输工具的噪声、污染排放、对交通的阻塞等，以及生产和生活中的废弃物的不当处理所造成的对环境的影响。为此，21 世纪对物流提出了新的要求，即绿色物流。

绿色物流主要包含两个方面，一是对物流系统污染进行控制，即在物流系统和物流活动的规划与决策中尽量采用对环境污染小的方案，如采用排污量小的货车车型，近距离配送，夜间运货等。发达国家政府倡导绿色物流的对策是在污染发生源、交通量、交通流等三个方面制定了相关政策。绿色物流的另一方面就是建立工业和生活废料处理的物流系统。

（3）复杂物流

主要指第三方物流商提供增值服务。如，加速运送，加快库存周转，降低成本等，通过这些措施，可以为零售商增加约 10%的存货投资回报。

（4）五星级货物旅馆

即第三方物流商对物流中心的服务水平要求很高，要求加工更方便，物流更快速、服务更周到，运营成本更低，这样才能吸引更多的客户。加入世贸组织以来物流市场细分成为一个突出的变化，后过渡期将进一步细分，比如港口物流、汽车物流、超市物流、医药物流、钢铁物流、烟草物流、邮政物流、粮食物流、冷链物流、石化物流、家电物流、日化物流、书刊物流等，与此相适应，还出现了一些专业的物流公司，他们的功能定位非常严格、培育自己的核心竞争力，以自己为核心，建立供应链，或参加别人的供应链，建立战略伙伴的共赢关系。

4．第三方物流发展趋势之四：第四方物流

信息技术以及电子商务的飞速发展，带来了物流模式的不断变革，当第三方物流刚刚被世界物流界普遍认同时，一种全新的物流理念——第四方物流又在物流界备受瞩目。目前，在我国蓬勃发展的物流领域，随着国内第一家第四方物流公司——广州安得供应链技术有限公司的成立，海尔物流、深圳高科物流等也先后进入了第四方物流领域。

第四方物流正成为我国现代物流的全新运营模式。

（1）第四方物流

当物流业务继续向前发展，客户需要得到包括电子采购、订单处理、供应链管理、虚拟库存管理以及包括集成技术在内的各种服务，尤其是当物流跨地区甚至跨国进行全球化运作时，第三方物流提供商往往在综合技术、集成技术以及战略和全球扩展能力上存在局限性，使得客户对第三方物流提供商在改进他们的物流与供应链功效上是否会有所突破缺乏信心，不得不转而求助于咨询公司、集成技术提供商等，由他们评估、设计、制定及运作全面的供应链集成方案。这种管理服务的新组织一经出现，就有人十分形象地把它称之为"第四方物流"。最早由安德森咨询公司提出的第四方物流的概念，定义是一个供应链集成商，它调集和管理组织自己的以及具有互补性的服务提供商的资源、能力和技术，以提供一个综合的供应链解决方案。第四方物流以整合供应链为已任，向企业提供完整的物流解决方案。与第三方物流仅能提供低成本的专业服务相比，第四方物流能控制和管理整个物流过程，并对整个过程提出策划方案。再通过电子商务把这个过程集成起来，以实现快速、高质、低成本的物流服务。

（2）第四方物流的运营模式与特点

与第三方物流不同，第四方物流由第四方物流服务的供应商运用自身的特长，为客户提供物流系统的规划决策。其运作方式主要有三种：

①组建物流联盟。共同开发市场，第四方物流向第三方物流提供一系列的服务，包括：技术、供应链策略技巧、进入市场能力和项目管理专长。

②提供集成方案。为客户提供运作和管理整个供应链的解决方案。对本身和多个供应商的资源、能力和技术进行综合管理，为客户提供全面的、集成的供应链方案。可以集成多个服务供应商的能力和客户的能力。

③多行业参与。为多个行业开发和提供供应链解决方案，并以供应链整合和同步为重点。第四方物流具有两个显著的特点：一是提供一整套完善的供应链解决方案。它能更加有效地适应需方多样化和复杂的需求，集成所有资源为客户完美地解决方案。同时进行供应链再建、功能转化、业务流程再造和实施第四方物流。二是通过影响整个供应链来获得价值。这主要包括：有利润增长、运营成本降低、工作成本降低和提高资产利用率。

（3）第四方物流将成为中国主流的运营模式

现代物流是若干领域经济活动系统的、集成的、一体化的现代概念。全世界物流产业产值占国民生产总值的 10%以上。我国物流发展已明显不适应我国经济继续发展需要，成为我国经济发展的一个重要"瓶颈"。在中国的物流行业，还没有一家称得上真正的现代物流企业。在国际经济一体化的形势下，各经济主体对物流的要求不断提高，传统物流已经无法满足社会要求。市场需求迫使物流业向专业化、系统化、信息化方向发展，否则的话只能遭到市场的淘汰，但在中国，一些物流企业的服务既不够现代化也不够系统化，这种企业必将遭到市场的淘汰。特别在中国加入世贸组织后这种淘汰速度会加快，如果中国整体物流业不利用过渡期快速发展的话，强大的外资企业进入中国后，必然通过控制物流实现对供应链的控制，成为名副其实的供应链主，进而控制中国市场。

我国现有的运输企业或仓储企业无论规模有多大，都体现不出应有的规模效应，原因在于企业都在单兵作战，无序竞争，不能整合力量，为客户提供规范的、全程的、一整套的物流管理和服务。如果有第四方物流介入中国物流业的发展，那将整体提升中国的物流发展水平，迅速缩短与外国物流业的差距。因此，第四方物流在中国悄然出现。

事实上，第四方物流的出现是市场整合的结果。过去，企业试图通过优化库存与运输、利用地区服务代理商以及第三方服务提供商，来满足客户服务需求的增长。但在今天，客户需要得到包括电子采购、订单处理能力、虚拟库存管理等服务。一些企业经常发现第三方物流提供商缺乏当前所需要的综合技能、集成技术、战略和全球扩展能力。为改变窘境，某些第三方物流提供商正采取步骤，通过与出色的服务提供商联盟，来提高他们的技能。其中最佳形式是和领先的咨询公司、技术提供商结盟。随着联盟与团队关系不断发展壮大，一种新的外包选择开始出现。企业正在向单一的组织外包其整个供应链流程，由它们评估、设计、制定及运作全面的供应链集成方案，这正是第四方物流。

所以，第四方物流将成为中国物流业发展和提升的新的主流运营模式。

第4章　第三方物流客户服务

在客户眼中，任何企业的产出都可以看成是价格、质量和服务的组合，而他们则据此界定购买或放弃。服务或客户服务的含义很广，可以包括从产品的可得率到售后服务等众多因素。从第三方物流角度来看，客户服务是第三方物流企业一切活动的产物，客户服务水平是衡量第三方物流企业为客户创造的时间、地点等效用功能的尺度。决定向客户提供的服务水平是达到企业利润目标的关键，因此在第三方物流的设计与运作中，客户服务是至关重要的环节，是第三方物流管理的重要内容。

本章将对客户服务的定义进行探讨，指出第三方物流企业的客户服务应具有的基本服务能力与增值服务、完美订货等服务能力，在物流服务与成本的关系的基础上提出第三方物流企业最佳客户服务水平确定的方法、以客户为中心的物流战略开发步骤等。

4.1　第三方物流客户服务的界定

4.1.1　客户服务的界定

1．客户服务的定义

尽管大家都承认客户服务很重要，但不同的人对客户的理解往往不同，为了发展客户服务战略有必要对客户服务的定义展开讨论。

莱隆德（LaLonde）和金斯哲（Zinszer）曾做过多方面研究。他们认为，客户服务可以看成是：（1）一种活动；（2）绩效水平；（3）管理理念。把客户服务看成是一种活动，意味着对客户服务要有控制能力；把客户服务看成是绩效水平，是指客户服务可以精确衡量；把客户服务看成是管理理念，则是强化了市场营销以客户为核心的重要性。所有这三个方面对于了解成功的客户服务中究竟涉及到了哪些内容是十分重要的。从广义上来讲，客户服务的定义应从所有这三个方面加以具体化。莱隆德及其副手们提出了以下定义：客户服务是一种过程，它以费用低廉的方法给供应链提供了重大的增值利益。该定义说明了对客户服务的看法已趋于一种过程专业化导向，其中包括了供应链管理理念。

菲利普・特勒（Philip Kotler）认为服务是一方能够向另一方提供的基本上是无形的任何活动或利益，并且不导致任何所有权的产生。它的产生可能与某种有形产品联系在一起，也可能毫无关联。也就是说服务可能以实体产品为依托，也能与实体产品没有任何关系，只是一种技术或智力付出；服务是一方向另一方的付出，这种付出可以使接受者获得满意；服务不会产生物权，但会产生债权，如服务是有价的。

与菲利普・特勒同时代的西奥多・.莱维特（Theodore Levitt）认为：客户服务是能够使客户更加了解核心产品或服务的潜在价值的各种特色、行为和信息。因此客户服务是以客户为对象、以产品或服务为依托的行为；客户服务的目标是挖掘和开发客户的潜在价值；客户服务的方式可以是具体行为，也可以是信息支持，还可以是价值导向。

拉里莎·凯尔（Larissa S.Kyj）和迈罗斯劳·凯尔（Myroslaw J.Kyj）认为：客户服务在得到有效利用时，是能够对创造需求、保持客户忠诚产生重大影响的首要变量。另一位客户服务专家认为，客户服务：特指销售满足客户的一系列活动，通常始于订单录入人，止于产品送达客户。有时还会以设备服务、保修或其他技术支持的形式继续下去。

赫斯凯特（Heskentt）则将多数企业的物流客户服务更简单的表述为：使客户得到所订购产品的可靠程度。

华中科技大学徐章一博士认为，客户服务是：在合适的时间（Right Time）和合适的场合（Right Place）以合适的价格（Right Price）和合适的方式（Right Channel or Way），向合适的客户（Right Customer）提供合适的产品和服务（Right Produce or Service），使客户的合适需求得到满足、价值得到提高的过程。其中，为合适的客户提供合适的产品和服务，以合适的方式提供产品和服务，使客户实现合适的需求是客户服务的核心。

金若楠、张文杰等编译的《现代综合物流管理》认为，客户服务是指与供应订货和使客户保持满意而进行的有关各项活动的总和。书中还提到，某公司给客户服务下定义为：使客户在心目中树立与本企业做生意放心的信念。

近来人们常常把客户服务理解为订单履行过程（Fulfullment Process），描述为：履行订单的整个过程，包括接受订单（人工或电子方式），管理支付过程，备货和包装过程，运输，交付，为最终用户提供服务和处理可能出现的退货。

从以上定义可以看出，以客户为对象、依托产品或服务、属于一种过程或活动是学者们在客户服务定义中所共同强调的，这与客户服务的实践相一致。因此将顾客服务定义如下：客户服务是企业与客户之间的沟通活动，是企业及时、准确地了解市场环境变化、消费动向，为企业的业务调整提供信息的过程，是贯穿于产品或服务交易前、交易中、交易后整个过程的各种活动。

2．客户服务的特征

客户服务具有如下特征：

（1）无形性。服务在很大程度上是抽象的和无形的。它不是物质的东西，而是一种精力的支出。在购买之前、消费之中和享受之后，服务都不会像实物一样呈现在你的面前。虽然有些服务项目包括物质产品（如，汽车修理服务的收入中包括汽车零件的价值），但服务的中心内容是向客户提供有价值的活动，并非转移某种产品的所有权。但服务可以被感觉，并且服务接受者可以根据感觉来评价服务质量的优劣高低。因此，提供服务应当“化无形为有形”，增强客户体验或感受性。

（2）不可分性。产品和服务融为一体，服务的提供和接受是同时进行的，服务的质量和服务提供者素质的高低成正相关。

（3）不确定性。服务具有高度的不确定性，因为它依赖于谁提供服务以及何时、何地提供什么样的服务、服务达到何种程度都是根据具体情况来决定的。服务的质量往往比物质产品变化更大，客户不满意的情况也会增大。因此，为了提高服务质量，企业应当挑选合适的人，经过严格规范的培训之后才能为客户服务，减少服务的不确定性。同时通过客户建议和投诉系统、客户调研、客户追踪、来及时掌握客户感受，实施调整服务方式，消除服务的不确定性感受。服务的不确定性会使客户产生不安全感。因此，服务应当是可靠的，让客户感觉服务是没有危险和风险的。这样客户才能从你提供的服务中获得最大的满意。

（4）即时性。服务不可存储、不可长期拥有、难以复制、容易消失。提供服务的过程往往也是消费的过程，并且在很大程度上具有即时性。因此，服务具有即时享用的属性。在可以利用的时候如果不被购买和利用服务就会消失。

（5）有偿性。服务是具有价值的，当它作为企业对顾客的行为时，它是有偿和等价的。

（6）可得性。客户应在合适的时间、合适的地点、合适的情况中便利的获得所需要的服务。良好的服务不仅在于是否得到了服务，更在于使客户更便利的得到服务。让客户等待时间过长或距离过长，或者方式不当都会使服务质量大打折扣。

（7）互动性。客户服务是企业与客户的相应、互动过程，"有求必应"是一种被动的反应，在客户提出要求以前就服务到位则是企业服务质量的表现。

（8）独特性。客户服务是一种专业性的独特活动过程。它与特定企业、客户、产品、环境等具体因素相联系，即不可储存，以备在需要时提取；也不可预支，只能与其载体（如，产品、技术等）同时存在。客户服务也可以有一些基本准则和成功经验供他人借鉴，但对于特定的客户来说，服务的策略和措施却是各不相同的。独特性的另一层含义是服务必须要有创新性。模仿的做法虽然也可以增强客户的价值感，但还不足以使客户感动，而让客户感动是客户服务的定律之一。

（9）广泛性。没有人不与服务打交道，也没有人可以脱离服务而生存，服务存在于一切时间、空间和关系之中，无时无刻不需要。

4.1.2　第三方物流客户服务

1．第三方物流客户服务的定义

物流活动从本质上说是一种服务，是对客户的服务。现代物流管理的实质就是在客户满意的前提下，在权衡服务成本的基础上，向物流需求方——客户，高效迅速地提供物流服务。第三方物流作为物流专业化、社会化的重要形式，在物流需求方的合作过程中，客户服务的好坏直接影响到双方合作的效率和持久性。根据前文对客户服务的讨论，第三方物流的客户服务可定义为：第三方物流企业向客户提供的贯穿于双方合作过程中的各种活动。

2．第三方物流客户服务的特殊性

第三方物流企业的客户服务包括两个方面，即代替客户企业为客户企业做客户服务和针对客户企业的客户服务。同时，第三方物流服务企业在运作过程中，几乎都采用外包的方法，通过整合利用社会资源以及其他第三方物流服务企业来满足客户企业的多样化、个性化物流需求，所以第三方物流服务企业的客户服务有包括第三方物流服务分包商替代第三方物流服务企业所做的客户服务。

第三方物流服务企业客户服务的这种特殊性，导致第三方物流服务企业客户服务具有以下两个特点：一是，第三方物流服务企业及其第三方物流服务分包商需要深刻理解客户企业的客户服务政策，在特殊情况下，甚至需要参与客户企业客户服务的制定，以便能较好的替代客户企业为客户企业做好客户服务；二是，第三方物流服务企业客户服务水平的高低，不仅取决于客户企业的评价，还取决于客户企业的客户的评价；不仅取决于客户企业和其客户对第三方物流服务企业的评价，还取决于客户企业和其客户对第三方物流服务企业利用的第三方物流服务分包商的客户服务水平的评价。

表 4-1 说明通过各类物流服务活动，来满足客户的需求。通过客户服务水平的设定，并将各类物流服务活动的内部指标量化，并转为客户服务水平的外部指标，从而找出实际的客户服务水平和设定的服务水平的差距。

表 4-1　物流中关键性活动及支持性活动分类

<table>
<tr><th colspan="2">物流中的关键性活动</th><th colspan="2">物流中的支持性活动</th></tr>
<tr><td>1．客户服务</td><td>确定客户需求
确定客户对服务的反应
设定客户服务水平</td><td>1．仓储</td><td>库位确定
站台布置和设计
仓库设备</td></tr>
<tr><td>2．运输</td><td>运输方式和服务的选择
拼货　　运输路径
运输车辆调度　　设备选择
索赔处理　　运费审计</td><td>2．物料搬移及处理</td><td>设备选择
设备更新
订单拣货
货物储存及补货</td></tr>
<tr><td rowspan="2">3．库存管理</td><td rowspan="2">原材料及成品的库存政策
短期销售预测
存货点的货物组合
存货点的数量、规模和位置及时制、推动和拉动战略</td><td>3．采购</td><td>供应商选择
采购时间选择　　采购量</td></tr>
<tr><td>4．包装</td><td>搬移保护包装
存储保护包装　　防盗包装</td></tr>
<tr><td rowspan="2">4．信息系统和订单处理</td><td rowspan="2">销售底单和库存交互过程
订单信息传递方法
订购规则</td><td>5．生产和运作协同</td><td>确定生产批量、产品生产的次序和安排时间</td></tr>
<tr><td>6．信息维护</td><td>信息手机和存储　　信息维护
数据分析　　控制流程</td></tr>
</table>

4.1.3　第三方物流客户服务构成因素

1．客户服务构成因素

从企业整体角度来看，客户服务一直是被当做营销战略的基本内容。人们常常用 4P 组合（即 Product 产品、Price 价格、Promotion 促销和 Place 地点）来描述市场营销，其中地点最能代表实物分拨。多年来，客户服务由哪些因素构成及如何影响买方的行为一直是许多研究的核心问题。

全国实物分拨管理协会（National Council of Physical Distribution Management）曾进行过一项关于客户服务的调查，该调查根据供应商和客户之间交易发生的时间确定客户服务的构成因素，如图 4-1 所示，这些构成因素被分为交易前、交易中和交易后三类。

交易前因素（Pretransaction Elements）为好的客户服务营造氛围。主要包括：向客户提供关于客户服务的书面陈述，诸如订货后何时送到、退货和延期交货的处理程序、运输方法等，以使客户了解可期望得到什么样的服务；制订应急服务计划以应付工人罢工和自然灾害等影响正常服务的情况；创建实施客户服务政策的组织机构。此外，为客户提供技术培训和技术手册也能改善买方和供应商之间的关系。

交易中因素（Transaction Elements）是直接导致产品送达客户手中的因素。例如：设定库存水平；选择运输方式；建立订单处理程序等。这些因素进而又影响送货时间、订单履行的准确性、收到货物的状态、存货可得率。

交易后因素（Post-transaction Elements）代表一整套服务，这些服务可用于：产品使用时的服务支持；保护客户利益不受缺陷产品的损害；提供包装（可返还的瓶子、箱子、托盘等）返还服务；处理索赔、投诉和退货。这些活动发生在产品售出之后，但必须在交易前和交易阶段就做好计划。

由于客户是对所有活动的组合作出反应，因此，企业客户服务就是这些因素的总和。

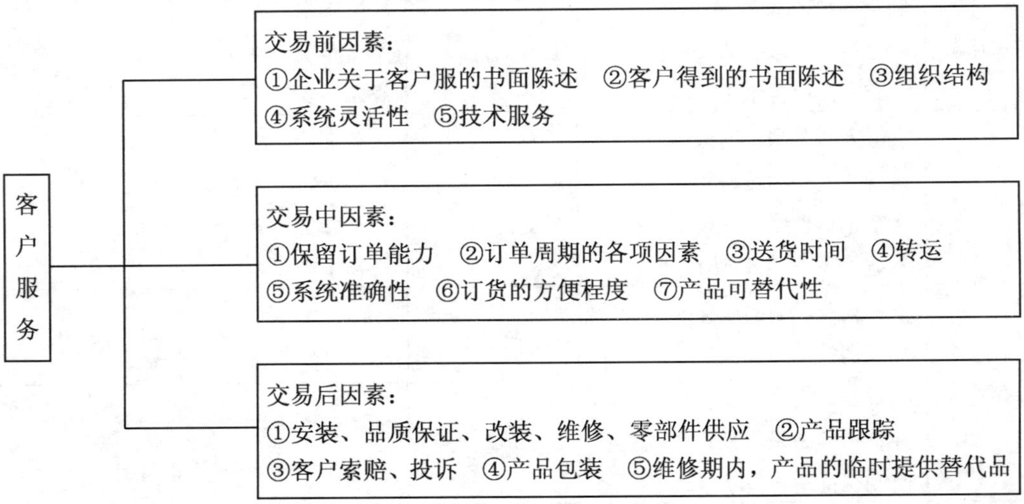

图 4-1 客户服务的构成因素

2．第三方物流客户服务构成因素

客户服务涉及公司的许多部门。从物流的角度，客户服务有五个传统的构成要素：时间、可靠性、信息沟通、方便灵活性、诚信。下面探讨这些要素对物流服务买卖双方的影响。

（1）时间

时间因素通常以订单周期表示。成功的物流作业通过对各种影响时间因素的变量控制来实现更有效的管理。主要有以下几个变量：

①订单传递时间

订单传递的时间是订单从客户传递到卖方所花的时间。卖方若能提高订单传送速度就可减少备货时间，但可能会增加订单传送成本。第三方物流提供商可以从订单传递开始就接手客户即卖方物流活动，通过现代化的传输工具，包括计算机、因特网、EDI（电子信息交换）传送给卖方提高客户服务水平。

②订单处理时间

第三方物流公司需要时间处理客户订单，使订单准备就绪和发送。这一功能一般包括调查客户的信誉，把信息传递到销售部做记录，传送订单到存货区，准备发送的单证。这里的许多功能可以用电子数据处理同时进行。一般来说因为当今计算机硬件与软件的成本已经大大降低了，卖方的作业成本节约比实施现代信息技术的资本投资要大。

③订单准备时间

订单准备时间包括：拣选订单和包装发送货物。物料搬运系统可以简单到靠人力操作的系统或复杂到高度自动化的系统，不同种类的搬运系统以不同方式影响订单准备工作，使订单准备时间相差很大，要根据成本和效益选择不同的系统。

④订单发送时间

订单发送时间是卖方把指定货物装上运输工具到货物被买方卸下的这段时间。当卖方雇佣运输公司时，计算和控制订单发送时间是比较困难的。要减少订单发送时间，买方必须雇用一个能提供快速运输的运输公司，或利用快递的运输方式，这时运输成本会上升。运输工具的选择由客户的需求而定。

若对以上四个组成部分进行改进来减少备货时间，其费用可能太高，公司可以在某一项目上进行改进而其他项目保持不变。如投资自动化物料搬运设备可能在财务上不合算，为弥补人工操作带来的较长的订单处理时间，公司可以采用电话订货代替信函订货，及用公路运输代替铁路运输。这将使公司减少备货时间而不用在自动物料搬运设备上投资。

对备货时间水平的保证是物流管理的一大进步，我们可以发现备货时间对客户的存货成本及卖方物流系统和它在市场竞争中的地位有着重要影响。但时间的概念本身如果没有可靠性将没有多大意义。

（2）可靠性

对有些客户，可靠性比备货时间更重要。如果备货时间一定，客户可以使存货最小化，也就是说，若客户百分之百的保证备货时间是10天，则可把存货水平在10天中调整到相应的平均需求，并不需要安全存货来防止由于备货时间引起的波动所造成的缺货（stock out）。

①周期时间

因为备货时间的可靠性直接影响客户存货水平和缺货成本，提供可靠的备货时间可以减少客户面临的这种不确定性。卖方若能提供可靠的备货时间，可使买方尽量减少存货与缺货成本，以及订单处理时间并优化生产计划。

②安全交货

可靠性不仅仅是备货时间上的一致性，还是关于规则的一致性，即以安全和质量的均一性等为条件，送达客户所订购的货物。

安全交货是所有物流系统的最终目的，物流功能是销售功能的终点。如果货物到达时受损或丢失，客户就不能按期望使用，加重客户方面的成本负担：存货、生产和营销成本。

收到受损的货物，就会破坏客户的销售或生产计划，这样会产生缺货成本，导致利润或生产损失。因此不安全的交货使卖方发生较高的存货成本或利润和生产损失。这种状况对致力于实施一定程度的零库存计划以尽量减少存货的公司是不能接受的。

除了生产成本，非安全交货还可导致客户提出索赔的成本，或返回受损货物要求修理等的费用（依据F.O.B条款和其他销售条款，卖方而非买方对这些成本负责）。卖方可能意识到这些成本，因为他将直接负责来纠正这些错误。

③订单正确

可靠性还包括订单的正确性，正在焦急等待紧急货物的客户，可能发现卖方发错了货。没有收到想要的货物的客户可能面对潜在的销售或生产损失。不正确的订单使客户不得不重新订货，或客户转向另一供应商订货。如果客户是营销渠道的中间商，缺货状态也直接影响卖方。

（3）信息沟通

对订货供应活动极其重要的两个活动是客户订购信息与订单供应和实际从存货、拣货过程中的沟通。在订货信息阶段，用EDI可以减少订单信息传递到仓库接受时的错误，卖方应简化产品标志，如使用条形码以减少订单挑拣人员的错误。

EDI 不仅可以减少订单供应中的错误，也能增加存货周转率。EDI 与条形码结合，可以改进卖方的服务和减少成本。事实上，EDI 与条形码有助于卖方改进大部分的物流功能。

然而经常与客户保持接触和采用 EDI 一样重要。与客户的沟通对监控与可靠性相关的客户服务水平是非常关键的。与客户沟通和交流对物流服务水平的设计来说是基本的。交流渠道必须永远畅通，这只是卖方对客户物流要求的主要外部制约。没有与客户的接触物流经理就不能提供最有效和经济的服务。这就等于物流经理在打球时并不知道它的比赛规则。

然而，沟通是一个双向的过程，卖方必须能够传达客户重要的物流服务信息。例如，供应商能很好的通知采购方潜在的服务水平下降，使采购方作出必要的操作调整。

此外，许多客户要求得到货物的物流状态信息，例如有关发运时间、承运人或线路等是常问及的问题。因为客户需要运输信息以便计划作业。

（4）方便灵活性

方便是物流服务水平必须灵活的另一种说法。从物流作业角度看，仅有一个或少数几个对所有客户都适用的标准服务水平最为理想，但是这基于客户服务需求是均一的假设。事实上这并不现实。例如，某一客户可能要求卖方托盘化并以铁路进行运输，另一顾客则只要求非托盘的公路运输，而第三个客户可能要求特殊的交货时间。物流服务要求与客户对包装、运输方式和承运人、线路、交货时间的要求等有关。

方便或灵活性认识到了客户的不同要求。卖方一般能根据客户大小、生产线等因素来划分客户，这种划分，使物流经理认识到客户的不同需求，并努力以最经济的方式来满足这些需求。

可以把对物流服务水平上的方便看成对不同客户给予不同的服务水平。更具体地说，丧失不同客户群订单的成本是不同的。例如，丧失订购 30%公司产量的客户比丧失订购 0.01%公司产量的客户损失更大。另外，市场的竞争性也有不同，竞争性强的市场比竞争性弱的市场需要更高的客户服务水平。公司中不同产品的利润率也影响与限制提供服务的水平，也就是说，对低价值的产品，公司可以提供较低的服务水平。

（5）诚信

公司要信守它向客户作出的承诺，不能对其顾客服务水平夸夸其谈。承诺多于行动，往往会导致顾客的不满。只有当公司的承诺是真的、可信的以及一致的实现时，公司的服务水平才能得到客户最大化的认可，空口服务没有存在的空间。

4.2　第三方物流基本服务能力

基本物流服务是指为客户提供供应链中某一特定环节或某几项物流服务，如运输、仓储、配送、装卸等，是物流业中的基本服务，仅作为一项单一的活动来满足客户的需求。

基本的物流服务水准要从以下几个方面衡量：（1）存货可得性；（2）作业绩效；（3）服务可靠性。以下对这三个方面展开具体讨论。

4.2.1 存货可得性

1．存货可得性基本概念

存货可得性是指当客户需要存货时，物流企业所拥有的库存能力，意味着拥有存货，能保证始终如一的满足客户对所需物品的需求。它提出了当客户想要得到产品时可能面临的时间和空间距离问题，它是衡量物流系统功能的首要指标，也是物流系统优化的最主要目标。可得性可以通过各种方式实现，最普通的做法就是按预期的客户订货进行存货储备。于是，仓库的数目、地点和储存政策等变成了物流系统设计的基本问题之一。存货储备计划通常是建立在需求预测基础上的，而对特定产品的储备战略还要结合其是否畅销、该产品对整个产品线的重要性、收益率以及商品本身的价值等因素考虑。存货可以分为两类：一类是取决于需求预测并用于支持基本可得性的基本储备；另一类是满足超过预测数的需求量并适应异常作业变化的安全储备。

存货可得性的一个重要方面就是供应商的安全储备政策。安全储备的存在是为了调整预测误差，并在安全储备的补给期间对递送延迟进行缓冲。一般说来，防止缺货的期望越大，安全储备的需要也越大；安全储备的负荷越大，平均存货的数量也越大。在市场需求高度变化的情况下，安全储备的构成有可能占到供应商平均存货的一半以上。

许多供应商开发了各种物流安排方案，以提高其满足客户存货需求的能力。有的供应商刻意经营两个仓库，其中一个指定为主要服务地点，而另一个作为后备的供给来源。例如，假定该主要仓库是位于芝加哥的一个大型自动化配送中心，而次要物流设施则是位于圣路易斯的一个效率较低的小型作业仓库。主要仓库是供应商用于输出其绝大多数产品的地点，以便利用自动化设施、效率及其所处地点的优势。一旦主要仓库发生缺货并且继续恶化时，就可以利用后备仓库，来保证一定的客户服务水平。但是，使用后备仓库的供应商，应尽可能在最大程度上向其提供服务的客户公开，这是因为主要地点有时候只有客户订货的一部分产品，而次要地点却能满足其剩余的需求，在这种情况下，除非这两部分的订货在递送前能够组合在一起，否则，因分开递送会使客户感到不便。需要指出的是，由于供应商已尽了额外的努力保持存货可得性，而不是延交部分订货，这一事实本身会转变成一种积极的形象，说明供应商为满足客户需求尽心尽力。这类在作业问题发生时设法满足客户需求的例子被称为“无暇的恢复”（immaculate recovery）。

2．可得性衡量指标

要高水准地实现存货可得的一致性，需要进行大量的精心策划，而不是在销售量预测的基础上给各个仓库分配存货。其关键是要对首选客户或核心客户实现高水准的存货可得性，同时使整个存货储备和仓库设备维持在最低限度。显然如此严格的物流表现需要所有的物流资源都实现一体化，并明确特定客户所承诺的可得性目标。严格存货的可得性方案并非是闭门造车，或设法搞“平均主义”。存货可得性由快速响应、最低库存、缺货频率、供应比率和订货完成率等指标组合而成，通过这些细分的具体指标可确定一个供应商满足特定客户存货需求能力的程度，以及对首选客户或核心客户实现高水准存货可得性的可信度。

（1）快速响应

快速响应（quick response）是企业物流作业目标中最基本的要求，关系到一个企业能否及时满足客户的服务需求。比如，一个远在昆明的客户服务器出现问题，而作为提供服务器备件支援的厂商位于北京，若客户需要在6小时内恢复服务器正常运行，那么快速响应就至关重要。

快速响应的能力使企业将物流作业传统上强调的根据预测和存货情况作出计划，转向了以小批量运输的方式对客户需求作出反应上来。快速响应要求企业具有流畅的信息沟通渠道和广泛的合作伙伴支持。

（2）最低库存

最低库存（minimum stock）是企业物流作业目标中最核心的要求。最低库存的目标同资产占用和相关的周转速度有关。最低库存越小，资产占用就越少；周转速度越快，资产占用也越少。因此，物流系统中存货的财务价值占用企业资产也就越低。在一定的时间内，存货周转率与存货使用率相关。存货周转率高，意味着投放到存货上的资产得到了有效利用。

企业物流作业的目标就是要以最低的存货满足客户需求，从而实现物流总成本最低。随着物流经理将注意力更多地放在最低库存的控制上，类似“零库存”之类的概念已经从戴尔这样的国际大公司向众多公司中转移并得到实际应用。当存货在制造和采购中达到规模经济时，它能提高投资回报率。

为实现最低存货的目标，物流系统设计必须是对整个企业的资金占用和周转速度进行控制，而不是对每一个单独的业务领域进行控制。

（3）缺货频率

缺货频率（stockout frequency）是指缺货将会发生的频率。换句话说，该衡量方法用于表示一种产品可否按需要装运交付给顾客。当需求超过产品可得性时就会发生缺货。缺货频率就是用于衡量一种特定的产品需求超过其可得性的次数。将全部产品所有发生缺货的次数汇总起来，就可以反映一个供应商实现其基本服务承诺的状况。尽管缺货频率指标并未涉及到有些产品在可得性方面也许比其他产品更重要这一实际情况，缺货频率仍是衡量存货可得性的起点。

（4）供应比率

供应比率（fill rate）衡量缺货的程度或影响大小。这是因为一种产品缺货并不必然意味着其客户的需求将得不到满足。在判断缺货是否影响到服务绩效以前，首先要弄清楚客户的真实需求，因此，对供应商来说，十分重要的是要确认该产品是否确实未能获得及其客户究竟想要多少单位。供应比率绩效通常是按客户服务目标予以区分的，于是缺货程度的衡量就可以构成供应商在满足顾客需求方面的跟踪记录。例如，一位客户订货50各单位，只有47个单位可得，那么订货供应比率为94%（47/50），要能够有效的衡量供应比率，一般在程序评估中还要包括在一段特定时间内对多少个客户订货的完成进行了衡量。因此，供应商可以开发供应比率战略来满足客户期望。

缺货频率和供应比率都取决于客户订货实践。比如，供应商如果为小批量的存货频繁的安排补充订货的话，那么由于装运地变化性，缺货频率有可能会提高。换句话说，每次补充订货都有相等的递送延迟机会。因此，随着影响安全储备的订货次数的增多，将会发生缺货的频率就更高。从另一方面来说，如果供应商较少的安排补充订货，那么潜在的缺货频率将会降低，期望的供应比率将会提高。显然缺货频率和供应比率与订货数量之间呈反向关系。

（5）订货完成率

订货完成率（orders shipped complete）是衡量供应商拥有一个客户所预定的全部存货时间的指标。这是一种最严格的衡量，因为它把存货的充分可得性看成是一种可以接受的完成标准。假定其他各方面的完成为零缺陷，则订货完成率就为客户享受完美订货的服务提供了潜在时间。

将上述五种衡量可得性的方法结合在一起，就可以识别一个供应商的存货战略满足客户期望的程度；此外，它们还可以成为评估适当的可得性水平的基础，并被结合进供应商营造的服务平台中去。

4.2.2 作业绩效

作业绩效可以通过速度、一致性、灵活性、故障与恢复等方面来具体进行衡量。

1．速度

完成周期的速度是指从一开始订货时起至货物装运实际抵达时止的这段时间。即使在今天高水平的通信和运输技术条件下，订货周期也可以短至几个小时，或长达几个星期。

当然，供应商对存货可得性和作业速度这两个方面的最高承诺是客户存货委托。在委托安排中，产品是按照客户预期的业务需要进行存货的。虽然从客户的角度来看委托存货是一种理想的方式，但对供应商来说却是一种花费昂贵的做生意方式。因此供应商的存货委托安排一般仅限于一些至关重要的产品，即如果在它们确实需要时得不到将会导致失效或低效，诸如机器零件和急救医疗供应品等。客户存货委托情况一般都出现在企业与企业之间的营销和健康卫生行业中。与为客户维持安全储备相比，它的不同之处是，一个供应商之所以愿意接受客户的存货委托往往是出于他在该业务关系中的力量对比。

对供应商的递送委托更具代表性的业务安排，是建立在客户各种期望基础上的完成周期的速度。在紧急情况下，供应商会通过当地仓库进行特别递送，或者通过通宵运行的高度、可靠的运输企业在几小时内完成所要求的递送服务。这种业务关系通常是按照顾客的具体要求，围绕着能促进物流作业效率所期望的完成周期形成的。换句话说，并不是所有的客户都需要或希望最大限度的加速，因为这种加速可能会导致提高价格或提高物流成本。

如何确定完成周期的时间往往与存货需求有着直接关系。一般来说，计划的完成速度越快，客户所需的存货投资水平就越低。完成周期时间与客户存货投资之间的这种关系居于以时间为基础的物流安排之首。

2．一致性

虽然服务速度至关重要，但大多数物流企业更强调一致性。一致性是指供应商在众多的订货中按时配送的能力。不要把一致性直接解释为客户额外需要的安全储备，以防有可能发生递送延迟。一般说来，可得性与一旦需要就可以进行产品装运的存货能力有关；而完成周期的速度则与持续的按时递送特定货物所必需的作业能力有关；而所谓一致性，却是指必须随时按照递送承诺加以履行的处理能力。由此看来，一致性的问题是物流作业最基本的问题。

3．灵活性

作业灵活性是指处理异常的客户服务需求的能力。供应商的物流能力直接关系到在始料不及的环境下如何妥善处理的问题。需要供应商灵活作业的典型事件有：（1）修改基本服务安排，例如一次性改变装运交付的地点；（2）支持独特的销售和营销方案；（3）新产品引入；（4）产品逐步停产；（5）供给中断；（6）产品回收；（7）特殊市场的定制或客户服务层次；（8）在物流系统中履行产品的修订或定制，诸如定价、组合或包装等。在许多情况下，物流优势的精华就存在于灵活能力之中。一般说来，供应商的整体物流能力取决于在适当满足关键客户的需求时间所拥有的“随机应变”的能力。

4．故障与服务

不管供应商的物流作业有多么完美，故障总是会发生的，而在以发生故障的作业条件下继续实现服务需求往往是十分困难的，因此，供应商应制定一些有关预防或调整特殊情况的方案，以防止故障发生。比如，供应商通过合理的论证来承担这种应付异常情况的义务；而其制订的基本服务方案应保证高水平的服务，实现无故障和无障碍计划，为此，供应商要有能力预测服务过程中可能会发生的故障或服务中断，并有适当的应急计划来完成恢复任务。在实际的服务故障发生时，客户服务方案中的应急计划还应包括对客户期望恢复的确认以及衡量服务一致性的方法。

4.2.3 可靠性

物流质量与物流服务的可靠性密切相关。物流活动中最基本的质量问题就是如何实现已计划的存货可得性及作业完成能力。除了服务标准外，质量上的一致性涉及能否并且乐意迅速提供有关物流作业和顾客订货状况的精确信息。研究表明，供应商有无提供精确信息的能力是衡量其客户服务能力最重要的一个方面。客户们通常讨厌意外事件，如果他们能有事前收到信息的话，就能够对缺货或延迟递送的意外情况作出调整。因此，越来越多的客户表示，有关订货内容和时间的事前信息与完美订货的履行相比更加重要。

除了服务可靠性以外，服务质量的一个重要组成部分是持续改善。类似于供应商内部的其他经理人员一样，物流经理人员也关心如何尽可能少的发生故障以完成作业目标，而完成作业目标的一个重要方法就是从故障中吸取教训，改善作业系统，以防再次发生故障。

实现物流质量的关键是如何对物流活动进行衡量。在客户眼里，存货的可得性和作业绩效是同等至关重要的，然而，高水准的作业绩效只能通过严格的对物流活动的成败进行精确的衡量才能维持。对服务质量的衡量主要体现在下述三个方面，即：衡量变量、衡量单位和衡量基础。

1．衡量变量

在物流的基本服务方案中特定的旅行活动就是据以评估的衡量项目。表 4-2 列举了一系列典型的用于衡量物流服务的变量，该表还注明了这些变量是用特定的时间点进行衡量的还是用特定的时间段衡量的。按时点进行衡量变量的通常是指静态变量（Static varibles），静态变量对评估物流系统当前的准备状况是很有用的。例如，观察所发生的延交订货的状况、缺货的次数或运输中的存货水平就能较早的为未来潜在的顾客服务问题提出状态的预警。按时间段进行衡量的变量，称为流动变量（flow variables），是跨越某个时间，如一周、一月或一季等，来跟踪物流系统的表现。不管用哪一种特定变量来测定为客户服务的表现，有关的指标都必须予以适当稽查。例如，在一个特定的时点去衡量已取消的订货并没有多大的意义。

表 4-2　服务衡量变量

变量	衡量期
销售量	时段
订货数	时段
回收数	时段
延交订货数	时段/时点
缺货量	时段/时点
已取消的订货时	时段
已取消的产品种类	时段
恢复延交订货数	时段
延交订货年限	时段/时点
装运短缺数	时段
货损索赔数	时段
畅通无阻的次数	时段

2．衡量单位

可靠性衡量的第二个方面是衡量单位的选择。表 4-3 列举了一些通常用于进行物流跟踪的衡量单位。例如，既可以使用单位数，也可以使用销售金额或存货金额来跟踪和报告缺货情况。尽管这两种衡量产生于同一种活动，但他们并不提供相同的管理信息。当缺货按单位数进行衡量时，是在同等的基础上按产品的价值从高到低对物流履行进行衡量的。另一方面，按销售金额所做的缺货报告则把重点放在更高价值的库存存货上。一般来说，高级管理部门通常都是当库存缺货与高额毛利、快速移动或至关重要的产品有关联时才更加重视。由此可见，衡量单位的选择会对可靠性的衡量产生重大影响。

表 4-3　衡量单位表

● 箱	● 货币单位：美元
● 单位	● 打
● 品种	● 破损箱
● 重量	● 加仑

3．衡量基础

可靠性衡量方面要考虑的最后一个因素是所选择的衡量基础。衡量基础用于规定如何汇总物流完成报告。表 4-4 汇总了一些可供选择的各层次的衡量基础，该表所列举的衡量基础包括从系统总体到特定的产品完成，它把整个物流产品归类成某种衡量基础，以期在大系统的规模上来概括对客户服务的表现。这种综合表现相对较易衡量，因为它只需要建立一个有限的物流绩效数据库。然而，由于这种综合衡量方法采用的是平均绩效数据，因而有可能会隐瞒潜在的一些问题。另一方面当特定的产品或客户层次来衡量物流绩效时，难以概括总体状态，并且难以发现潜在的系统方面的问题。尽管在收集和维持有关客户层次或产品明细层次所需要的数据发面存在着种种困难，但是根据这些数据所完成的报告确实能精确地找到物流存在的具体问题。

表 4-4　服务衡量基础

● 总系统层次	● 订货层次
● 销售领域层次	● 顾客层次
● 产品组层次	● 破损箱
● 厂牌层次	● 加仑

管理部门在选择最合适的衡量单位和衡量基础的组合来评估物流活动的可靠性时，必须对各种较易的代价进行评价。显然，对物流活动进行详细的衡量有助于及时地识别具体问题，但是收集、维护和分析物流信息所需的各种数据来源却是十分可观的，而这种特定的衡量对于支持物流部门的服务战略来说又是必不可少的，因为，没有什么客户是可以用平均数来描述的。由于用数据收集、维护和分析的信息技术的重大进步，连同其成本大幅度的降低，使企业对顾客服务完成进行专门的评估已愈来愈成为日常的现实。

4.2.4　基本服务能力小结

要形成一个基本的服务平台，要明确向客户提供基本服务所要承担的义务水准。一个物流系统究竟应该向客户提供多少基本服务，取决于供应商的总体营销战略及其对营销组合中某些特定要素的相对重要性上。如果供应商在其物流能力的基础上寻求区别战略，那么高水准的基本服务是必不可少的；如果其主要的竞争特征是价格，那么处于对成本控制的需要，供应商极可能不愿意去完成高水准的物流绩效。提供基本服务水准是一个重要的交易代价问题，可用于确定极易影响客户行为的企业适用能力。物流活动的绩效正愈来愈成为企业的一种至关重要的能力。

对整个物流完成来说，基本的客户服务平台或服务方案应处于一种向所有客户提供支持的水平。供应商不应该故意只向首选客户提供服务来违反其基本服务方案。基本服务，顾名思义就是向所有的客户提供支持的最低服务水准。供应商不可向勉强有利可图的客户提供更低水准的基本服务。一旦接受了客户的订货，供应商就有义务按照基本服务的承诺为各种企业服务，另一方面，超出基本服务水平的物流完成和增值服务，则表明供应商提供了额外的承诺，这在特定的业务条件下是合理的。这种提供额外服务的形式类似于除基本的汽车模型外向客户提供额外的选择，诸如可以开式车顶或皮质的车内装饰等，而供应商之所以愿意提供额外的服务，是因为他们期望客户支付额外的费用。就物流活动来说，额外服务可以通过提高服务收费获得更多的业务予以补偿。当一个供应商成为一种产品或服务的唯一供给来源时，需具备极高水准的服务能力。

4.3　完美订货与增值服务

4.3.1　完美订货

“完美订货”是国外物流学者通过研究客户期望提出的一个新观点，如果客户期望供应商以及时和无差错的方式提供100%的存货可得性的话，那么这种服务就是实现了所谓的“完美订货”。

物流质量的高低境界就是正确的做每一件事，并且一开始就要做正确。完美订货的观念就是指期望向客户提供服务的能力，并在可得性和作业绩效方面，各自每次都应同步的实现既定目标；就订货而言，从收到订单到交付货物的各个方面，连同无差错开票等，都应该表现完美。这意味着存货可得性和作业绩效得到了完美的履行，并且所有的支持活动，诸如准确无误的开票和恰如其分的产品介绍等，都必须严格地按照对客户的承诺得到完美履行。“完美订货”是物流企业追求的服务目标，即以完美的客户服务满足客户需求。完美订货跨过了成本——效益阶段，迈向依靠优质、完美服务和市场忠诚度获取高端利润的阶段。事实上，利用物流能力来获得竞争优势，将取决于能否吸引和拥有行业中最成功的客户，即能否提供优质的客户服务。最好的客户服务水平能以最低的服务成本为企业留住或争取到最有价值的客户群。客户服务水平是衡量物流系统为客户创造时间和空间效应能力的尺度。客户服务水平决定了企业能否留住现有客户及吸引新客户的能力，直接影响企业所占的市场份额和物流总成本，并最终影响其盈利能力。在许多情况下，完美订货的概念是物流质量的外延。“完美订货”的战略目标就是要建立客户对企业的忠诚，并且关上竞争对手的机会之门。

“完美订货”是一种崭新的客户服务观念，着重关注的是客户忠诚度，是物流企业追求的目标。在现代技术条件下，这种服务绩效是可能实现的，但其代价是较为昂贵的，然而这种高水准的绩效却是一种战略选择，可供供应商在比选基础上承担义务。完美订货把零缺陷绩效作为基本的服务战略，这种卓越的服务表现必须致力于那些能够正确评价并愿意提高价格购买忠诚，以及对厂商的额外表现做出反应的客户。因此很少有厂商会向所有的客户承担这种义务，把零缺陷绩效作为其基本的物流服务战略。事实上，基于绩效考核的严格性，服务代价的高昂性，物流企业也没有能力对其所有的客户进行“完美订货”式的服务。实力较弱的第三方物流企业在对其所有的客户完成基本物流服务的前提下，可以选择一家订货数量最大、忠诚度最高的客户作为首要客户，对其进行高质量的“完美订货”式的物流服务。实力较强的企业则可运用“ABC”分类法，把客户企业分成A、B、C三类，对A类客户履行“完美订货”的承诺，必要时不计代价，以表明物流企业的能力和态度。

在资源承诺方面，零缺陷绩效通常难以保证得到支持的往往只是存货承诺方面，因为极高的供应比率一般需要承担高度的存货义务，以满足所有潜在的订货需求和作业变化。一个服务地点也许没有足够的存货来满足所有客户在存货可得性方面的要求。为了方便及时的从次要地点装运交付，就需要事先确定各种程序以便及时地适应各种服务需求。

完美订货的方案通常要涉及各种超出基本服务方案的活动。履行完美订货的承诺通常是建立在各种协议基础上的，旨在发展供应商和首选客户之间密切的工作关系。在这里，需要引起足够重视的是，完美订货通常是在严密的组织工作安排中履行的。这些安排随时间展开，往往需要得到有关企业间大量交换的信息支持，以便保持对各种物流需求的深刻了解，一般不会没有提示就贸然的向供应商提出完美订货的要求。

在承诺背后趋势供应商事先零缺陷作业绩效的力量是基于这样的一种理解，即：接受服务的客户都会对优先向其提供有关产品的供应商作出反应。Colonial Hospital Suppliers 公司广泛的对其首选客户承诺，保证在12小时内送货到家，这意味着对客户的产品需求必须明确和满足到个别的医疗站或外科单位层次。他期望提供这种快速而又可靠的服务将会导致近乎排他性的买主和供应商关系。从反托拉斯的角度来看，一项完美订货的方案必须是合法的。

任何客户，只要愿意承担并能满足购买量、排外性或其他有关要求，都有权利享有这种升级服务。然而，履行完美订货的承诺超出了供应商的基本服务方案，供应商作出的基本服务承诺应对所有的客户都没有歧视。参与零缺陷服务方案的那些客户必须乐意与供应商发展联盟关系，并对未来的重大业务作出保证。

履行完美订货需要在管理上和作业上作出努力、耗费巨资，并且需要杰出的信息支持。这种卓越的服务表现必须致力于那些能够正确的评价并愿意提高购买忠实以及对供应商的额外表现作出反应的客户。一旦供应商展开完美订货的战略，那么，他就必须充分了解潜在风险和行情下跌的可能性。零缺陷的服务承诺没有错误的余地。客户则期望供应商作出的约定每一次都能够如实兑现。对客户来说，只有当供应商的承诺是真的、可信的以及一致的实现时，这种物流绩效才能被解释成为效率。空口服务没有存在的空间：完美订货的证明是每一次的零缺陷完成。

4.3.2 增值服务

1．增值服务基本概念

增值服务观念与基本服务能力中所涉及的物流完成和完美订货有着重要的区别。增值服务是指针对特定客户或特定的物流活动，使供应商能够通过共同努力提高其效率和效益。增值服务能够巩固业务上已做出的安排；增值服务容易举例说明，但难以实际推广，因为其客户是特定的。

基本服务、零缺陷服务和增值服务之间存在着明显的区别。基本服务是供应商据以建立其最基本业务关系的客户服务方案，所有的客户在特定的层次上予以同等对待，以全面保持其忠诚。而通向完美订货完成的零缺陷则是物流可得性、作业绩效和可靠性的最高水准。向首选客户作出完美订货的承诺是供应商获得并保持其作为首选供应商地位的一种方式；增值服务则表现为零缺陷承诺的各种可选方案，作为供应商与客户休戚与共的一种方式。

在日常的物流生活中，有大量的增值服务项目买卖双方都会同意有服务业机构来承担，诸如承运人仓储以及在这类作业中有专长的公司等。例如，就汽车运输公司而言，它提供的增值服务也许会超出其基本的运输服务，结合近一些附加的服务项目，诸如分类和排序，以满足特定的客户独特的需求。

2．增值服务类型

增值服务是竞争力强的企业区别于一般小企业的重要方面。有时，在基本服务的基础上也能够实现增值服务。例如，丰田汽车公司提出一个星期的交货期，在基本服务的基础上为客户提供了其他公司无法做到的增值服务；摩托罗拉公司可以根据客户的要求生产出定做的产品，这也为客户提供了增值服务。增值服务的特征就是，在提供基本服务的基础上，满足更多的顾客期望，为客户提供更多的利益和不同于其他企业的优质服务，它是企业的闪光点。增值服务的范围涉及大量刺激性的业务活动。承担增值服务的专业人员可以区别为5个主要的完成领域，即以客户为核心的服务、以促销为核心的服务、以制造为核心的服务、以时间为核心的服务以及基本服务等。

（1）以客户为核心的服务

以客户为核心的增值服务向买卖双方提供利用第三方专业人员来配送产品的各种可供选择的方式。例如，美国UPS公司开发了独特的服务系统，专门递送纳贝斯克食品公司的

“Planters-Life Savers”快餐产品到批发商店，而不是通过传统的烟糖配送服务。又如，Exel配送公司下属的一个部门创造性地建立了一种订货登记服务，为刚出世的婴儿安排P&G公司的一次性尿布送货到家。对仓库来说，还普遍流行一种做法，即提供“精选——定价——重新包装”服务，以便于按仓库、俱乐部和便利店等要求独特配置，以配送制造厂商的标准产品。最后一个有关以客户为核心的服务例子就是如何来履行。履行由这样一些活动构成：处理客户向制造商的订货、直接送货到商店或客户家，以及按照零售店货架储备所需的明细货品规格持续提供递送服务。这类专门化的增值服务可以有效地用来支持新产品的引入，以及基于当地市场的季节性配送。

（2）以促销为核心的服务

以促销为核心的增值服务涉及独特的销售点展销台的配置，以及旨在刺激销售的其他范围很广的各种服务。销售点展销可以包含来自不同供应商的各种产品，组合成一个多节点的展销单元，以便于适合特定的零售商店。在有选择的情况下，以促销为核心的增值服务还对储备产品的样品提供特别介绍，甚至进行直接邮寄促销。许多以促销为核心的增值服务包括销售点广告宣传和促销材料的物流支持等。在许多情况下，促销活动所包括的礼品和奖励商品由专业服务机构来处理和托运。

（3）以制造为核心的服务

以制造为核心的增值服务使通过独特的产品分类和递送来支持制造活动。既然每一位客户的实际设施和制造装备都是独特的，那么，从理想上来说，递送和引入内向流动的材料和部件应进行客户定制化。例如，有一家仓储公司使用多达6种不同的纸箱重新包装的一种普通消费者洗碗盘用的肥皂，以支持各种促销方案和各种等级的贸易要求。

（4）以时间为核心的服务

以时间为核心的增值服务涉及使用专业人员在递送以前对存货进行分类、组合和排序。对以时间为核心的增值服务来说，它的一种流行形式就是准时化（JIT）后备仓库。在准时化概念下，供应商向位于装配工厂附近的JIT后备仓库进行日常的递送；一旦某时某地生产了需要，后备仓库就会对多家买主的零部件进行精确的分类、排序，然后递送到装配线上去。其目的是要在总量上最低限度的减少在装配工厂的搬运次数和检验次数。例如，俄亥俄州马里斯维尔本田汽车公司就是使用这类JIT服务来支持其装配线的。又如，Exel配送公司把食品制造商的产品混合起来，按Shaw公司的零售食品店的要求进行精确分类。虽然从概念上说这个例子多少有点牵强附会，但这种按客户要求对产品进行重新分类组合的混合服务，可以使制造商和Shaw公司排除或避免大量的仓储。总之以时间为核心的增值服务，其主要一个特征就是排除不必要的仓库设施和重复劳动，以其最大限度的提高服务速度。基于时间的物流战略，是竞争优势的一种主要形式。

（5）基本服务

除了独特的或传统的增值服务形式外，专业人员还可以被用来执行供应商全部的或部分的基本服务方案。各种范围很广的服务都可以通过专业人员来提供，以支持任何的或所有的物流需求。有许多公司不仅承担运输服务和仓储服务，而且还提供一系列附加的创新服务和独特服务，诸如存货管理、订货处理、开票和回收商品处理等，覆盖了物流供应链的全域；有许多厂商还提供全套的物流服务，向托运人提供类似于包干的物流服务。例如，罗德威物流服务公司（Roadway Logistics Services）就向LOF玻璃公司（Libbey-Owens-Ford Glass）

提供了第三方运输服务。罗德威公司不仅提供运输服务，而且还安排其他承运人处理 LOF 公司的部分运输，并且还利用另外的专业服务提供者，凯司物流公司（Cass Logistics,Inc）承担必要的行政管理，负责与承运人的结算费用。由于利用了外界专业人员来帮助承担物流服务，使 LOF 公司大大减少了在业务中所涉及的承运人总数。历史上，LOF 公司曾经与 530 多位承运人打过交道，如今，它仅通过寥寥无几的几个基本承运人就能控制其有关作业。

增值服务一般用于满足客户的特定需求，增值服务可以直接由业务关系的参与者或由服务专业人员来承担。在过去的十几年间，买卖双方越来越转向使用专业人士来承担增值服务，因为他们具有灵活性，能够把精力集中在所需提供的服务上。这种由外援机构负责承担的增值服务，正趋向于不断的得到强化，已成为物流服务行业发展背后的一种主要动力。然而，不管特定的服务如何组织和执行，有一点很清楚，基础物流和增值服务是整个顾客服务的一个发展方向。

3．电子商务下的增值性物流服务

（1）增加便利性的服务

一切能够简化手续、简化操作的服务都是增值性服务。在提供电子商务的物流服务时，推行一条龙门到门服务、提供完备的操作或作业提示、免培训、免维护、省力化设计或安装、代办业务、一张面孔接待客户、24 小时营业、自动订货、传递信息和转账（利用 EOS EDI、电子资金转账）、物流全过程追踪等都是对电子商务销售有用的增值性服务。

（2）加快反应速度的服务

快速反应（Quick Response）已经成为物流发展的动力之一。传统观点和做法将加快反应速度变成单纯对快速运输的一种要求，但在需求方对速度的要求越来越高的情况下，它也变成了一种约束，因此必须想其他的办法来提高速度，所以第二种办法，也是具有重大推广价值的增值性物流服务方案，应该是优化电子商务系统的配送中心、物流中心网络，重新设计适合电子商务的流通渠道，以此来减少物流环节、简化物流过程，提高物流系统的快速反应性能。

（3）降低成本的服务

电子商务发展的前期，物流成本将会高居不下，有些企业可能会因为根本承受不了这种高成本退出电子商务领域，或者是选择性地将电子商务的物流服务外包出去，这是很自然的事情，因此发展电子商务，一开始就应该寻找能够降低物流成本的物流方案。企业可以考虑的方案包括：采取物流共同化计划，同时，如果具有一定的商务规模，比如，珠穆朗玛和亚马逊这些具有一定的销售量的电子商务企业，可以通过采用比较适用但投资比较少的物流技术和设施设备，或推行物流管理技术，如运筹学中的管理技术、单品管理技术、条形码技术和信息技术等，提高物流的效率和效益，降低物流成本。

（4）延伸服务

向上可以延伸到市场调查与预测、采购及订单处理：向下可以延伸到配送、物流咨询、物流方案的选择与规划、库存控制决策建议、货款回收与结算、教育与培训、物流系统设计与规划方案的制作等。关于结算功能，物流的结算不仅仅只是物流费用的结算，在从事代理、配送的情况下，物流服务商还要替货主向收货人结算货款等。关于需求预测功能，物流服务商应该负责根据物流中心商品进货、出货信息来预测未来一段时间内的商品进出库量，进而预测市场对商品的需求，从而指导订货。关于物流系统设计咨询功能，第三方物流服务商要充当电子商务经营者的物流专家，因而必须为电子商务经营者设计物流系统，代替它选择和评价运输商、仓储商及其他物流服务供应商。国内有些专业物流公司正在进行这项尝试。关于物流教育与培训功能，物流系统的运作需要电子商务经营者的支持与理解，通过向电子商务经营者提供培训服务，可以培养它与物流中心经营管理者的认同感，可以提高电子商务经营者的物流管理水平，可以将物流中心经营管理者的要求传达给电子商务经营者，也便于确立物流作业标准。

以上这些延伸服务最具有增值性，但也是最难提供的服务，能否提供此类增值服务现在已成为衡量一个物流企业是否真正具有竞争力的标准。

4.4 客户服务水平的确定

第三方物流服务项目的设计首先要在遵循客户服务定律与供需法则的基础上为第三方物流服务需求方确定恰当的客户服务水平。

4.4.1 第三方物流客户服务定律与供需法则理论

1．客户服务定律

在客户服务过程中，有一些做法适用于所有物流企业，并且能起到积极的作用，我们称之为“客户服务定律”。

（1）客户服务决定价值

这一理念揭示了这样的事实：物流服务质量并非决定价值的唯一要素，价值是客户认知的效益与价格之比，客户的认同是决定价值的关键，客户的认同感越强，产品的价值越大。

比如，宝洁公司在中国内地销售的洗发精价格足足比当地产品贵 3 倍，但市场占有率高达 50%，原因何在？答案在客户。客户依赖它的品质，依赖它的服务，认同它的价值，所以他们愿意多花钱。况且多花一点钱能体现他们的身价和品味，何乐而不为？

这一理念是客户服务的其他理念的基础和核心，它表明了物流服务企业营销的方向在客户，其一切的活动都是为了争取客户的认同，因此服务是争取客户的核心方法。

（2）客户服务是一种具有独特性的服务

企业靠服务取胜，但要注意不要把服务变成一种大众商品，那样的服务不具有竞争优势，服务始终是一种独特的产品，具有独特的价值。

客户是一个有着个性化情感的服务对象。有时一份额外的小小的意外惊喜会使他们的心情十分愉快，甚至永生难忘，这就是服务的独特之处。服务始终以一种竞争对手无法效仿的方式增加着产品与服务本身的价值。

因此，服务一定要具有独特性，要与众不同，这样才能拥有独特的知识产权、技术专利和人才资本。这些无形资产构成的竞争优势是不易被其他企业复制和拥有的，是企业的核心竞争力的构成要素，因此这些优势会使企业获得丰厚的回报。

DELL 公司成功的原因与其说是它提供的计算机产品，倒不如说是它提供的一种特殊服务。这种服务不仅使 DELL 公司的产品满足了不同客户的需求，而且使客户离不开 DELL 公司的服务。目前，DELL 公司已开发出一种软件，使客户能在网上订货，还能及时地得到 DELL 公司提供的服务，从而使客户一旦拥有 DELL 公司的产品就很难转向其他企业。

2．供需法则

物流服务价格的高低，最终取决于市场上对这一物流服务的供求关系。市场需求是企业定价策略的导向。需求量指客户愿意接受第三方物流服务企业所提供的物流配送等服务的数量。供给量是指第三方物流服务企业能为客户提供物流配送等服务能力的数量。供给量并不是指第三方物流服务企业实际提供的服务数量。

需求法则是指物流服务的供需量与物流价格之间的反比关系。物流服务企业在管理决策中运用需求法则时，应注意的基本问题是：局部正确的结论，扩大到整体时就有可能变化；反之，整体正确的结论，也不能一成不变的运用到局部。也就是说，个别客户愿意接受某个物流企业的物流服务及价格；全物流服务行业普遍愿意接受某个物流服务企业的物流服务及价格同样不等同于个别客户愿意接受这一物流服务及价格。

在完全竞争的市场结构条件下，任何一个第三方物流服务企业所提供的物流服务在整个第三方物流服务市场上所占的份额是微不足道的，所以任何一个第三方物流服务企业都无力左右或操纵第三方物流服务市场的价格。

研究市场供给需求关系离不开价格因素的影响，所以我们必须遵守这一市场运行的规则，即供需法则，如图 4-2 所示。

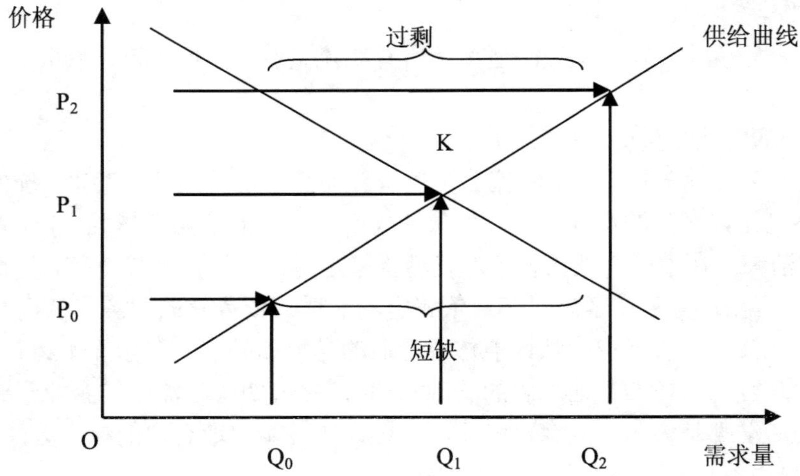

图 4-2　供需法则曲线图

需求曲线上的各点表示客户在特定价格下，接受第三方物流服务所提供的相应的物流服务内容和范围；供给曲线上各点，表示第三方物流服务企业在特定价格下，愿意为客户提供的物流服务内容和范围。

当供给、需求两条线相交时，表示按这一价格成交能够使供需双方都能接受，第三方物流服务企业愿意提供物流服务的内容和范围等于客户愿意接受的物流服务内容和范围。两条曲线的交点 K 成为均衡点。此时的物流服务内容和范围 Q_1 称为均衡数量，其价格 P_1 称为均衡价格。

根据供给需求分析的原理，供需法则大致可归纳为五种类型。

（1）在第三方物流服务供给不变的前提下，由于客户对第三方物流服务需求的增加，均衡价格与均衡数量会有所提高。

（2）在第三方物流服务供给不变的前提下，由于均衡客户受诸因素的影响，需求减少，均衡价格与均衡数量会有所下降。

（3）在客户需求不变的前提下，由于第三方物流服务供给的增加，均衡价格下降，均衡数量会有所提高。

（4）在客户需求不变的前提下，由于第三方物流服务供给的减少，均衡价格上升，均衡数量会有所下降。

（5）最常见的是客户需求与第三方物流供给同时发生变动，此时这些变动就复杂了：两者可呈同向变动，也可呈反向变动；每种变动又可分为变动程度相等与变动程度不等；还要进一步区别两者变动程度的大小。（如表 4-5 所示）

表 4-5　客户服务供求变动价格数量变化趋势表

变动方向	变动程度	供求变动	价格趋势	数量趋势
反向变动	程度相等	需求增加与供给减少相等	上升	——
		需求减少与供给增加相等	下降	——
	程度不等	需求增加大于供给减少	上升	上升
		需求增加小于供给减少	上升	下降
		需求减少大于供给增加	下降	下降
		需求减少小于供给增加	下降	上升
同向变动	程度相等	供求减少程度相同	——	下降
		供求增加程度相同	——	上升
	程度不等	需求增加小于供给增加	上升	上升
		需求增加大于供给增加	下降	上升
		需求减少大于供给减少	下降	下降
		需求减少小于供给减少	上升	下降

供需法则告诉我们，在完全竞争的市场条件下，影响价格的因素很多，但归根结底都是通过供给与需求来影响价格的。一方面，供需关系决定市场价格；另一方面，价格又反过来起着调节供需关系的作用。

3．第三方物流企业促进客户需求的有效途径

客户满意必须是一个不断随物流配送服务过程和客户基础管理深化而产生的要求。对于第三方物流服务企业来说，应该从以下几个方面着手。

（1）加强物流定制服务的能力，提高服务水准

以客户为导向，提供客户满意的全新服务方式，利用供应链资源进行客户化定制和服务技术，保证物流服务与客户满意需求始终一致，是现代物流服务的重要特征。

（2）提高企业员工的业务能力，改进服务质量

物流服务的关键是物流服务过程中实际操作的员工，员工的业务能力和服务质量直接关系到物流服务的质量，所以提高物流服务企业员工的业务能力和服务质量的培训工作很重要。

（3）缩短订单备货等方面的周期

物流服务中的营销服务要围绕客户需求进行，在设计物流项目过程中，首先要充分利用

企业的现有资源，同时也必须考虑压缩成本开支和提高物流服务效率的因素，合理利用社会的闲置资源，做到“少投入多产出”，缩短订单备货等方面的周期。

（4）提高供应链的效率和生产力

物流服务要通过供应链实现资源的最佳配置，有效降低成本，提高效率。

（5）充分利用现代信息技术，及时向客户提供信息资料

现代化信息技术是提高物流服务质量必不可少的手段，它能帮助物流服务企业了解物流服务的全过程，对服务过程中产生的问题及时采取补救措施，同时向客户提供物流服务的全过程情况。

（6）加强客户与公司之间的联系

为了更好地服务于客户，使客户满意，加强与客户之间的联系工作不容忽视，同时，这样做也能及时了解到客户的新想法和意见，及时改进物流服务企业的服务质量。客户的一些想法和意见的价值是难以用金钱来衡量的。

第三方物流服务企业一定要掌握好物流服务中的供需关系，这样才能在瞬息万变的市场中随时调整航向，进而提高理性思考理性决策的水平。

4.4.2 第三方物流服务与成本的关系

1.“效益背反”

“效益背反”又称为“二律背反”，这一术语表明两个相互排斥而又被认为是同样正确的命题之间的矛盾。“效益背反”是物流领域中很经常、很普遍的现象，是物流领域中内部矛盾的反应和表现。“效益背反”指的是物流的若干功能要素之间存在着损益的矛盾，即某一功能要素的优化和利益发生时，必然会存在另一个或几个功能要素的利益损失，反之也如此。

在物流运作过程中，物流成本与服务存在强烈的“效益背反”的现象，如图 4-3 所示。

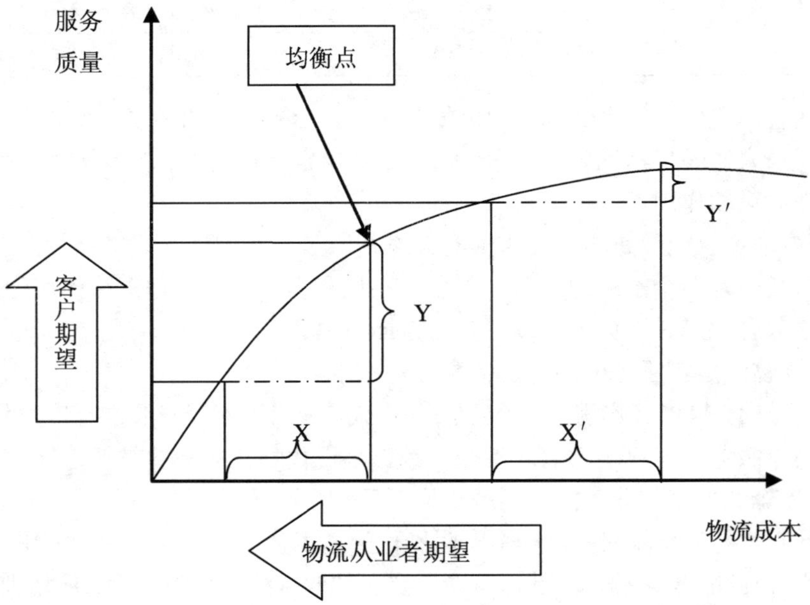

图 4-3　服务成本效益背反曲线图

物流客户服务水平的提高，相应会引起物流成本的上升，成本与服务水平之间受“收益递减法准则”的支配，当物流客户服务处于低水平阶段，如追加其成本为 X 时，则物流客户服务水平即可上升为 Y；当物流客户服务处于高水平阶段，同样追加其成本为 X′（X′=X）时，物流客户服务水平只能上升到 Y′（Y′<Y）。也就是说，当物流客户服务处于高水平阶段时，成本的增加不能使物流客户服务水平按比例相应提高。

因此，在确定客户服务水平时，不能无原则的以满足客户需求为前提，必须在物流成本支出与客户服务需求之间找到一个比较合理的、双方都比较满意的均衡点，方能保持物流服务良性运作，如图 4-4 所示。

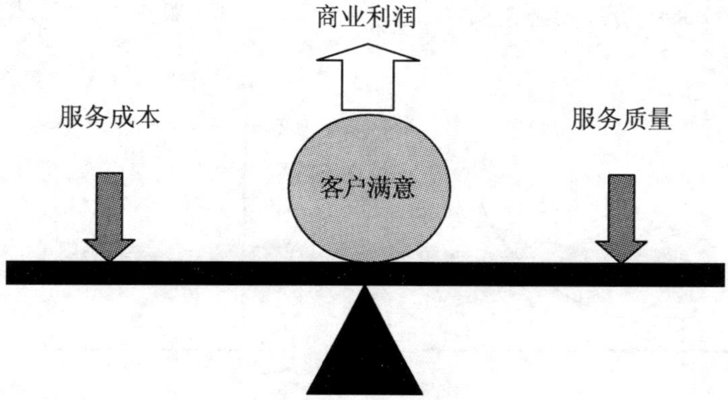

图 4-4　客户满意平衡模型

例如：日本的家用电器行业在第一次石油危机以前的经济高速增长时期，每天向零售店配送 2～3 次货物，并且不管什么时候，都马上送达，具有相当高的服务水平。可是，石油危机后，由于燃料价格高涨，原来的这种高水平服务无法继续进行下去。因此新的服务与成本均衡点的确定就显得尤为重要，为实现新的均衡，必须调整成本服务函数关系，于是家电企业与零售店双方协商，改为每天送货一次。结果，配送卡车的装载率从过去的 50%左右增至 80%以上，从而使配送费用下降近 30%。仅服务水平这一点点调整，就引起了配送效率的巨大变化。

2．服务水平与成本关系的解决方法

解决物流客户服务水平与物流成本的关系的办法有以下四种：

（1）在物流服务水平不变的前提下考虑降低成本。不改变物流服务水平，通过改变物流系统来降低物流成本，这是一种尽量降低成本来维持一定服务水平的方法，亦即追求效益的方法如图 4-5（a）所示。

（2）为提高物流服务水平，不惜增加物流成本。这是许多企业提高物流服务水平的做法，是企业在特定客户或特定商品面临竞争时，所采取的具有战略意义的做法，如图 4-5（b）所示。

（3）积极的物流成本对策，即在成本不变的前提下提高服务水平。这是一种追求效益的办法，也是一种有效的利用物流成本性能的办法，如图 4-5（c）所示。

（4）用较低的物流成本，实现较高的物流服务水平。这是为了增加销售、增加效益而采取的具有战略意义的办法，如图 4-5（d）。

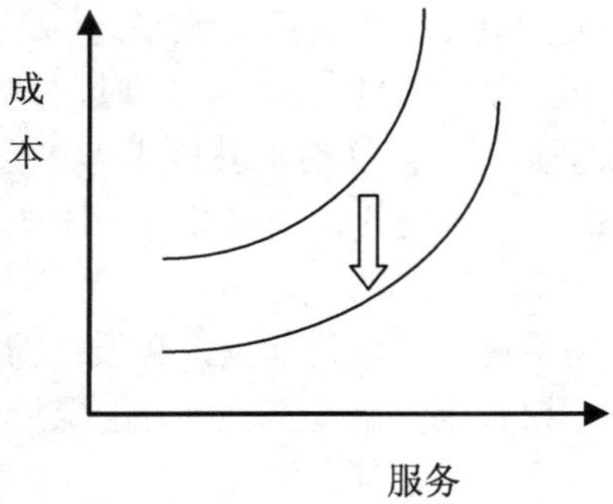

（a）服务水准一定，成本降低

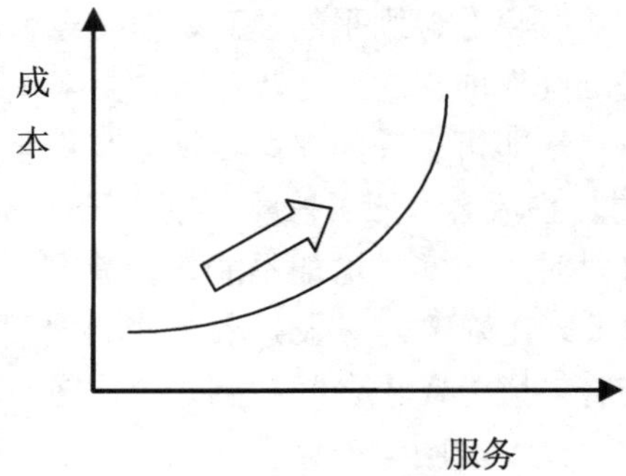

（b）服务水准与成本同时上升

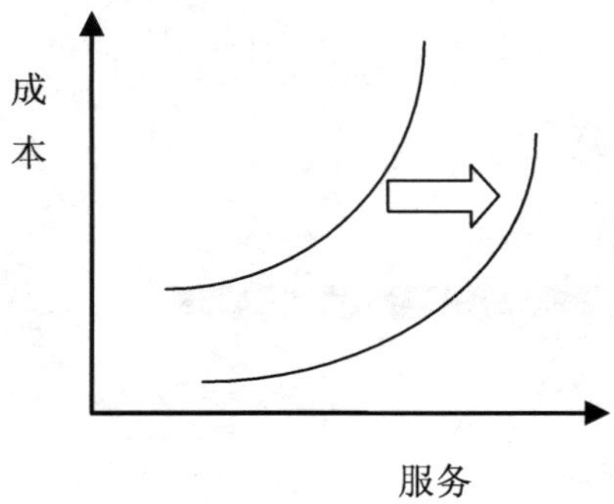

（c）服务水准上升，成本一定

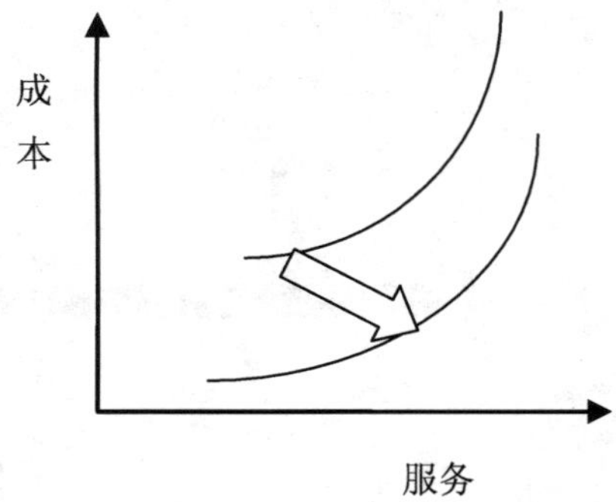

（d）服务水准上升，成本下降

图 4-5　物流服务与成本关系的几种类型

以上解决办法物流服务企业在选择时，应通盘考虑物流服务战略和地区销售战略、流通服务战略和竞争对手、物流成本和物流服务系统所处环境以及物流服务系统负责任所采用的方针等各方面的情况后再做决定。

所以，物流服务企业要正确处理三个方面的服务与成本关系：

第一，应充分考虑企业的营销方针和战略、行业环境、服务范围和特性、竞争对手以及与全社会有关的环境保护、节能问题、劳动力状况等社会环境。

第二，应充分考虑物流所处的环境，特别是物流部门的现状、物流服务场地（库存场地、配送场地）。

第三，为了实现物流系统化，物流服务企业需要标准化、规模化、计划化、一体化、信息化、简单化；为了彻底消除浪费、提高效率，特别要注意提高物流活动的软、硬件两个方面的标准化程度。

因此在市场经济条件下，我们要处理好第三方物流服务与成本的关系，尽可能用较低的成本为客户提供最好的服务。

4.4.3　客户服务水平的确定

1．客户-服务的 ABC 分析确定服务水平

（1）ABC 分析理论

1897 年意大利经济学家帕累托发现了著名的 80/20 法则，他指出，在因和果、投入和产

出、努力和收获之间本来就存在着不平衡的关系。典型的情况是 80%的收获来自 20%的努力，80%的销售额来自 20%的客户，80%的利润来自 20%的客户。当然 80/20 法则并不是精确的数学公式，但它的可贵之处在于：在不精确中寻找到了一条精确的平衡关系。

根据帕累托法则进行分类的方法就叫做 ABC 分析法，此法的要点是把企业的物资按其金额大小划分为 A、B、C 三类，然后根据重要性分别对待。A 类物资是指品种少、实物量少而价值高的物资，其成本金额约占 70%，而实物量不超过 20%。C 类物资是指品种多、实物量多而价值低的物资，其成本金额约占 10%，而实物量不低于 50%。B 类物资介于 A 类、C 类物资之间。其成本金额约占 20%，而实物量不超过 30%。当企业存货品种繁多、单价高低悬殊、存量多寡不一时，使用 ABC 分类法可以分清主次、抓住重点、区别对待，使存货控制更方便有效。通常情况下仅对 A 类物资进行最优批量控制。

ABC 分析法是储存管理中常用的分析方法，也是经济工作中一种基本工作和认识方法。ABC 分析的应用，在储存管理中比较容易地取得以下成效：第一，压缩了总库存量；第二，解放了被占压的资金；第三，使库存结构合理化；第四，节约了管理力量。

（2）客户-产品的 ABC 分析

客户与产品的 ABC 分析的核心思想是：根据客户与产品对企业的价值不同，为不同的客户与产品组合提供恰当的物流客户服务水平。这种方法源于：一些客户产品比其他客户和产品更有利可图。因此，企业应该为盈利性最大的客户-产品组合维持最高的客户服务水平。

①对客户进行 ABC 分析

企业在提供物流服务时，要对客户区别对待，不能对所有的客户都一视同仁，物流客户服务需要辩证法。企业在为客户提供物流服务之前，首先要弄清楚在这些客户中谁是一般客户，谁是合适客户，谁是关键客户。

为关键客户提供优质的服务是必要的，为一般客户提供基本的可接受的服务同样也是十分必要的，因此要对客户服务进行综合的辩证分析，从而提供有针对性的服务，使每一个客户都感到可接受或者满意。当然，关键是要对客户进行合理的分类，尽可能地将不同层次的客户从客户群中分辨出来。

例如，使用 ABC 分析法对第三方物流企业的所有客户进行分类，分类的依据是客户为企业带来的利润，具体分类的结果如表 4-6 所示。

表 4-6 客户 ABC 分析表

客户类别	该类客户带来的利润占企业全部利润的比例（%）	该类客户数量占企业客户总数量的比例（%）
1	60	5
2	20	10
3	10	15
4	7	30
5	3	40

②对产品进行 ABC 分析

与客户的分类方法相同，也可以按照产品对企业利润贡献的不同，对他们进行 ABC

分析。与对客户的分析一样，从企业盈利的角度出发，企业应当对不同的产品提供不同的物流客户服务，能给企业带来最高价值的产品，与其相关联的物流客户服务也应当是最优质的。

针对上表中的企业，也同样对其产品进行了 ABC 分析，其结果如表 4-7 所示。

表 4-7　产品 ABC 分析表

产品类别	该类产品带来的利润占企业全部利润的比例（%）	该类产品数量占企业产品总种类数的比例（%）
A	75	10
B	15	20
C	8	30
D	2	40

建立客户-产品矩阵，根据客户-产品组合的重要性等级，制定恰当的物流客户服务水平。

根据表 4-6 的客户 ABC 分析和表 4-7 的产品 ABC 分析，可以建立起客户-产品矩阵，如表 4-8 所示。

表 4-8　客户-产品矩阵

<table>
<tr><td colspan="2" rowspan="2"></td><td colspan="4">产品类别</td></tr>
<tr><td>A</td><td>B</td><td>C</td><td>D</td></tr>
<tr><td rowspan="5">客户类别</td><td>1</td><td>1</td><td>2</td><td>6</td><td>10</td></tr>
<tr><td>2</td><td>3</td><td>4</td><td>7</td><td>12</td></tr>
<tr><td>3</td><td>5</td><td>8</td><td>13</td><td>16</td></tr>
<tr><td>4</td><td>9</td><td>14</td><td>15</td><td>19</td></tr>
<tr><td>5</td><td>11</td><td>17</td><td>18</td><td>20</td></tr>
</table>

在客户-产品矩阵中，1 类客户的利润贡献最大，但数量极少；5 类客户的利润贡献最小，却占企业客户总数的大部分。同样，A 类产品获得的利润在整个企业利润中占有最大的比例，而 A 类产品的种类数只在企业产品种类总数中占很小的比例；D 种产品对企业利润的贡献最小，但其种类却在企业产品种类总数中占有相当大的份额。

由此可见，获利最大的客户-产品组合出现在 1 类客户购买 A 种产品时，以下依次是 1 类客户购买 B 种产品，2 类客户购买 A 种产品等。企业可以通过建立客户-产品矩阵将各类产品组合的重要性进行排序，然后为重要性等级高的客户-产品组合提供客户心目中最理想的物流客户服务，为重要性等级较低的客户-产品组合提供合适的客户物流服务。

使用客户-产品 ABC 分析方法制定物流客户服务策略时应注意的问题：

第一，客户-产品 ABC 分析方法以企业利润为目标，是一种有效的制定物流客户服务策略的方法。但是，当一个客户向企业购买不同类别的产品时，问题就出现了。比如，企业的 1 类客户，既向企业购买 A 类产品，又向企业购买 D 类产品，这时客户会发现企业在购买 A 类产品时提供的物流服务水平远高于购买 D 类产品时提供的物流客户服务水平，这种服务水平的不一致，有可能导致客户不满，这时应采取补救的方式就是对于重要的关键性客户，当其购买产品类别有差别时，按较高的水平提供服务。

第二，根据客户-产品 ABC 分析方法制定物流客户服务策略的关键是理解客户如何定义物流服务，识别哪些物流服务是最重要的，客户心目中的理想状态是什么样的？尤其对那些优先等级高的客户-产品组合来说，为其提供何种水平的物流服务主要取决于客户对物流服务的需求。而对于优先等级较低的客户-产品组合来说，其物流服务水平等级应当以客户对物流服务的需求为基础，同时结合客户-产品组合对企业的价值，作出适当调整，使得客户能够接受该服务水平。

2．定量分析确定客户服务水平

物流客户服务水平就是设定的物流活动水平的结果，这就意味着每一客户服务水平都有相应的成本水平。事实上，根据特定的物流活动组合，对应每一服务水平都有许多不同的物流系统成本方案。根据销售-成本之间的大致关系，就有可能将成本与服务对应起来，如图 4-6 所示。

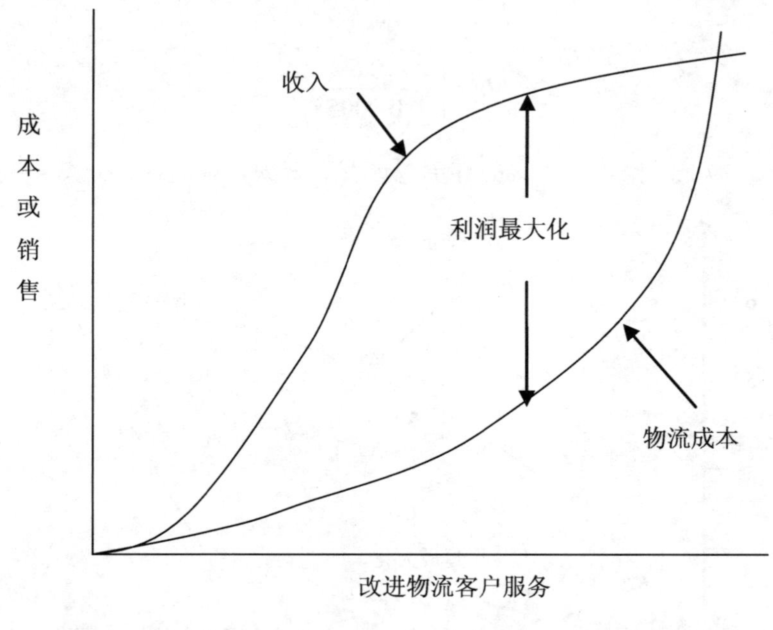

图 4-6　不同物流客户服务水平下，成本-收入被反关系示意图

随着物流活动水平的提高，企业可以达到更高的客户服务水平，成本则会加速增长。在大多数经济活动中，只要活动水平超出其效益最大化的点，人们就能观察到这种一般现象。销售-服务关系中的边际收入递减和成本服务曲线的递增将道士利润曲线形成如图 4-5 所示的形状。

不同服务水平下收入与成本之差就决定了利润曲线。因为利润曲线上有一个利润最大化点，所以规划物流系统就是要寻找这一理想的服务水平。该点一般在服务水平最低点和最高点的两个极端点之间。

一旦已知各服务水平的收入和物流成本，就可以确定使企业利润最大化的服务水平，用数学方法来找到这个最大利润点，然而这一确定的利润点只是一个平均的固定值，服务水平并不是一成不变的，它是在一定范围内围绕均值上下波动的。下面具体介绍以利润最大化条件下客户服务水平确定的原理，以及控制客户服务水平波动范围的客户服务函数原理。

（1）利润最大化确定服务水平

假设企业目标是利润最大化，即与物流有关的收入与物流成本之差最大化。在数学上，最大利润在收入变化量成本变化量相等的点上实现，也即边际收入等于边际成本时。我们举例来说明，设已知销售一服务（收入）曲线为 $R = 0.5\sqrt{SL}$ ，其中 SL 是服务水平，表示单周期为五天的订单所占的比重。曲线的形状如图 4-7 所示。相应的成本曲线已知为 $C = 0.00055SL^2$ 。最大化利润（收入减成本）的表达式就是

$$P = 0.5\sqrt{SL} - 0.00055SL^2 \tag{4-1}$$

式中，P——以美元表示的利润。

用微积分，可求出方程（4-1）的利润最大化点。这样，在利润最大化条件下，服务服务水平的表达式为

$$SL^* = \left[\frac{0.5}{4(0.00055)}\right]^{2/3} \tag{4-2}$$

因此， $SL^* = 37.2$ 。也就是 37%的订单应该有五天的订单周期，如图 4-7 所示。

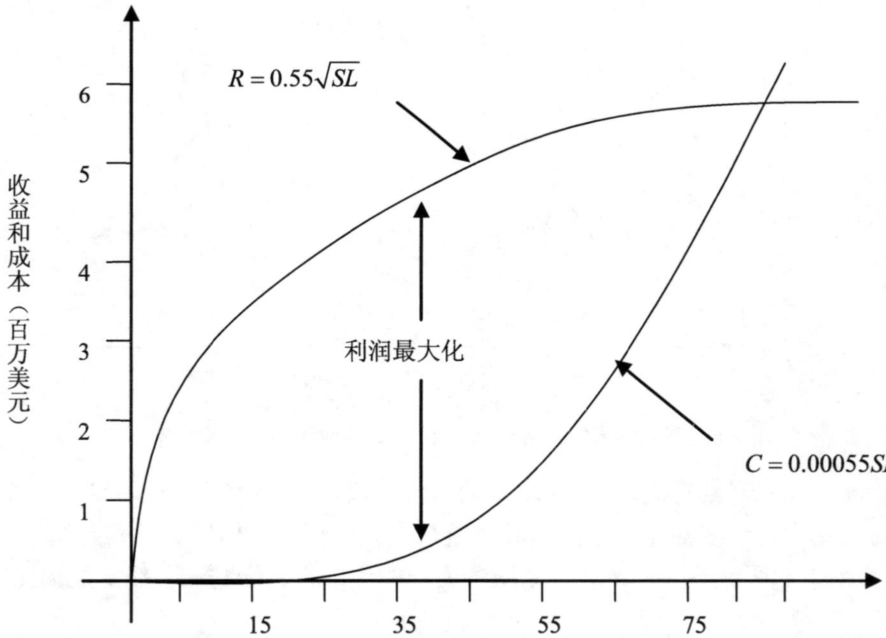

图 4-7　假想收入、成本曲线的利润最大化点

（2）服务函数

以上以利润最大化确定客户服务的讨论仅仅指代表客户服务的函数的平均值。不过，客户服务水平的波动比平均客户服务水平更重要。客户可以根据已知的情况，甚至编辑客户服

务水平制订计划，但服务水平是不确定的。服务水平波动大，会引起库存水平高、加急运输的要求和额外的管理成本，从而提高成本。应允许服务水平在多大范围内波动是个经济问题。如果波动无法控制，就要借助信息系统弱化不确定性的影响。

①损失函数

我们可以根据产品与说明书的一致性来判断产品质量。同理，我们也可以用供应链流程满足目标送货日期、现货供应比率、订单履行的准确率或其他服务参数来评价物流客户服务。产品质量与客户服务非常类似，因此过去 10～15 年来，多数对产品质量的说法都适用于客户服务。其中田口玄一（Genichi Taguchi）的损失函数对客户服务水平的流程管理就非常有价值。田口认为，只要质量目标没有切实达到，产品和服务质量不一致就会产生费用、浪费、声誉损失、机会丧失。传统上人们认为，只要质量的波动始终在可接受的上下限范围之内，就是令人满意的，就不会有惩罚成本（如图 4-8 所示），而根据田口的说法，随着服务（质量）偏离目标值，损失就会递增，递增的速度可以用以下公式表示

$$L = k\left(y - m\right)^2 \tag{4-3}$$

式中，L——以美元表示的单位损失（惩罚成本）；

y——质量变量的值；

m——质量变量 y 的目标值；

k——常数，取决于质量变量在财务上的重要性。

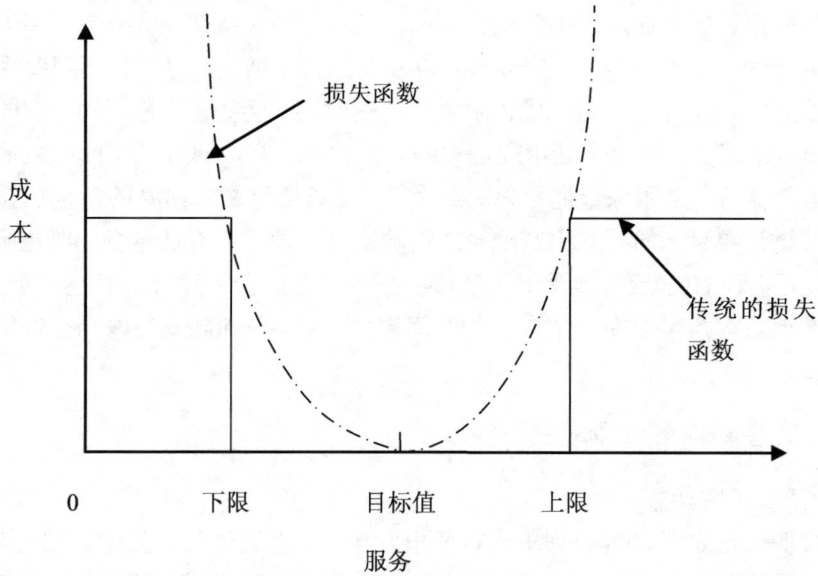

图 4-8　适用于物流客户服务的田口损失函数

如果已知损失函数，在客户服务目标没有满足时，函数就会有一个值。将调整流程以满足不同服务质量要求的成本考虑进来，就可以优化流程得到服务质量的最佳波动范围。

例：设某包裹递送服务公司承诺在取货后的第二天早上 10 点送货，送货时间超过承诺时间 2 小时，客户就难以接受。如果没有按承诺的目标送货时间送货，公司就会给予客户一定的补偿，赔偿额是 10 美元。这样，就可以解出损失函数式（4-3）中的 k 值

$$L = k(y-m)^2$$

$$10.00 = k(2-0)^2$$

$$k = \frac{10}{2^2}\text{美元}\Big/h = 2.5\text{美元}/h$$

所允许的实际送货时间与目标送货时间的偏差值越大，那么每次送货的流程控制成本就越低。该公司估计，如果实际值不允许目标值有丝毫偏差，控制成本就会很高，但从目标点的控制成本=$A-B$（$y-m$）开始，控制成本会随实际值与目标值的偏差而下降，得出的成本函数是 PC=20－5（$y-m$）。

总成本为流程成本与惩罚成本之和。可得出边际损失等于编辑流程成本的 $y-m$ 的点。

因此，该公司应该使其服务流程的实际送货时间不偏离目标送货时间 m=1h 以上。

$$y-m = \frac{B}{2k} = \frac{5}{2(2.5)} = 1h$$

②信息替代

某些时候，企业无法将客户服务控制在客户期望的水平下。此时利用信息替代来减少不确定性带来的影响。最常见的做法是向客户通报订单的进展情况。提供订单录入到交付的订单跟踪系统正在得到越来越广泛的应用。该系统在 JIT 管理模式上的应用至关重要，使得产品流程中没有或很少保有库存。订单跟踪系统也出现在很多零售系统中，其好处是使客户了解订单所处的阶段，估计订购货物的到达时间，而不必胡乱猜疑，也避免了因无法对运输延迟做准确计划而影响库存水平、生产安排，以及其他类似活动。好的订单跟踪系统除了会提供订单跟踪信息外，还应估计出完成该阶段工作的时间。例如，戴尔公司，它的客户可以利用互联网（和电话服务）在整个订单周期跟踪订单信息。客户通过公司网站或通过销售人员下订单后，就会得到一个跟踪查询号码。随后客户可以通过戴尔网站的超链接查询自己的订单是否已经经过订单录入阶段、生产阶段或运输准备阶段。订单信息会即时更新。一旦所订电脑离开了工厂，和 UPS 或其他承运人链接的网页界面就会跟踪订单经过的不同运输阶段，直到客户所在地。客户可以在一个较短的时间窗口（Time Window）内等待货物的到来，并为接货做准备。

4.4.4 改善物流客户服务水平措施

1．正确认识顾客期望

好的客户服务必定是以客户需求为首要出发点的。物流体系中各影响方，从各自的利益角度出发，对物流相关的期望，如图 4-9 所示。从图中我们可以看到物流体系各方的期望，产品供应者的期望是忠诚的消费者客户以及第三方物流优质的服务和合适的价格；产品消费者期望是良好的产品品质、合适的产品价格、优质的产品服务，尤其在产品服务中，产品可得性和运输及时性、准确性等服务质量对其期望影响相当大；物流服务商的期望是忠诚的客户、更大的市场份额以及自身发展。

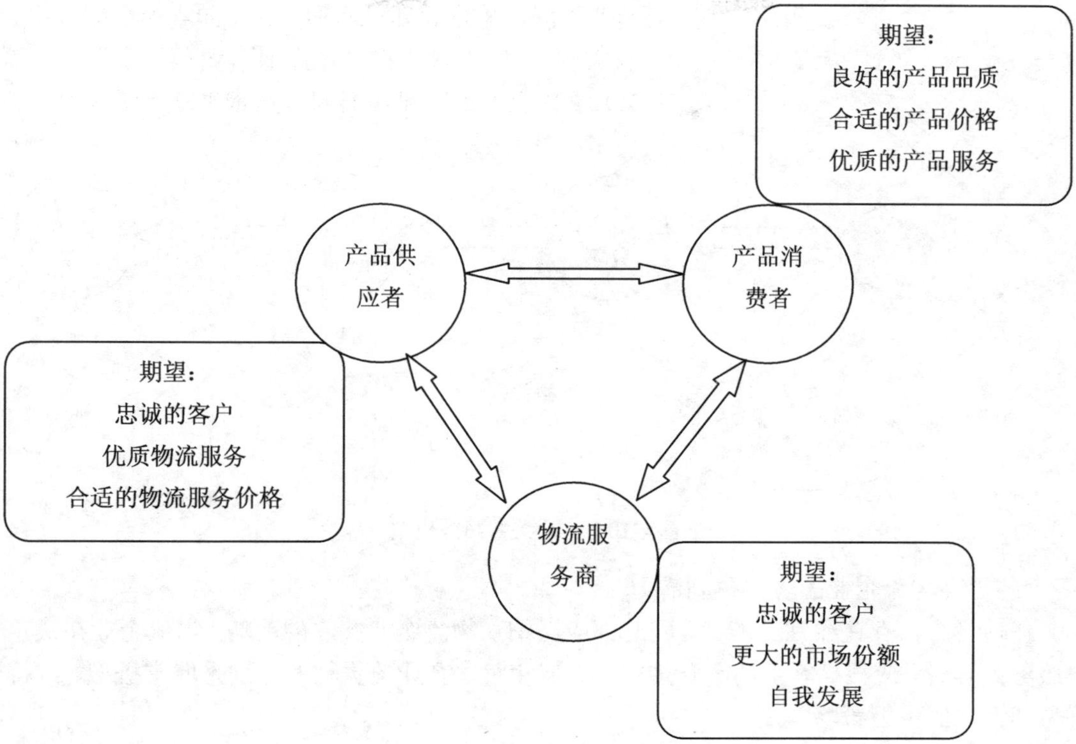

图 4-9　物流服务各方期望

2．了解客户需求，制定差异化服务策略

（1）取得准确的物流客户信息的指标有市场占有率、投诉抱怨率、市场覆盖率、内部职能协调与响应流程时间、企业对客户的响应时间、价格适度性、环境与产品、客户关系管理等。

（2）分析客户物流需求包括划分客户群：了解客户需求的多样性；提升客户需求；了解竞争对手的水平；调查客户的潜在需求；制定差异化服务策略。

3．建立客户关系管理（CRM）绩效模型

客户关系管理（CRM）是指通过采用信息技术，使企业市场营销、销售管理、客户关怀、服务和支持等经营环节的信息有序地、充分地、及时地在企业内部和客户之间流动，实现客户资源有效利用。客户管理专家曾对企业的营销进行研究，发现使用改善客户关系以增加客户满意度的营销方法，比通过折扣和利润回吐的营销手段增加了 15%的购买率和 30%的客户增长率，整体利润增长更是惊人地达到了 82%。美国学者 Stank 在实证研究中发现，客户满意和关系绩效之间的相关程度大于和运营绩效与价格的相关程度，并发现运营绩效和价格水平还受到关系绩效的影响，从而形成以关系绩效为主导的影响客户满意，进而由客户满意影响客户忠诚的理论模型，如图 4-10 所示。其中，关系绩效包括：物流企业对客户需求的熟悉程度、合作中对客户的帮助和关心程度、能否为客户提供基于绩效长期共同提高的良好建议三个主要内容。关系绩效使物流企业运营活动能够更加有针对性地进行，从而降低服务成本， 提供合理和有竞争力的价格。市场共享是形成相互信任和联盟伙伴关系，并保持这种关系长期发展的基础。这个实证模型有力地说明了客户关系对物流服务价值产生的重要影响。

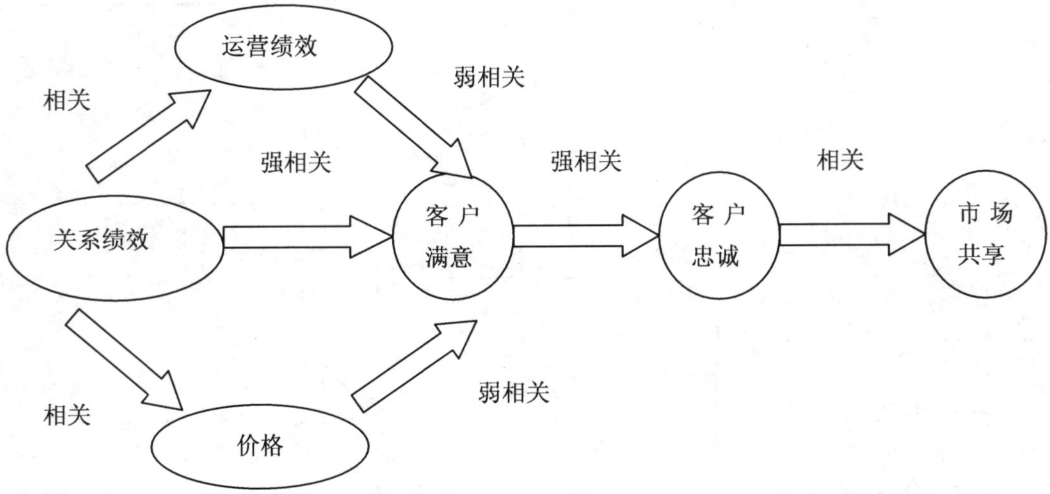

图 4-10　客户关系绩效模型

4．提高物流企业的客户盈利潜力

任何客户都存在盈利的能力，因此都应当纳入物流企业关注的范畴。物流企业在决定客户服务内容时，应根据客户的经营规模、类型和对本企业的贡献度分别采取支援型、维持改善型和专注服务型策略。

（1）保护盈利客户，采取支援型策略

盈利客户是物流企业生存与发展的“中流砥柱”，因此应与其中的优质客户，建立长期、稳定的战略联盟；加强对盈利客户的保护，使他们免受竞争对手的攻击；对战略合作者实施积极的支援型策略，提供全程和配套的服务，根据合作者的要求来改变或重组服务流程。这些措施虽然可能暂时增加成本，减少眼前的收益，但如能提高这些客户的忠诚度，对盈利客户保持长期的友好关系，就会保证物流企业从这些客户身上获得源源不断的利润，这无疑为物流企业的生存和长期发展奠定了坚实的基础。

（2）发展与不盈利但有贡献客户的关系，采取改善、维持型策略

这些客户虽然从利润上看是负的，但仍对企业有贡献，可补偿一部分的固定成本，减少企业的亏损。而且他们还存在着巨大的改善空间，通过适当的措施，可能使这些客户转化为盈利客户，为物流企业的利润作出贡献。

（3）改变最不盈利客户的购买行为，采取专注型策略

对最不盈利客户，也必须慎重对待。这些客户往往是业务量庞大的超级客户，这些客户，尤其是其中知名的大客户，对企业的意义除了利润外，还有其品牌和影响力，便于企业作为“参考客户”或“榜样客户”去开拓新客户市场。如，企业采取专注型策略，专注这些客户的个性化需求，为他们度身定制专门的服务策略，则就很可能通过多样化的增值服务来提高服务单价，从而使这些客户转变为盈利客户，为企业创造巨额利润。

5．引进优秀物流人才，加强员工素质培养

物流服务的最终完成者是一线员工，企业的服务理念、服务质量最终都是通过员工传递给顾客的，所以，要把“客户第一”与“员工第一”摆在同等重要的位置。对员工进行素质培养、业务培训和企业精神熏陶使他们胜任工作，并鼓励和激励员工开展一些创造性的服务。

4.5 以客户为核心的物流战略开发

今天，在顾客驱动的市场中，不再是产品或服务起作用了，而是整个与公司交往过程中的顾客感知价值。公司衡量其产品和服务的质量标准已从内部质量保证演化到外部顾客满意度，再到顾客价值。所以，任何一项物流政策的实施，如果得不到客户的肯定，都不具有任何价值。第三方物流公司在制定自己物流战略时，也应时时处处想到客户的利益和要求，以客户为核心。

4.5.1 以客户为核心物流战略开发步骤

确立以客户为核心的目标，就要制定出行之有效的物流服务策略，因为它们往往影响具体的物流服务水准和能力。所以，科学合理地进行物流服务策略的分析和策划是物流服务管理的一项十分重要的职能。具体来说，物流服务的策略主要有以下几个步骤。

1．物流服务要素的确定

要开展物流服务，首先必须明确物流服务究竟包括哪些要素以及相应的具体指标，即哪些物流活动构成了服务的主要内容。一般来讲，备货、接受订货的截止时间、进货期、订货单位、信息等要素的明确化是物流战略策划的第一步，只有清晰地把握这些要素，才能使以后的决策顺利进行，并加以操作和控制。

2．向顾客收集有关物流服务的信息

既然是一切为了客户的需要，就应当了解顾客对物流活动的要求和认识。这种信息资源的收集可以通过问卷调查、座谈、访问以及委托专业调查公司来进行，调查的信息主要包括：物流服务的重要性、满意度以及与竞争企业的物流服务相比是否具有优势等问题。

物流服务信息收集、分析的具体方法主要有三种形式。

（1）顾客服务流程分析

这种分析方法的基本思路是，为了正确测定企业与顾客接触时的满意度，就必须明确公司与顾客之间究竟有哪些接触点，这些接触点以时间序列为基础加以标示。

（2）顾客需求分析

这种方法主要着眼于探明顾客需求与本公司所实施的物流服务水平之间有什么差距。据此，明确本企业需要改善或提高的物流服务。这种方法的关键是所提出的问题要尽可能具体、全面，否则无法真正全面掌握顾客的真实需求和对物流服务的愿望。此外，还应当注意的是，顾客需求肯定会有先后顺序，一般位于优先位置的是物流服务的核心要素，而且不同细分市场，服务的要素的先后顺序也不尽一致。

（3）横向对比分析

物流服务的定点超越也是通过与竞争企业或优秀企业的服务水准相比较分析，找出本企业物流服务的不足之处，并加以改善。具体方法主要有服务流程的对比分析和顾客满意度的对比分析两种形式。

3．理解顾客需求

顾客要求的不断变化和市场竞争的压力意味着顾客需求在不断地改变，物流公司必须预期这些变化，并对此作出积极反应，不断地改变业务目标。随着需求的改变，物流作业必须适应这种改变以保证顾客满意。

物流配送人员必须切实了解顾客对于配送的需求和期望。不同顾客有不同的要求。例如，顾客对于配送的每个环节的要求可能包括适时和可靠的送货、良好的沟通、高频率送货、准时送货、订单状态信息的可得性、高效的反馈过程、紧急情况的及时处理、货物的完好率、出现问题后的态度、精确和及时的结账、对咨询的答复等。

理解顾客需求的过程比较复杂，可以细分为以下两个步骤：

（1）站在客户的角度和位置理解顾客的需要

在多数较大的公司，购买部门不是最终用户，因此可能会存在不同的满意标准。如果是由采购部门来购买商品，可能会受到像生产、质量控制、物流、产品开发和财务等部门的影响，买方可能更关心价格和送货时间，其他部门可能会对质量更感兴趣，而用户会认为产品的效力和特征更重要。了解购买部门和用户在购买过程中所扮演的不同角色，有助于供应商确定需求和满足他们的期望。

（2）鉴别顾客需求和愿望

物流公司必须同顾客一起探讨哪种服务的特性更为关键，并提出一些定性的、开放型的问题，从而使客户能够灵活地表达他们真正的需求。例如，这些问题可以大致包括：

购买过程中你会考虑哪些要素，这些要素中你认为哪些最重要？

物流公司采取哪些措施会增加你的购买？评价的标准是什么；哪些问题是不能容忍的，会使你减少购买或不再与之合作？

本公司能满足你的要求吗？本公司的竞争对手能满足你的要求吗？

诸如此类的问题能够使物流服务的提供者和服务的接收者之间增加了解，供应商提供的服务能切实得到客户的认可，从而避免投资的浪费并且可以赢得客户的信任。

4．评价当前的服务

了解了顾客的想法以后，物流公司必须找出他们当前的服务能力和实际要求之间的差距，这还包括采取什么步骤来满足特定的服务目标和了解竞争对手所提供的服务。

5．分析当前服务和顾客要求之间的差距

许多公司会认为顾客需求与他们提供的服务之间差距很小，调查之后，他们通常会发现自己曲解了顾客需求。当公司做出了改进服务的正确决定后，还必须认真分析服务水平的提高可能导致的成本支出情况、收益增加情况以及有可能的风险，最后得出一个平衡点，也就是最终确定的服务水平。除了显性的支出和收益，公司还会使顾客的忠诚度增加，也提高了竞争优势。公司要仔细权衡，才能确保收益超出成本。

6．顾客需求的类型化

由于不同的细分市场顾客服务的要求不一致，所以，物流服务水准的设定必须从特定的市场分析开始入手。此外，顾客之间不同的思维方式以及行动模式也会呈现出多样化的顾客需求，在这种状况下，以什么样的特征为基础来区分顾客群成为制定物流服务战略，影响核心服务要素的重要问题。此外，在进行顾客需求类型化的过程中，应当充分考虑不同顾客群体对物流企业的重要程度以及顾客的潜在能力，也就是说，对物流企业有重要影响的顾客群体，应在资源配置、服务等方面予以优先考虑。

7．制定物流服务组合

对顾客需求进行类型化之后，首先需要做的是针对不同客户群体制定相应的物流服务基本方针，从而在政策上明确对重点顾客群体实现经营资源的优先配置。此后，进行物流服务水准设定的预算分析，特别是商品单位、进货时间、在库服务率、特别附加服务等重要服务要素的变更会对成本产生什么样或多大的影响，这样，既可以使物流公司实现最大程度的物流服务，又能将费用成本控制在公司所能承受或确保竞争优势的范围之内。在预算分析的基础上，结合对竞争企业服务水准的分析，根据不同的顾客群体制定相应的物流服务组合，这里应当重视在物流服务水准变更的状况下，企业应事先预测这种变更会对顾客带来什么样的利益，从而确保核心服务要素水准不能下降。

8．物流服务组合的管理与决策流程

顾客满意必须是一个不断改进的过程，因为顾客需要随生产过程、产品和顾客基础的变化而变化，为了保持顾客满意的水准，服务的供应方必须跟上这些变化的要求。物流服务组合的确定同样也不是一个静态过程，而是一种动态过程，也就是说，最初顾客群体的物流服务组合一经确定，并不是就一成不变了，而是要经常定期进行核查、变更，以保证物流服务的效率化。从物流服务管理决策的全过程来看，决策流程可以分为五个步骤，即顾客服务现状把握、顾客服务评价、服务组合策定、物流系统再构筑、顾客满意度的定期评价，这几个方面相互之间不断循环往复，将推动物流服务不断深入发展，提高效率和效果。

4.5.2 客户企业生命周期与第三方物流服务选择

1．客户企业生命周期理论

（1）客户企业生命周期表现

20 世纪 80 年代，美国管理学家伊查克·爱迪思（IChak Adizes）博士提出了企业生命周期理论，认为企业同生物一样都遵从“生命周期”规律，都会经历一个从引入、成长到饱和成熟直至完全衰退的生命历程，如图 4-11 所示。

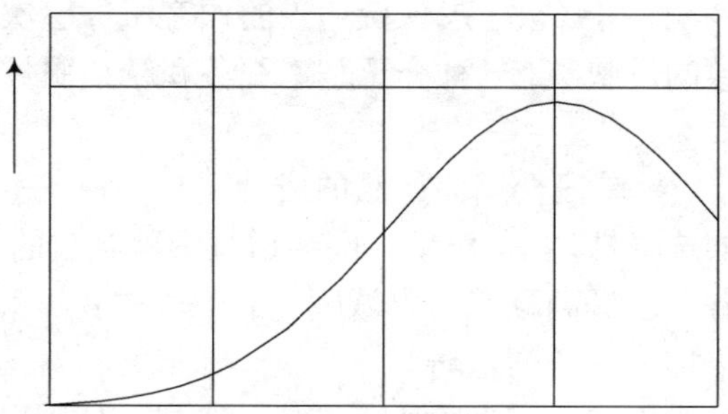

图 4-11 客户企业生命周期

（2）客户企业生命周期特征

引入期：业务方向不明，区域性试点；市场动向不明，不确定性；生产设备与资源没有充足准备；少量顾客购买，销售量很低，生产批量小，成本高；优秀的人力资源匮乏；需要大量的广告宣传和促销活动，让潜在顾客了解产品各种属性，说服他们作出购买决定。

成长期：产品取得了一定程度的市场认可，市场占有率及销售增长率提高，成本有降低的空间，物流总量增加；产品种类单一，企业生命力较弱，在生产规模、材料供应、人才引进上还需进行提升和扩充。

饱和成熟期：市场占有率高，销售增长率低，已获得稳定的市场占有率，市场趋于稳定；竞争激烈，传统的销售渠道变得模糊和复杂，具有多重销售渠道的特点，企业规模与所占市场份额可能会发生冲突。

完全衰退期：市场严重饱和，产品销路很差，表现为小批量且销售频率不稳定；竞争力衰退乃至丧失；竞争对手的突飞猛进，逐渐吞噬市场份额；企业内部的管理出现严重问题。

2．提供与客户企业生命周期相结合的物流服务

（1）提供与客户企业生命周期相结合的物流服务的原则

①了解顾客期望，好的物流服务必定是以客户需求为首要出发点的。与物流服务相关的各方期望在4.4.3小节已经介绍。

②以客户企业为中心，充分考虑每个客户企业的具体情况，分析其特定的需求，确定相应的服务水平，为不同的客户企业制订不同的解决方案。

③研究每个客户企业在企业生命周期中所处的阶段、分析其特征，预测该公司产品的市场发展趋势，制订合理的物流生产与经营计划。

④充分利用物流供应商的工作特点，以独特、高效、科学的方法为企业提供服务。

⑤利用物流供应商的优势资源为客户解决难题，避免风险。

（2）与客户企业生命周期相结合的物流服务内容

①引入期：在引入期新引进产品的最初目标是要在市场中立足，能否有满足顾客随时需要的存货就显得至关重要。在提供物流服务时，物流供应商应具有迅速而准确提供产品补给的能力，要有灵活性及能够快速响应的能力。但因为新产品引入可能存在的风险，在此阶段的物流活动要尽量避免因为高水平的物流服务而可能添加的风险，也要避免因为物流供给不能满足需求而带来的丧失客户的风险。在新产品引入期，新产品的物流服务就是在充分提供物流服务与回避过多支持或负担之间的一种平衡，基本上属于物流服务的基本服务范畴。

②成长期：在生命周期的成长阶段，企业产品已有了一定的市场认可，销售量有了一定程度的增加，物流活动的开展可以围绕物流服务与物流成本之间的平衡进行，通过物流服务可以帮助客户企业获取利润。但必须考虑保持适当的顾客服务层次，提高产品的可得性及对顾客订货作出迅速而一致的反映，是一种介于基本服务和精细服务之间的服务，在更大程度上倾向于精细服务。

③饱和成熟期：饱和成熟阶段会因为产品的成功引来各种竞争者。在此阶段，物流活动一般会表现为具有高度的选择性，竞争对手之间会通过调整各自的基本服务承诺和精细服务承诺，改为提供增值服务，以提高顾客的忠诚度。此阶段的物流活动表现为较高的复杂性，较高的灵活性，典型属于增值服务的范畴。

④完全衰退期：产品进入完全衰退阶段，在成长阶段和成熟阶段的美好景象即将结束。在此阶段企业的物流活动一方面必须维持相应的递送业务，同时又要避免当产品被市场彻底淘汰时，因维持过高的物流活动所带来的风险。此阶段的物流活动属于基本服务范畴。

产品生命周期虽然多少有点抽象和过于简单，但它为基本的物流战略展示了随时根据服务需求进行调整的范围。对于物流活动来说，在战略上需要根据市场竞争状况进行适当的调整。物流活动所支持的服务层次和性质会随生命周期变化而变化。一般来说，新产品的引入需要高水准的物流活动和灵活性，以适应物流量计划的迅速变化；在生命周期的成长阶段和饱和阶段中，重点就会转移到服务与成本合理化上；而在完全衰退阶段，企业则需要对物流活动进行定位，使风险处于最低限度。此外，物流系统必须维持灵活性，能在任何特定的时间进行调整，以对抗竞争性活动。这就要求企业有清楚的视野，也即要了解市场上究竟需要什么样的顾客服务，以及应该如何对这种顾客服务进行配置。

第5章　第三方物流战略与核心竞争力

随着我国物流事业的快速发展和物流服务市场竞争的日趋激烈，如何通过物流系统构建自身的竞争优势，已成为第三方物流企业战略层必须思考的现实问题。解决这一问题的根本途径就是要在企业中树立物流战略理念，客观分析企业的物流经营环境，审时度势，运用正确的分析方法，从而对企业的物流发展作出正确的战略决策。

本章从第三方物流系统规划角度出发，主要阐述了有关第三方物流战略的定义、特点、类型以及第三方物流战略的核心问题等，就物流市场细分、战略分析方法以及物流战略制订展开了讨论，并对第三方物流企业的核心竞争力进行了系统的研究。

5.1　第三方物流战略概述

5.1.1　第三方物流战略基本概念

1．第三方物流战略的定义

第三方物流战略是企业在充分了解市场环境和物流环境及分析自身物流条件的基础上，为适应未来环境的变化，以求得长期生存和不断发展，对企业物流发展目标、实现物流发展目标的途径和手段而制订的长远性全局性的规划与谋略。

第三方物流战略是指在对第三方物流企业外部环境和内部环境分析的基础上，为求得企业生存和发展而作出的长远规划。第三方物流企业要认真的研究和分析各种内外部影响因素，既不能盲目随流，也不能错过发展机会。

2．第三方物流战略特点

第三方物流战略具有全局性、长期性、竞争性、指导性、风险性等特点。

（1）全局性

第三方物流企业的经营战略是以全局为对象的，根据企业总体发展需要而确定的，它规定了企业总体行动，追求企业发展的总体效果，因而企业经营战略具有综合性和系统性。

（2）长期性

第三方物流企业战略的长期性就是在环境分析和科学预测的基础上，展望未来，为物流企业谋求长期发展的目标和策略。

（3）竞争性

第三方物流企业经营战略一方面要对复杂多变的环境确定对策；另一方面要制订在激烈的竞争中抗衡或者战胜对手的行动方案，以便取得竞争优势，确保自身的生存和发展。

（4）指导性

第三方物流企业经营战略规定的是企业总体的长期发展目标、发展方向、发展重点以及采取的基本行动方针、重大措施和基本步骤，这些都是原则性、概括性的规定，具有行动纲领的意义，在经过分解落实后，才能变成具体的行动方针。

（5）风险性

第三方物流企业经营战略从当前的情况出发，对未来的行动做出预计和决策，而未来企业外部环境是不断变化的，具有很大的随机性。这必然影响和冲击业已确定的经营战略，企业经营的战略将面临一定的风险和威胁。

3．第三方物流企业战略的内涵

第三方物流企业战略与企业战略一样，也包括很多方面，由战略思想，战略目标，战略方针，战略优势，战略态势，战略重点，战略部署等内容构成。其中物流战略目标、物流战略优势和物流战略态势是物流战略设计的基本要点。

（1）第三方物流战略态势

第三方物流战略态势，是指第三方物流企业物流系统的服务能力、营销能力、市场规模在当前市场上的有效方位及战略逻辑过程的不断演变过程和推进趋势。研究第三方物流公司的物流战略态势，就应该对整个行业和竞争对手的策略有敏锐的观察力和洞察力，不断修改自身定位，从而做到知己知彼，以期在行业中获得相应的市场份额。战略态势主要从宏观环境、微观环境及企业自身三个方面分析。比较典型的分析方法有 SWOT 分析和波特的五种力量模型等。物流战略态势分析是物流战略设计的基础。

（2）第三方物流战略思想

第三方物流战略思想是对第三方物流企业发展的总体思路与设想。它由一系列观念或观点构成，是企业高层对物流重大问题的认识与态度的总和，是正确物流发展观的体现。战略思想一旦形成，就可进而确定战略方针，“是进攻还是防御”等，但它要求企业领导者必须有基于物流发展态势的敏感超前意识，对企业的市场竞争环境有科学的分析与判断。物流战略思想是物流战略的灵魂。

（3）第三方物流战略重点

有了战略思想，并有了明确的战略目标，下一步就是要确定关键性、全局性的“进攻策略”与“重点战役”，如，某基于运输业务的物流企业的重点是搞公路长途货运还是城市仓储配送。

（4）第三方物流战略方针

第三方物流战略方针是第三方物流企业为贯彻战略思想和实现战略目标、战略重点，所确定的物流营运基本原则和指导规范和行动方略，它解决的是“进攻还是防御”的问题。

（5）第三方物流战略优势

第三方物流战略优势，显而易见是指某个物流系统能够在战略上形成的有利形势和地位，是其相对于其他物流系统的优势所在。第三方物流系统战略可在很多方面形成优势：产品优势、资源优势、地理优势、技术优势、组织优势和管理优势。随着顾客对物流系统的要求越来越高，很多企业都在争相运用先进的技术来保证其服务水平，其中能更完美地满足顾客需求的企业将成为优势企业。例如：中国第三方物流企业提供储运就是在国内率先利用 GPS 定位系统，有了 GPS，顾客可以实时跟踪订单的履行情况，因此其在物流行业中就有了技术优势，逐步又形成了其管理优势等。对于道路运输企业来说，研究物流战略优势，关键是要在物流系统成功的关键因素上形成差异优势或相对优势，这是取得物流战略优势经济有效的方式，可以取得事半功倍的效果，当然也要注意发掘潜在优势，关注未来优势的建立。

（6）第三方物流战略部署

任何战略行动都要有周密的、现实可行的资源配置与思想动员来保证，否则战略计划将是一纸空文。为完成战略目标必须设计战略阶段、战略步骤分步实施，同时各阶段必须有相应的战略手段与措施来落实。战略部署应有三个方面的内涵：①战略资源配置计划，如人、财、物等；②战略计划文件编制；③战略动员计划，包括：培训、研讨等。

4．第三方物流战略制订的意义

第三方物流企业物流战略管理的实质，就是运用战略进行物流链管理。从第三方物流的性质和所扮演的角色分析，第三方物流战略至少有以下几项作用。

（1）确定物流企业与国际物流模式相一致的发展方向，使物流企业用战略的思想和长远的目标来追求整个社会物流的合理化；

（2）能依据全球经济发展趋势，切实把握第三方物流企业自身及竞争对手的优势和劣势，发挥自身的核心业务能力；

（3）提高物流服务水准。要求物流经营者建立起能够控制物质资料产品从最初供应者到最终消费者之间的物流网络体系，满足用户货物快运、准时运输等多项优质服务的需要；

（4）实现物流全过程的总费用节约。从社会物流系统总体出发，第三方物流服务功能可以大大减少物流过程中因不合理因素所造成的物流时间与空间效益的损失及自身的价值损失，从而能够实现社会物流过程的总费用节约；

（5）实现物流过程的系统管理。将物流过程的订货、包装、装卸、仓储、库存控制、物流加工、信息服务等环节，与运输、配送相互结合起来形成一体化，能提高物流服务的质量、效率，降低物流成本；

（6）能促进运输经营观念和组织方式等的变革。第三方物流战略管理的引入，既可通过系统的分工提高物流效率，又可通过相互间的集成完善物流服务功能。

5.1.2　第三方物流战略中的核心问题

第三方物流企业战略就是对第三方物流的产业竞争环境进行审慎研究后，作出的对企业的物流市场定位、物流服务产品的定位以及价值与核心能力定位的总体决策与完整的实施计划，目的是为公司赢得超常的投资收益。

与其他任何在市场中竞争的企业一样，第三方物流企业在制订企业战略时，必须对企业的核心问题进行定位思考，包括：市场定位、产品定位、价值定位、主导区域定位、客户关系定位等。

1．市场定位

市场定位是关于识别、开发和沟通那些可以使企业的产品和服务被供应链目标客户感觉到比其他竞争对手的更好、更有特色的差异性优势。依据第三方物流企业在供应链中拥有的业务优势、技术优势、网络优势，可以具体有从事包括运输代理、物流代理的第三方物流服务的定位、依托既有优势和技术资源发展第三方物流的定位等。

（1）从事运输代理、物流代理拓展第三方物流服务的定位

运输代理是指受委托人的委托，代办各种运输业务并按提供的劳务收取一定报酬（通常是指代理费、佣金或手续费）的代理人。运输代理服务是第三方物流服务的一种类型，是实

现第三方物流的充分条件，不是必要条件。按照运输代理所从事代理业务的性质和范围，可以划分为不同的代理行业。就国际货物运输而言，一般可以归纳为租船代理、船务代理、货运代理和咨询代理等。在实际经营中通常互有交错，如有的船务代理也兼营货运代理，有的货运代理也兼营船务代理工作。运输代理特别是货运代理在车、船、货之间起桥梁作用，必须充分照顾出口商、船公司、运输商等各个经营主体的利益。

货运代理简称货代，货运代理是指接受货主的委托并代表货主办理货物报关、交接仓储、调拨、检验、包装、转运、订舱等业务的代理人。货运代理与货主是委托与被委托的关系，在办理代理业务中货代是以货主代理人身份对货主负责，并按代理业务项目和提供劳务向货主收取费用。货运代理的业务范围较广，具体的业务代理人的业务范围可大可小，大的可以办理多项业务，小的只能办理一项或两项业务。常见的货运代理主要种类有：定船揽货代理、货物装卸代理、货物报关代理、转运代理、理货代理、储存代理、集装箱代理等。货运代理在车、船、货之间起重要的桥梁作用，使繁琐的国际货物运输业务程序、作业内容等通过专业化的代理业务来实现，能给各方带来相应利益。结合货代业的经营理念和对货代业务服务创新的要求，第三方物流公司有可能也有必要将自己的触角延伸到货代业务，它是第三方物流服务的一个有益拓展方向。通过向货代发展可以使第三方物流发展为一个更完备的系统物流服务。第三方物流是处于客户和实际物流承担者之间的，为生产商提供物流设计、控制和供应链管理，处于物流服务体系中的最高层。但第三方物流提供的这种服务完全不同于货代提供的劳务和基础设施服务，它是采取虚拟经营的方式，销售专业物流决策和管理技能，主要职能是总体成本控制和对供应链实施动态临近，代表了物流需求的最本质思想。当我国货代业实现这一物流服务时，实际已经完成了服务的升级，可以说达到了物流服务的新境界。

运输代理在运输、仓储，特别是在集装箱多式联运中十分普遍。物流代理是物流渠道中专业化物流中间人，以签订合同的方式，在一定期间内，为其他公司提供所有或某些方面的物流服务。从广义的角度以及物流运行的角度看，物流代理包括一切物流活动，而且发货人可以从专业物流代理商处得到其他的一些价值增值服务。提供这一服务是以发货人和物流代理商之间的正式合同为条件的。这一合同明确规定了服务费用、期限及相互责任等事项。狭义的物流代理专指本身没有固定资产但仍承接物流业务，借助外界力量，负责代替发货人完成整个物流过程的一种物流管理方式。代理是第三方物流商的一项业务功能，但决不能代表全部第三方物流业务，实际的代理运作也难以或不可能代理所有供应链的物流业务。

（2）依托既有优势发展第三方物流

我国第三方物流正处于起步阶段，第三方物流企业是以专业化、网络化、个性化物流服务为基本特征，其基本生存要求是客户企业反复购买自己的服务。因此需要不断地适应和满足客户需要，通过与客户建立长期关系的方式保留客户。除了要促进工商企业转变观念、鼓励利用第三方物流以外，第三方物流企业应当提高自己的素质，根据自身既有资源、技术、组织、网络等优势进一步发展。

①依托海运优势的第三方物流

海运是需要巨大资本实力经营的业务，中国远洋运输集团作为集成物流提供商，依托海运优势，将客户内外贸运输集成为一体，在国内部分实现了包括运输仓储、配送、包装、流通加工在内的一体化物流增值服务。它在发展物流业务定位中已形成自己的优势，希望集中于自己的核心业务，通过非核心业务外包来降低成本。

②依托快运网络的第三方物流

快运是建立在一套技术和管理实力基础上的运输集散一体化战略，快运线路是成功的关键。TNT 寄托曾是国际上少数著名快运企业之一，1997 年被荷兰邮政（TPG）通过国际股市进行收购，该集团主要从事邮政、通信等业务为主，通过资产重组将物流、邮政和国际快运构成的完整产品推出来，非常具有实力。尽管所属关系发生重大变化，但 TNT 仍然作为重要的服务品牌被业内重视。

③依托于海关监管的第三方物流

仓库是物流运作的重要基地，依托海关监管仓库展开与国际物流相关业务也是企业物流定位点之一。

（3）依托技术资源定位

传统物流企业一般具有的优势有：多年来形成的稳定客户，积累了丰富的业务运作、管理经验，拥有与铁路、公路等不同运输企业长期形成的合作关系，拥有一定的仓储面积和相应的固定设施。相应的劣势：一般是传统的经营理念、体制的限制，对于实施第三方物流缺少内部认可及外部环境的支持。这些企业在提供物流服务时面临的问题一般是：在物流服务方面没有真正意义上的配送中心支持综合物流服务，缺少控制整个物流链的理念和能力，多为单项或分段的物流服务，限于地区性物流服务，货源不稳定，短期、临时合约所占比重大；在服务范围方面，只能提供有限的基本的标准服务，侧重于价格竞争，缺少个性化服务设计和能力，没有形成供应链物流服务品牌效应；在信息管理方面，没有 EDI 能力、实时供应链信息管理系统，不能进行车辆实时定位、货物实时跟踪。物流企业要提供优质的第三方物流服务的技术支持，主要可从物流服务平台技术、物流中心运作技术以及物流管理技术等方面进行资源定位分析。

①利用公共物流服务平台。加入连锁的物流企业，将全方位的物流服务平台下的计算机和通信网络组织起来。通过各个连锁企业的内部计算机系统将物流信息与互联网相接，从而形成客户服务平台，同时使总部掌握各个加盟企业的业务实质。客户服务中心能够以多种方法为任何客户提供第三方物流服务，包括：电话、传真、电子邮件、IP 电话、IP 传真、声音邮件、影像展示等。

②创建物流服务品牌效应。创建物流服务品牌包括：品质（确保始终如一的服务质量）、品级（区别于其他企业的优势）、品德（树立良好的行业信誉）、品味（通过 CIS、质量认证等活动树立独特的企业文化），除了及时、准确、低成本外，信息服务对赢得客户也非常重要。

③完善物流信息系统功能。第三方物流的信息系统的主要功能涉及所有的物流环节和作业环节，其具体内容主要有：集中控制、车货调度、仓储管理、统计报表、财务管理、客户查询、客户管理、电子数据交换，网络系统的介入和第三方物流功能的不断扩展，大大简化了物流配送的过程和环节。传统物流配送的整个环节极为繁琐，在网络化的新型第三方物流配送中心里可以大大缩短这一过程；在网络支持下的成组技术可以在网络环境下更加淋漓尽致的被使用，物流配送周期会缩短，其组织方式也会发生变化；计算机系统管理可以使整个物流配送管理过程变得简单和容易；网络上的运营和推广可以使物流过程变得更有效率、费用更低，从而相应提高第三方物流的竞争力。

2．产品定位

物流企业的产品定位即为物流企业经营层面定位。在品牌树立阶段，第三方物流应该明确定位自己的核心产品，即核心经营层面。物流领域包含的市场机会非常大，涉及的经营层面很多，如果没有核心的经营层面定位，就无法形成核心优势，树立品牌形象。

核心经营层面定位，并不代表企业不可以开展其他层面的业务，而是市场拓展的重心在核心经营层面，自身核心竞争能力的培养在核心经营层面。

在品牌创立初期，企业的经营层面不宜过宽，这也是集中战略的具体表现。

根据提供服务集成程度的高低，第三方物流企业可以选择以下几个经营层面：

（1）运作层。运作层整合是比较初级的物流管理服务，物流企业本身不涉及客户企业内部的物流管理和控制，只是根据客户的要求，整合社会资源，完成特定的物流服务。

运作层整合要求有比较规范的运作机制、快速反应能力和大量的可供选择和调度的底层资源，如车队、空运代理、海运代理、仓库、报关公司、进出口代理商等。

运作层整合由于可以做到资源的共享，如仓库、车队、报关代理等，企业可以同时为比较多的客户服务，并实现经营的规模效益。

从物流市场发展的现状看，运作层的外包将是企业最重要的物流外协形式，可以说，运作层整合将是最重要的物流服务形式。因此，第三方物流企业应关注此类业务的开发。同时在发展过程中，要特别注意发展自己整合资源的能力，在资源选择的范围和资源整合的效率上下工夫。另外，在市场推广的过程中，要注意推介自己在组织社会物流资源完成物流操作方面的能力。

（2）管理层。管理层面的服务包括销售预测、库存管理和控制等专业的物流环节，对物流企业的管理水平要求很高，因此能够提供专业化物流管理的物流企业，往往可以得到较大的利润空间。但由于管理层面的服务需要物流企业直接介入客户内部的管理，甚至将深入到企业的销售、市场、生产、财务等环节，因此，市场对此类服务的接受尚有一定的障碍。目前，国外已经存在这样的市场，但还比较小，在我国，由于现代物流发展较晚，客户企业对物流管理层面的外包还有诸多顾忌，因此，还没有出现完全的在管理层面上进行协作的物流服务。但某些第三方物流的服务项目，已初步具备了在管理层面上提供物流服务的特性。

（3）规划层。现代物流能够成为一个行业，源于其技术含量和专业性越来越强。物流设施、物流体系和物流网络的规划，已成为物流领域独特的服务内容。在此类服务中，物流企业不仅提供管理和运作层面的服务，还参与或涉及物流体系的规划。这也是物流服务中最高端和最富技术含量的一块领域。

（4）混合型。客户企业的物流需求是千差万别的，第三方物流企业有时候要适应不同的客户需求，就必须不断完善和拓展自己的物流服务能力，否则，就可能流失客户。混合型的经营模式就是企业不断拓展自己的经营层面，在核心能力得到加强的基础上，向其他经营层面的延伸。如，以运作为主的物流企业，在遇到新的客户或老客户的新需求的时候，就可能不得不延伸自己的服务范围。

3．价值定位

客户认知的价值是什么，即价值定位，价值定位主要体现为企业的核心能力。广义的第三方物流，包括传统的运输、仓储等基本物流服务环节的企业，也包括现代的高端第三方物流服务企业。各类第三方物流企业都具有特定的市场空间，因此，他们与客户的关系及成功的关键因素与自身核心竞争力是不同的，如图 5-1 所示。

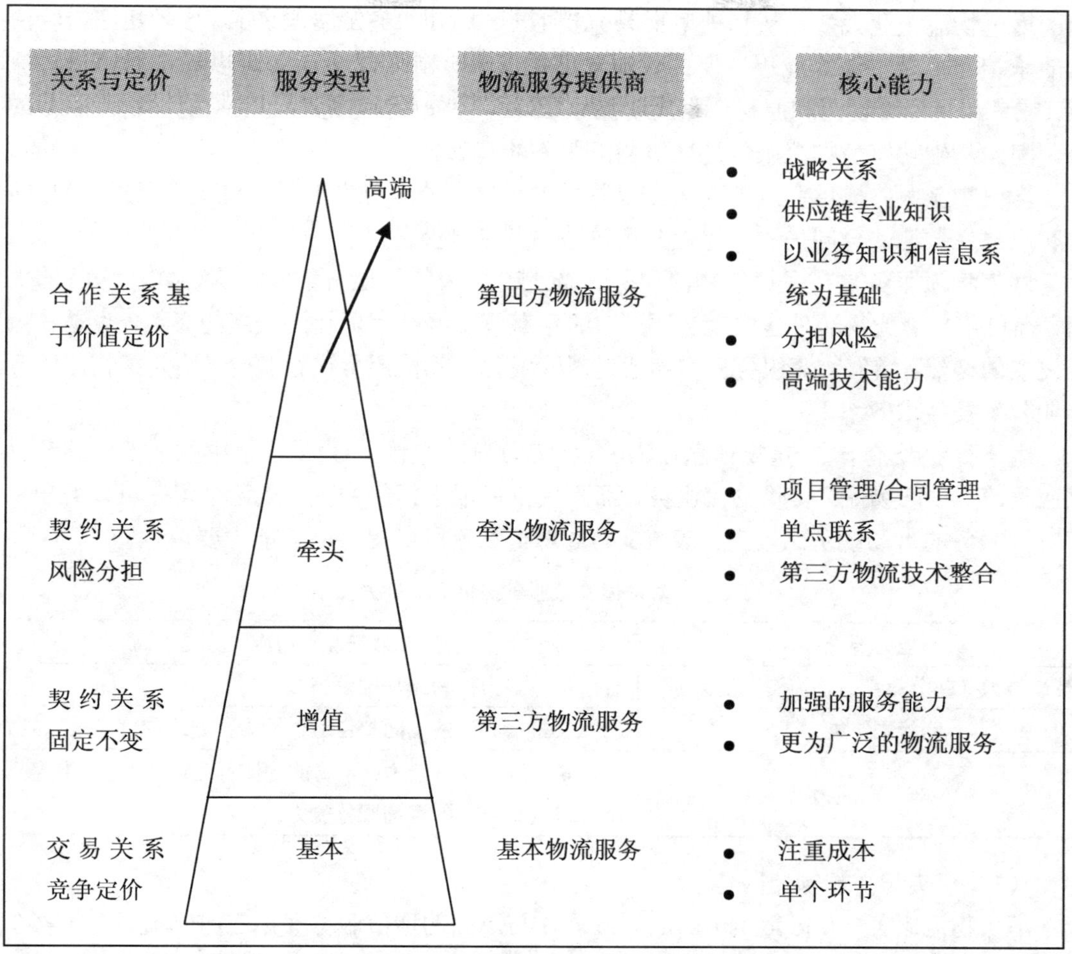

图 5-1　各类物流服务的特点与成功的关键因素及企业的核心能力

从提供服务的类型分，第三方物流服务可以分为基本物流服务、增值物流服务、牵头物流服务与高端物流服务。下面分别讨论提供各类物流服务提供商的价值与核心能力。

（1）基本物流服务

正如第四章中所介绍的，基本物流服务相对较为单一，基本物流服务提供商的技术和管理水平相对不高，行业平均利润也较低。由于市场进入门槛不高，导致基本型物流服务提供商之间竞争激烈；竞争的表现以价格竞争为主，因此低价是此种类型企业的竞争优势，但这容易造成市场无序状态；对信息技术的应用要求不高；由于服务涉及的环节不多，因此基本物流服务提供商多以低成本、完成任务为目标，与客户的关系以交易型关系为主。

基本物流服务提供商为增强自身竞争优势，主要竞争手段是降低成本。它可以通过拥有大规模的物流资产和熟练的专业操作水平获得规模效益。由于规模效益的存在，企业的成本将随着企业规模的不断扩大而逐渐下降；专业化的操作也将降低操作成本并能够吸引更多的客户。

（2）增值物流服务

增值物流服务的基本内容在第四章中已有详细的介绍，这里不再赘述。目前，物流市场上的增值物流企业大多是从基础型物流企业拓展、提升业务发展而来的，多数第三方物流企业能承担比传统物流企业更广泛的物流环节的服务。综合物流服务可以集中在销售物流领域，或者涉及生产物流和原材料供应物流领域。增值物流服务是对基础功能性物流服务的整合，因此基础功能型物流服务是增值物流服务的基础。

增值物流服务提供商以提高物流服务需求与自身的效益为目标，追求“双赢”的局面，与客户建立长期的合同关系，重视共担风险、共享利益。

增值物流服务是在发达的物流服务市场上专门为物流服务需求方提供物流服务的供应商，在日益显著的物流外包的趋势下，它的存在及发展是市场经济发展的必然，也是物流市场发展的必然。增值物流服务提供商通过对专业化的物流服务进行整合，提高了物流服务的专业效率及技术效率。

由于行业经验丰富、重视信息技术、资金实力强大，因此能为供应链中的一部分环节（如，供应物流、生产物流）提供物流服务，而不仅仅局限于销售物流。从这个角度可以看出，增值物流服务的市场壁垒比较高。表 5-1 是对增值物流服务提供商的能力要求。

表 5-1　对增值物流服务提供商的能力要求

能力要求	增值（第三方）物流服务提供商
资产能力（部分第三方物流资产能力）	资产运作能力；物流基础设施
物流网络能力	网点支持；物流网点间整合运作能力；先进的信息技术能力
非资产能力	基础物流环节服务能力；丰富的物流行业运作经验；增值服务能力；具备一定的咨询服务能力

（3）牵头与高端物流服务

牵头物流服务（lead logistics providers），与前面的增值服务（第三方物流服务）类似，以个性化与整合服务为特征，但更强调提供与客户的单点联系和加强的项目管理能力。

高端物流服务是指自身的资金雄厚、全球物流服务网络健全、经验丰富、整合能力强的提供商，能为物流服务需求方在整体供应链甚至供应链网络中提供基础物流服务、综合物流服务之外，还能为需求方提供诸如物流管理咨询服务、供应链解决方案的设计、实施与改进、大型物流项目的管理、一体化的信息服务，甚至提供供应链的管理、集成与规划方面的服务。第四方物流服务是典型的高端物流服务。

对于高端物流服务提供商而言，五种能力非常重要，包括物流实施运作能力、多个供应商的关系管理及协调组织能力、信息技术能力、管理咨询能力和物流培训能力。

4．主导区域定位

第三方物流企业，自身的投入能力非常有限，选择主导区域是非常规关键的战略规划。

主导区域的定位是设定自己核心业务的覆盖范围，在主导区域内，企业依靠自身的物流网络能够完成相关的物流服务。

由于经济的全球化，跨国公司的物流和供应链可能分布在全球范围内，作为物流服务商，不可能在全球任何一个区域都有自己的网络，因此确定自己的主导区域是非常重要的决策。主导区域可以是一个城市、一个地区、一个省、一个大区或全国。确定主导区域要考虑以下几个因素：

（1）自身的投入能力。主导区域覆盖的区域越大，投入的资金就相应增加，物流企业必须考虑自身的投入能力。

（2）管理水平。主导区域覆盖面广，则管理的难度上升。如果管理的能力不强，过快的拓展自己的网络覆盖范围可能造成管理的失控和客户服务质量的降低。

（3）客户的需求分析。根据对现有客户群的需求分析，将业务比较多的区域设为主导区域。

（4）营运成本分析。通常来讲，主导区域覆盖的面广，表明提供服务的能力比较强，同时有利于企业品牌的宣传，但在建立主导区域的过程中，不可贪大求全，而要有成本核算的意识。

就目前存在的第三方物流企业而言，大多数存在管理不健全、投入能力不足的问题，因此在确定主导区域时，要注意多角度分析，不可一味跟着客户的需求走。对于主导区域不能覆盖的地方业务，可以通过联盟等协作方法解决。

主导区域设定的是否恰当，对物流企业的业绩影响很大。上海虹鑫物流公司在主导区域的定位方面就有些成功的经验。虹鑫物流曾将业务范围定位在全国，但由于公司的投入能力有限，在外地设立办事处很困难，同时运作全国性业务，也经常造成流动资金的压力。在对经营现状深入分析的基础上，虹鑫物流果断地将主导区域定位在上海，力争将上海本地物流做精做细，为此虹鑫物流在上海建立了配送中心，已经具备了在上海市区 2000 多个网点的配送能力。主导区域收缩的结果，大大改善了虹鑫物流的资金状况，企业的盈利能力也有了显著的提高。

5．客户关系定位

第三方物流企业在同客户关系上，统一定义为合作伙伴关系，但根据伙伴关系的重要程度和合作的深入程度，可分为普通合作伙伴关系和战略合作伙伴关系。普通合作伙伴关系的存在，是由我国第三方物流发展的阶段性决定的。

（1）普通合作伙伴关系。普通合作伙伴关系对应于目前存在的较单纯的服务买卖关系，合作双方根据签订的合作文件进行业务往来，在合作过程中双方的职责有比较明确的界定。对于这一类客户，第三方物流企业应通过运用先进的客户关系管理系统，提高服务的质量和客户满意度，变目前的一般性交易关系为合作伙伴关系。

（2）战略合作伙伴关系。在西方，不论在理论上还是实践中，第三方物流企业都是作为客户企业的战略合作伙伴提出来的。第三方物流企业只有作为其客户的战略合作伙伴，才可能为客户提供定制的高效的物流服务。从目前我国的物流市场看，物流企业同客户建立起战略合作伙伴关系的还非常少。第三方物流企业应明确的将合作定位在合作关系上，同客户进行深入持久的合作。

同普通合作伙伴关系不同，战略合作伙伴关系双方职责不再有明确的边界，合作双方为了共同的利益，将在很大程度上参与对方的经营决策。第三方物流企业可以协助客户规划物流网络和建立客户关系网络，可以替代客户进行市场预测和库存控制决策，甚至可以协同客户共同制订生产计划。只有进行这种深度的合作，双方才能成为战略合作伙伴，反过来，也只有建立了这种相互信任的战略合作伙伴关系，双方才能进行这种深度的合作。

5.1.3 第三方物流战略基本类型

第三方物流企业战略从不同角度可以有不同的划分方式，下面将从战略发展方向、物流企业服务与市场组合状况、物流企业的战略目标以及战略涉及的服务范围四个不同的方面对物流战略的划分类型进行基本的介绍。

1．按战略发展方向划分

从按战略发展方向可以划分为增长（发展）战略、维持（稳定）战略、收缩（撤退）战略三大类（如表 5-2 所示）。

表 5-2　三类物流企业发展战略分析比较

战略类型	实质内容	特点	战略种类
增长型战略	是物流企业将全部资源用在某一特定市场的快速成长战略	在竞争中快速发展壮大，属于进攻型经营战略	单一产品或服务进攻战略、复合多样化进攻战略、同心多样化进攻战略、横向一体化进攻战略
维持型战略	向物流企业内部结构整合要效益，在取得效益最大化的同时减少不必要的资源浪费	以守为攻，以安全经营为主，属内涵型经营战略	无增长战略 微增长战略
收缩型战略	从现有战略基础起点往后倒退，危难中求生存	以退为进，适应市场环境	积极退却战略 消极退却战略

（1）增长（发展）战略

增长型战略又称进攻性战略，是指发展目标大大高于企业现有发展水平的战略。采用这种战略的企业，通常不满足于企业现状，寻找一切可能的机会和途径扩大企业经营规模。采用这种战略要求第三方物流企业有较雄厚的实力或较繁荣的市场，即企业的市场有不断扩大的趋势和潜力。进攻型的战略主要有：单一产品或服务进攻战略、复合多样化进攻战略、同心多样化进攻战略、横向一体化进攻战略 5 种类型。

（2）维持（稳定）战略

维持战略又叫稳定型战略，是指战略水平与企业原有水平基本持平的战略。采用这种战略的企业：一般是在产品或服务的市场需求增长达到饱和状态，市场容量不可能再增加，甚至马上会出现衰退，企业既没有力量在原有领域里继续扩张，又没有实力进入新的领域，企业只能依靠防御型战略防止其他企业的进攻，以保持企业已有的生产和市场规模。

（3）收缩（撤退）战略

这种战略是指战略水平低于企业原有水平的战略。收缩型的战略有两种类型：

①积极退却战略，这种战略一般指以退为进的战略。企业利用生产量上的暂时退却来苦练内功，养精蓄锐，以便将来东山再起。

②消极退却战略，由于市场衰退或企业在市场竞争中处于非常不利的地位，企业与其在这一领域中继续进行毫无生机的奋斗直至死亡，还不如趁还有一定的能力时及时的从原有领

域中退出来，以便寻找新的出路，这种战略的意义就在于从原有领域进入新的领域需要一个过程，因而企业应对这一过程进行具体的谋划。

我国物流市场尚处于快速成长阶段，因此企业增长战略将是主流的战略选择。

2．按物流企业服务和市场的组合状况划分

影响企业经营战略的要素有四种，即现有服务、新服务、现有市场、新市场。这四种要素有四种组合，形成四种不同的企业经营战略。

（1）服务更新战略

服务更新战略是指企业依靠扩大现有服务在市场上的投放以达到发展目的的战略。采用这种战略的物流企业一般不增加在服务更新上的投入，通过广告方式增加消费者对物流企业服务的了解以及低价格、加强售后服务等，使原有的客户更多的享受企业服务，扩大企业在现有市场上的占有率。

物流企业采用这种战略，势必要从其他物流企业的市场中挖一部分出来，如果遇到强劲的对手，竞争将会非常激烈，这就要求物流企业必须具有较强的实力。

（2）市场开拓战略

市场开拓战略是指物流企业利用现有服务寻求新的市场以达到发展目的的战略。这种战略的主要思路是物流企业保持现有市场上的占有率，依赖新的市场来发展，所以并不是找到新的市场后把现有市场放弃。采用这种战略的企业必须善于另辟蹊径，寻找新的市场。

（3）服务增值战略

服务增值战略是指物流企业提供新服务。如果物流企业依靠现有服务很难在现有的市场上继续找到发展的机会，开拓新的市场又有比较大的难度或物流企业具有较强的服务能力，企业就可以利用服务增值战略。服务增值战略有两种思路：

①改进服务。改进服务是对现有服务进行较大改进，增加新的服务内容，使现有客户继续享受更多的服务。

②推出系列新服务。如果某一服务在市场上打开销路、占领市场后，可以用同一品牌推出系列服务继续满足原来的消费者。

（4）多样化经营战略

多样化经营战略是指物流企业提供新服务。由于新服务可能区别于企业现有服务，新的市场又完全是一个新的客户群体。采用这种战略的企业就可能在两个完全不同的领域中进行经营。当物流企业把经营的触角伸展到多个不同的领域时就成为多角化经营。采用多角化经营战略，要求物流企业有在多个不同领域同时进行经营的实力，所以一般只有较大型的物流企业才能这样做。

3．按物流企业的战略目标划分

根据第三方物流企业的战略目标可分为全局性战略、结构性战略、功能性战略、基础性战略，如图 5-2 所示。

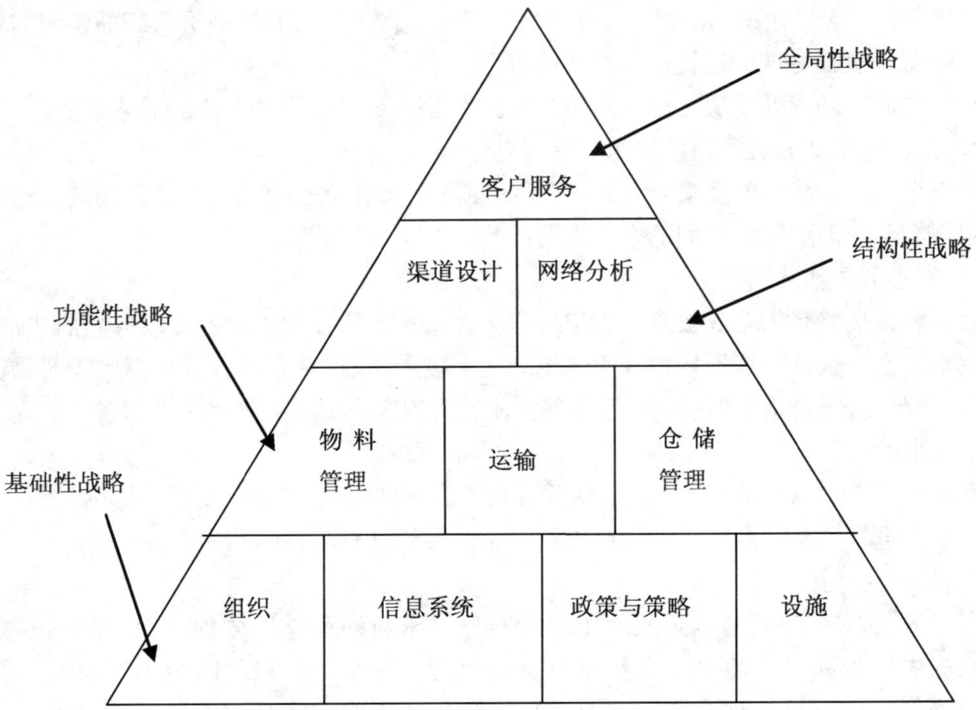

图 5-2　物流企业战略层次结构图

（1）全局性战略

物流管理的最终目标是满足客户需求，因此客户服务应该成为全局性战略目标。对于全局性战略建立用户服务的评价指标体系，实施用户满意工程是战略实施的关键措施。

（2）结构性战略

结构性战略包括：渠道设计与网络分析两个方面内容。

①渠道设计。通过优化物流渠道、重构物流系统，可提高物流系统的敏捷性和适应性，使供应链成员企业降低物流成本。

②网络分析。网络分析主要通过库存分析、用户调查、运输方式分析、信息及其系统状况分析、合作伙伴绩效评价等为优化物流系统提供参考。其目的在于改进库存管理、提高服务水平、增强信息交流与传递效率。

（3）功能性战略

功能性战略主要指通过加强物料管理、运输、仓储管理等物流功能环节的管理，实现物流过程的适时、适量、适地的高效运作。其主要内容有：运输工具的使用与调度优化、采购与供应方法策略的采用、库存控制及其仓储管理。

（4）基础性战略

基础性战略主要是为保证物流系统的正常运行提供基础性保障，其内容包括：组织系统管理、信息系统管理、政策与策略管理、基础设施管理等。

4．按战略涉及的服务范围划分

（1）全领域发展战略

全领域发展战略是指把物流企业投放到一个很大的市场整体中进行服务的战略。采用此战略的企业不需要对市场进行细分，只要有客户的地方都是需要服务的地方。这种战略只适用与实力雄厚的大型物流企业，如UPS。

（2）局部领域发展战略

局部领域发展战略是指第三方物流企业在市场细分的基础上，把业务开展到一个或几个子市场中进行的战略。许多中小物流企业没有面向整体市场的实力，如果以整体市场为物流企业服务领域，必然只能形成很小的市场占有率，很容易被市场淘汰，所以不能采用全领域发展战略。

采用局部领域发展战略的企业基于这样的一种思路：与其在很大的市场中有一个很小的市场占有率，不如在一个很小的市场中获得较大的市场占有率，这样可以形成物流企业的优势，有利于物流企业的发展。如，海尔物流公司。

5.2 第三方物流竞争战略选择

5.2.1 低成本领先战略

在20世纪70年代，低成本领先战略已经成为一种日益普及的战略。该战略是通过一系列针对这一基本目标的实用政策，来取得在某个行业的全面成本领先。成本领先要求大胆的建设起有规模的设施，根据经验追求成本降低，严格控制成本和管理费用。为了达到这一目的必须把大量管理方面的注意力放在成本控制上。尽管不能忽视质量、服务及其他一些领域，但与竞争对手有关的低成本却成为整个战略的主题。

1．合理化战略

第三方物流的合理化是指根据第三方物流的客观规律和特征，组织各部门和物流环节根据不同情况采取措施，以最低的物流成本达到最佳的物流效果。物流合理化主要表现在功能的合理化和作业的规范化。企业的合理化就是要降低成本提高效率。作业标准化是第三方物流实现高效运行的主要途径。

从顾客的角度出发，按整个价值流确定供应、配送产品中所有必须的步骤和活动，创造无绕道、无等待、无回流的增值活动流，及时创造顾客需求的价值，不断消除浪费，追求完美。也可以按照职能对物流系统中个别物流部门或环节的功能进行合理化、科学的界定，引导并确定合适的服务对象和目标范围，在合理的场合和时间充分实现其功能，避免物流资源的闲置和浪费。比如，根据物流主体或服务对象的不同，应将各类配送中心的主要功能适当细化，专业性配送中心和综合性配送中心、区域性配送中心与集成性配送中心等应及时有效的实行组合，形成开放型、互通型的商业物流网络格局。

企业的合理化就是要降低成本、提高效率，而作业的标准化正是第三方物流实现高效运行的主要途径。第一，要建立规范的市场竞争机制；第二，要实现物流各环节标准化，对物流的各个环节实行统一的技术标准和管理标准，如实现商品包装的规格化、系列化及物流信息的条码化等。第三，物流合理化的总目标就是提供优质服务，在完成物流目标的同时把物流资源的耗费降到最低程度。

2．虚拟一体化战略

第三方物流虚拟一体化战略是相对于生产性经营的一体化战略而言的。生产性经营的一体化战略主要采用直接投资或控股的方式，进行前向或后向一体化战略，这对企业资金规模的要求过大，同时又增大了企业的管理难度。第三方物流虚拟一体化战略并不采用资金的注入，而是采用协议的形式，加强同行业或不同行业之间的合作。包括横向一体化和纵向一体化以及综合一体化。

（1）横向一体化。

横向一体化物流是通过第三方物流中各企业之间的配合，获得整体上的规模经济，从而提高物流效率。从第三方物流企业的经济效益上看，它降低了物流成本；从社会效益来看，它减少了社会物流过程的重复劳动。比如，不同的第三方物流企业可以用同样的装运方式，进行不同类型商品的共同运输，但是不同商品的物流过程不仅在空间上是矛盾的，而且在时间上也是有差异的。要调和这些矛盾和差异，很显然，需要大量企业的参与，并且要大量商品的存在。

（2）纵向一体化物流。

纵向一体化物流以战略为管理导向，要求第三方物流管理人员从面向企业内部发展到面向企业同供应商以及用户的业务关系上。第三方物流企业超越了现有的组织结构界限，将提供产品和运输等服务的供应商以及用户纳入管理范围，作为管理的一项中心内容。纵向一体化物流的关键是力图从原材料到用户的每一个过程来实现对物流的管理，利用第三方物流的自身条件，建立和发展与供应商和用户的合作关系，形成一种联合力量，赢得竞争优势。纵向一体化物流的设想为解决复杂的物流问题提供了方便，而雄厚的物质技术基础、先进的管理方法和通信技术又使这一设想成为现实，并在此基础上继续发展。

（3）综合一体化。

综合一体化物流是第三方物流虚拟一体化战略的第三种方式，它是横向一体化与纵向一体化的结合体。现代企业多方位合作、纵横交错的关系、相互间渗透使得物流综合一体化成为一种要求，而现代信息技术的应用则使综合一体化的规模效益体现出来。

3．物流基础设施化

基础设施是社会的基础，如通信设施、邮政设施、交通设施等。基础设施总的来说是公共性的，许多公共设施是有偿使用的，如果它是个人或企业分别拥有和运营的，从经济效益上来说是不经济的。

中小企业如果分别满足物流的各种需求，不仅费用高，而且也不现实。而如果进行共同配送，卡车的装载率会从 30%上升到 80%；如果能够进行大量运输的话，不仅可以使用单价较低的大型运输机器，还可以实现向船舶等模式的转变。在物流中心，如果商品处理量增加，就有可能彻底实现信息化、自动化，从而能够降低费用。

要实现物流的基础设施化，首先要进行信息系统的革新，降低通信费用。在物流业中，频繁的进行大量的信息交换是必不可少的，信息系统化对物流自动化是非常必要的。信息网络要像使用电话一样便利、简单。为此，有必要对信息网络实行标准化。其次，要在各方面放松政策规定，实行自由竞争。在运输方面，也需要放松限制，实行港湾运行的自由化，撤销和废除陆地运输的规定。

总的来说，虚拟一体化战略利用企业的虚拟联合能充分发挥企业的经济实力，从而降低成本、实现低成本领先战略。

5.2.2 产品差异战略

产品差异就是使厂商提供产品或服务专业化，造成某种被全行业范围视为独特事物的战略。第三方物流企业所提供的产品就是服务，所以它的产品差异战略就是服务差异战略。

1．品牌战略

第三方物流企业提供的服务同其他企业一样，消费者总是在其对各企业商品、服务以及信息的掌握作出一番评价、比较后再作出决定，选择对其印象最深刻、最合适自身的产品和服务。而品牌的识别和认同正是消费者选择的关键所在，品牌战略在第三方物流企业中具体实施如下：

第三方物流企业首先要增强品牌意识，树立品牌的战略观。第三方物流企业要想在未来的竞争中获胜，一要靠科技，二要靠品牌，两者缺一不可。现在很多第三方物流企业认识到了科技的重要性，但对品牌的价值确认识不够。企业有名称却无注册，或借用外商的品牌，给别人打工，使企业受制于人。第三方物流企业树立品牌战略观，就要求企业领导者能高瞻远瞩、统筹兼顾，用战略的眼光和战略目标，使企业形成一种完整的品牌意识。

第三方物流企业在技术上、管理上创新，争创品牌。没有一流的技术和管理，就没有一流的品牌企业，而一流的技术和管理来源于一流的人才。人才的缺乏给第三方物流企业在技术和管理上的创新带来了困难。现在很多第三方物流企业认识到了人才、技术的重要性，纷纷采取“以人为本，科技领先”的策略，对企业的服务、营销、技术进行开发，实现企业在技术、管理上的创新，争创品牌。

注意品牌的加强和提升。品牌是一种名字、标志、符号、设计的组合，品牌形成后要注意品牌的加强和提升。品牌如果不加强和提升就会被消费者淡忘，同时品牌自身也会老化和过时。第三方物流企业要想使自己的品牌能在消费者心中长久的占有一席之地、被人们铭记在心，就必须不断地向消费者宣传品牌形象。发展品牌不但包括加强和维护品牌，还应该提升品牌。品牌的提升即改善品牌在大众心中的形象，从而在更深层次上发掘品牌的意义。提升品牌可以通过给品牌重新定位、重新赋予品牌生命来实现。

2．服务战略

服务是第三方物流企业的产品，所以服务战略应是其根本战略。第三方物流企业的服务战略要做好以下几点：

在研究物流需求的基础上，结合企业本身的能力状况，明确物流服务的基本目标和发展战略。在分析物流成本与效益的基础上，确定满意的物流服务水平，实现优势与服务成本的平衡，实现第三方物流企业的可持续发展。

实现服务的延伸。服务延伸本质上就是物流功能的整合。第三方物流企业服务的延伸包括：沿着企业市场营销供应链，为企业产品销售提供物流服务；沿着企业生产经营供应链，为企业物料提供物流服务；同时向供应链的两个方向延伸，为企业物料管理和实物分配等所有物流需求提供全面服务。服务延伸使企业增加了“在线服务”和“信息共享”的功能，从而使企业的物流功能从业务整合转向信息整合，用网络化优势整合现有的物流资源，不断提升第三方物流的服务。

规范服务。第三方物流服务必须建立相适应的标准体系，设计服务程序，在服务要求、过程、方式等方面实现规范化，以提高物流服务质量。同时，还要运用现代先进的技术，从服务设备、服务工具和人员方面实现现代化，提高物流服务效率。

5.2.3　目标集聚战略

目标集聚战略主要是指第三方物流企业对业务、服务对象、服务市场有针对性地进行选择。这一战略的前提是公司能够以更高的效率、更好的效果为某一狭窄的战略对象服务，从而超过在更广阔范围内的竞争对手。结果是，公司通过较好地满足特定对象的需要实现服务差异化，或者在这一对象服务时实现低成本，或者两者兼得。尽管从整个市场的角度看，集中战略未能取得低成本或差异化战略的优势，但它的确在其狭窄的市场目标中获得了一种或两种优势地位。三种战略之间的区别如图 5-3 所示。

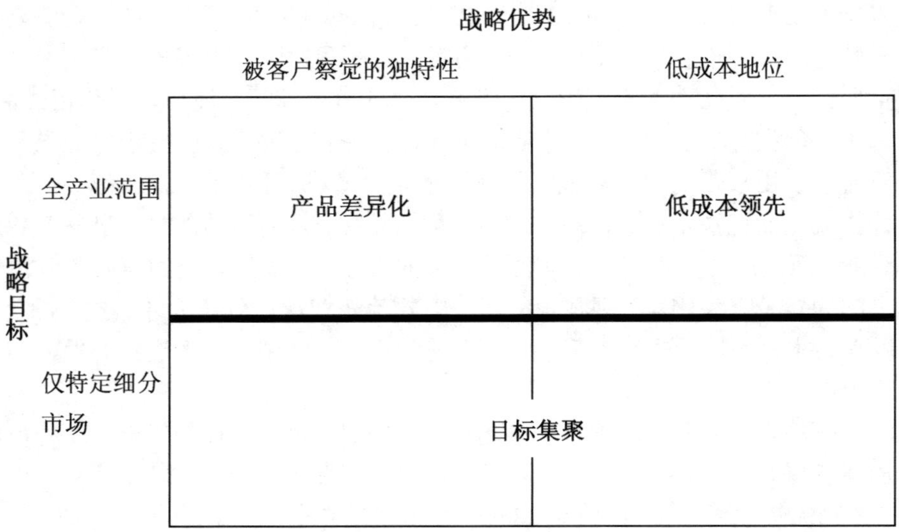

图 5-3　三种基本战略

实施目标集聚战略的主要内容包括以下两个方面：

1．如何确定第三方物流的服务范围、服务对象

（1）依据企业自己的历史。每一个第三方物流企业都有在一定的服务范围、服务对象实现自己目标、方针和取得成就的历史，第三方物流企业在选择自己的服务范围、服务对象时必须考虑企业历史的特征。

（2）依据企业的内外环境。第三方物流企业的内外环境形成了第三方物流企业的主要机会和威胁，这在确定第三方物流企业的服务范围、服务对象时不能不加以考虑。

（3）依据企业的资源。第三方物流企业的资源是第三方物流企业实现自己经营目标的必须条件，同时它限制了企业其他经营目标的实现。

（4）依据企业的管理能力。第三方物流企业服务范围、服务对象的选择和确定应建立在第三方物流管理企业的管理能力的基础上，管理基础好、管理能力强，第三方物流企业就能在较广的范围内进行选择；企业管理基础差、管理能力弱，第三方物流企业的选择范围也就比较窄。

2．确定服务范围、服务对象时应当注意的问题

（1）要用市场导向观念来确定。第三方物流的经营应该被看成是一个满足物流需求的

过程，而不是一个运输、包装、仓储的过程。运输、包装、仓储是短暂的，而基本的物流服务则是永恒的。马车公司在汽车问世后不久就被淘汰了，但是同样是一个公司，如果它明确规定公司的经营范围是提供交通工具，而不仅仅是马车，该公司的生产就会从马车转向汽车。第三方物流企业确定自己的服务范围时，应能激发员工的工作热情，使他们觉得自己在为社会、为国家的物流需要作贡献。

（2）从客户和市场的角度出发确定。从客户和市场的角度出发确定第三方物流的服务范围和服务对象主要应考虑两个问题：一个是我们企业正在干什么，另一个就是我们企业应该干什么。

分析我们企业正在干什么，其目的是明确企业从事的业务，在市场经济条件下要清楚自己的企业正在干什么其实并不容易。以前面的马车公司为例，如果它明确自己所生产的交通工具并不仅限于马车，那整个企业向正确的方向发展是很明确的。由此可见，弄清楚企业干什么是非常重要的。

分析我们应该干什么，其目的是对市场、客户进行准确的划分，清楚市场的前途所在，进行正确的服务范围、服务对象的选择。

（3）找最能发挥企业优势的服务范围、服务对象。正确地分析企业本身的优势，然后确定最能发挥企业本身优势的服务范围、服务对象，这一点是最主要的。

5.2.4 “战略钟”模型

以上三种竞争战略非常重要，它们给管理人员提供了思考竞争战略和取得竞争优势的方法。然而，当试图用这些概念解决企业的实际战略选择时却会遇到很多问题。一般来说，企业遇到的实际情况比较复杂，并不能简单地归结为应该采用哪一种基本战略。而且，企业采取何种战略还取决于其产品组合和市场范围，对不同的产品，企业可能采用不同的一般战略，而且所谓成本领先或差异化也只有相对的意义。例如，我国联想集团的某一型号的自有品牌电脑与国外竞争对手相比也许具有明显的成本优势，但与国内一些小型企业，尤其是那些“攒机商”相比，价格上并没有竞争力。与这些企业相比，联想产品的优势或许表现在其良好的性能或售后服务上，即具有差异化的优势。因此，我们需要对三种战略作更深入的分析，引入企业竞争战略选择的“战略钟”模型。

“战略”模型基本内容如下：假设不同企业的产品或服务的适用性基本类似，那么，客户选择其中一家而不是其他企业可能有以下原因：(1) 这家企业的产品或服务的价格比其他公司的低。(2) 客户估计这家企业的产品或服务的价值比其他厂家的要高，换句话说，该家企业的产品或服务有更高的理解附加值，即客户愿意花更高的价格去买该企业的产品或服务。将价格与理解附加值综合在一起考虑，企业实际上将沿着以下 8 种战略之一去完成自己的经营行为，其中一些路线是可能成功的战略，而另外一些路线却极有可能导致企业的失败，如图 5-4 所示。

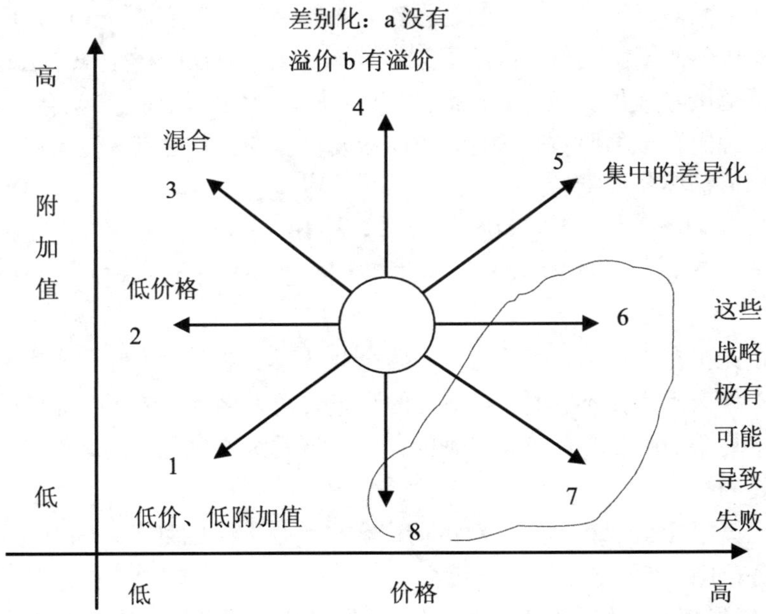

图 5-4　“战略钟”——竞争战略的选择

1．低价低值战略

低价低值战略（图 5-4 中第 1 条途径）看似没有吸引力，但现阶段我国却有很多物流公司按这一路线经营。采用这一战略是在降低理解附加值的同时降低价格，这时物流企业关注的是对价格非常敏感的细分市场。在这些细分市场内，虽然客户认识到物流服务的质量低，他们不愿去选择那些拥有较高附加值，但价格却相对较高的全方位物流服务。现在很多大型制造企业以招投标的形式选择物流服务提供商，价格成为其中一个最主要的因素，他们往往选择价格低的物流服务供应商来完成其运输或仓储等某一项较单一的物流业务。

2．低价战略

低价战略（图 5-4 中第 2 条途径）是物流企业在建立竞争优势时常用的典型战略，即在降低价格的同时，努力保持服务质量不变。与途径 1 不同的是，竞争者易于对这种战略进行模仿，也降低价格。如果企业不能将价格降低到其竞争对手的价格以下，或者客户难以对服务的质量水平作出准确的判断，那么，采用低价战略可能是得不偿失的。因此，途径 2 实际上就是成本领先战略，在降低价格的过程中最大力度的整合物流资源实现规模效应，以取得成本领先的地位。

3．标新立异战略

标新立异战略（图 5-4 中第 4 条途径）是一个广泛使用的战略，即以相同的或略高于竞争者的价格向客户提供可感受的附加值（如，增值加工、标准化包装、代收货款等），其目的是通过提供更好的物流服务来获得更多的市场份额，或者通过稍高的价格提高收入，此种战略即为产品差异化战略。在物流市场中客户的价值判断是不断变化的，即差异化的基础在不断变化，因此，必须对差异化战略的重点进行调整；采用差异化战略的物流企业必须不断地更新其差异化的标注，保护战略的不断变化。

4．混合战略

在某些情况下，物流企业可以在为客户提供可感知的附加值的同时保持低价格，即采用混合战略（图 5-4 中第 3 条途径）。而这种高质低价战略能否成功，既取决于物流企业理解和满足客户需求的能力，也取决于是否有保持低价格的成本基础，并且很难被模仿。

这是许多跨国物流公司在全球范围内开创新市场的一种战略。它们在竞争对手的业务组合中寻找“松动的砖”——也许是在世界范围内某个经营很差的地区，然后以更好的服务打入市场，如果必要，价格也会定得很低。其目的是为了获得市场份额，转移竞争者的注意力，为它们将来进一步引领市场打好基础。但是，实施这样一种战略时，很重要的是要保证以下两点：

（1）总成本很低以维持一定的收入；

（2）在进入市场时，应考虑一个分步实施战略。

如果企业能同时获得成本领先和差异化的竞争优势，则回报将是巨大的。因为在这种情况下收益可能是累加的——差异化会带来价格溢价，与此同时，成本领先则意味着成本的降低。

5．集中差异化战略

在某些情况下，物流企业可以采取高质高价战略在行业中竞争，即以特别高的价格为用户提供更高价值的服务（图 5-4 中第 5 条途径）。但是，如果采用这样的战略，就意味着企业在特定的细分市场内参与经营和竞争。

物流企业必须在跨市场的广泛差异化（途径 4）和集中差异化两类战略之间作出选择。采用前一种战略旨在取得物流行业某一业务范围内的竞争优势，但易于受到竞争对手的关注和模仿。后一种战略旨在在特定的目标市场内取得差异化优势，虽然对企业的技术实力有很高的要求，但因市场容量有限，所以也许是那些技术水平高、但规模和资金并不十分雄厚的物流企业首选的战略。

明确公司是在哪个特定的细分市场内，通过满足客户哪些需要进行竞争是至关重要的。如果一个企业想在不同的细分市场内满足不同的需求，那么，它就很难实施集中差异化战略。例如，如果一个装修豪华、购物环境十分舒适的大型百货商场，试图出售各种不同档次的商品，则其很难实现上述目标。它也许想通过上述经营方式吸引不同的顾客，但其商店的设备和装置、环境和员工却没有根据不同细分市场的需要进行差异化，这样往往会使其产品和服务既没有价格优势，也没有差异化优势。

所谓集中和差异化都是一个相对的概念，因此，必须随时注意客户需求和市场范围的变化，今天仅有 2000 人的市场，明天也许会增加到 4000 人。此外，随着经济环境和社会价值观的变化，细分市场之间的差别可能会消失。在这种情况下，企业将面临更多的竞争对手。另一方面，企业还必须注意保持适度的市场规模，同时要防止目标市场被竞争对手进一步细分和蚕食。

6．失败的战略

途径 6、7、8 一般情况下是可能导致企业失败的战略。途径 6 提高价格，但不为客户提供可感知的附加值。除非企业处于垄断的地位，否则不可能维持这样的战略。然而在物流市场竞争激烈的今天，物流服务的多样化、个性化，即使实力规模巨大的国际化物流企业也不可能在市场中处于垄断地位。途径 7 是途径 6 的更危险的延伸，降低产品或服务的使用价值，同时却在提高相应的价格。途径 8 在保持价格不变的同时降低理解附加值，这同样是一种危险的战略。但与途径 6 相比，这种战略可能采取较为隐蔽的形式，在短期内可能不被那些消费层次较低的客户所察觉。但从长期的角度看，这种战略同样是不能持久的。

战略钟是一个基于市场的战略选择模型，它将三种竞争战略进行了综合。它比较全面地反映了企业可以选择的具体途径，可以作为三种战略的重要延伸和补充。

5.3 第三方物流战略制订

5.3.1 第三方物流市场细分与发展方向

市场细分就是企业根据市场消费需求总体构成及购买行为的差异性，将整体市场划分为若干个相类似的消费者群（子市场）的过程。目的是同类产品市场上，同一细分市场的客户具有更多的共同性，不同细分市场之间需求具有更多差异性，以使企业明确有多少数目的细分市场及细分市场需求的主要特征。市场细分的主要依据包括消费需求的差异性、消费需求的类似性和企业经营能力的局限性。

随着物流重要性认识的逐步深入，越来越多的传统运输、仓储与货运代理等企业都开始制定发展现代第三方物流的战略。企业在制定战略时，需要明确的进行物流服务的产品定位。而第三方物流服务的产品定位又以第三方物流的市场细分为基础。

1．第三方物流市场细分的理论模型

目前，我国理论界对第三方物流市场细分的讨论还不够充分，市场划分比较笼统，许多新型的第三方物流企业在实践中也没有找到切实可行的市场定位。因此，不少以物流公司命名的企业还没有摆脱传统的定位与模式。

国际上，著名物流学教授马丁·克里斯托弗（Martin Christopher）提出了七个变量细分物流市场的理论模型，七个变量分别由七边形的七条边表示，如图 5-5 所示。

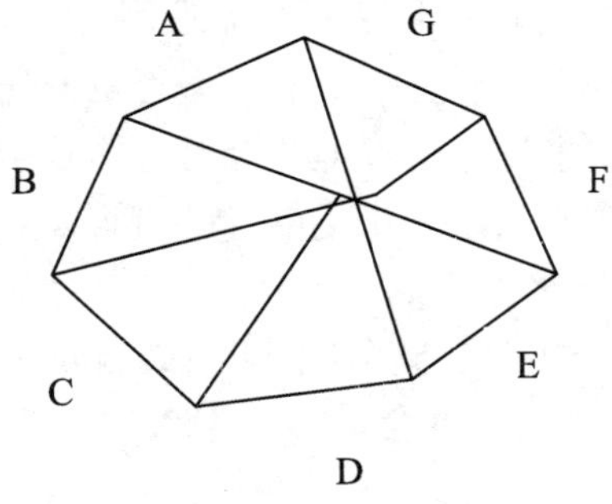

图 5-5 物流服务市场七边形

A 边是物流服务的地理范围。从所需服务的地理范围来分，可以分为：全球、国际、地区、地方；

B 边是物流服务对象的范围。从提供物流服务所包含的对象范围来分，可以分为：公共、只是服务于少数几家、专一服务于一家；

C 边是物流的管理。从由谁提供对物流项目的管理来分，可以分为：客户自己管理、第三方管理、物流专家；

D 边是提供物流活动的范围。从提供物流活动的范围来分，可以分为：运输为主、仓储为主、配送为主、综合物流；

E 边是提供服务的水平。从提供所需物流服务的水平来分，可以分为：基本水平服务、高水平服务、标准水平服务；

F 边是信息技术采用。从物流服务的信息系统来分，可以分为：信息系统全部整合、有选择的物流信息技术协调、某些物流活动有独立的信息技术；

G 边是提供物流服务的综合程度。从提供物流服务的综合程度来分，可以分为：整个供应链、生产物流、采购物流、销售物流。

从理论上说 7 个变量的不同组合将产生不同的市场细分。

2．第三方物流市场细分的简化模型

上述七边形模型比较系统地描述了可能的市场细分组合，但在实践中则显得过于复杂。该理论采用了七个变量，比较全面的描述了可能的细分市场变量。但是由于变量较多，在实践中运用起来比较复杂。因而，有必要用一些简化的模型来对市场细分进行概括与分类。下面的论述是根据变量的重要性对第三方物流细分市场模型进行简化，可为实际中物流企业战略定位提供参考。

（1）按公司规模与提供个性化服务的程度细分市场

从承运人的规模和提供个性化服务程度简化，个性化服务水平是物流服务七边形的一个部分，即可得到一个相对简单和综合的模型。下面的图 5-6 综合了以上两个变量。

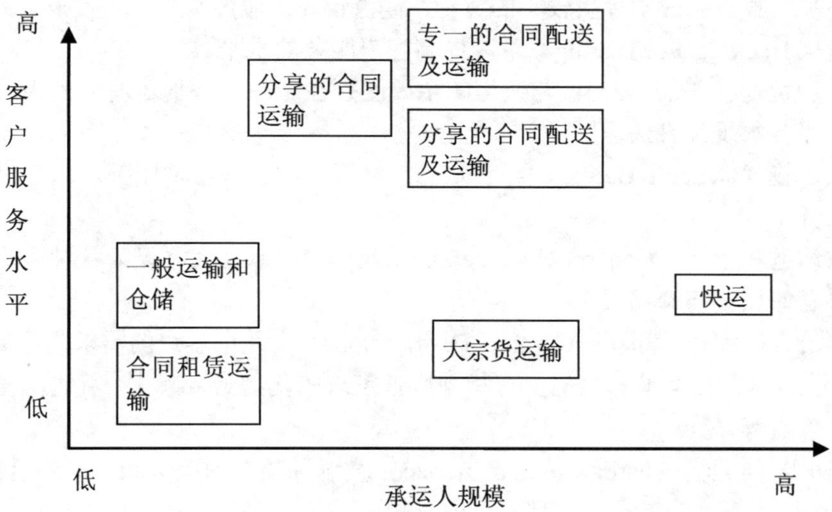

图 5-6　物流服务种类的简化模型

（2）按个性化服务程度与提供整合及管理服务程度细分市场

另一种简化的细分物流服务市场方法，可以考虑如下两个变量：提供个性化服务的程度与提供整合与管理服务的程度。如图 5-7 所示，该细分市场模型可以看出由传统服务向专一化管理服务发展的趋势。

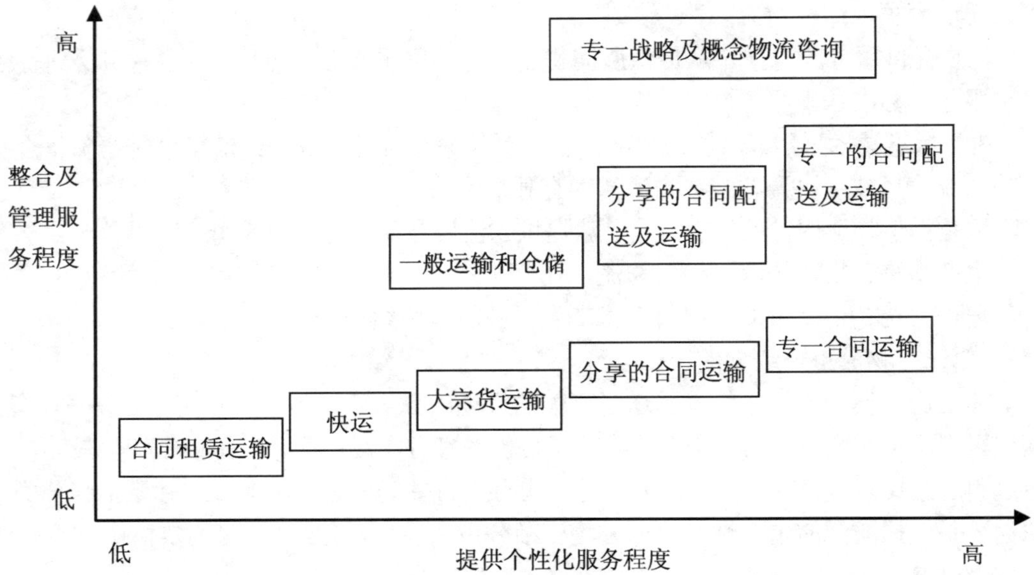

图 5-7　物流服务供应商的发展趋势

根据以上的划分，在市场上能够对应以下供应商：

①快运（Express）。大部分的快运服务是具有运输和配送中心的公共服务提供者的升级服务。提供快运服务的公司接受较小的货物，提供较高的服务水平，一般是隔天送到。货物的跟踪系统（Tracking and Tracing）可以提高客户服务的水平。

②大宗货运输（Groupage）。与快运的主要区别在于，大宗货运输接受大的货批、交货较慢、客户服务水平没有快运的高。

③一般运输（General Haulage）。它是另一种形式的公共运输服务，只提供运输作业，没有仓储服务。

④一般运输和仓储（General Haulage and Storage）。承运人不仅为各种客户提供运输服务，也提供仓储设施与仓储服务。

⑤分享的合同配送（Shared Contract Distribution）。当几个客户的需求是相同的，比如医院。客户能够将这些在运输和仓储上有相同服务需求的货物结合起来，从物流服务提供者那边得到规模效益等好处。

⑥分享的合同运输（Shared Contract Transport）。这种类型的服务和分享的合同配送类似，但仅包括运输。

⑦专一合同配送（Dedicated Contract Distribution）。这种类型的服务包括运输和仓储，但以客户来划分服务业务，每一个客户针对一个服务项目。某一客户的需求不会受到其他有冲突的客户的需求的影响。专一的合同配送实际上是由第三方来代替自己营业，作为对客户的综合性的定制服务，专一合同配送提供了采用创新的物流概念和先进的物流信息系统运用的机会。

⑧专一合同运输（Dedicated Contract Transport）。这类似于专一合同配送，但仅仅包括运输服务。

⑨合同租赁运输（Contract Hire Transport）。运输或配送提供者提供车辆和司机，它是由

顾客来支付费用的。所有的维护和车辆的更新义务由运输商负责。然后，司机和车辆的组织是由客户自己负责的。客户的责任包括：货物的配载和运输线路的选择。

如果按提供物流服务种类与提供物流服务的地理范围来划分，可以看出传统的物流公司发展的战略方向。

对物流服务提供者来说，大部分都是从传统的“类物流”公司延伸与改造发展而来的。其发展战略选择之一是增加服务的范围，提供者可以改变或延伸它们当前的服务内容。另外，提供者也可以扩展服务的地理范围。

例如，物流服务在欧洲的发展趋势是越来越多的集中使用一些大型的物流服务提供者，这也就意味着超级承运人（mega-carrier）服务时代的到来。跨国公司对一站式服务的实际需求越来越明显。第三方物流提供者通过兼并合资、战略联盟、信息伙伴关系等合作来增强他们的地位。超级承运人可以是从这些战略合作中发展形成的。

兼并已经成为取得更大的市场份额和提供更多服务种类的方法。两个公司合并和一个公司兼并另一个公司的潜在利益是巨大的。除了潜在的合作合理化与消除重复活动以外，联合起来的公司可以减少相互间的竞争。合资是兼并意外的另一个重要选择，两个公司可以在同一个法律环境下互享经验，同时相对母公司又有一定的自由度。UPS 和 Federal Expree 在东欧都建立了合资公司，因为这是西方公司在那里参与管理和控制的唯一方法。战略联盟可以提供一定市场进入的自由或作业的整合而不需要资金的投入或法律环境的许可。对许多承运人来说，信息技术是相当重要的。对超级承运人来说，建立战略信息技术伙伴是关键之一。物流合作者很大程度上依赖于信息分享的整合战略。

3．第三方物流市场发展方向

第三方物流的发展，是由第三方物流服务的需求方及提供方共同推动的，总的来说，第三方物流是从传统的运输、仓储、代理等物流环节的服务供应商在物流与供应链整合的理念下，为满足使用方的一站式、个性化服务的需求，同时提升自身的竞争能力的共同作用下发展而来的。

加托马分析预测了第三方物流的产业，将其分为一般的物流服务提供商（LSP）及新业务模式两种类型。其中 LSP 又分为基本资产提供者（Prime Asset Provider）、第三方物流及牵头物流提供者（LLP）；新业务模式又分为 4PL、联合服务公司（JSC）及虚拟式网络联盟（VNC）。各种物流服务提供商的特征如表 5-3 所示。

表 5-3　各种物流服务提供商的特征

类型		关键特征	模式
物流服务提供者	基本资产提供者（Prime Asset Provider）	● 各种模式的运输资产提供者 ● 仓储、配送中心设施 ● 制造（外包）、包装产品	单一型提供者
	第三方物流	● 整合的仓储与配送服务 ● IT 基础知识的整合与支持 ● 当地数据跟踪 ● 资产的所有者和购买者 ● 仓库管理系统（WMS）	功能结合

（续表）

类型		关键特征	模式
物流服务提供者	牵头物流提供者（LLP）	● 经验丰富的物流提供商 ● 结合和利用先进的能力优化物流和供应链活动 ● 管理多重的（下级的）3PL ● 决策支持、连续改进	一个超级的3PL管理多个3PL
新业务模式：4PL；JSC；VNC	第四方物流4PL	● 供应链的构思者、设计者、优化者和重组者 ● 合作促进者和制造者 ● 项目管理者、连续整合者 ● 服务、系统和信息整合者 ● 技术是基本的能力	新业务模式
	联合服务公司（JSC）	● 联合拥有、联合管理 ● 少数的平等合作伙伴 ● 业绩向导，协议好的激励和报酬 ● 创新的文化氛围 ● 资金支持最初的启动以及后续的运作	新业务模式
	虚拟式网络联盟（VNC）	● 动态的能力网络 ● 实行类似4PL&JSC的嵌入模式，但是没有严格的平等安排 ● 安排在宽松联盟中的利益方能随意加入和离开 ● 在速度和规模上提供特别的供应链方案 ● 跨公司间高度连接的过程 ● 激励分享和投资分享	新业务模式

不难看出，第三方物流行业从传统的单个物流环节提供商发展到综合物流服务提供商，还在不断发展。在服务供应商与使用方的关系特征两个方面，可以总结出如下规律：

第一，服务供应商与使用方的关系。

第二，特征方面，战略关系与考虑供应链效率。

5.3.2 第三方物流战略分析

1．第三方物流战略分析内容

任何企业在制定战略之前，必然对其所处的行业环境、宏观和微观环境进行较为透彻的了解和分析，在此基础上企业才能作出正确的战略决策，物流企业也不例外。

（1）宏观环境

宏观环境指的是以国家宏观社会经济要素为基础，结合企业的行业特点而制定的环境影响因素指标，它由社会约束力量构成。主要包括：自然环境（原料资源、能源、污染等）、经济环境（购买力水平、消费支出模式、供求状态等）、人口环境（人口的规模及其构成、教育程度、地区间流动等）、技术环境（科技进步等）、政治法律环境（政治体制、法令法规等）和社会文化环境（人们风俗习惯、观念等）。宏观环境的PEST分析如图5-8所示。

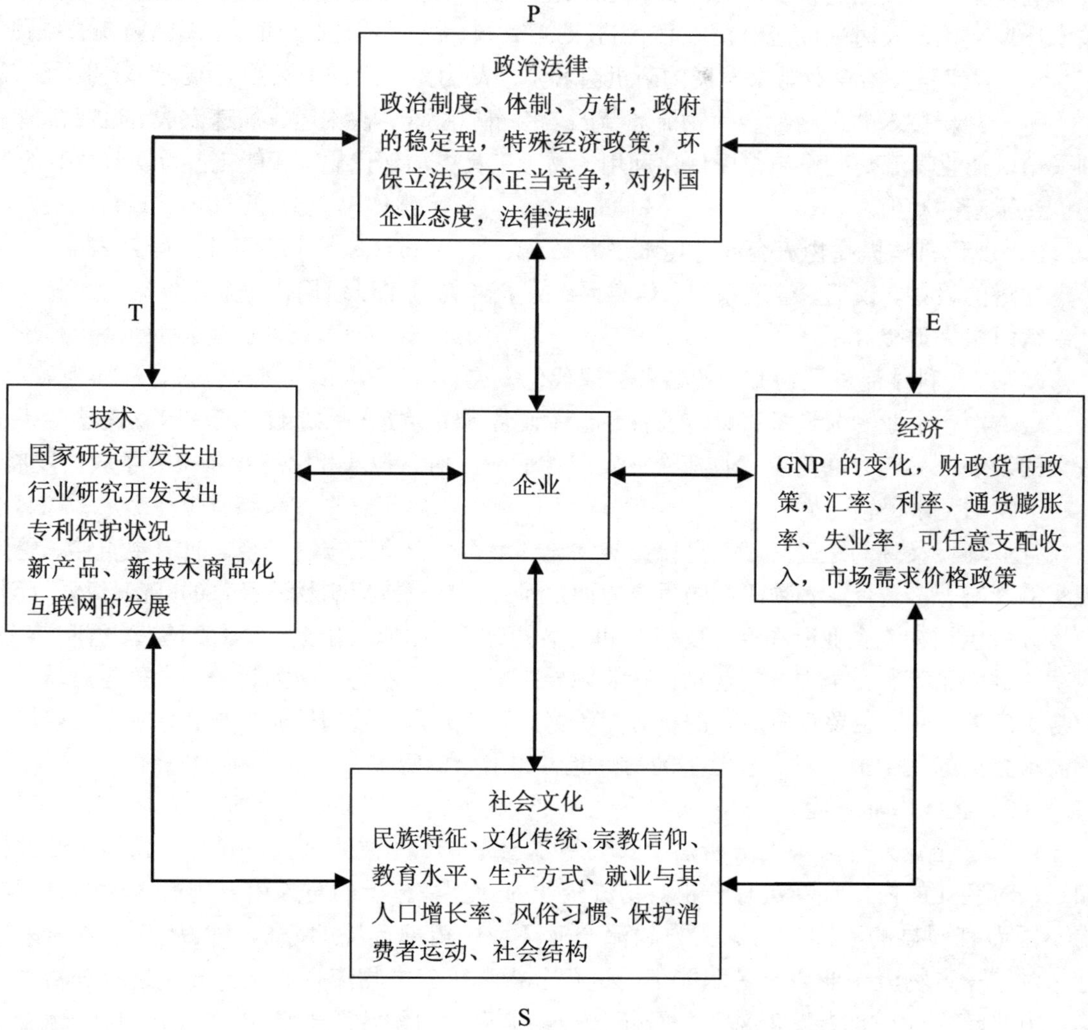

图 5-8　PEST 宏观环境分析图

第三方物流企业宏观环境分析中，各种因素并不是完全等同于国家宏观社会经济要素，它们是以国家宏观社会经济要素为基础，结合物流企业的行业特点而制定的指标，也就是说，物流企业宏观环境分析所针对的是行业，而不是某个企业。

①经济环境

经济环境是指国家的总体经济状况。对物流行业而言，经济环境最终表现为社会和个人购买力，而购买力的大小又取决于社会总体收入水平、负债水平和资金供应程度、市场规模和经济发展等因素。经济环境任何因素的变化，都会成为物流行业发展的机会或者威胁。因此，要研究和把握经济环境的发展状况以及规律，为物流企业的战略决策服务。经济环境主要包括：国民生产总值以及增长速度、市场规模、要素市场的完善程度、经济政策。

②技术环境

任何企业的活动都需要有一定的物质条件，这些物质条件反映一定的技术水平。社会的技术进步会影响其先进程度，从而影响利用这些条件的企业活动效率。因此，企业必须关注技术环境变化，及时采取应对措施。

A．现代科技给企业带来发展的新机会和发展动力。

每一种新技术的运用都会使物流环节的效率得以提高，物流运作加速完成。随着新技术的采用，企业物流基础设施得以优化利用，物流工具更加现代化、智能化，为物流企业的发展创造了新的动力。

B．现代科技提高物流企业管理水平。

先进的设备、仪器、管理系统、信息系统在企业物流得以运用，使企业物流的经营管理效率得以极大地提高。

C．现代科技促进了物流企业装备的现代化发展。

一方面，企业物流设备、集装设备、仓库设备、铁道货车、货船、汽车等物流装备有了较大的发展；另一方面与现代物流企业发展相适应的信息技术和网络设备得到了较快发展。

（2）行业环境

行业环境又称为运营环境，直接影响物流环境，对于第三方物流企业有着更直接、更为现实的影响。它是企业必须研究的重要方面，因为它是直接影响物流经营的外部环境。行业环境分析包括物流企业所在行业的机会和潜力的分析，比如：市场规模、成长率、盈利潜力、成功关键因素等。竞争力分析包括：行业领导的影响和控制力、国际竞争、竞争与对峙、客户与供应的权利、主要竞争对手的核心竞争力。为了成为有效的行业参与者，应在对客户物流需求分析的基础上，对竞争对手的物流能力作出分析研究。

（3）企业内部环境

进行了企业外部环境的分析后，我们基本上完成了知彼的过程，同时，我们还要做到知己，对企业的内部环境进行分析。物流企业内部环境分析的对象由于物流企业的组织结构不同而有明显的不同。对第三方物流企业环境的内部环境的分析可以从两个方面来进行：对第三方物流企业内部各职能部门进行分析和第三方物流企业生产要素进行分析。对第三方物流企业内部各职能部门的分析涉及物流企业内部各职能部门，它研究目前物流企业各职能部门的现状及发展趋势，以及各职能部门之间的联系、沟通和协调程度，而不涉及与其他相关物流企业进行比较的问题。其目的是为了找出制约物流企业发展的“瓶颈”部门，并指出该部门的主要问题。而对物流企业各生产要素的分析从纵向出发，打破职能的界限，站在整体发展的高度研究物流企业中各生产要素对企业的影响，以更适合于企业总体战略的分析。

（4）物流体系环境

物流体系环境是指构成物流系统的内部环境，主要包括商品产销地理与市场环境、交通运输环境、仓储物流设施环境、物流信息传递处理环境、物流政策与人才环境等。通过对物流体系环境的认识，有利于充分发挥物流体系优势，更好地促进物流畅通，为经济发展服务。

2．第三方物流战略分析方法

（1）SWOT 分析

SWOT 分析法是将企业外部环境的机会（O）与威胁（T），内部条件的优势（S）与劣势（W）同列在一张十字形图表中加以对照，可一目了然，又可以从内外环境条件的相互联系中作出更深入的分析评价。SWOT 分析法是一种最常用的企业内外环境条件战略因素综合分析方法，对企业内部的优势和外部环境的机会与威胁进行综合分析，据此对备选战略方案作出系统评价，最终达到选出一种适宜战略的目的。

企业内部的优劣势是相对竞争对手而言的，表现在资金、技术设备、职工素质、产品市场、管理技能方面。衡量企业优劣势有两个标准：一是资金、产品、市场等在单方面的优劣势；一是综合的优劣势，可以选定一些因素评价打分，然后根据重要的程度进行加权，取各项因素加权数之和来确定企业是处于优势还是劣势。在战略上企业应扬长避短，内部优势强，就宜于采取发展型战略，否则就宜于采用稳定型或紧缩型战略。

企业外部环境是企业无法控制的，企业外部环境中有的对企业发展有利，可能给企业带来某种机会，如宽松的政策，技术进步，就有可能给企业降低成本、增加销售量创造条件。有的外部环境对企业发展不利，可能给企业带来威胁，如紧缩信贷、原材料价格上涨、税率提高等。来自企业外部的机会与威胁，有时需要与竞争对手相比较才能确定。有利条件可能对所有企业都有益，威胁也不仅仅是威胁本企业，因此，在有些情况下还要分析同样的外部环境到底对谁更有利或更不利。当然，企业与竞争对手的外部环境不可能完全相同，但很多时候却有许多共同点，此时，对机会与威胁的分析不能忽略与竞争对手的比较。

SWOT 分析的做法是：依据企业的方针列出对企业发展有重大影响的内部及外部环境因素，继而确定标准对这些因素进行评价，判定是优势还是劣势，是机会还是威胁，也可逐项打分，然后按因素的重要性程度加权求和，进一步推断优劣势有多大及外部环境的好坏。表 5-4 所示为企业内外环境条件战略因素综合分析情况。

表 5-4　某企业内外环境 SWOT 分析

<table>
<tr><td rowspan="2">企业内部条件</td><td>优势（Strong points）</td><td>劣势（weakness）</td></tr>
<tr><td>a）原有国际物流操作优势（也就是在国际物流的基础操作，如报关、清关、空运、海运、陆运、储存方面的操作优势）
b）物流成功案例与经验
c）全国领先的网络系统
d）较强有力的集约化管理系统
e）与海关、空运等系统的良好关系</td><td>a）与一些超大型企业相比，在资产与资金方面与它们有不小的差距。
b）与海运，铁路相关联的大批量货物物流基础不强。
c）国际网络不很强：有网点，但要建立全球性网络，独自开展全球性物流是远远不够的</td></tr>
<tr><td rowspan="2">企业外部条件</td><td>机会（Opportunities）</td><td>威胁（Threaten）</td></tr>
<tr><td>a）物流与电子商务高速增长
b）国内外大型企业需要高水平物流服务
c）加入 WTO 后跨国物流公司需要国内网络的配合</td><td>a）海陆空大运输企业与大商业公司大力扩展物流业务，正在稳步推进。
b）对加入 WTO 后跨国物流公司大举进入。
c）国内大批“翻牌”物流企业涌现在“零部件”领域形成恶性竞争，导致利润率不断下降</td></tr>
</table>

在以上分析的基础上，可以根据企业的得分来判定企业属于何种类型（如图 5-9 所示），处于第一象限，外部有众多机会，又具有强大内部优势，宜采用发展型战略；处于第二象限，

外部有机会，而内部条件不佳，宜采取措施扭转内部劣势，可采用先稳定战略后发展战略；处于第三象限，外部有威胁，内部状况又不佳，应设法避开威胁，消除劣势，可采用紧缩战略；处于第四象限，拥有内部优势而外部存在威胁，宜采用多角化经营战略分散风险，寻求机会。

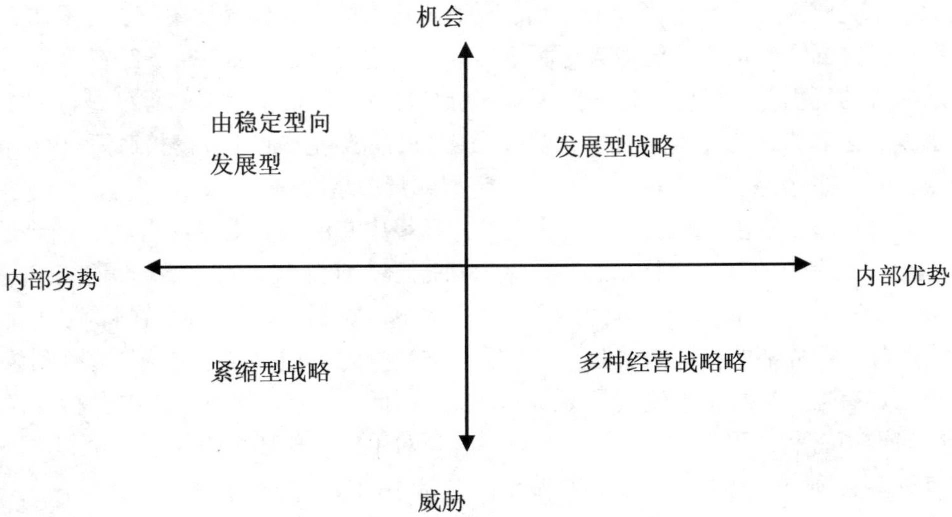

图 5-9　SWOT 战略选择图

（2）波特的五种竞争力量分析

依照迈克尔·波特的观点，一个行业中的竞争，远不止在原有竞争对手中进行，而是存在着五种基本的竞争力量，即潜在的加入者、代用品的威胁、购买者的讨价还价能力、供应者讨价还价能力以及现有竞争者间的抗衡，如图 5-10 所示。

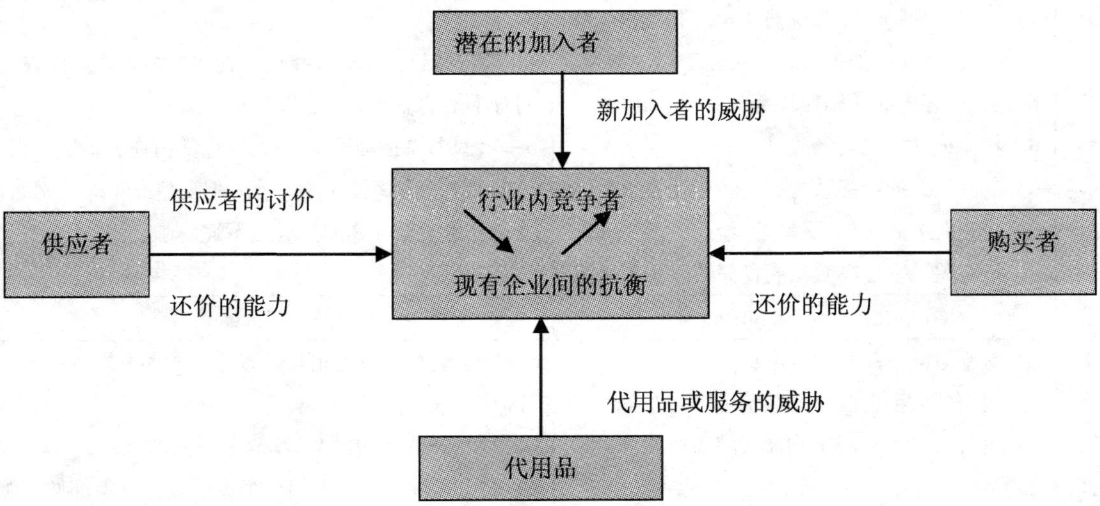

图 5-10　五力竞争模型

这五种基本竞争力量的状况及其综合强度，决定着物流行业的竞争激烈程度，决定着物流行业中获得利润的最终潜力。

①供应商的议价能力

供方主要通过其提高投入要素价格与降低单位价值质量的能力，来影响行业中现有企业的盈利能力与产品竞争力。供方力量的强弱主要取决于他们所提供给买主的是什么投入要素，当供方所提供的投入要素价值构成了买主产品总成本的较大比例、对买主产品生产过程非常重要、或者严重影响买主产品的质量时，供方对于买主的潜在讨价还价能力就大大增强。一般来说，满足如下条件的供方集团会具有比较强大的讨价还价能力：

A．供方行业为一些具有比较稳固市场地位而不受市场激烈竞争困挠的企业所控制，其产品的买主很多，以致于每一单个买主都不可能成为供方的重要客户。

B．供方各企业的产品各具有一定特色，以致于买主难以转换或转换成本太高，或者很难找到可与供方企业产品相竞争的替代品。

C．供方能够方便地实行前向联合或一体化，而买主难以进行后向联合或一体化。

②购买者的议价能力

购买者主要通过其压价与要求提供较高的产品或服务质量的能力，来影响行业中现有企业的盈利能力。一般来说，满足如下条件的购买者可能具有较强的讨价还价能力：

A．购买者的总数较少，而每个购买者的购买量较大，占了卖方销售量的很大比例。

B．卖方行业由大量相对来说规模较小的企业所组成。

C．购买者所购买的基本上是一种标准化产品，同时向多个卖主购买产品在经济上也完全可行。

D．购买者有能力实现后向一体化，而卖主不可能前向一体化。

③新进入者的威胁

新进入者在给行业带来新生产能力、新资源的同时，也希望在已被现有企业瓜分完毕的市场中赢得一席之地，这就有可能会与现有企业发生原材料与市场份额的竞争，最终导致行业中现有的企业盈利水平降低，严重的话还有可能危及这些企业的生存。竞争性进入威胁的严重程度取决于两方面的因素，这就是进入新领域的障碍大小与预期现有企业对于进入者的反应情况。

进入障碍主要包括：规模经济、产品差异、资本需要、转换成本、销售渠道开拓、政府行为与政策（如，国家综合平衡统一建设的石化企业）、不受规模支配的成本劣势（如，商业秘密、产供销关系、学习与经验曲线效应等）、自然资源（如，冶金业对矿产的拥有）、地理环境（如，造船厂只能建在海滨城市）等方面，这其中有些障碍是很难借助复制或仿造的方式来突破的。预期现有企业对进入者的反应情况，主要是采取报复行动的可能性大小，则取决于有关厂商的财力情况、报复记录、固定资产规模、行业增长速度等。总之，新企业进入一个行业的可能性大小，取决于进入者主观估计进入所能带来的潜在利益、所需花费的代价与所要承担的风险这三者的相对大小情况。

④替代品的威胁

两个处于同行业或不同行业中的企业，可能会由于所生产的产品互为替代品，从而在它们之间产生相互竞争行为，这种源自于替代品的竞争会以各种形式影响行业中现有企业的竞争战略。首先，现有企业产品售价以及获利潜力的提高，将由于存在着能被用户方便接受的替代品而受到限制；其次，由于替代品生产者的侵入，使得现有企业必须提高产品质量、或者通过降低成本来降低售价、或者使其产品具有特色，否则其销量与利润增长的目标就有可能受挫；再次，源自替代品生产者的竞争强度，受产品买主转换成本高低的影响。总之，替代品价格越低、质量越好、用户转换成本越低，其所能产生的竞争压力就越强；而这种来自替代品生产者的竞争压力的强度，可以具体通过考察替代品销售增长率、替代品厂家生产能力与盈利扩张情况来加以描述。

⑤同行业竞争者的竞争程度

大部分行业中的企业，相互之间的利益都是紧密联系在一起的，作为企业整体战略一部分的各企业竞争战略，其目标都在于使得自己的企业获得相对于竞争对手的优势，所以，在实施中就必然会产生冲突与对抗现象，这些冲突与对抗就构成了现有企业之间的竞争。现有企业之间的竞争常常表现在价格、广告、产品介绍、售后服务等方面，其竞争强度与许多因素有关。

一般来说，出现下述情况将意味着行业中现有企业之间竞争的加剧，这就是：行业进入障碍较低，势均力敌竞争对手较多，竞争参与者范围广泛；市场趋于成熟，产品需求增长缓慢；竞争者企图采用降价等手段促销；竞争者提供几乎相同的产品或服务，用户转换成本很低；一个战略行动如果取得成功，其收入相当可观；行业外部实力强大的公司在接收了行业中实力薄弱企业后，发起进攻性行动，结果使得刚被接收的企业成为市场的主要竞争者；退出障碍较高，即退出竞争要比继续参与竞争代价更高。在这里，退出障碍主要受经济、战略、感情以及社会政治关系等方面因素的影响，具体包括：资产的专用性、退出的固定费用、战略上的相互牵制、情绪上的难以接受、政府和社会的各种限制等。

行业中的每一个企业或多或少都必须应付以上各种力量构成的威胁，而且客户必须面对行业中的每一个竞争者的举动。除非认为正面交锋有必要而且有益处，例如：要求得到很大的市场份额，否则客户可以通过设置进入壁垒，包括差异化和转换成本来保护自己。当一个客户确定了其优势和劣势时（参见 SWOT 分析），客户必须进行定位，以便因势利导，而不是被预料到的环境因素变化所损害，如产品生命周期、行业增长速度等，然后保护自己并做好准备，以有效地对其他企业的举动作出反应。

根据上面对于五种竞争力量的讨论，企业可以采取尽可能地将自身的经营与竞争力量隔绝开来、努力从自身利益需要出发影响行业竞争规则、先占领有利的市场地位再发起进攻性竞争行动等手段来对付这五种竞争力量，以增强自己的市场地位与竞争实力。

下面以某港口为例说明港口物流业的五种竞争力量：

S 港口，地处广东省一小镇，与广州开发区相距 8 公里，对岸是番禺莲花山风景区。该港一期十个泊位是国家“七五”“八五”期间重点建设工程，属一类口岸，港池和主航道水深－11.5m，5.6 万吨船舶可乘潮而进。S 港 1992 年试投产，1～7 泊位，近几年来发展尤为迅猛，2005 年达到 3300 万吨。8、9、10 泊位租给合资公司经营，其集装箱量则一直稳定在 80～90 万吨。

- 现有竞争者

从东南方向来看，有深圳的盐田、赤湾、蛇口等港口，凭借较好的水深条件、灵活的政策、快捷的通关、较低的商务费率等，抢占了一部分货源，如外贸箱，沿海粮、化肥。铁矿石等。其劣势为距离货源腹地较远。从西北方向来看，有黄埔老港、新港、西基等港口，具有基础好、效率高、货源稳定等特点。但其水深较S港浅，故占据的沿海粮食、内贸集装箱、煤炭、矿石等货源有限；新建成的南沙港一期的四个泊位，凭借其水深和地处虎门大桥以外、政策灵活等优势，发展迅猛，占据了相当一部分内外贸集装箱量；其他400多个小货主码头量小、水深浅、吨位等级低，多为二类或内贸口岸，竞争力有限，但其经营手法多样化亦分流了小量货物。

- 潜在竞争者

深圳港、珠海港以及虎门港的沙田、长安等尚未建成或计划在建的港口，因条件差异，对S港区尚不足以构成太大的威胁。真正对S港产生潜在竞争威胁的是毗邻S港二期的四个泊位的下游、虎门港规划建设的十个散杂货、集装箱码头。其与S港占据着同一岸线、同一主航道、同一水深、同一临港工业及同一货类，且有的已在建设中、有的在抓紧做前期工作，预计在未来三年后将对S港造成极大威胁。

- 替代产品竞争者

S港位于珠江干流东岸，周边有着四通八达的水运、陆运网络。珠江干流分支东江、西江、北江可遍达珠三角、甚至广西地区；铁路与京广、京珠、广深线相连，公路有广深珠国道，广园、莞麻快速线与京珠、广深、虎广沿江等高速公路相通；管道有食用油管线直达临港工厂，多种方式与途径直接或间接与腹地相接。这些运输方式或称为替代产品对S港外向型功能可以是有益的补充，两者并非单一的替代或竞争关系。

- 购买者竞争力量

S港的主要货类有“五散”“三液”“二件杂”“一滚装”。“五散”为煤、矿、粮、肥、河沙，“三液”为硫磺、沥青、食用油，“二件杂”为树脂、纸浆，“一滚装”为汽车业务。由于广东省经济连续多年保持快速增长，临港工业不断扩大再生产，未来情况应为保持稳定增长，购买者竞争力量较强，需求旺盛。

- 供应者的竞争力量

维护港口正常生产的所需商品，如劳动力、燃料、材料、设备及其维护、车辆转栈都可通过市场，采用“货比三家”或招投标的方式采购。近几年，平均可变成本远低于平均计费收入，供应商的保障能力较强。

（3）波士顿矩阵

波士顿咨询公司（BCG）认为，大多数公司经营的业务都不止一种，企业内部的这些业务集合称为它的“业务包”。“业务包”理论主张，对一个企业业务包内的每一种业务，都应该建立一个独立的战略。

BCG提出，一个企业的相对竞争地位和业务增长率是决定它的整个业务包内某一特定业务单位应当采取某种战略的两个基本参数。相对竞争地位（市场份额）决定一项业务产生现金流量的速率。与竞争对手相比占有较高的市场份额的企业一般拥有较高的利润增长幅度并因而提供较高的现金流量。此外，业务增长率对一个企业的战略选择具有双重影响。首先，业务增长率影响获得市场份额的难易程度。在一个缓慢增长的业务领域，企业市场份额的增加通常来自于它的竞争对手市场份额的下降。其次，业务增长率决定了一个企业进行投资的技术水平。增长着的业务领域为企业把现金回投于该领域并获得较好的利润回报率提供了机会。

BCG 把企业内部的业务单位划分为以下 4 种战略类型："问题"型、"明星"型、"现金牛"型、"瘦狗"型。

①"问题"型（Question Marks，指高增长、低市场份额）

处在这个领域中的是一些投机性产品，带有较大的风险。这些产品可能利润率很高，但占有的市场份额很小。这往往是一个公司的新业务，为发展问题业务，公司必须建立工厂，增加设备和人员，以便跟上迅速发展的市场，并超过竞争对手，这些意味着大量的资金投入。"问题"非常贴切地描述了公司对待这类业务的态度，因为这时公司必须慎重回答"是否继续投资，发展该业务？"这个问题。只有那些符合企业发展长远目标、企业具有资源优势、能够增强企业核心竞争力的业务才能得到肯定的回答。得到肯定回答的"问题"型业务适合于采用战略框架中提到的增长战略，目的是扩大 SBUs 的市场份额，甚至不惜放弃近期收入来达到这一目标，因为"问题"型要发展成为"明星"型业务，其市场份额必须有较大的增长。得到否定回答的"问题"型业务则适合采用收缩战略。

如何选择"问题"型业务是用 BCG 矩阵制定战略的重中之重，也是难点，这关乎企业未来的发展。对于增长战略中根据各种业务增长方案来确定优先次序，BCG 也提供了一种简单的方法。通过下图权衡选择 ROI 相对高而需要投入的资源占的宽度不太多的方案。

②"明星"型（stars，指高增长、高市场份额）

这个领域中的产品处于快速增长的市场中并且占有支配地位的市场份额，但也许会或也许不会产生正现金流量，这取决于新工厂、设备和产品开发对投资的需要量。"明星型"业务是由"问题"型业务继续投资发展起来的，可以视为高速成长市场中的领导者，它将成为公司未来的现金牛业务。但这并不意味着明星业务一定可以给企业带来源源不断的现金流，因为市场还在高速成长，企业必须继续投资，以保持与市场同步增长，并击退竞争对手。企业如果没有明星业务，就失去了希望，但群星闪烁也可能会闪花企业高层管理者的眼睛，导致作出错误的决策。这时必须具备识别行星和恒星的能力，将企业有限的资源投入在能够发展成为现金牛的恒星上。同样的，"明星"型业务要发展成为现金牛业务适合采用增长战略。

③"现金牛"型（Cash cows，指低增长、高市场份额）

处在这个领域中的产品产生大量的现金，但未来的增长前景是有限的。这是成熟市场中的领导者，它是企业现金的来源。由于市场已经成熟，企业不必大量投资来扩展市场规模，同时作为市场中的领导者，该业务享有规模经济和高边际利润的优势，因而给企业带来大量现金流。企业往往用现金牛业务来支付账款并支持其他三种需大量现金的业务。现金牛业务适合采用战略框架中提到的稳定战略，目的是保持 SBUs 的市场份额。

④"瘦狗"型（Dogs，指低增长、低市场份额）

这个剩下的领域中的产品既不能产生大量的现金，也不需要投入大量现金，这些产品没有希望改进其绩效。在一般情况下，这类业务常常是微利甚至是亏损的，瘦狗型业务存在的原因更多的是由于感情上的因素，虽然一直微利经营，但像人养了多年的狗一样恋恋不舍而不忍放弃。其实，"瘦狗"型业务通常要占用很多资源，如资金、管理部门的时间等，多数时候是得不偿失的。"瘦狗"型业务适合采用战略框架中提到的收缩战略，目的在于出售或清算业务，以便把资源转移到更有利的领域。

BCG 建议在战略评价中运用波士顿模型时应采取下列 7 个步骤：

A．将公司划分为不同的业务部门或单位；

B．确定每个业务部门的市场增长率；

C．确定该业务部门的相对规模（通常以在整个企业内部占用的资产来衡量）；

D．确定该业务部门的相对市场份额；

E．绘制整个公司的业务包图解；

F．根据每一业务单位在公司的整个业务包中的地位选择相应的战略；

G．定期检查每一种战略的成功程度，并在需要作出改变的时候确定行动的程序。

对于物流企业来说，这个方法是同样适用的。例如，货代企业可以将空运、海运、陆运作为不同的业务，根据他们各自的增长速率和市场份额来确定他们分别属于哪种业务类型，从而制定不同的发展战略。

在 20 实际 80 年代初，美国波士顿咨询团又提出了一种新的矩阵，其横坐标为竞争地位差别的大小，纵坐标为企业取得独特优势的多少，该矩阵如图 5-11 所示。

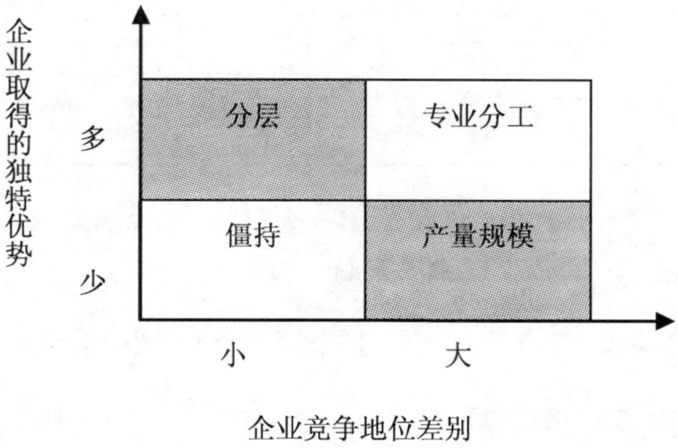

图 5-11　新“波士顿”矩阵

“产量规模”就是前面所讨论的随着市场占有率的扩大，企业产品成本降低、企业盈利增加，如汽车、电视机等装配加工行业大体上可归入这一类。

“僵持”行业是指行业进入壁垒较低或退出壁垒较高，行业内所有企业不论大小其盈利能力都比较低，它们之间的竞争地位和盈利率相差都不大，与市场占有率基本无关，如一般农产品的初加工就属于这一类。

“分层”行业内企业的额盈利能力与其是否能取得某种独特优势直接有关，独特优势较突出则盈利高，相反，则盈利较低，但企业盈利能力却与市场占有率关系不大，这方面典型例子是饮食业。

“专业分工”这一类是指行业中企业市场占有率较小但产品却具有特色，这种企业的盈利能力高，而市场占有率很大的企业，由于其服务成本低，企业盈利能力也很高，处于中间状态的企业其盈利能力最低，这一道理已如前述。

以上 4 种类别的行业，其市场占有率和透支回收率的关系如图 5-12 所示，从图中可以看出，横轴表示竞争地位的类别大小，即由于进入壁垒高，行业内具有竞争优势的企业才能持久的维护其优势地位，形成较大的差别。纵轴表示企业取得独特优势多少，该指标直接与经营特色有关，产品特色较少的行业是生产一般商品的行业。

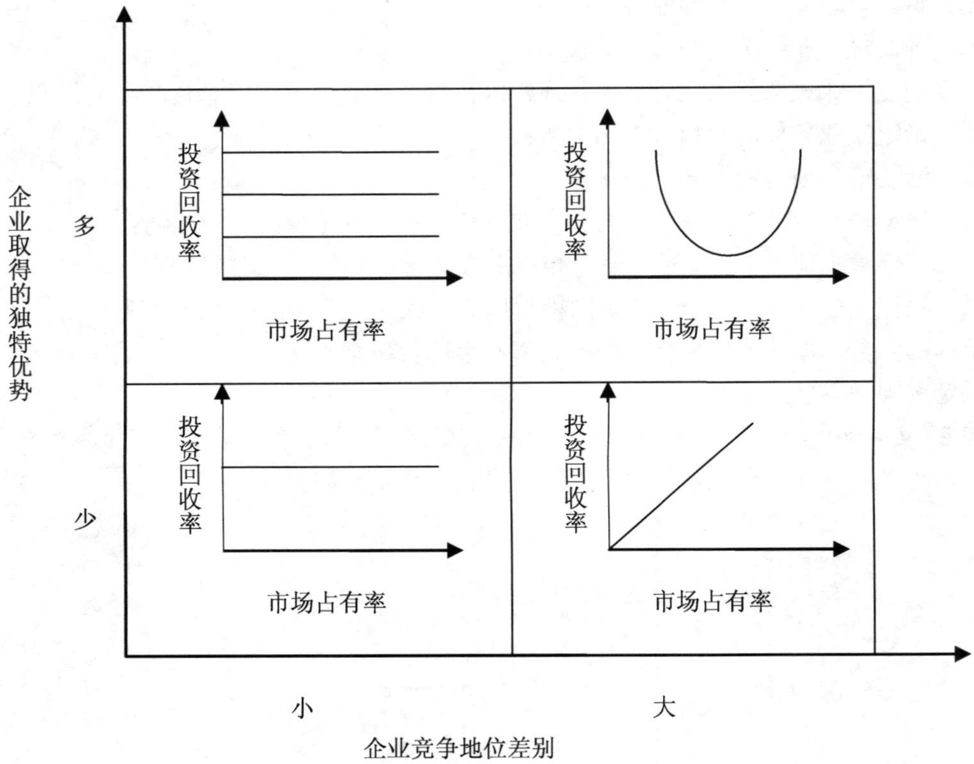

图 5-12 在新“波士顿”矩阵内市场占有率和利润的关系

5.3.3 第三方物流战略制订

1．第三方物流战略制定的影响因素

战略制定是指作出选择某一特征战略的决策。战略决策的制定者常常需要对未来进行再评估，随着事态发展不断发现新的和谐性，并及时对企业的资源进行调整，求得新的平衡，以适应经常变化着的条件。决策过程总的来说是动态的，没有真正的开始或结束。不过一些研究表明，在这一“决策流程”中，确实有几个因素扮演着关键角色，其中包括：

（1）企业过去战略的影响

对大多数企业来说，过去的战略常常作为战略制定过程的起点。这样，一个很自然的结果是，进入考虑范围的战略方案会受到基于企业过去的战略的限制。

（2）管理者对风险的态度

企业和管理者对风险的态度影响着企业战略制定的决策。一些企业看起来乐于承担风险，而另一些企业则对风险有一种强烈的回避倾向。风险承担者一般采取进攻型战略，以便在被迫对环境的变化作出反应之前主动地反应。风险回避者则通常采用防御性战略，只有在环境变化迫使其作出反应时才不得不这样做。风险回避者十分倚重过去的战略；而风险承担者则寻求一种更广泛的选择。表 5-5 列出了风险承担型企业和风险回避型企业各自的一些主要特征。

表 5-5　风险承担型和风险回避型企业的特征

风险承担型企业的一般特征	风险回避型企业的一般特征
在寻求变化着的行业环境中运行	在稳定的行业环境中运行
寻求高风险/高潜力的投资机会	避免高风险/高潜力的投资机会
倾向于执行进攻性、增长战略	倾向于执行防御性、稳定增长战略
考虑选择战略方案的范围较宽	只考虑很少的战略方案
常引进全新的产品或进入新市场	引进新产品或进入新市场的速度较慢 通常跟随该领域的风险承担型企业活动

（3）企业环境

企业总是存在于一个通常受到股东、竞争者、客户、政府、行业协会和社会影响的环境之中。企业对这些环境力量中的一个或多个因素的依赖程度也影响其战略制定。对环境较高的依赖程度，通常会减少企业在其战略制定过程中的灵活性。

（4）企业文化与权力关系

企业文化和权利关系对企业目标的设置过程有着深刻影响。企业文化是一种价值观，它为企业的活动和行为设定一种模式。“权力”则是存在于人们之间的一种相互关系，凭借这种关系，某一个人能够对另一个人或群体施加影响，使之做一些没有这种关系就无法做到的事情。企业文化和权力关系都对战略制定过程有着重大影响。

（5）管理人员素质

底层管理者和职能部门人员（尤其是公司的计划人员）对企业的战略制定有着重要影响。底层管理者和职能部门人员对企业的战略制定的影响是通过准备提交的战略方案以及通过评价与各种方案相联系的风险来实现的。一般的，底层管理者或职能部门人员对战略制定提出的建议和评价倾向于少冒风险，并且与过去的战略仅有细微的区别。

（6）竞争行为和反应

影响战略制定的另一个因素是企业外部的竞争和反应。这一因素相当关键，例如，在物流行业里的强势企业的竞争行为和反应强烈的影响到该行业所有公司的战略抉择。

（7）时限考虑

影响战略制定过程的另一个因素是可供作出决策所用的时间长短。时限压力不仅限制了可能进入考虑范围的战略方案的数量，而且也减少了可以收集用于方案评价的信息的数量。当人们被置于时限的压力之下时，他们倾向于把否定因素比肯定因素看得更重要一些，并且在作出决策时只考虑为数更少的因素。

2．第三方物流战略制定步骤

物流企业战略制定包括以下几个基本步骤：

（1）规划机构和人员的确定

战略制定机构的设置和人员的配备不应当有固定的模式，企业可以根据自己的实际情况，如企业规模的大小来确定企业物流战略制定的机构和人员。这里提供一个思路供参考。企业在确定物流战略制定的机构和人员时可以采用上下结合、虚实结合的方法：

上下结合是指那些规模比较大的企业，由于拥有分支机构，在设置物流规划机构时应当吸收基层（下属机构）的有关人员参加，这样可以全面掌握资源和需求，如图 5-13 所示。

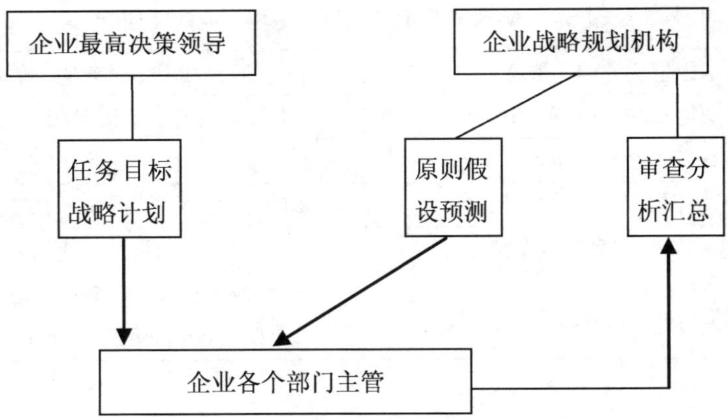

图 5-13　战略制定简单机构图

虚实结合是指企业可以设置两套任务不同的机构，比如一个有高层或主要领导参加的议事机构和另一个由具体人员办事的机构，一个负责重大问题的决定，另一个负责具体事务的执行，如图 5-14 所示。

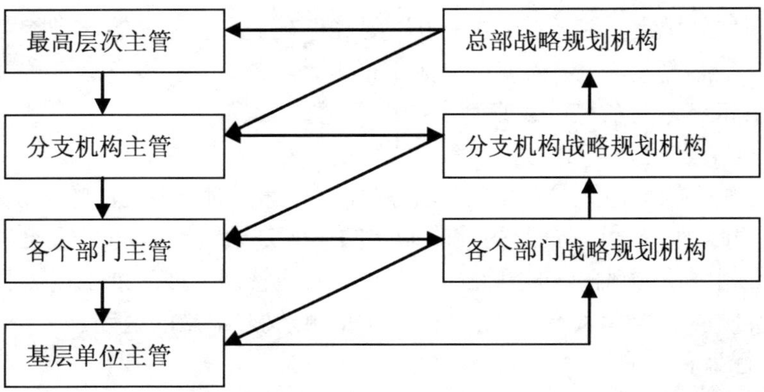

图 5-14　战略制定简单复杂机构图

（2）物流资源和需求的调查

①企业为什么开展物流资源和需求调查

从以下三个方面来说明物流资源和需求调查的重要意义。

A．企业外部资源和需求调查

如同上述分析的情况一样，物流的资源分别由流通业、运输业和邮政服务等不同的部门或行业管理和控制；运输资源分别由铁路、交通和民航控制。作为物流的重要资源——仓库资源，分散在不同的部门或企业，没有统一的物流政府管理部门或民间机构。而且，目前中国也没有专门提供物流信息（如，政策法规、发展计划、企业信息、市场信息等）的组织机构，而以上信息又是企业发展不可缺少的。因此，在发展物流时，企业自己必须对企业外部物流资源进行调查，作为物流决策的依据。

B．企业内部资源和需求调查

由于企业没有针对物流的各种统计调查，通常的财务、统计工作以及企业普查可以掌握一些相关资料，可以作为参考，但是，不能作为企业进行物流决策的全部依据。

宏观的方面，企业进行资源整合和资本运作都需要掌握自己的和外部的资源。微观的方面，作为物流服务的提供者，在供需关系上，市场开发和用户固然重要，但是，首先要解决供给问题。物流企业提供哪些服务，向市场投放什么，向用户销售什么，这些都需要资源作为基础。物流企业开展物流业务就是利用各种资源为用户提供服务，拥有和掌握的资源越多可以选择的空间就越大，机会就越多，服务就越好，企业就越有竞争力。

C．第三方物流的资源调查

特别是发展第三方物流，企业不但要利用自己的内部资源，还要利用企业的外部资源，收集其他企业的信息，建立企业资源信息（数据库），处理这些企业的信息，了解和考察这些企业的实际情况，明确这些企业的实力和信誉，对这些企业进行筛选和优化，确定合作伙伴等都涉及物流资源。如果企业不掌握这些资源就无法向用户提供服务，没有更多的资源就不可能提供更多的服务。

物流资源和需求调查既是物流企业战略制定的一部分或一个步骤，同时也应当是企业日常工作的一个项要内容。资源信息的收集和处理应当成为企业的一项基础性工作，物流企业应当逐步建立一个资源数据库，为企业物流决策和业务开发提供信息支持。

②物流资源和需求调查的基本内容

物流资源和需求调查的基本内容主要包括企业内部的调查和企业外部的调查两个部分。具体内容包括：

物流基础设施装备调查，这些设施装备有仓储设施、运输车辆、装卸设备、搬运工具、分拣设备以及其他。

企业物流组织机构调查，这主要是指对物流管理的部门是否存在及对物流管理机构的功能进行调查。

物流从业人员调查，这主要是指对物流从业人员的数量和素质、物流人才的需求进行调查。

客户资源调查，是指对主要用户数量、主要用户行业分布、主要用户区域分布、主要用户的稳定性或亲和度、主要用户的物流发展计划、主要用户的未来物流需求、用户资源的离散程度进行调查。

物流流量和流向调查，是指对库存商品的入/出库数量、主要运输方式、承运商品的数量、主要仓储方式、商品资源的离散程度、商品的流向、商品流通过程中所覆盖的区域进行的调查。

信息技术资源和需求调查，是指对计算机及其辅助设备调查、软件及系统应用调查、信息网络建设调查、信息技术需求调查、信息技术计划调查等。

宏观资源，包括政府综合部门计划、产业部门计划、行业大型企业计划等。

区域内的物流调查，是指对政府物流计划、物流设施建设、物流企业发展状况进行调查。

相关企业资源调查，是指对主要承运企业（仓储企业、运输企业）、主要仓储企业（运输企业、仓储企业）以及第三方物流企业进行调查。

竞争情报调查和收集，是指对竞争者现有物流资源、竞争者现有用户资源以及竞争者物流计划进行的调查。

③物流资源和需求调查的基本方法

物流资源和需求调查的基本方法，主要包括：问卷调查、电话调查、访问调查、会议调查、网络调查等。

（3）物流战略制定资源分析

在资源优势/劣势分析方面，多注重在物流企业的人力、财力及物力等方面进行调查，尤其是赖以生存的硬件设施基础和网络情况。对上述各方面进行调查的基础上，为各项资源数据进行详细分析，最后从分析结果得出本物流企业资源的优势和劣势所在，以便为决策者提供正确信息，作出战略决策。

在业绩经营方面，主要对物流企业自身的客户量、物流量、营业收入等数据进行统计分析，与同行业其他企业对比产生比较说明；对企业市场开发能力、人才能力、物流功能以及国际合作经验等方面进行评估，同样产生行业对比的说明。

在核心能力方面，物流企业要保持自身独具的能力，这是能够在逆境中生存和发展的能力，是能够将供应链中的节点融为一体的能力，充分体现市场链、供应链和价值链的统一能力。具体包括：主要竞争优势（优势来源）、企业主导业务（主要收入来源）、潜在的市场优势以及企业独有或擅长的、不易被其他企业模仿的能力等几个方面。

在竞争分析方面，主要确定同行业内不同竞争对手以及不同地域的服务竞争情况，掌握竞争对手在商场中的信息，对竞争对手和自身企业在市场和竞争力方面进行评估，确定自己具有优势的服务领域。

在环境机会和风险方面（机遇和挑战），主要对以下几个方面影响物流的因素进行分析，即：政策法律、政治因素、经济因素、重要事件、技术进步、改革发展、市场潜力。

（4）物流战略制定的内容

A．物流发展的任务

任务是指明确企业在发展物流时应注意的以下几个问题：物流业务面向何种行业、物流业务面向何种企业、物流业务面向何种产品、物流业务面向何种区域、物流业务面向何种方式等。

B．物流的总目标

总目标是各种目标的综合（综合中长期的目标）、计划实现或完成的各种目标、达到的各种目的等，包括营业额、市场份额、市场位次等。

C．物流的目标分解

物流企业的目标可以分解为经济目标、市场目标以及区域目标。经济目标主要是物流企业的利润目标；市场目标主要是物流企业的市场定位；区域目标主要是指物流企业服务的地域问题。

D．物流战略措施

物流战略措施包括很多，但主要有以下 7 种：

a．核心业务战略，包括仓储业务、运输业务、第三方物流等业务；

b．核心企业战略，是指确定拥有核心业务能力（或潜力）的物流战略；

c．重点区域战略，是指重点发展核心企业所在的区域、未来拓展的区域战略；

d．市场开发战略，包括目标区域、目标行业、目标用户；

e．管理技术战略，包括信息技术应用、管理技术应用等方面的内容；

f．国际合作战略，指的是利用 WTO 的机会，积极寻求国际合作，制定合资合作计划、合作伙伴的选择等方面的战略；

g．人力资源战略，包括物流人才选拔、物流人才培养以及物流人才引进等措施，以充实物流企业的专业人才和高层次管理人才。

E．企业的资源配置

企业的资源配置主要指的是公司资源、人力资源、物质资源、客户资源、技术资源等的配置情况，以确保制定的物流战略能够顺利实施。

F．详细的实施计划

第三方物流企业需要将详细的实施计划形成报告，以便战略的实施有据可行，避免耽误战略实施进程。

5.4 第三方物流企业核心竞争力培育

5.4.1 企业核心竞争力

1．企业核心竞争力理论的提出

在汽车业中长期流传着这样一个故事：亨利·福特一直有个设想，就是要成为一个完全自给自足的行业巨头。于是，除了庞大的汽车制造，他还在底特律建立了内陆港口和错综复杂的铁路、公路网。为了确保原材料的供应，福特又投资了煤矿、铁矿、森林、玻璃厂，甚至买地种植制造油漆的大豆。他还在巴西购买了数百万英亩的土地，建立了一座橡胶种植园，以满足他汽车王国对橡胶的巨大需求。此外，他还想投资于铁路、汽车和水运。由此，整个原材料供应、制造、运输、销售等都纳入他所控制的范围。但日久天长，福特发现独立于自己控制之外的专业化公司不仅能够完成最基本的工作，有些工作甚至要比福特公司自己干得更好。随着政治经济环境的不断变化，福特公司的金融资源都被转移去开发和维持自己的汽车制造上，销售、运输等制造业以外的工作都交给独立的专业化公司去做。

美国经济学家普拉哈拉德和哈默于 1990 年在《哈佛商业评论》首次提出核心竞争力概念，他们认为：就短期而言，公司产品的质量和性能决定了公司的竞争力，但就长期而言，起决定作用的是造就和增强公司的核心竞争力。此观点一提出就得到学术界和企业界的广泛认可，并引起企业家的高度重视。

企业是由一系列的生产要素有机组合而成的。当企业能够比竞争对手更好地使用这些要素完成某项工作时，企业就拥有了一定的竞争优势，就拥有了一定的竞争力。企业竞争力的实质就是企业有效使用生产要素的能力。竞争力的形式及其多样，如由掌握某种技术专利而具有的技术方面的竞争力；由出色的市场营销经验和高效的市场分销网络形成的市场营销方面的竞争力等。对具体企业来说，不是每种竞争力都同样重要，如丰田公司与中间商打交道的经验和能力，就远不及他在汽车发动机方面的专长重要。企业竞争力中那些最基本的、能使整个企业保持长期稳定的竞争优势、获得稳定超额利润的竞争力，就是企业的核心竞争力。

严格地讲，核心竞争力（core competence）是指某一组织内部一系列互补的技能和知识的结合，它具有使一项或多项业务达到竞争领域一流水平、具有明显优势的能力。简单地说，它就是企业在经营过程中形成的不易被竞争对手效仿的能带来超额利润的独特的能力。它是企业在生产经营、新产品研发、售后服务等一系列营销过程和经营实力。核心竞争力是企业获得长期稳定的竞争优势的基础。核心竞争力主要包括核心技术能力、组织协调能力、对外影响能力和应变能力，其本质内涵是让消费者得到真正好于、高于竞争对手的不可替代的价值、产品、服务和文化。其中创新是核心竞争力的灵魂，主导产品（服务）是核心竞争力的精髓。

2．核心竞争力分类

核心竞争力按照社会上多数企业已经达到的竞争力大小可以分为：成熟的核心竞争力和新的核心竞争力。成熟的核心竞争力是大多数企业达到的较高水平的能力，企业在竞争中拉开差距的余地较小，它包括：成本管理能力、质量管理能力、交货期管理能力、企业系列化（集团化）能力、方针政策管理能力、提高品牌知名度的能力等。新的核心竞争力是大多数企业停留在较低水平的能力，它包括：组织内部的学习能力，把握客户潜在需求的能力，快速应变能力，灵活运用外部资源的能力，信息处理能力，领导层的策划、决策能力等。

成熟核心竞争力在稳定环境下有效，而新的竞争力在激烈变动环境下有效。例如，就质量管理能力而言，对大多数的欧美或日本企业管理的评价至少在七八十分以上，换言之，质量管理能力在欧美或日本属于成熟的核心能力。另一方面，在新产品开发和创造能力上，欧美也好日本也好，许多企业都感到自己公司的水平最多只能打 20～30 分。因此新产品的开发和创造力是新的核心竞争力。在中国，成本管理能力日趋成熟，但质量管理能力尚不成熟的企业很多，新产品的开发和创造能力更是大多数企业所不具备的。

靠不断的努力以成熟的核心竞争力与其他企业拉开差距不是不可能，但最终要靠新的核心竞争力。例如，快速应变能力的重要性已为众多企业认同。首先，快速应变能力从客户身上产生更大的价值，许多业务客户需要的时间弹性都很强，同样价格与同等质量、性能、服务的商品，提供给客户所花的时间越短，客户满足程度越高，需求也就越大，缩短时间有时可以提高价格、速递比普通邮寄价格高，但却为消费者接受。在流行变化无常的时装界更讲究时装的“新鲜度”，一旦过时，即使是完全相同的商品，也会价格暴跌。其次，缩短产品的开发期还可能生产出更符合客户需求的商品。产品开发是预测了将来需求后才进行的。开发周期越短，对近期的预测效果越好。预测近期的将来比预测遥远的未来要容易，出错的危险也小。

为了评价并培育企业核心竞争力，主要应该把握四个方面：确定企业到底具有何种真正出众的独特技能；确定企业产品优势的核心能力能维持多久；正确估计企业核心竞争力可能创造出的实际价值；实现核心竞争力的整合。企业核心竞争力必须浓缩、集中到最关键的方面。

核心竞争力既能反映企业的综合竞争优势，又能适应市场的竞争需要。企业培育核心竞争力的途径主要有传统途径和现代途径。传统途径就是产品经营，指企业为了实现内部资源的最优配置而采取的一系列管理行为，包括技术创新、供应管理、生产作业管理、市场营销管理、财务管理等，在战略上体现为内部型战略、实业扩张战略、产品扩张战略。现代途径是企业重组（其核心是资本运营），指企业为了有效整合外部资源而采取的更为复杂的管理行为，包括并购、分拆、上市、联营、破产等，在战略上体现为外部交易型战略、金融拉张战略、资本扩张战略。

核心竞争力积累的关键在于创建学习型组织，在不断修炼中增加企业的专用性资产、不可模仿的隐性知识等。美国排名前 25 位的企业中，80%已经按照“学习型组织”管理理论进行了企业再造；世界排名前 100 位的企业中，已有 40 家（包括我们熟悉的福特、微软等）

公司进入了建立学习型企业的轨道；我国的宝钢集团、海尔集团等部分大型企业集团也开始注重建立学习型管理模式，不断的培养和积累企业的核心能力。

3．拥有核心竞争力的意义

拥有强大的核心竞争力，意味着企业在参与依赖核心竞争力的最佳产品和市场上拥有了选择权。公司的核心技术应该在几个领域都比较容易获得一席之地，而不是将其优势领域限定在一个很小的范围。而如果公司没有取得核心竞争力方面的领先地位，被拒之门外的就不仅仅是一种产品市场，而是会失去一系列市场和商机。

具体来讲，强大的核心竞争力对一个寻求长远发展的企业来说，具有不同寻常的战略意义。首先，它超越了具体的产品和服务，以及企业内部所有的业务单元，将企业之间的竞争直接升华为企业整体实力之间的对抗，所以核心竞争力的“寿命”比任何产品和服务都长，关注核心竞争力比局限于具体产品和业务单元的发展战略，能更准确地反映企业长远发展的客观需要，使企业避免目光短浅所导致的战略误区。其次，核心竞争力可以增强企业在相关产品市场上的竞争地位，其意义远远超过单一产品市场上的胜败，对企业的发展具有更为深远的意义。如，摩托罗拉公司建立在其无线电通信技术专长基础之上的核心竞争力，不仅使其在核心业务交换机等通信产品市场上享有持久的优势地位，在BP机、双向移动无线装置和蜂窝式电话等产品领域也遥遥领先。第三，企业核心竞争力的建设，更多的是依靠经验和知识的积累，而不是某项重大发明导致的跃进。因此，很难“压缩”或“突出”，即使产品周期越来越短，核心竞争力的建设仍需要数年甚至更长的时间。这一方面使竞争对手很难模仿，因而具有较强的持久性和进入壁垒。在建设核心竞争力的竞争中领先的企业，往往很难被赶超。很难想象有哪家企业能从零开始，迅速赶上摩托罗拉公司在无线通信技术方面的竞争优势。

4．企业核心竞争力特征

企业拥有的竞争优势可能有很多，但是这些竞争优势并不能都算是核心竞争力。一项竞争优势要成为核心竞争力，必须具备以下几个条件和特征：

（1）明显的用户价值。只有那些确实能为顾客提供根本性效用的技能才能表明企业在此方面具有核心竞争力。如，本田公司在发动机方面的专长是其核心竞争力，因为对客户来说这是最有意义的专长，而处理与经销商关系的专长对客户来说是无关紧要的。

（2）具有延伸现象。核心竞争力不是局限于某一业务领域，而是能为企业打开若干销售渠道提供支撑，使企业出现更多商机，从而具有竞争优势的能力。

（3）具有独特性。核心竞争力不易被竞争对手模仿，起码短时间内不会被模仿。如果企业专长很容易被竞争对手所模仿，或通过努力可以很快建立，它就很难给企业提供持久的竞争优势了。专长的独特性和持久性在很大程度上由它赖以生存的基础所决定。那些内化于企业整个组织体系、建立在系统基础上的专长，具有更好的独特性。

企业核心竞争力的表现形式多种多样，这些不同形式的核心能力存在于人、组织、环境、资产与设备等不同的载体之中。

供应链管理注重的是企业的核心竞争力，强调根据企业自身的特点，专门从事某一领域、某一专门业务，在某一点上形成自己的核心竞争力。制造商和商业企业的核心竞争力并不存在于物流方面，所以他们为了提高自己在主营业务上的效率，降低自己在其他资源上的沉淀成本，必然要把自己在供应链上的物流业务外包给合适的第三方物流企业去完成，以集中精力于自己的核心业务。而这也是第三方物流企业在供应链管理中的生存空间。

第三方物流企业自身所具有的核心竞争力就是自己的物流业务能力、自己在物流方面的专业能力，以及在物流资产、设备、设施、物流人才上的优势。第三方物流企业只有具备这样的核心竞争力，才能参与供应链管理，与供应链核心企业共同发展壮大。

供应链核心企业将供应链中的物流业务外包给第三方物流企业，也就获得了第三方物流企业的核心能力——物流能力。这种外包仅仅通过花费最小的代价就弥补了供应链核心成员企业在物流业务能力上的不足。

5.4.2 第三方物流企业核心竞争力

1．第三方物流企业的核心竞争力构成分析

企业核心竞争能力不仅由技术因素决定，还与企业经营理念、员工精神状态、道德标准等非技术因素有密切关系，是其技术水平、R&D 能力、生产运行能力、管理能力和经济实力的综合体现；这里将第三方物流企业核心竞争力构建内容归纳为：物流资源的整合能力、物流业务的运作能力、物流服务的创新能力、物流管理能力、物流规划能力、物流信息技术的应用能力、物流品牌的塑造能力、物流市场的营销能力。这六个方面能力是相互区别又是相互联系、相互促进的。

（1）物流资源的整合能力

物流企业的资源整合是指根据企业的发展战略和市场需求对有关的资源进行优化配置，把企业内部彼此相关但却彼此分离的职能，把企业外部参与共同的使命又拥有独立经济利益的合作伙伴整合成一个为客户服务的系统，以形成企业的核心竞争力，并寻求资源配置与客户需求的最佳结合点。

另一方面，任何物流活动的开展对社会交通运输、仓储、物流公共设施、信息及社会物流环境等都有很强的依赖性。因此，如何整合物流资源是第三方物流企业核心竞争力的关键内容。基于企业战略定位的物流资源整合，可以有效地获得战略性经营资产，完善物流服务功能，充分利用社会资源，创造良好的外部环境，提高物流效率。

第三方物流企业的资源整合范围可分为：内部资源和外部资源。内部资源主要有人力、设备设施、信息、资金、无形资产等；外部资源主要包括用户、供应商、投资商、政府、标准组织、咨询机构等。从资源整合的对象来看，可分为客户资源整合、能力资源整合、信息资源整合。从整合的方式来看，可分为兼并重组、合资合作、协议联盟、租赁托管、建立信息共享或交易平台等。

（2）物流业务的运作能力

由于物流服务是不可储存的，服务过程就是客户的消费过程，任何差错都会对客户产生不良影响，物流企业只有具备较高的业务运作能力，才能实现低成本、高水平服务的目的。因此，物流运作能力是物流企业最基本、不可或缺的能力，是物流企业竞争优势的基本体现。

物流业务运作的内容可分为三个层次：一是整套物流实施方案的运作能力，这要求各功能业务相互配合，紧密衔接，高效运转，保证整个流程低成本高效进行。二是具体物流功能业务的运作，这要求具体物流功能内部的各作业环节，运作高效、准确、安全。三是具体作业（操作）的运作，具体包括制定科学的工作与作业方法，确定先进的作业时间定额和操作规范等。

物流运作能力。物流运作能力具体体现为：订单完成率；运作成本低；运作时效性好；服务柔性化强；意外处理能力强；适应新业务快。要建立以上的运作能力，必须在操作的规范性、员工的培训、供方的选择和评估，运作过程的协调和优化等方面不断强化。

（3）物流服务的创新能力

企业的核心竞争力为企业独自拥有，并不易被竞争对手所模仿、抄袭或经过努力可以很快建立。第三方物流企业要保持其核心竞争能力，必须不断满足市场及客户新的需要，开展增值服务，其实质即为持续创新。

第三方物流企业创新能力主要体现为：一是体制创新，对我国大多数传统物流企业来讲，可以通过资产重组、股份制改造、合资合作等方式来完善公司治理结构，实现企业体制创新。二是组织创新，建立基于信息平台的、具有快速反应能力的扁平化物流组织结构，以适应过程化管理和决策权限前移及分散的需要。三是服务内容创新，从单一功能性的服务，扩展到基于核心业务能提供整个物流方案的实施服务。四是管理方式的创新，如提供电子商务物流服务、定制服务、“门到门”服务、“套餐”服务等。

（4）物流管理能力

物流管理主要涉及以下内容：订单管理；库存管理；运输优化；信息服务；客户关系管理等。

物流管理能力关注的不只是第三方物流本身的管理和运作能力，更重要的是对客户的采购、生产销售等过程有深入的了解，精通客户的产品特点和产品的市场特点，熟悉客户的客户服务政策和财务目标，熟知客户的产品生产和物流过程。因此物流管理能力，是建立在对客户的物流需求深入了解的基础之上的。有些物流企业在物流人员的培训中关注的是第三方物流如何运作和管理，对企业物流的运作和管理关注太少，这是非常错误的。可以说，不了解客户的物流运作和管理，就不可能提供管理层面的物流服务。在管理层面的物流合作中经常出现物流服务商因对客户产品和物流服务过程不了解造成服务失败的案例。如：因为不了解客户产品的细微差别导致发货错误，更有甚者，因为不熟悉客户产品的原材料，造成输送生产线上的原材料错误，造成延误生产时间或生产产品不合格。可见，在管理层面上开展物流服务，了解客户的生产及物流过程是非常重要的。

（5）物流体系的规划能力

物流体系的规划能力主要体现在：物流网络规划能力；物流设施设计能力；物流体系的构建能力等。

规划能力是专业性很强的领域，需要专家参与。但由于物流是实践性很强的领域，专家队伍最好能有物流管理和运作的实践经验。

（6）物流信息技术的应用能力

核心竞争力是在企业演进过程中经过长时间知识、技术和人才积累逐渐形成的，先进技术尤其是信息技术的应用则是第三方物流企业核心竞争力的主要标志。

现代信息技术的广泛应用，大大降低了物流过程的交易费用、资源的整合成本，提高了服务的响应速度、运作的便捷与效率，沃尔玛的“卫星卖鸡蛋”就是很好的例证。物流信息技术的应用主要包括两个方面：条码与自动识别技术，物流信息管理系统。条码与自动识别技术具有数据高速自动输入、高读取率、低误读率、容易操作、设备投资低等优点，有效解决物流数据采集、录入、处理、传输“瓶颈”的工具。物流信息管理系统是以物流信息传递的标准实时化、存储的数字化、物流信息处理的计算机化为基础的物流业务与企业管理平台。建立健全物流信息系统，是物流企业获得竞争优势的必要条件。

（7）物流品牌的塑造能力

由于服务产品具有无形性、无专利性，用户对服务质量的判断，会更多地依赖于品牌，品牌是一种名称、名字、标记或设计，或是他们的组合运用，其功能是借以辨认服务提供者或服务产品，且使之与竞争对手区分。因此，品牌是物流企业最大的无形资产。

物流企业塑造服务品牌主要从三个方面进行，一是强化品牌意识，将其纳入到战略管理层次来进行。二是建立健全物流服务标准，运用“大规模定制”的理论与方法来实现服务的低成本和个性化。物流服务标准包括：物流服务技术标准、物流服务工作标准、物流服务作业标准。三是提高服务质量（包含物流工作质量和物流工程质量），质量是产品的生命，也是创建良好品牌的保证。

（8）物流市场的营销能力

核心竞争力支持企业进入各种更有生命力的市场，为企业现有的各项业务提供一个坚实的平台，又是发展新业务的引擎，是差别化竞争优势的源泉。营销能力反映 3PL 企业在发展过程中的市场影响力，它通过将潜在的竞争优势转为现实利润优势而直接或间接地影响物流企业的核心竞争力。基于战略联盟的物流服务合同多为中长期合同（如，发达国家 3PL 的服务合同一般都在 5～7 年），在有限的客户市场中，谁的营销能力强，谁就可能先扩大市场份额，在竞争中占据有利地位，而竞争对手想挖走你的客户往往需要付出更大的代价。因此，市场营销能力是企业核心竞争能力不可缺少的内容。提升 3PL 企业市场营销能力的主要途径：一是树立先进的营销理念，如品牌营销理念、知识营销理念、文化营销理念、关系营销理念、特色营销理念、绿色营销理念、创新营销理念等。二是制定合理的营销策略，包括服务产品策略、价格策略、合作策略、促销策略等。

2．第三方物流企业核心竞争力影响因素

企业的核心技术：核心竞争力的核心是企业的核心技术能力。物流企业的核心技术能力不仅取决于现有的物流设施、技术装备的现代化水平，而且更重要的是企业能够有效地将这些技术装备应用到提供的服务中去，提高服务水平，使技术资源转化为企业的技术优势。它包括第三方物流企业的研发能力和服务创新能力。

企业的人力资本：在知识与资本日益对等甚至是知识雇佣资本的时代，人力资本对企业竞争力的作用已毋庸置疑。

企业的应变能力：第三方物流企业要想获得持久的生存能力就必须不断调整企业的运营方式，提高企业的信息化水平，以适应物流需求向小批量、多频次发展的趋势。

企业的营销能力：反映第三方物流企业在成长过程中培育的市场影响力，它通过将潜在竞争优势转化为现实利润优势而直接或间接影响物流企业的核心竞争力。它主要包括第三方物流企业的服务营销能力、企业在顾客中的形象。

企业的声誉：声誉是拥有私人信息的交易方对没有私人信息的交易方的一种承诺。声誉是企业获得核心竞争力甚至生存的根本和生命线。

企业的整合能力：现代物流强调各个物流功能的整合作用，它涉及第三方物流企业的组织结构，信息传递，企业文化和激励机制等诸要素。

企业的管理能力：管理能力是企业竞争力的核心内容，包括企业获得信息能力、推理能力、决策能力和迅速执行决策的能力，也可以理解为狭义的“企业核心能力”。在一定意义上，企业的管理能力取决于企业是否拥有一支特殊组织才能和企业家才能的经理队伍。

企业文化：企业文化实际上是企业经营理念及其具体体现的集合，良好的企业文化是企业整合更大范围资源、迅速提高市场份额的重要利器。

3．第三方物流企业核心竞争力的获得

企业核心竞争力是企业的生命线，是企业运行、发展的动力源。核心竞争力是企业战略的核心部分。那么第三方物流企业应怎样获得自己的核心竞争力呢？

首先，确立第三方物流企业发展的意图。核心竞争力突出的体现着企业或企业家的战略意图。所谓战略意图是超越现状能力而在长期内必须达到的某种必胜期望，通过特定的发展战略形势（“专业化”或“多元化”）拟定，推行一套适合于企业的游戏规则。通过内在计谋，通过超出管理范围、长期努力后达到预期目标。

其次，创造独特的第三方物流价值链。价值链理论是重要的企业理论之一。它将企业看成一种互相分离但彼此相关的生产职能的集合。第三方物流企业价值链的形成集中在创造价值、降低成本的活动中，企业有相当大的自由度来决定上述活动的形成和结合。此外还包括企业文化和价值观念。

第三，实行“有效管理”。有效的决策机制，是构造企业核心竞争力的重要内容。有效的决策机制至关重要的是实行杜拉克的“有效管理”。“有效管理”包括：制度管理，建立一套解决问题的规范；文化管理，形成独特的文化；创新管理，建立激励创新（包括技术创新、工作创新）的机制；质量管理等。韦尔奇和他的“联合舰队”（GE）就是一个很好的案例。韦尔奇能把有 120 年历史、营业额近 1000 亿美元、业务范围非常广的大型公司管理的有条不紊，除了他个人无与伦比的领导魅力，还与他实行一套“有效管理”方法密不可分。

第四，培育忠诚的客户链。一个大的第三方物流企业一定要有核心的服务，才能具备核心竞争力。每个企业都有应对本公司的产品或服务从品牌认知到价格认同的客户群体，这种客户链越多，忠诚度越高，核心竞争力就能经久不衰。

当然构造第三方物流企业核心竞争力的因素还不止这些，还有如技术更新能力、新产品或服务开发能力等也都是构造因素。而核心竞争力的构造，不是以上因素的简单叠加，而是他们的有机融合，且各种因素相互影响、相互渗透，形成一股强大合力。

5.4.3 “战略就是革命”——物流企业核心竞争力的变革

企业的战略的顺利实施是企业核心竞争力实现的最重要保证，企业战略的革命就是核心竞争力的变革。战略就是革命，其他任何事情都是策略问题。哈梅尔提出了创建革命性战略的十大原则，来帮助公司焕发出革命精神。按照他的说法，这十条原则并不是按部就班的行动指南，而是对如何创建战略、成为行业革命者进行思考的一种思维方式。作为第三方物流企业，这十大原则也同样适用。

（1）战略计划不是战略

在大多数公司中，战略计划是日历式的程度，而不是一个革命性的潜在探索。制定战略的方法倾向简单化，建立在简单的原则和探索方法基础上，它是从现在展望未来，而不是从将来倒推现在。计划是关于安排的问题，而不是发现什么；计划是为技术专家服务的，而不是为思想者服务的。任何一个认为计划可以产生战略的公司会发现自己处在渐进主义的折磨之中，而自由思考的新来者则能实现成功的反叛。

（2）战略制定必须推陈出新

规则制定者和规则接受者都是企业。规则打破者应该重新界定该行业，采用具有挑战性的战略制定方法、通过向老的规则挑战来创建新的规则。

（3）瓶颈是在瓶子的上部

在大多数公司中，战略的传统性有一些非常强大的捍卫者：想象一个高级管理人员位于金字塔顶的组织结构。那些经济多样性最小、对过去投资最大、对产业信条遵从备至的人和对战略制定负责的人还同在这个尖端。组织金字塔是一个经验金字塔。但是，经验只是在将来与过去类似的程度上才具有价值。在企业中，活动范围变化如此之快，使得经验变得不相关甚至是危险的。除非战略制定的过程不受经验专制的影响，否则，就没有丝毫的机会。

（4）每一个企业都存在革命者

每一个企业都有革命者存在，在公司的低层甚至中层都不难发现那些对产业的信条有一些反感的人们，然而他们的想法却更多地被孤立，在战略制定的过程中应该给予这些革命者机会，如果不让这些革命者从内部向你挑战，他们最终将在市场中向你挑战。

（5）问题不在于变革，问题在于保证支持

目标不是让人们支持变革，而是要对引起变革负责，某种对命运的控制，无论变革者在企业中处于什么位置，在制定战略的过程中必须与革命者保持密切关系，与他们探讨未来。

（6）制定战略必须讲求民主

在制定战略的过程中，未能被充分代表的三类支持者通常肯定没有成比例的发言权。

第一类支持者是年轻人或更准确地说，是具有年轻人观察力的人们。在一个战略制定过程中，对成功的定义是：由一个执行委员会例行花半天时间从 25 岁的年轻人那里学些新东西。

战略制定中处在组织地理边缘的人们是有较大发言权的第二类支持者。战略创新的能力随着你离开总部的每英里而按相应比例增加。但是，在很多公司中，外围的人在战略制定过程中毫无发言权。

第三类支持者没有相应比例的发言权，他们是新来者，还没有被企业信条同化。然而，在战略制定的过程中只引入新的声音还不够，高级行政人员必须确保他们不压倒那些小心谨慎地倾向顺从的人们发出的声音。

这就是制定战略的民主化过程。民主不只是要人听的权利，它是影响意见和行动的机遇。民主的真实力量就是，不能仅仅是上层人士决定议事日程。

（7）任何人都能成为战略的行动主义者

行动主义者不是无政府主义者，他们的目标不是要打破而是要改革。行动主义者不需要让自己的观点去适应他们为之服务的偏见。他们爱护企业，意在保护企业免于平庸、自利，免于对过去愚昧无知地崇拜。

（8）洞察力要值 50 个智商点，没有启蒙就不可能有革命

为了发现产业革命的机遇，人们就得以新的方式通过新的角度观察世界。任何意在发动革命的企业有四项任务。第一，公司必须识别不可动摇的贯穿于企业的信念——企业传统。第二，公司必须寻求技术生命周期，以及作为习惯或地理政治上的不连续性，这会为重写企业规则创造机遇。第三，公司必须对自己的核心竞争力有一个深入的了解。第四，公司必须

用这个知识来识别可以用于其竞争范围的革命思想、非传统的战略选择。一个人从山顶上看到的与他从平原上看到的是绝不相同的。没有观察方法的变化就没有制定战略的创新。

（9）自上而下与自下而上不是可供替代的选择

制定战略通常表现为自上而下或自下而上。战略要么以上层的宏大设计形式出现，要么从孤立的企业家那里产生。但更为常见的是自上而下的战略，是统制主义而不是有预见能力的，在很多分解中，不如说是被巨大的公司传统所熄灭的。

正如一个没有影响立法当局的政治行动主义者不会带来任何改变一样，一个没有赢得高级经理信任的战略行动主义者也将毫无所获。自上而下的方法常常取得目的的统一性：圈内的几个人都确认行动的适当过程并能从下层取得某种程度上的支持。自下而上的方法能够取得观察方法的多样性；能听到很多意见并有很多选择。但是，没有多样性的统一会导致武断教条，而没有统一的多样性则会导致战略议程的竞争和资源的分散浪费，只有深远而广泛的战略制定过程才能同时取得多样性和统一性。

（10）你不能从一开始就看到结局

虽然不可能从一开始就看到结局，一个开放的包括一切建议的战略制定过程则大大地减少了实施战略的挑战。

把新的意见纳入战略制定的过程，鼓励新的观察发现，开始新的扩大组织边界的谈话，以及帮助把非传统的选择统一到有关公司方向的观点上——这些就是对相信战略必须是一场革命的高级行政人员所面临的挑战。

第 6 章　绿色供应链管理与第三方物流

6.1　绿色战略理念

实施绿色战略是我国经济可持续发展的必然选择。这项战略的内容是：发展循环经济，提高资源使用效率；发展清洁生产，降低生产过程中的污染成本；发展绿色消费，减少消费过程对生态的破坏；发展新能源，实现生产方式的彻底超越和向生态工业文明的跨越，培育人与自然和谐相处的生态环境。

6.1.1　绿色战略理念——绿色经营意识和价值体系

20 世纪 90 年代以来，消费者的环保意识不断加强，悄然兴起了世界性“绿色消费”浪潮： 82%的德国人在市场购物时会考虑环境保护因素，77%的美国人会因厂商的环保形象而影响消费行为，66%的英国人愿意付合理的高价购买绿色产品，67%的荷兰人绿色消费意识不断增强, 采取绿色消费行为。

“绿色消费 ”意识的觉醒在很大程度上促进了绿色营销观念的形成和发展。随着我国加入 WTO 后面临的国际贸易标准问题，消费者心里倾向于环保等产品以及企业自身追求的可持续发展等问题，“绿色消费”这种追求企业、消费者和社会三方可持续发展的管理策略便显得越发重要。企业也逐渐树立起绿色价值体系，如图 6-1 所示。

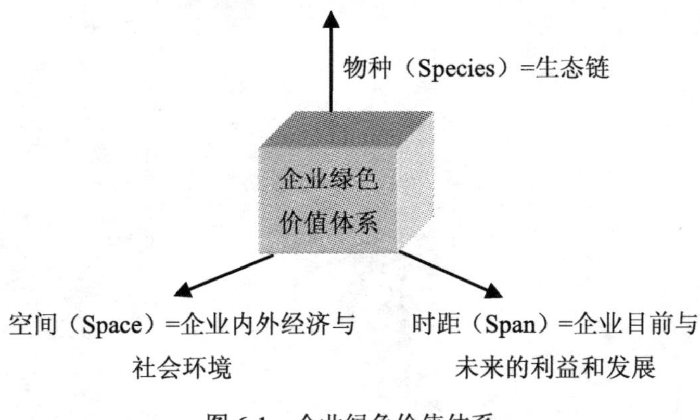

图 6-1　企业绿色价值体系

（1）21 世纪是“绿色”的世纪，绿色产品、绿色消费已经开始成为消费中的新潮流；
（2）绿色管理引领市场潮流。

6.1.2　绿色战略理念——绿色经营原则

企业对环境的关注和利益的追求是否不能同时兼顾？

把目前的主要产品和生产过程，加入持续发展的因素，以应日后不管是国际或国内的商贸管制，或能源资源发生短缺时，可以有效响应和保持先机。

日本铃木公司在 1989 年 10 月即成立了“全球环境议题委员会”，并由一位高级行政人员主持，第二年进一步成立为“环境事务部”（EnvironmentalAffairsDepartment），由高层的主管来组成管理委员会，以响应国内外相关的环境议题，制定政策和推行等。

日本东芝公司实施 FREE+2A 及无氟、再循环、能源的节约、环境保护+行动的规划和考评战略，保护地球的生态环境。

“中国制造”危机：2007 年 8 月佛山某玩具有限公司副董事长自缢身亡。8 月初，美国玩具巨头美泰公司宣布主动召回 96.7 万件铅含量超标的儿童玩具，而这批产品的出处，正来源于该工厂。

越来越多、越来越严的有害物质限制法规：欧盟对产品中有害物质实施限制的法规除了众所周知的 RoHS 指令、WEEE 指令外，还有汽车指令、包装指令、电池指令、镉指令、玩具指令，新一波的 EuP 指令和 REACH 法规又如疾风骤雨扑面而来，紧随欧盟法规，其他国家的类似法规又接踵而至：中国 RoHS、美国 AB48、美国 1303 法案即铅油漆法案、日本 J-Moss……要求国际大公司不仅要满足法规的要求，而且为了确保其最终生产出的产品符合法规要求，延伸出对供应商无论在有害物质的种类方面、还是在有害物质的限制浓度方面，都比法规要求更加严格。而且，除了对有害物质的要求外，往往对有害物质的管理提出具体要求。

企业的生存之道：企业必须生产出绿色环保的合格产品，才能赢得市场和客户，这是必然的、永不逆转的趋势。

绿色战略理念——绿色经营原则：10C 原则

（1）竞争原则（Competition）；

（2）有效分销原则（Channel）；

（3）保全企业环境原则（Corporate Environment）；

（4）承担社会责任原则（Community Responsibility）；

（5）守法原则（Code）；

（6）与消费者有效沟通原则（Communication with Consumer）；

（7）地域居民对应原则（Consensus of Community）；

（8）不断核查原则（Check）；

（9）降低成本原则（CostDown）；

（10）持续性原则（Continuity）。

6.1.3 绿色战略理念——绿色管理的具体体现

这一思想可概括为“5R”原则

（1）研究（Research），将环保纳入企业的决策要素中，重视研究企业的环境对策；

（2）消减（Reduce），采用新技术、新工艺，减少或消除有害废弃物的排放；

（3）再开发（Reuse），变传统产品为环保产品，积极采取“绿色标志”；

（4）循环（Recycle），对废旧产品进行回收处理，循环利用；

（5）保护（Rescue），积极参与社区内的环境整洁活动，对员工和公众进行绿色宣传，树立绿色企业形象。

案例：日本 7-11 的绿色经营体系，如图 6-2 所示。

7-11 于 1994 年制定了“7-11 环境指针”和“7-11 环境规约”两项制度，从而真正使环境意识贯穿于企业经营的全过程，并指导企业进一步的发展。

（1）从 7-11 的环境指针和规约看，主要是明确规定有关环境保护和绿色经营的 5 个方面，包括企业事业活动中的社会责任；与顾客协作并做到信息公开；第三个原则是与社区合作，为社会作贡献；然后是将环境意识和管理推广到各店铺和相关经营者中，从而形成一个整体的绿色经营体系；最后是努力实现绿色经营目标，并根据实际情况及时地修正目标。

（2）7-11 形成了一个完整的绿色行动方案，从而保证环境政策能在整个供应链体系中得到实施，具体来讲，对商品开发、生产及共同配送、店铺经营和最后废弃物的处理都制定出了完善的规章制度和发展目标，并形成了一个完整的作业流程。如图 6-2 所示。

首先，在商品管理上，规定了严格的环境规范条例，在此方面 7-11 通过各种商品开发团队对商品的质量、原材料、流通等各方面实行严格的监控，如日本大众食品协同组合 7-11 食品类商品开发的主要组织，该组织除了进行一般卫生管理外，还专门制定了一套独特的质量管理条例……HACCP 管理系统，该系统对原材料、工程、生产设备、职员、保管、流通等整个流程中所有可能影响质量的因素进行全面的控制管理；除此之外，作为销售终端的店铺，也拥有检查、管理的职责，同时 7-11 还积极地推进包装物的改革，以实现绿色包装，杜绝任何可能对消费者产生危害的因素。

其次，在物流管理方面，一是进一步推进共同配送，通过集约化的配送减少在途车辆和环境污染，以及由此产生的种种社会问题，二是严格加强对车辆的管理，车辆管理的主要内容是制定完善的自我检测制度，并准备通过尾气排放限制来缓解对环境的压力，与此同时积极导入绿色环保车，这种车不仅噪音小，而且 CO_2 的排放量比原来减少了 20%，NO_X 的排放量比原来减少了 80%，到 2000 年 3 月，7-11 已在首都圈导入了 40 辆绿色环保车。

第三，在店铺经营中，7-11 还积极开展了节约能源的活动，包括节约用电，防止冷藏装置排放氟利昂、废弃物的处理等。

第四，在为社会作贡献和维护消费者利益方面，7-11 举办了全国清扫活动，该活动的目的在于消除公共场所的零散垃圾，为社会创造一个美好的环境。全国清扫活动一共举办了两次，一次是在 1999 年 7 月 11 日，参加的店铺有 5055 家，人数达 16 647 人，清扫的地区主要包括店铺周围社区、车站、公园、河岸等，共回收垃圾约 41 吨。第二次是在 1999 年 11 月 7 日举行的，参加店铺达 7127 家，人数 21 383 人，共回收垃圾约 57 吨。通过这两次活动，7-11 在社会公众中树立了良好的形象。

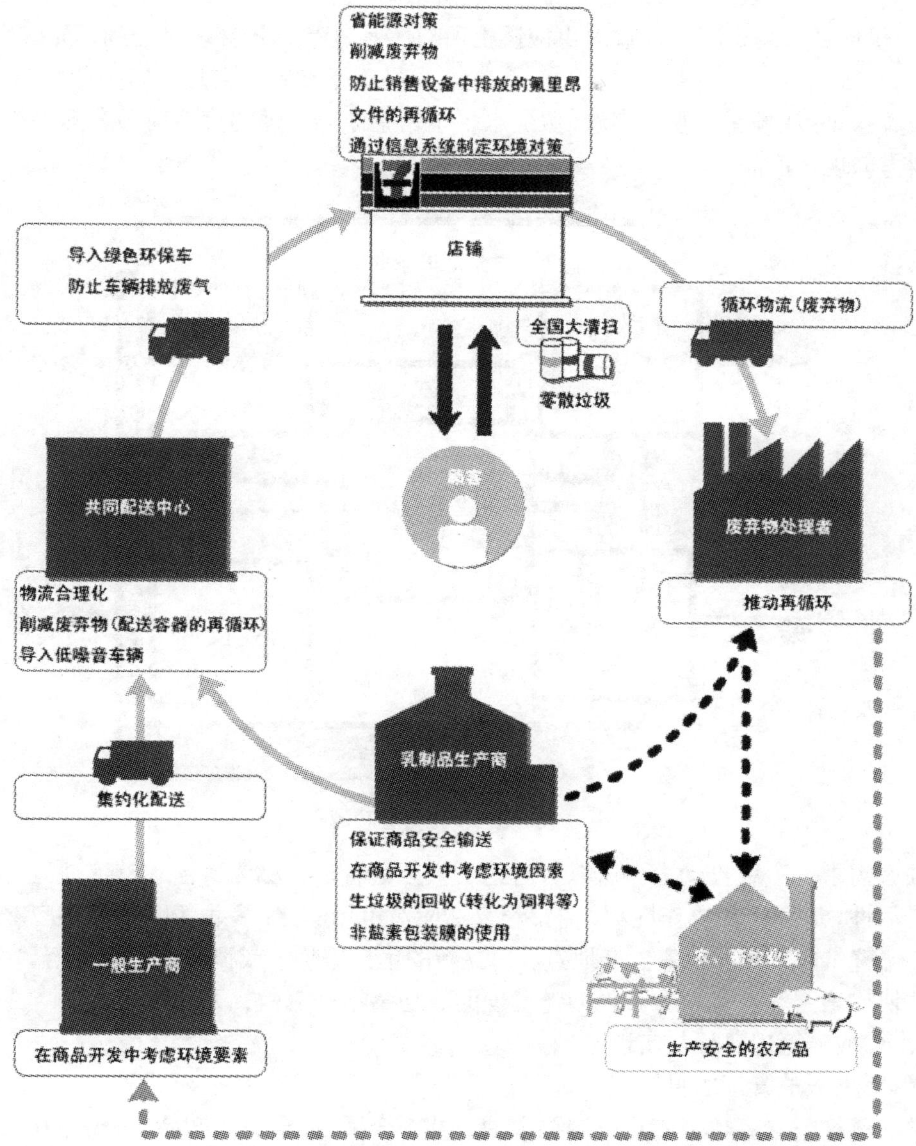

※ 深色虚线表明只实施的一部分或计划实施
浅色虚线表明瓶子、罐头等既定再循环处理线路

图 6-2　日本 7-11 绿色经营作业流程图

6.2　供应链管理概述

什么是供应链管理（Supply Chain Management 简称 SCM）

SCM 就是对企业供应链的管理，是对供应、需求、原材料采购、市场、生产、库存、定单、分销发货等的管理，包括了从生产到发货、从供应商的供应商到顾客的顾客的每一个环节。SCM 能为企业带来如下的益处：增加预测的准确性；减少库存，提高发货供货能力；减少工作流程周期，提高生产率，降低供应链成本；减少总体采购成本，缩短生产周期，加

快市场响应速度。供应链管理流程如图 6-3 所示。

1．供应链管理定义：通过对供应链上所有关系进行有效管理来达到事先确定的顾客服务水平。

服务水平：从顾客的观点来看，服务水平是指企业以合理的价格向顾客提供符合需要的、有吸引力的现货产品。

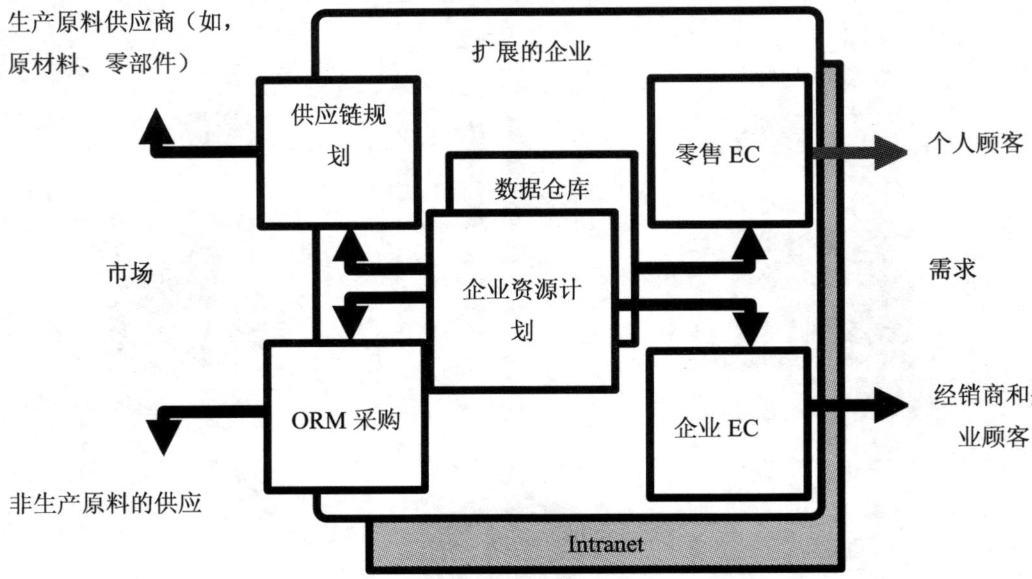

图 6-3　供应链管理流程

顾客需求是一种推动力，所以有时把“供应链管理”称为“需求链管理”。供应链必须具备灵活性、适应性和协作性。以需带产灵活应对市场变化；多种策略提高供应网络适应性。比如，调整供应基地、改变生产地点、建立新的销售渠道，或调整产品设计等诸多方法，内外整体协作增强客户竞争力。供应链管理的成功离不开流程、人和技术。

2．供应链管理目标与实现基础

（1）供应链管理的目标

供应链增值最大化，满足顾客要求的“八个合适”：合适的产品、合适的质量、合适的地点、合适的时间、合适的形式、合适的价格、合适的包装、合适的信息。

（2）实现供应链最大增值的途径

①管理的集成化

要成功地实施供应链管理，使供应链管理真正成为有竞争力的武器，就要抛弃传统的管理思想，把企业内部以及节点企业之间的各种业务看成一个整体功能过程，形成集成化供应链管理体系。通过信息、制造和现代管理技术，将企业生产经营过程中有关的人、技术、经营管理三要素有机地集成并优化运行。通过对生产经营过程的物料流、管理过程的信息流和决策过程的决策流进行有效的控制和协调，将企业内部的供应链与企业外部的供应链有机地集成起来进行管理，达到全局动态最优目标，以适应在新的竞争环境下市场对生产和管理过程提出的高质量、高柔性和低成本的要求。

②快速响应（QR）

是美国零售商、服装制造商以及纺织品供应商开发的整体业务概念，是指在供应链中，为了实现共同的目标，零售商与制造商之间进行的紧密合作。

快速响应原理认为：在全球经济一体化的大背景下，随着市场竞争的不断加剧，经济活动的节奏也越来越快，用户在时间方面的要求也越来越高。用户不但要求企业要按时交货，而且要求的交货期越来越短。因此，企业必须能对不断变化的市场作出快速反应，必须要有很强的产品开发能力和快速组织产品生产的能力，源源不断地开发出满足用户多样化需求的、定制的“个性化产品”去占领市场，以赢得竞争。

在当前的市场环境里，一切都要求能够快速响应用户需求，而要达到这一目的，仅靠一个企业的努力是不够的。供应链具有灵活快速响应市场的能力，通过各节点企业业务流程的快速组合，加快了对用户需求变化的反应速度。供应链管理强调准时，即准时采购、准时生产、准时配送，强调供应商的选择应少而精，强调信息技术应用等，均体现了快速响应用户需求的思想。

③最小偏差：时间、质量、品种、数量。目标：零缺陷

零缺陷又被称为无缺点（ZD）。零缺陷管理的思想主张企业发挥人的主观能动性来进行经营管理，生产者、工作者要努力使自己的产品、业务没有缺点，并向着高质量标准的目标而奋斗。它要求生产工作者从一开始就本着严肃认真的态度把工作做得准确无误，在生产中从产品的质量、成本与消耗、交货期等方面的要求进行合理安排，而不是依靠事后的检验来纠正。零缺陷特别强调预防系统控制和过程控制，要求第一次就把事情做正确，使产品在时间、质量、品种、数量上符合对顾客的承诺要求。开展零缺陷运动可以提高全员对产品质量和业务质量的责任感，从而保证产品质量和工作质量。

④最小库存。目标：零库存

实现零库存管理的目的是为了减少社会劳动占用量和提高物流运动的经济效益。如果把零库存仅仅看成是仓库中存储物的数量减少或数量变化趋势而忽视其他物质要素的变化，那么，上述的目的则很难实现。因为在库存结构、库存布局不尽合理的状况下，即使某些企业的库存货物数量趋于零或等于零，不存在库存货物，但是，从全社会来看，由于仓储设施重复存在，用于设置仓库和维护仓库的资金占用量并没有减少。因此，从物流运动合理化的角度来研究，零库存管理应当包含以下两层含义：（1）库存货物的数量趋于零或等于零；（2）库存设施、设备的数量及库存劳动耗费同时趋于零或等于零。后一层意义上的零库存，实际上是社会库存结构的合理调整和库存集中化的表现。

⑤最小供应成本：运输成本+订货成本+库存成本+资金成本+缺货损失+机会成本

供应链管理是通过注重产品最终成本来优化供应链的。这里提到的最终成本是指实际发生的到达客户时的总成本，包括采购时的价格及送货成本、存货成本及缺货损失等。

⑥全面质量：运输、库存各环节

当今的市场竞争，仅靠企业自身的资源不可能有效地参与市场竞争，还必须把经营过程中的有关各方如，供应商、制造商、分销网络、客户纳入一个紧密的供应链中，基于供应链的质量链管理思想便由此产生，它要求产品质量从市场需求的概念形成、产品设计、原材料的选购、外协零部件的加工、主机厂装配、销售及服务等，在整个生命周期内都应使用户、股东、管理者、员工满意。即要求有一个能覆盖供应链全过程的质量管理体系——质量链管

理。不仅关注企业内部供应链各个环节的质量控制，对外部供应链中所涉及的原材料供应商、生产厂商、储运商、零售商以及最终消费者，特别是供应商的内部供应链中各环节的质量等缺乏控制。一旦供应链上游某个环节出了质量问题或某几个支节出现了偏差，将会在下游很可能使最终产品出现较大的缺陷，形成质量链上的“反牛鞭效应（InverseBullwhipEffect，IBE）”使分析处理质量问题难度加大，甚至会造成不能及时供货、影响整个供应链的有效运行。质量链管理就是将供应链中的所有环节纳入质量管理范畴，对供应链中所涉及的原材料供应商、生产厂商、储运商、零售商以及最终消费者全过程进行控制，最终达到满意的质量水平。

⑦生命周期支持——完整的售后服务

供应链是围绕核心企业，通过信息流、物流、资金流将供应商、分销商、零售商直到最终用户连成一个整体的功能网链结构模式，需要通过相应的信息技术手段和管理思想对产品的全生命周期进行管理，以此来提高产品响应市场的速度，增加回收收益，降低污染，为企业谋求更大的利益。

（3）实施有效供应链管理的基础

①共同利益基础上的相互信任。供应链是一个利益总体，利益共享，风险共担。需要一个有效的利益分配机制。

②一体化的管理。对供应链的各个子系统实施一体化的管理就成为实现供应链整体目标的必要条件。供应链的一体化管理需要从信息的收集到信息的使用，从战略的制定到战略的实施，从组织文化的变革到组织结构的调整等各方面全方位地进行。

③完善的信息系统。诸如，IT 技术的发展为 SCM 提供了网络平台，网络会议，新软件的开发都使信息传递更加快速、准确、及时。信息系统在 SCM 的成功实施中起着支撑作用。

如果缺乏这些基础，可能导致互不信任，各自为政，不确定性增加，不得不靠库存弥补缺货风险——“零库存”风险；可能只是局部的精益，而不是整个链的精益，只不过把库存转移给上下游，仍然承受成本代价。

④实现管理观念上的五个转变。

从职能管理向过程管理转变：以流程为中心；

从利润管理向绩效管理转变：注重顾客价值、灵活性、核心能力培育；

从产品管理向顾客管理转变：顾客是供应链管理的起点与终点；

从交易管理向关系管理转变：与供应商建立伙伴关系，客户关系管理；

从库存管理向信息管理转变：用信息来驱动、代替库存。

6.3 绿色供应链管理与第三方物流

6.3.1 绿色供应链管理

在供应链的各个环节，从原材料获取到产品的制造、运输、使用过程都会产生废弃物，对环境造成严重的污染，威胁人类的健康和生态平衡。

最早提出绿色供应链管理是在 20 世纪 70 年代，当时只是作为物流管理研究的一个方面提出的。大规模、有意识地研究绿色物流是在 20 世纪 90 年代初。1994 年，韦伯研究了一些产品对环境的影响，建议通过环境准则来选择合适的原材料，同时注重再生利用，并提出了绿色采购的概念。密歇根州立大学的制造研究协会在美国国家科学基金 40 万美元的资助下，进行了“环境负责制造”研究，将绿色供应链作为一个重要的研究内容，并于 1996 年提出了绿色供应链的概念。在当时绿色供应链只包含了环境保护和能源节约两层含义，就是用最少的能源、最绿色的材料，制造出最环保的产品。

绿色供应链管理又称环境意识供应链管理（environmentally conscious supply chain management），它考虑了供应链中各个环节的环境问题，注重对于环境的保护，促进经济与环境的协调发展。关于绿色供应链管理的确切定义，目前理论界对此还没有一个统一的表述，但总的观点是指在供应链管理的基础上，增加环境保护意识，把“无废无污”和“无任何不良成分”及“无任何副作用”贯穿于整个供应链中，这就是绿色供应链管理。

绿色供应链管理主要包括的领域，如图 6-4 所示。

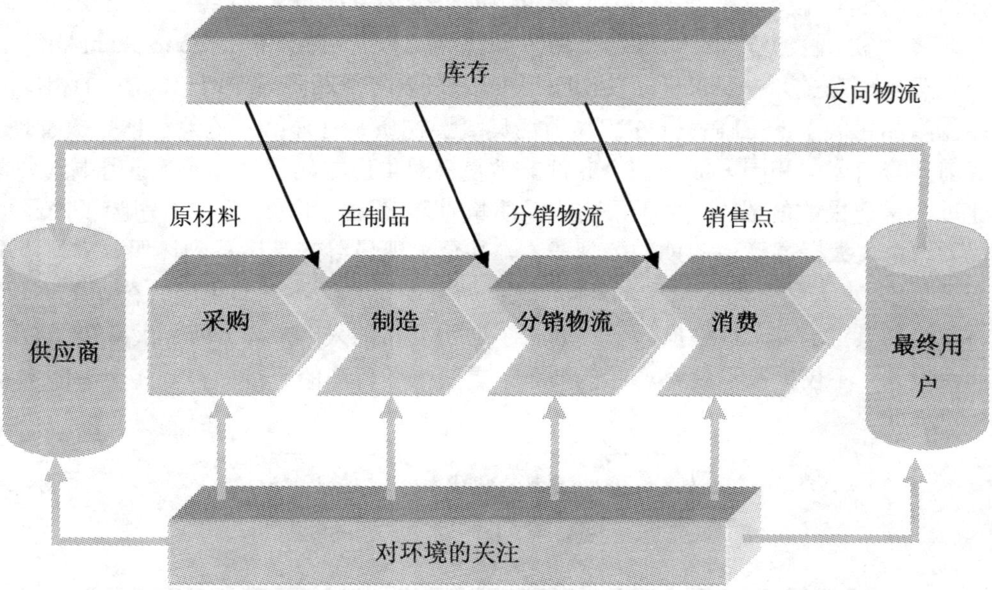

图 6-4　绿色供应链管理涉及的领域

1．绿色供应链设计

绿色供应链是以传统的供应链为基础，并结合制造技术、控制技术和网络技术等新的应用技术，其目标是对资源的合理利用、降低成本和减少对环境造成的严重污染。为了实现上述目标，需要从产品设计、制造、装配、包装、运输、使用到报废后回收处理，供应链的每个环节均充分考虑资源和环境问题，以实现最大限度地优化利用资源和减少环境污染。

作为首要环节的绿色供应链设计环节，主要是要考虑企业生产的产品，无论是本企业内部还是外部，所有相关联的企业和使用者，都要考虑资源利用和对环境的影响。核心企业，作为链条中最重要的企业，需要设计一种全新的供应链运作模式，从设计的源头，到采购、生产、销售和回收以及废弃物的处理，引入绿色的概念，从而全面计划、杜绝任何形式的污染和浪费。

2．绿色供应链的采购环节

绿色采购，就是在原有质量控制的标准、价格可比较的标准的基础上，加入绿色标准，即要求供应商在市场上采用绿色原料、绿色工艺，实现材料、能源的节约，来达到源头控制，满足公众对环保产品的需求，提高产品的竞争力。

（1）绿色供应商的管理

供应商的选择和评价原来是通过包括技术水平、产品质量、生产能力、价格、地理位置、可靠性、售后服务、供货期和柔性等指标加以考核和管理，而现在应该加入绿色评估要素，确定绿色供应商优先采购的机制。在此阶段，需要考虑到供应商提供的材料是否具有污染性、生产制造过程是否是清洁的、运输过程是否能够节省能源等因素。对绿色供应商的管理要充分体现根据最终产品的要求，结合供应商的实际困难，帮助部分供货商制订生产环境改善计划，以确保供货厂商的生产环境条件达到绿色标准，尽可能减少产品给环境带来的损害，以实现制造方、顾客和整个环境的“三赢”。

美国的一项调查表明：材料经理认为谨慎开发供应评估标准非常重要。他们认为供应方环境评估中的十大重要标准是：①环境记录中的公众揭发；②第二层供货方的 EFP（高能效表现）评估；③危险物管理；④有毒废物污染管理；⑤在 EPA（EthernetforPlantAutomation，与保护人类健康有关）中要求标注的 17 种危险材料；⑥是否通过 ISO14000；⑦相反的物流计划；⑧产品包装中的 EFP；⑨ODS（消耗臭氧层物质）管理；⑩危险气体排放管理。

目前，跨国公司和国内成功的企业都非常重视对供应方的评估。如：通用电气公司，原来企业过分重视采购的成本，由于采购成品质量对环境保护不利，致使公司为了产品最终满足环保要求，大大提高了中后期的处理成本，甚至出现最终产品达不到环保要求。公司近年来改变了策略，大大加强对供货方的环境评估，如果供货方达不到通用电气公司的环保要求，公司将取消与其的合作。这种措施虽然增长了通用公司的采购成本，但大大减少了公司中后期的环保投入，不仅提高了最终产品的质量，更获得了可观的经济效益。其交易成本要素如图 6-5 所示。

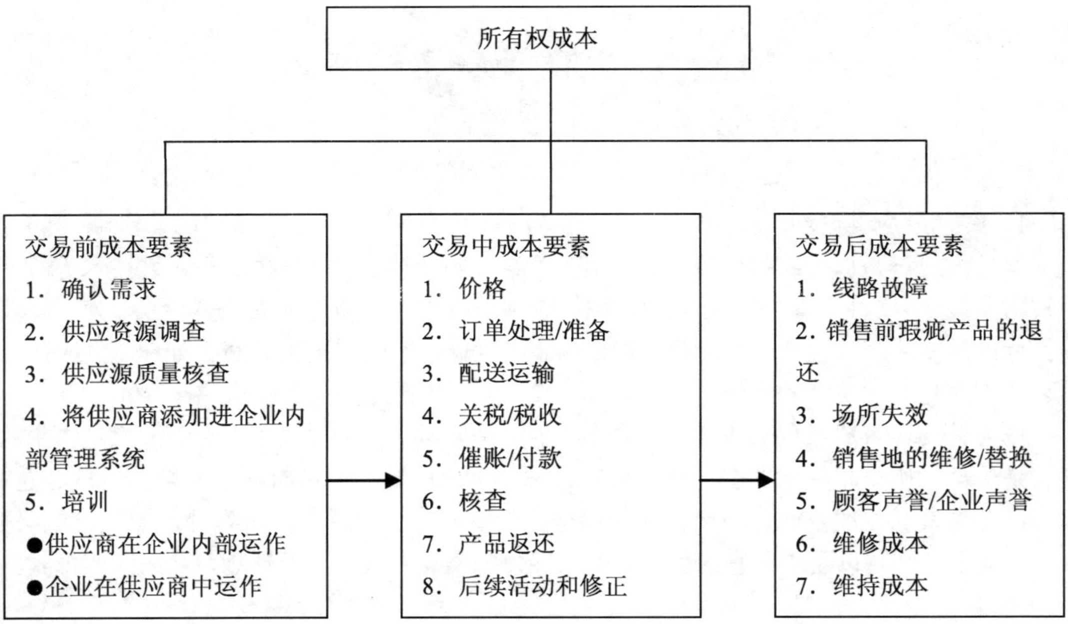

图 6-5　交易成本要素

（2）实行一体化开发，建立一体化供应管理模式

绿色供应链的一体化开发是指核心企业与供应商建立战略伙伴关系，这种伙伴关系有利于改善双方之间的交流，实现共同的期望和目标，共担风险和共享利益，共同参与产品和工艺开发。现在要求供应商从设计阶段，就确定绿色制造机制，确保提高产品的绿色水平。

建立一体化供应管理模式在于注重核心企业和供应商能够共同设计一种能最大限度地降低成本的一体化供应模式，建立信息共享平台，供应与需求双方可以共享库存数据，信息的共享避免了信息不对称决策可能造成的成本损失。供应与需求双方信息高度共享，保证了供应与需求信息的准确性和实时性，双方在生产计划、库存、质量等各方面的信息都可以及时交流，以便出现问题时能够及时处理，形成制造商与供应商的协同管理，显著提高了采购与供应的运作效率。

3．绿色供应链的制造环节

绿色供应链的制造环节不仅指制造、加工过程，它是一个包括了产品设计、材料选择、产品加工、物流设计、包装设计以及产品拆卸等过程的大制造概念。

（1）绿色设计

绿色设计也称为生态设计，环境设计等。其基本思想是：在设计阶段就将环境因素和预防污染的措施纳入产品设计之中，将环境性能作为产品的设计目标和出发点，力求使产品对环境的影响最小。对工业设计而言，绿色设计的核心是“3R”，即减少原料、重新利用、物品回收，不仅要减少物质和能源的消耗，减少有害物质的排放，而且要使产品及零部件能够方便的分类回收并再生循环或重新利用。

绿色设计的主要内容包括：绿色产品设计的材料选择与管理；产品的可拆卸性设计；产品的可回收性设计。

（2）绿色产品生产策略

①绿色产品生产

清洁生产是指不断采取改进设计、使用清洁的能源和原料、采用先进的工艺技术与设备、改善管理、综合利用等措施，从源头削减污染，提高资源利用效率，减少或者避免生产、服务和产品使用过程中污染物的产生和排放，以减轻或者消除对人类健康和环境的危害。

清洁生产的定义包含了两个全过程控制：生产全过程和产品整个生命周期全过程。对生产过程而言，清洁生产包括节约原材料和能源，淘汰有毒有害的原材料，并在全部排放物和废物离开生产过程以前，尽最大可能减少它们的排放量和毒性。对产品而言，清洁生产旨在减少产品整个生命周期过程中从原料的提取到产品的最终处置对人类和环境的影响。

②绿色产品生产策略

实施全方位设计。企业要实现绿色经营或战略，首先就要在产品和流程方面采取一种全新的设计理念，从而将整个工业体系和经营流程作为一个整体，而非一个个分散的组成部分对待。

利用创新技术。实施全方位设计，要求引进能够替代原有技术的环保技术，企业可以采用新的产业技术，尤其是那些基于自然物质、自然进程的新技术，来替代旧的、过时的技术。

重新设计生产模式。指的是企业实行闭环式的生产模式（循环经济模式）制造新产品，设计新程序，从而杜绝任何形式的浪费。

转变经营模式。涉及企业运作方式的变革，这种变革主要是改变企业单纯将自己定位于

物质产品和服务的提供商，转而通过强调为顾客提供更多的附加值，来实现企业的持续发展。

对自然资源进行再投资。必须对最重要的资本形式（人类的自然栖息地和生态系统）的存储、维护和扩展进行再投资。疏于对自然资源的保护和再投资，也会间接地影响企业的收益。

（3）绿色产品生产管理

GM 的研究领域主要包括 3 项内容和 2 个层次的全过程控制。

3 项内容是指绿色资源、绿色生产过程、绿色产品，这 3 项内容涉及的领域是环境、资源优化和产品制造。

2 个层次的全过程控制：一是指具体的制造过程即物料转化过程控制、充分利用资源、减少环境污染、实现具体绿色制造过程控制；二是指在产品设计、制造、装配、包装、运输、使用以及报废后回收处理整个产品生命周期中每个环节均充分考虑资源和环境问题，以实现最大限度地优化利用资源和减少环境污染。

4．绿色供应链的交付环节

绿色供应链的交付环节实际上是一个交付的过程。它包括两部分的内容：一是从核心企业（制造商）到分销商或零售商的过程；二是从分销商或零售商到消费者的过程。

5．绿色物流管理

企业物流包括企业从原材料供应，产品生产和产品销售的全部活动，它由供应物流、生产物流、销售物流和逆向物流构成。绿色物流就是在闭环的物流的各个环节包括：运输、储藏、包装、装卸、流通加工和废弃物处理等物流活动中，采用环保技术，提高资源利用率，最大的降低物流活动对环境的影响。（尤为重视各个环节的中转协调）

进入 21 世纪，物流行业必将把有效利用资源和维护地球环境放在发展的首位，建立全新的从生产到废弃全过程效率化的、信息流与物质流循环化的绿色物流系统，提倡高效节能，绿色环保。目前，世界上各国都在尽力把绿色物流的推广作为物流业发展的重点，积极开展绿色环保物流的专项技术研究（如在物流系统和物流活动的规划与决策中尽量采用对环境污染小的方案，如采用排污量小的货车车型、近距离配送、夜间运货，以减少交通阻塞、节省燃料和降低排放等），促进新材料的广泛应用和开发，进行回收物流的理论和实践研讨，以及积极出台相应的绿色物流政策和法规，努力为物流的绿色化和可持续发展奠定基础。具体内容包括：

（1）绿色物流体系的建立；

（2）运输的计划化和集运；

（3）从自营物流转向第三方物流；

（4）物流作业的整合（标准化、合理物流网点的建设、中心内合理运作）；

（5）确立起合理的商物分离体系。

6.3.2 绿色供应链下第三方物流运作

1．共同配送

共同配送最早产生于日本，其发展在日本得到了充分体现。日本运输省对共同配送的定义是指：在城市里，为使物流合理化，在几个有定期运货需求的合作下，由一个卡车运输业者，使用一个运输系统进行的配送（运输省流通对策本部《共同运输系统导入推进纲要》）。

日本工业标准（JIS）将共同配送解释为为提高物流效率，对许多企业一起进行配送。

共同配送也称共享第三方物流服务，指多个客户联合起来共同由一个第三方物流服务公司来提供配送服务。它是在配送中心的统一计划、统一调度下展开的。

虽然，目前共同配送在发达国家已经成为了一种潮流，但它并不是一个全新的概念。早在 1961 年时，美国哈灵顿仓储服务公司就将 Quaker 公司、General Mills 公司、Pillsbury 公司以及其他公司的日用食品杂货订单整合成一个整车运输发往同一个销售商，这样就大大降低了运输成本。在当时，这种做法只是被简单地称之为“库存整合”。虽然那时没有像“共同配送”这样复杂的名词，但是两者其实是一回事。

（1）共同配送的方式

有两种运作形式：

①由一个配送企业对多家用户进行配送。即由一个配送企业综合某一地区内多个用户的要求，统筹安排配送时间、次数、路线和货物数量，全面进行配送。

②仅在送货环节上将多家用户待运送的货物混载于同一辆车上，然后按照用户的要求分别将货物运送到各个接货点，或者运送到多家用户联合设立的配送货物接收点上。这种配送有利于节省运力和提高运输车辆的货物满载率。

（2）共同配送的原因

①从货主的角度来看，共同配送可以降低配送成本，由于共同配送是多个货主企业共享一个第三方物流服务公司的设施和设备，从而由多个货主共同分担配送成本，从而降低了成本。另外，由多个不同货主的零散运输通过整合可以变成成本更低的整车运输，从而使得运输费用大幅度降低。共同配送还可以降低每个货主的日常费用支出，降低新产品上市时的初始投资的风险。

②从第三方物流服务商的角度来看，共同配送同样可以降低他们的成本，从而间接地为其客户带来费用的节省。著名的美国第三方物流商 Exel 的副总裁托马斯认为：我们之所以能够降低我们的成本，是因为我们的人工、设备和设施费用分摊到了很多共享的客户身上。这些零散客户共享所带来的生意就像大客户所带来的生意量一样大，使得我们可以发挥物流的规模效益，从而节约成本，这些成本的节约又反过来可以使我们公司实施更加优惠的低价政策。

（3）共同配送的功能

共同配送可以实现以下两方面的功能：

①从多点到一点

现在很多第三方物流服务公司都提供共同配送服务，而且通过与 ECR（有效消费者响应）和连续补货方式相联系，更显现出其独特之处。尤其在零售业共同配送非常流行，因为零售业的一个重要特点就是产品种类多，因此一个零售商要由很多的供货商向其供货。

共同配送虽然具有很多优点，但是运作起来也很复杂，它不仅仅是将几家货物装到一个车上那样简单，还需要做很多技术上的工作。它需要第三方物流商提供更多的技术和管理系统来对由多个供应商所提供商品组成的订单进行优化从而形成整车运输。此外，实现共同配送的另一个前提条件就是第三方物流服务商同样要有同一行业的大量客户。

②可以做到最小风险，最大柔性

共同配送已经形成了一个潮流，而且它的广度与深度已经超越了整合运输的这种简单形式，随着经济的发展，很多公司都想扩展自己的业务、开拓新的市场，或进入其他的产品市场。但是，在进行投资之前这些公司都非常谨慎并希望投资风险尽量减小，基于此方面的原因，很多公司采取了共同配送的运作形式。

共同配送可以帮助厂商对市场需求做出快速反应，例如，药品与保健品公司是共享配送网络的最大客户之一，这是因为为了快速履行订单，他们必须在主要的销售点附近保存少量的存货，因为这些销售点相对来说空间很小，为保证在有限的空间内陈列更多的商品，就不能保证有太多的库存，因此采用共同配送进行及时补货是非常适合的。其他的行业如电子产品和汽车生产商，当产品短暂的生命周期和狭小的库存空间使得公司必须强调物流网络的完善和节省资金占用时，共同配送同样也是降低风险的好选择。由于共同配送避免了厂商在仓库等建筑物、物料搬运系统设备、人工以及支持性的信息系统这些方面的投资，又能及时满足客户的需求，因而受到厂商等客户的欢迎。因为对于厂商来说采用共同配送所需的成本只是实际的货运量带来的变动成本，节省了固定成本，因此他们可以用节省下来的资金投资于自己的核心业务活动如，产品开发、市场营销以及其他创收活动。

共同配送本身所具有的柔性同样是其深受广大公司青睐的一个重要原因。大客户一般都倾向于与第三方物流服务商签订长期合同，与之相比，共享服务对象所签订的合约往往是短期的，通常一月一签约。例如，客户上个月与第三方物流商签订的是1000平方米的库房租约，下个月可能就变成800平方米，因此这种服务方式非常柔性。如果客户更倾向于按单位产品的费率来收费，那么相应的第三方物流商就可以按照他们所处理的实际货运量的大小来收费。

（4）共同配送的组织形式

① 同产业间的共同配送

同产间的共同配送是指处于相同产业的生产或经营企业，为提高物流效率，通过配送中心集中送货的方式。具体做法有以下两种：

同产业间相互协作的共同配送模式，如图6-6所示。在这种模式下，各企业对运输工具和物流设施的所有权不变，但是可以根据各自物流运输的特点及客户分布情况，各企业建立协调机制保证共同配送的正常进行。

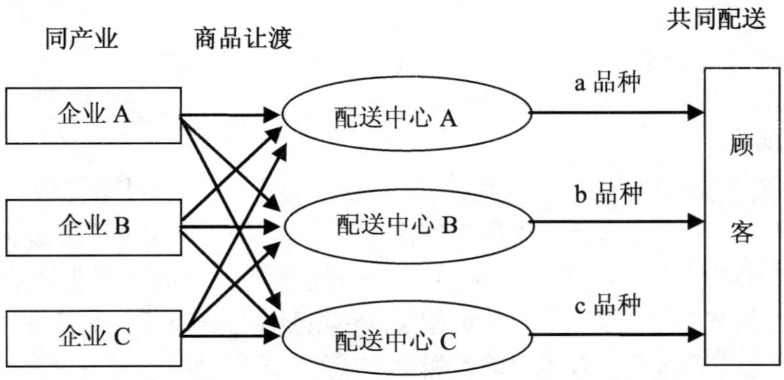

图6-6　同产业共同配送模式

横向协同物流战略

同产业间通过建立配送中心等基础物流设施来发展共同配送。这种模式和前一种配送模式相比较，共同配送的规模很大，有利于发挥经济规模优势；同时对参与的所有企业而言，既节省大量物流设施、设备、人员的投资，而且能够集中精力发展自己的核心业务；并且这种配送模式有利于实现专业化，配送水平相对较高。

对于同产业的共同配送模式，共同配送的整体组织难度相对较低，发展起来相对容易。

② 异产业间的共同配送

异产业间共同配送是指将从事不同行业的企业生产的商品集中起来，通过配送中心向客户输送的一种形式，如图 6-7 所示。基本配送模式如下：

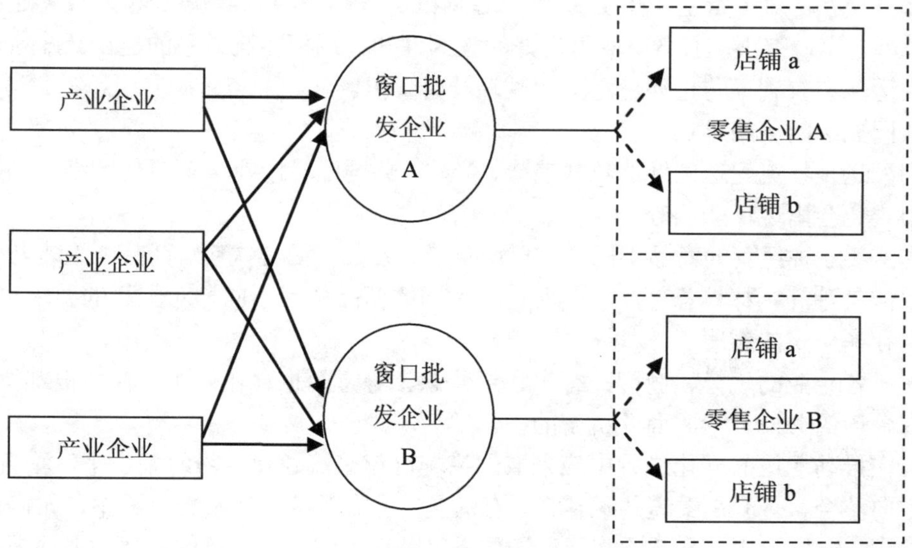

图 6-7　大型零售业主导的异产业共同配送

异产业间协作配送模式。不同产业间通过搭配不同的大小商品来共同配送，这种配送特别要注意商品的特性及其客户分布特点。

异产业间通过建立配送中心等基础物流设施来发展共同配送。这种配送模式既可以保证优势互补、又可以防止企业信息外泄，可以充分发挥协同效应。

共同集配模式。共同集配是以大型物流企业为主导的合作型共同配送，即由第三方物流企业统一集中货物，合作参与的企业或商家将商品转包给指定运输者，由运输者向各地客户配送。这是一种第三方物流公司主导的配送模式，由于第三方物流公司具有专业化运作水平和管理经验，同时由于为多家企业服务，所以可以应付业务量波动的不利影响。

产批结合一体化配送。这种模式是从供应链一体化角度出发，将上层和下层流通成员整合在一起。这种模式的集约化程度很高。

对于异产业共同配送方，集约化程度越高，要求专业化的水平越高，因而对于异产业的共同配送，应主要由第三方物流公司来主导，借助其专业化水平和很强的协调组织能力，往往能取得很好的效果。

（5）共同配送的优势与实施难点

①共同配送的作用

共同配送理念的实现，从微观角度而言，企业可以得到以下几方面的好处：达到配送作业的经济规模，提高流作业的效率，降低企业营运成本；不需投入大量资金、设备、土地、人力等，可以节省企业的资源；企业可以集中精力经营核心业务，促进企业的成长与扩散，扩大市场范围，消除原有封闭性的销售网络，共建共存共荣的环境。从整个社会的角度来讲，实现共同配送主要有以下好处：减少社会车流总量，减少闹市卸货妨碍交通的现象，改善交通运输状况；通过集中化处理，有效提高车辆的装载率，节省物流处理空间和人力资源，提升商业物流环境进而改善整体社会生活品质。总而言之，共同配送可以最大限度地提高人员、物资、金钱、时间等物流资源的使用效率（降低成本），取得最大效益（提高服务），还可以去除多余的交错运输，并取得缓解交通、保护环境等社会效益。

具体体现在：对于货主，在实现物流效率化的同时，开展多频度、少批量配送；从投资角度看，可以实现有限的投入，取得良好的集约性和大规模物流体系的建立；排除了交叉运输、迂回运输；有利于防止环境污染和减轻社会负担。

②共同配送的实施难点

共同配送是物流配送发展的总体趋势，当然，共同配送涉及很多具体的细节问题，在实施过程中难免会出现一些困难点。

首先，各业种经营的商品不同，有日用百货、食品、酒类饮料、药品、服装乃至厨房用品、卫生洁具等等，林林总总，不一而足。不同的商品特点不同，对配送的要求也不一样，共同配送存在一定的难度；

其次，各企业的规模、商圈、客户、经营意识等方面也存在差距，往往很难协调一致；

还有费用的分摊、泄露商业机密的担忧等。

政府在推动配送共同化进程中应采取的措施近年来流通业者纷纷朝水平、垂直、同业、异业等方向整合，有的是渠道共配整合，有的是产品共整合。在整合过程中，如何让业者之间建立共识，辅导其建立高效的共同配送体系，以落实商业自动化的整体效应，是现阶段推行共同配送的首要任务。在商业自动化即将进入整合阶段的关键时期，探讨现行法律法规，拟订具体奖励办法，推动相关企业向建立共同配送体系的方向努力，有着重要的意义。具体说来,政府在推动配送共同化进程中应采取的措施如下：加强观念宣传及技术辅导。成立共同配送技术辅导专门机构，选取几个典型企业，建立共同配送示范体系，以点带面，发挥示范作用。此外，加强相关法令的修改与制订。重新审视并修改现行的有关土地取得的法律法规，在审批、税收等方面给予一定的优惠措施，以降低整个企业的土地取得成本；加快物流行业标准的制定工作，建立一个统一、科学、规范的标准体系。为企业提供公平公正的竞争环境，促进共同配送体系的发展；落实交通法规的执行，以改善交通及停车状况，并改进道路，人行道的相关规范，加速道路工程的建设。

③共同配送案例

美国得克萨斯州的沃斯堡孟买家具及配件公司，近来想要成立一家服务于成千上万家零售店和网上商店的批发分公司，原计划利用其原有的物流网络来组织新的商业物流。但是孟买公司的物流副总裁很快就意识到：孟买批发分公司要想成功，就必须采用全新的物流方式。因为孟买公司的配送中心的设计是专门符合家具的存储和分拣配送的，而新成立的批发分公司所销售产品的性质和零售渠道和家具是完全不同的，他们必须要有能力履行位于不同地方的成千上万个客户的订单。由于服务的集约化以及运量的不同，他们几乎需要使用所有的运输方式，很多客户同时还要求采用特殊的条码和标签。

由于孟买配送中心初期并不具有灵活处理订单的能力，因此，他们打算寻求物流业务外包，但是新的批发分公司刚刚起步，未来发展如何还不能确定，因此与第三方物流公司签订长期的个体租用合同对其来说是一种冒险，因此孟买公司的总裁说：“在我们不知道业务会做到多大时，我们需要更多的柔性。”于是综合各方面的因素，共同配送成为孟买批发分公司的首选。当年10月，孟买批发分公司选择了USCO物流公司作为其物流服务商，共享其物流设施。他们之间的协议是一月一签约，并且是采用按件计费的收费方式。这样使得孟买批发分公司避免了支付人工、设备和设施等高额的管理费用，这同样给孟买公司更大的发展空间，并为他们的服务能力带来了更大的柔性。

随着客户订单的快速增长，对于不同客户订单的自动处理能力对于孟买公司的成功至关重要。而该能力恰恰是孟买公司的物流系统所不具备的，因此孟买批发分公司依靠USCO物流公司来帮助公司实现订单履行程序的自动化，并提供帮助该公司建立为顾客定制的条形码和标签的技术支持。孟买批发分公司同样也把公司所有的外向运输交给了USCO物流公司，这在一定程度上要比孟买公司自己与运输公司谈判签约所付的运费要低。

孟买公司的物流经理相信：共同配送与高的交付率和订单履行能力一起将帮助孟买公司为客户提供优于其竞争对手的服务，更重要的是，这种更具竞争力的优势将帮助孟买批发分公司树立良好的服务品牌。

2．城市物流

（1）城市物流的相关概念

城市物流是指为满足城市生产、生活而进行的物流活动。

城市物流的基本指导思想：在城市的不同地点，选择物流结点，利用物流结点的衔接功能、信息功能、管理功能来优化整个城市的运输网络，减缓城市的交通压力，使卡车运输准时、快速。因此，在城市物流中合理的选址、配置对城市物流有着十分重要的意义。

城市物流的特点：①从物流活动的范围看，城市物流是向城市范围内的众多用户提供物流组织和物流服务，货物的运距比较短，只在城市范围内，属于少批量、多批次、多用户的物流服务。②城市物流是城市交通规划和管理的重要内容，是城市功能得以发挥的有力支撑，是城市资源合理配置和有效利用的基础。尤其是经济发达的大城市，有必要建设具有综合物流功能的货物运输系统。

城市物流对缓解城市交通压力的促进：城市物流的任务是为处在城市里的零售商、工商企业和家庭，以城市可以承受的方式，通过科学合理地布置物流结点，达到经济高效地进行物资供应和废物清理，减轻城市的交通和环境负担。在现代的城市物流中，物流结点是必须考虑的关键问题。不仅能够帮助政府规范城市功能、提高环境保护、减少交通阻碍、增加就业率、提高市民的满意度，同时也是衡量一个城市地区经济发展水平的标志。

（2）城市物流的具体运作

可以通过提供具有合并、统一物流设施的场所（这些场所经常处于大城市的附近），减少市内交通流量，使那些来自于各个不同方向的用来做长途运输的卡车不进入城市中心（长途运输卡车上的货往往不属于单一顾客，而是大批货主）。这些满载的卡车在城市外部的物流场所（货运中心、货物集散中心、配送中心）卸货，凭借物流场所特殊的地位和先进的设施设备，将分散在各个生产企业、商业企业、客户手中的货物集中在一起，由物流场所的经营者（可以是国家、货运公司或者独立的第三方），根据货物的收货人按片区分组、拣选、配装，用较小的适合于城市内运输的卡车分送，以减少货运车在城市内的交错运送，从而缓解对城市形成的交通压力。

反方向同样成立。图 6-8 是德国德雷斯顿（Dresden）城市的城市物流运作模式。

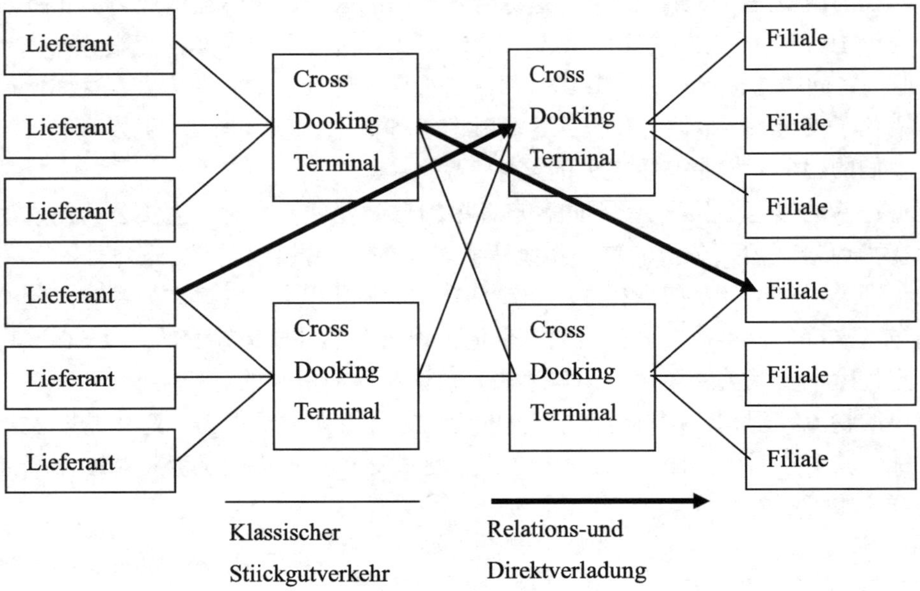

图 6-8　德国德雷斯顿（Dresden）城市的城市物流运作模式

（3）城市交通规划与物流发展相结合

城市物流的层次模式：在城市交通规划中，不同的城市对城市物流的组织模式、空间布局有不同的要求，但其布局的基本层次框架（如图 6-9 所示）是：①在城市外围区布置大型的货运中心，可以与其他地区、城市的货运中心实现跨地区物流联系，同时为下一级的货运中心（即城市配送中心，是实现城市物流功能的基本保证）提供货物的分拨或转运；②在城市各个不同片区布置各种类型的配送中心，集散片区内需要进出的货物；③针对各个不同的生产经营者（需求者）而规划的货运中转基本点，一般直接表现为商场、仓库或生产车间（如，当生产企业选择的是 JIT 生产方式的时候，零配件直接运送到生产车间所在地）。

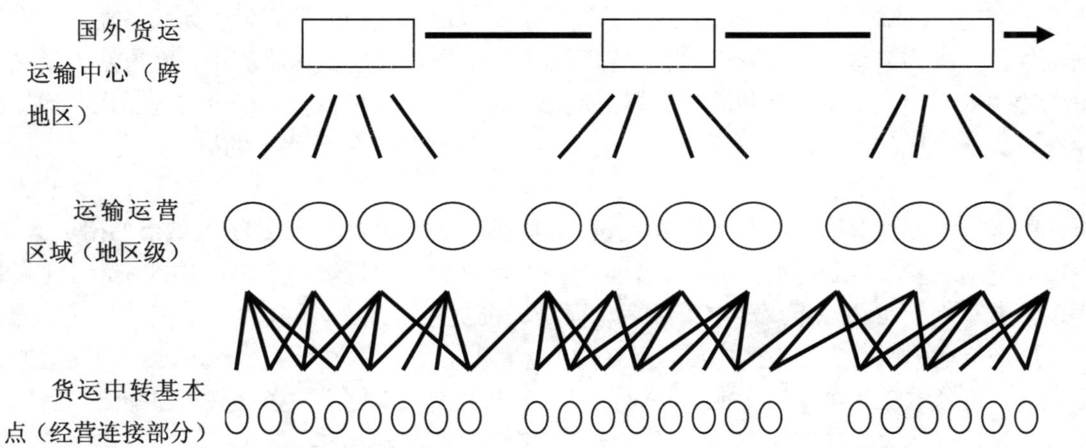

图 6-9　城市物流的层次模式

城市物流结点的选址：在城市交通规划中，必然要把物流结点包括在内。利用交通枢纽的优势，依托铁路、公路主干线、站点及现有仓储设施，根据所处地区的地理条件和经济条件，相应的建立不同特点、不同服务对象的货运中心和配送中心。

选址的影响因素：

①竞争；

②人力资源；

③使用冲突；

④基础设施；

⑤交通区位；

⑥旧设施负担/土地质量；

⑦法律方面的框架文件；

⑧投资。

在城市物流网点的选址问题上，可以参考几个原则：

①在工商企业集中的地方；

②在主要交通枢纽网处；

③网点所在地，要留有充裕的发展空间、地价经济；

④与其他网点邻近；

⑤不对周围居民生活环境造成影响；

⑥在城市的外围。

城市物流结点的选择问题：为使城市内物流与地区间物流及国际物流相结合，提高物流服务的质量，需要完善物流据点，配套社会资本以及通过各地区自身的努力，通过提高城市内物流效率，缓解交通拥挤，使卡车运输准时、快速。

在物流结点的建设与规划中，面临着典型的问题包括：

①在城市交通规划中，城市物流边界的确立，在何处设置多少物流结点；

②物流结点的类型、市场定位及客户群；

③物流结点的规模及物流设施的配置；

④物流结点的运作模式，投资方是否进入物流领域的运营；

⑤物流结点如何与工作伙伴、客户之间建立起长期稳定的战略同盟关系；

⑥如何实现信息化、网络化、规模化；

⑦为保证城市物流的效率化，如何建立起各种运输方式间的有效衔接，尤其是公路与铁路、水运之间，促进综合运输网的建设。

3．逆向物流

（1）逆向物流的提出

著名品牌 Estèe Launder 在全球范围年销售额达到 40 亿美元，但同时每年退货量、报废和损坏的数额达 1.9 亿美元，约占销售额的 4.75%。

在消费类电子业如：电脑，手机，电视，音响设备等，一年的退货额超过 150 亿美元（美国）。

在美国，退货从 1992 年的 400 亿美元上升到目前的每年 650 亿美元。

数字之巨耐人寻味，然而，惊人之数却只统计了一个品牌和一个国家，你完全可以把这些资料放大至少 5 倍估测全球同类状况。毋庸怀疑这里的金额数量足以支撑一个产业仍绰绰有余。而目前，这些数字依然以每年难以想象的速度递增。

从经济学理论角度来看，在垄断竞争的市场条件下始终存在经济资源有效性的利用效率问题，而规模经济与不经济性也持续地影响着企业的投资回报率。产品由彼及此反向流动至企业的现象自古有之，未来也不会消亡，当企业经济规模的基数不断庞大而又以更大的比率扩大，“蛋糕”已经是最初的 50 甚至 100 倍时，资源的利用和损失仍然会维持一定的比例关系，似乎这很合理。但不要忽视，损失的绝对数值也已同步增长到原来的几十倍了，加之以客户为主导的市场变化逼使企业为了保持自己的竞争地位必须调整战术接受许多隐性损失，如，自由的、无理由退货等，因而企业试图达到资源零损失率的完美资源利用几乎是不可能的。

对这一问题可以引出很多理论的探讨，但是从近些年实践的验证和结果来看，全球领先的知名企业如，通用汽车、IBM、3M、西尔斯、强生、Estèe Launder 等在某个特殊管理领域所实施的一系列计划控制措施和资讯化系统已经对上述问题的实际改善产生了积极影响，与此同时，获得了资源的充分利用、成本下降、客户满意度、环保多方面的综合经济效益和社会效益。这一特殊的领域就是：逆向物流管理，它和正向物流管理（产品由企业到消费者的物流过程），从来就是物流的孪生姐妹，然而，无论是理论界或是企业界过去的几十年对于它的注意太多的是匆匆而过，间或在一些物流论著中提及也只是蜻蜓点水。和正向物流在聚光灯下相比，她一直在后台默默地存在埋首了很久。

“逆向物流也许是企业成本可以降低的最后的未开垦地了”西尔斯物流执行副总裁曾这样说；在国外的一篇评论中说道：退货中孕育未知的机会，直到现在还是少有企业考虑过；而美国南佛罗里达大学教授，美国物流管理协会的资深专家詹姆斯司多克对逆向物流的描述更为精辟，他认为：公司对退货如何处置已经成为一项标新立异的竞争战略，并正成为拓展效率提高的全新领域。

美国逆向物流委员会 1999 年对各公司所作的专项调查表明当年的逆向物流成本超过 350 亿美元。

（2）逆向物流定义和价值发现

①逆向物流的定义

理论界对逆向物流概念表述有多种，目前较专业准确概括其特点的定义是：与传统供应链反向，为价值恢复或处置合理而对原材料、中间库存、最终产品及相关资讯从消费地到起始点的有效实际流动所进行的计划、管理和控制过程。逆向物流的表现是多样化的，从使用过的包装到经处理过的电脑设备，从未售商品的退货到机械零件等。然而对产品再使用和回圈的逆向物流控制研究却是过去的十年里才开始被认知和展开的。其逆向物流示意图如图 6-10 所示。其中较知名的论著是罗杰斯和提篷兰柯的《逆向物流趋势和实践》，佛雷普的《物流计划和产品再造》等。

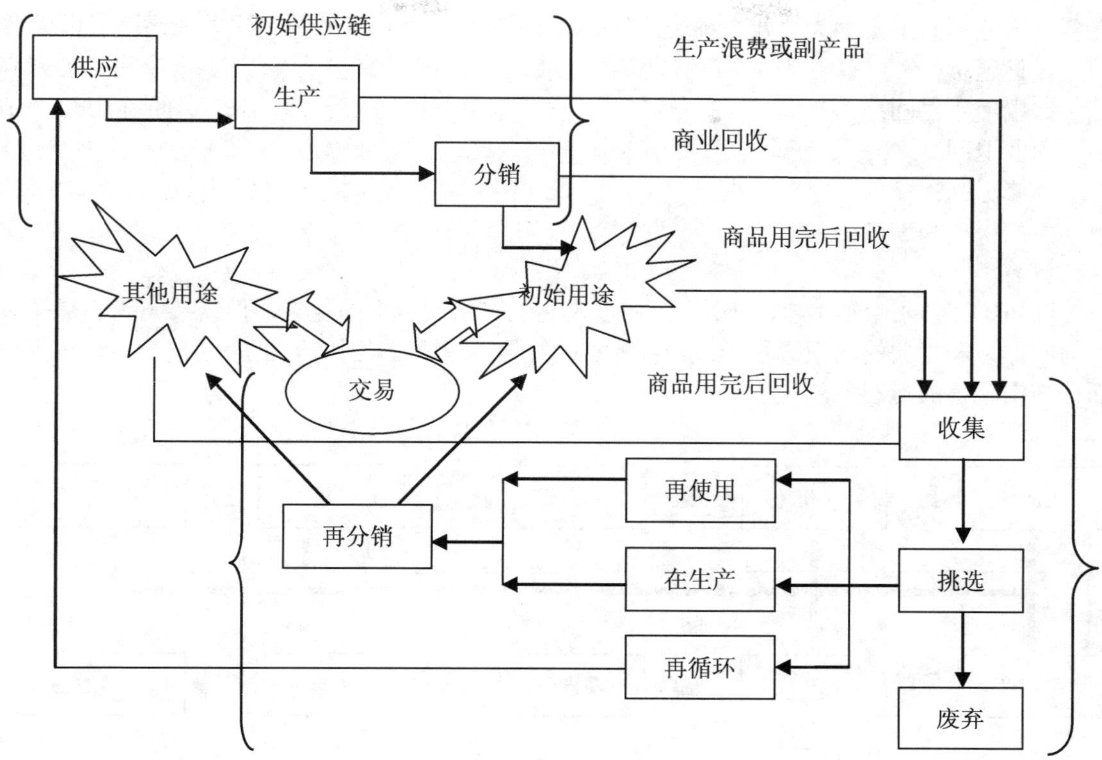

图 6-10　逆向物流示意图

②逆向物流价值

随着全球各类资源和生产能力的有限性愈加明显，已使用过产品及材料的再生恢复逐步成为满足急速增长的消费市场需求的关键力量。同时，各工业化国纷纷制定减少浪费的政策举措也促使材料回圈使用之理念逐步取代原有的“一次使用”的经济观。此外，消费者日益高涨的呼声要求企业最大限度地降低产品和加工流程对环境的影响，而生产者的相关法律责任也成为公众环保政策的重要组成部分。

在这些力量的推进下，过去的十年里产品的恢复再生无论在规模和范围上都有了巨大的发展，其中主要的影印机厂商：施乐，佳能等皆投入重力对已使用过的设备进行再生产，化工行业的多家公司近期正致力于已使用地毯的再回圈，柯达公司从 10 年前起就开始对一次性使用的相机进行回收，再使用和回圈。

这些全新的全球资源环境观和经济观演变是导致逆向物流有了突破性发展最重要的几个因素，因而在某种意义上，逆向物流还有“绿色物流”“环保物流”的美誉，然而对许多优秀企业而言，逆向物流还承载着另外一项重要职责，即它被专家认为是公司显示竞争力和领先优势的有效利器。

通用汽车，西尔斯，3M 以及许多在线零售商已经将逆向物流问题从后台的阴影下推向了高层会议的焦点议程中。因为他们清楚地知道有效的逆向物流系统和流程将使退货返回库存，在清理中心出售，或被拆卸为零件以节约成本，增加利润，并提高客户服务质量。

（3）逆向物流的类别及特点

①种类

作为企业价值链活动的一个特殊组成部分，逆向物流按其成因，途径和处置方式的不同在各种产业形态下归纳为这几个种类：

投诉退货；

终端使用退回；

商业退回；

维修退回；

生产报废和副产品；

包装。

图 6-11 勾勒出逆向物流的不同流向以及它们在供应链中的位置，但需要明确的是箭头方向并非总和相关的物理流程一致，它所描述的是供应链过程中产生的“逆向”的物品流动而非逆向分销的形态。

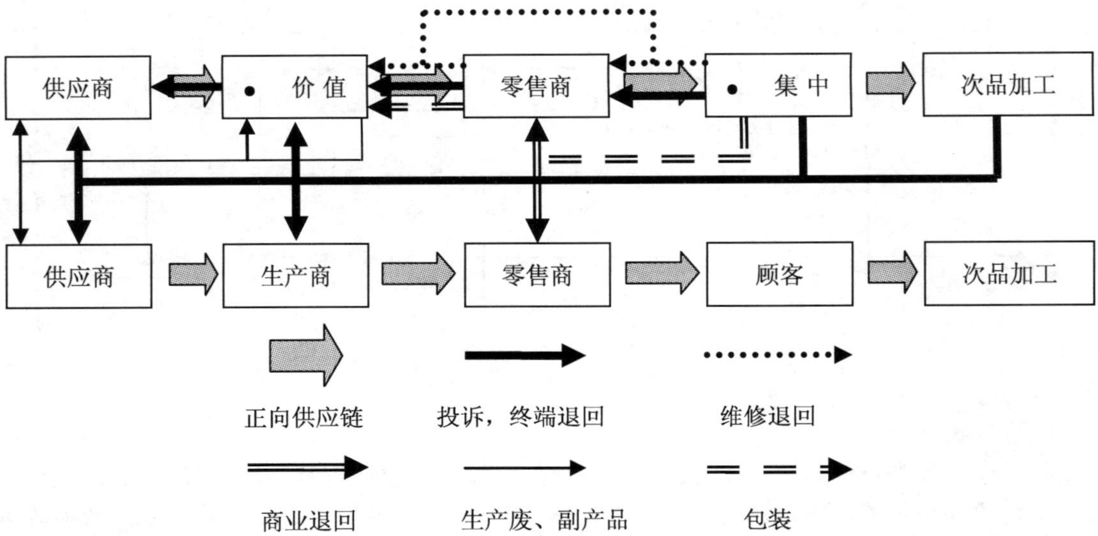

图 6-11 逆向物流在供应链中的流向

表 6-1 供应链中逆向物流的种类

类别	周期时间	驱动因素	处理方式	例证
投诉退货 运输短少、偷盗、质量问题、重复运输等	短期	市场营销 客户满意服务	确认检查、退换货，补货	电子消费品。如，手机等
终端退回 经完全使用后需处理的产品	长期	经济、市场营销	再生产，再循环	电子设备的再生产、轮胎修复等
		法规条例	再循环	白色和黑色家用电器
		资产回复	再生产，再循环，处理	电脑原件等
商业退回 未使用商品退回还款	短到中期	市场营销	再使用，再生产，再循环，处理	零售商品积压库存，时装，化妆品
维修退回 缺陷货损坏产品	中期	市场营销 法规条例	维修 处理	有缺陷的家用电器、零部件、手机
生产报废和副品 生产过程中的废品和副品	较短期	经济 法规条例	再生产，再循环	药品行业和钢铁业
包装 包装材料和产品载体	短期	经济 法规条例	再使用 再循环	托盘、包装袋等

如表 6-1 所示，这几种比较典型的逆向物流普遍地存在于企业的经营活动中，其所涉及的部门从采购、配送、仓储、生产、营销到财务部门，需要大量的协调、安排和处置管理跟踪工作来监督和配合才能完成资源的价值再生。可是在许多企业的物流实践中，这些活动不仅被忽视和简单化了，甚至被认为是多余的，由此造成巨大的浪费和资产流失。

②逆向物流的特点

和正向物流相比，逆向物流有着明显不同的特点。首先，其产生的地点、时间和数量是难以预见的，正向物流则不然，按量、准时和指定的发货点是基本要求；其次，发生地点较为分散、无序，不可能集中一次向接受点转移；再次，发生的原因通常与质量或数量异常有关；最后，处理的系统和方式比较复杂多样，不同的处理手段对资源价值的贡献有显著差异。

对这些特点重视与否是区分企业逆向物流管理能力和水准高低最直接的分水岭，也正如供应链管理的有效性和协同性如今成为企业管理的重要课题一样，逆向物流作为一种客体存在，在被发现其价值和战略内涵之前，通常只能被感知其表象性的一面如，退货、回收等，只有真正深入其内，穷究其里才能发现价值，重现价值。

（4）逆向物流管理问题

①在逆向物流流程中，经过的第一个阶段就是收集活动，即处理要求回收商品、剩余物或副产品的要求，并将这些产品或物质运往指定的地方，然后进一步检查和处理的活动。从这个意义上讲，确定产品或物质的地方、取汲、运输，并在相应地方进行储存都是属于收集活动范畴。在收集活动阶段，物流管理的主要挑战在于发生活动的不确定性，即在什么地方将用过的产品进行回收，回收量有多大以及回收的时间，这些问题对于规划和控制收集流程造成了阻碍。进一步讲，这些要素是整合前向供应链和逆向供应链的关键决定因素，因为逆向物流的发生也需要利用大量的管理资源和设施，例如：如何安排逆向运输、如何安排车辆，这种逆向物流活动对整个生态系统以及产业再使用活动会产生什么样的影响等。

②产品进入逆向物流后的第二个问题是产品质量问题，这个问题发生于挑选阶段，在该阶段需要决策产品或部分产品是否能再使用、再生产、再循环或者废弃，对于需要进入商业过程的产品，物质上的核查是必要的，这就涉及审核的标准以及途径等问题。

③再生产是一系列的过程，以对商品或物质再次进行加工或改造，使之成为可使用的产品，再生产过程中涉及的主要活动包括清洁、拆卸、替换或再装配。对于再生产活动，物流管理主要涉及的问题有产品拆除和拆装活动。一般而言，拆除活动一方面是一项劳动密集型活动，另一方面及时拆除活动需要大量的存储能力，这就涉及如何有效地组织再生产活动，并且在这个过程中，以最合理的存储水准支持再生产活动。对于很多企业而言，再生产是一个非常敏感的问题，由于再生产的对象是特定的产品，因此，如果有第三方能有效地介入其中，则能了解到全面深入的产品信息，这个方面有些类似于逆向工程，即在了解原有产品技术性能的基础上进行再加工或改造。

④再使用意味着返还的产品经过处理加工后，具有了良好的质量和使用价值，以至于能在相同的市场或转换的市场再次进行销售使用。这类产品通常包括可再使用的瓶子、容器、很多租赁的设备等，以及经过处理后使用过的产品。

⑤再分销主要指的是产品从进入市场直到销售者手中的全部物流活动，很显然这个活动涉及产品的储藏、销售和运输。此外，对可再使用产品的营销要求相关团体之间有效的沟通，并且具备一种机制以提供这种逆向商品流通的需求。

（5）逆向物流的信息技术

进入逆向物流链的产品信息收集包括：掌握什么样的商品、在什么时间、什么地点、在什么条件下、在什么地方会出现反流。更具体地讲，对于任何的逆向物流，运作人员必须明确退货商品或零部件的运作环境和条件，以及目前的退货商品是否已经满足。 具体示意图如图 6-12 所示。

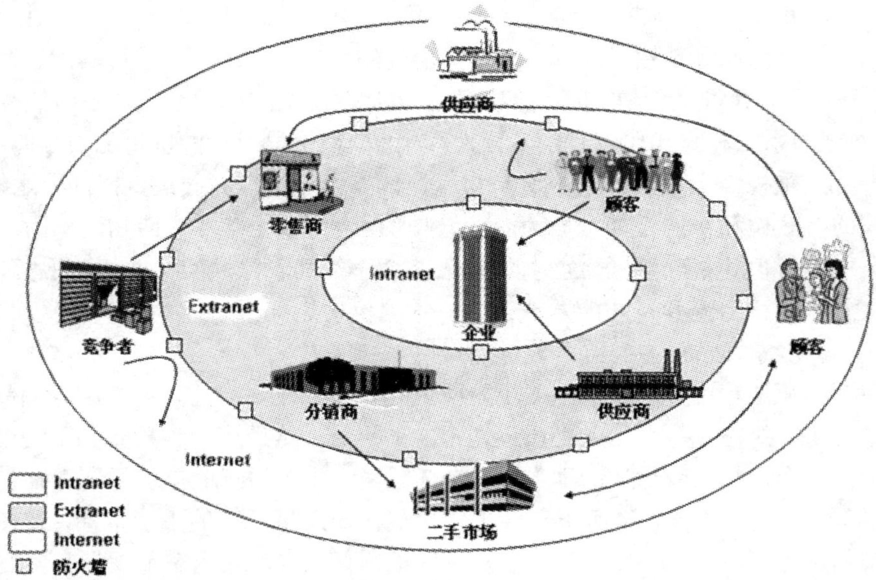

图 6-12 信息技术在逆向物流中的应用

①电子商务与逆向物流（如图 6-13 所示）

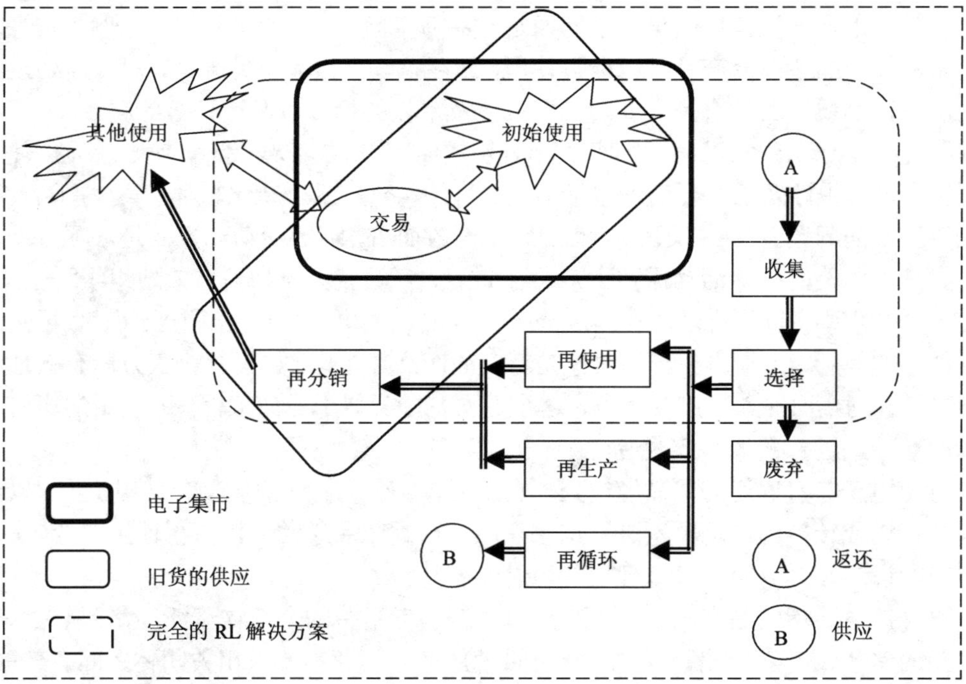

图 6-13 电子商务在逆向物流中的作用示意图

②支持逆向物流的电子商务框架

电子商务网上零距离接触的特点，使信息沟通的便捷性大大增大，物流企业可以很方便迅捷地了解到客户的逆向物流服务，使本来逆向物流产生地点分散、没有一定的规律性、不可能集中起来处理的难题得到解决，减轻了企业对逆向物流处理的压力。企业可以根据得到的信息对仓库、人员、设施的布局和任务进行调整，实现与逆向物流的对接，完善服务。

信息共享及时，便于上下游企业和顾客合作，使本来逆向物流作业系统比正向物流系统复杂很多、难以操作的困难在电子商务条件下变得轻易解决，客户、制造商、分销商的交流变得方便，客户出现的问题可以迅速地通过网络在供给链的某个环节得到解决。制造商和经销商可以借助网络在较大范围内进行资源配置，将更多的回收中心和逆向物流终端分布在各地，企业与客户之间的距离感逐渐减小。

③电子集市

电子集市的主要特性是其交易活动主要以产品为焦点，所有的旧货都在电子集市销售，潜在的顾客可以在电子集市获取相关的信息、表达自己的购买意愿，并且从事潜在的购买活动。

目前进入产品逆向物流的产品有很多，但是在电子集市进行交易的产品主要集中在计算机、电子产品和高技术设备。有些电子集市属于垂直整合型的，即这类电子集市只从事特定产品的网上交易，诸如旧车市场（AUCNET）以及用过的产品设备（www.bergerat-monnoyeur-tp.fr 等）。此外，还有很多电子集市提供综合的逆向物流产品交易，诸如针对生产浪费物的 www.metalsite.com、商业退货的 www.qxl.com 以及旧货和废弃物产品的 www.ebay.com。

电子集市的物流活动涉及到很多领域，包括库存管理、虚拟仓储、运输、线路规划、地点确认，以及建立和其他特定的物流作业。为了更好地实施电子集市的物流活动，一般都是采用第三方物流来代行部分或全部电子集市物流活动。

④用过产品或设备供应的电子商务模式

再生产部件或设备的促销与新产品促销的主要区别在于前者更多的是需求驱动，而后者是供应商驱动，对于旧部件和设备的供应，一般是由潜在的需求方提出所需物品的详细要求，然后由供应方实施详细的采购活动。在这种状况下，这种电子商务模式会有两个非常显著的特点，一是旧部件或设备的供应电子商务或多或少趋向于特定的地理范围，诸如 www3.sears.com 就只局限于美国市场。

其次，所需要产品的识别是这类电子商务成功与否的关键，这就意味着感兴趣的双方必须能相互接触，并且就交易的产品或部件确立一个共同、独特、清晰的框架。目前能解决这个问题的除了这类产品的目录外，大量的搜索引擎为寻求潜在的供应商提供了可能，例如：www.find-a-part.com 等。这类产品的识别还可以通过口头沟通以及借助互联网上对某些关键特性的进一步了解（如，品牌、描述、编码等）而得到强化。

⑤完整的逆向物流解决方案

这类模式在逆向物流电子商务中较为少见，其主要原因在于这类模式不是将电子商务作为既定实践和服务在逆向物流中的移植运用，而是完全构筑一个新的业务活动和运作模式。完整的逆向物流解决方案是在特定行业组织和运作全面的逆向物流活动（如，医药行业中的 www.returnlogistics.com 等）。通过这种模式，客户有两种选择：一是描述退货情况，在确立定额和协议价格的基础上，销售产品；二是确立他们要设置的逆向物流额度。

（6）跨国企业管理系统借鉴

然而要通过建立有效的逆向物流系统挖掘新的利润源和增强客户的满意度绝非易事，它需要资讯系统和运营管理系统两方面的支持才能奏效，当然其回报也是丰厚的。

回到本文开首，每年的巨额流失使 Estèe Launder 公司痛下决心改善其原先忽视的逆向物流领域，它于三年前投资 130 美元发展逆向物流的扫描系统、商业智能工具和甲骨文资料库，效果是显著的，在系统运转的第一年，它就为公司追回了原先要通过裁员和降低其他管理费用而产生的成本价值，然后，它对 24%以上的退货进行评估，而从中分拣出可以再次分销的数量是真正需要退回的 1.5 倍，从而节省了约每年 475 000 美元的人力成本，与此同时，公司销毁了退货量 27%的产品，原因是超过了保质期，这一数位已经从 1998 年的 37%降低下来。其主管部门经理预计今后的几年只要系统和营运的支持能够基于更严格退货时间限制，这一比例下降到 15%以下是完全可能的。

Estèe Launder 对这一管理系统的成功开发和运用并非偶然个案，IBM，通用汽车等企业也纷纷于几年前涉足这一特殊物流“油田”，进行深度挖掘、系统控制和强化现场管理，并相继探到和钻出了新的“油源”，而成本下降和服务满意度提高则是最直接的获益。

纵观这些跨国企业以及一些正在改善的优秀企业的管理实践，可以发现它们对逆向物流的管理主要侧重于四方面的把握：退回检验控制、恢复链流程确立、管理资讯系统整合、集中退货中心管理。这四方面在实际运作中是有机结合和相互关联的，任何一个因素发生异常都会影响到其他因素，进而影响整个系统的输出绩效，反之亦然。

我们就逆向物流产生中占主要比例的投诉和商业退回，对其中一些跨国企业的运营管理作一个简析。

①退回检验控制

a．退回检验首先要进行的工作是退货原因辨识，客户和经销商的投诉退货主要有以下几类：

运输短少：遗失整个产品、部件、包装等；

产品部件缺少：包装完好，内部配件缺少；

偷盗：内部或运输途中产品被偷；

订单输入出错：人工输入订单的产品或数量错误；

产品缺陷和质量问题：顾客或经销商投诉产品无法正常运行；

产品过期（产品过了保质期或有效期）；

重复运输：同一定单数量错误地重复送货。

b．在检验过程中，物流部门有专门人员负责和把关，根据公司的退货政策，仔细核对退货单据的原因是否和实际状况相符，经核查，确定其退回必要性以降低企业无谓的损失。该负责人员具有一定的授权和资源支持来保证一旦检验结果产生，所有相关程序的执行必须得到有效的实施和跟踪。

c．退货检验是一项常规的工作，而企业尤其是消费品行业其产品线的扩展和新品种的开发速度较快，管理层需及时将产品的更新资讯传递到逆向物流检验人员处，并定期给予这些人员产品质量知识和标准的培训，激励人员积极主动地发现新问题，为企业资源的“隐性流失”打上句号。

②恢复链流程

恢复链流程是逆向物流控制的主线，它和正向供应链方向相反，终点有两种可能：再分销、处置报废。

逆向物流的恢复链活动主要由回收、拣选、再加工、处置报废和再分销这几方面组成。

回收指收回退品并对其进行物理上的移动到某一地点以等待进一步处理的所有相关活动；

检验/分类表示对已回收产品的再次可用性和如何使用作出确定的一系列营运活动。它包括：拆卸、粉碎、检测、分检和储存这些步骤；

再加工则意味着将已使用过的或存在各类其他问题的退回产品进行加工，从而转换成再次可用产品的生产过程。这一过程有清洁、替换和再组装。如已使用地毯再回圈产生的尼龙、已用电脑和影印机的零件再生产等；

处置报废表明产品由于技术或经济的原因不能被再次使用故而被有控制和计划地报废丢弃的过程。形成这种状况是因为存在过度的修复需求以及没有任何满意的潜在市场，如过期。处置的方式有运送到指定地点的垃圾填埋和焚化。

再分销指将可再度使用的产品返回潜在市场并进行物理上的转移到未来使用者手中的过程。这个过程包括：销售（租赁、服务合同等）、运输和储存活动。材料的回圈使用和再生产的影印机租赁是典型例子。

恢复链过程的相关职责部门和正向供应链很相似，物流部门作为主导和推动部门对产品退回之后所有的流程活动和最终去向负责，而相关参与部门如，销售、财务、客服、生产、研发部门则在恢复链中各司其职与物流部共享资讯，共同配合，从而确保产品价值恢复及时获得。

③管理资讯系统

毫不夸张地说，逆向物流的资讯系统软体目前仍是 IT 软体的一块处女地，虽然先行一步的跨国企业独立地设计流程并开发了自有知识产权系统或将逆向物流的处理功能加入常规资讯系统中，然而多数的软体公司或企业的 IT 部门还没有对这一领域的系统产生足够的重视。“没有人计划发展商业性的逆向物流软体”约翰方达尼拉-AMR 研究中心的资深分析师在完成了逆向物流状况考察后曾这样说道。

逆向物流的资讯系统除了要求公司有足够的资源来建立外，还要求有足够的灵活柔性设计来处理逆向物流过程中的各种例外情况，乃至与公司内跨业务部门的复杂关联工作。然而，在企业中，逆向物流的软体似乎并非 IT 部门的优先开发专案，因此逆向物流软体的匮乏是一个普遍的现象，然而，它所孕育的商机也是惊人的，仅美国每年超过 350 亿美元的逆向物流成本，就可以想象这对软体业意味着什么。

Estèe Launder 在逆向物流软体产品缺乏的情况下，对退货产品的流程管理进行了个性化的软体定制设计，“先前对这些退回到仓库的产品的检验分类得花上几个月”，首席资讯官克里根回忆到。如今，专利设计的系统启动应用后，每一箱退回的商品到达仓库时都要经过扫描，扫描资料库会给出产品的失效期，接收系统将计算出产品是否还能在其他市场或 Estèe Launder 的员工店销售，或者捐给慈善机构而非丢弃。退货产品的库存水平根据最后的处理方式进行保存，只有当足够的退货进入仓库并在成本上最为经济时，它们才会被运出。

对退货资讯的归类和分别处理是一个良好的逆向物流资讯系统的核心内容，它们直接作用于追踪成本和退货过程的管理。有效的资讯系统一般对每次退货原因及最后处置编订代码，以实现即时跟踪和评估。

第 7 章　第三方物流组织变革

7.1　组织变革的动因

7.1.1　一般企业组织变革的动因

组织变革的动因是多种多样的，可以把组织变革的动因分为外部环境和内部诱因两大类。

1．外部环境因素

对组织管理和变革发生影响的外部环境包括：一般环境因素和特殊工作环境。一般环境因素包括：文化、科学技术、教育、政治、经济、社会结构、法制、自然资源、人口特征等许多方面。特殊工作环境主要是指那些与组织具有特定关系，对组织中的成员、结构和运行直接发生影响的外界环境。

（1）顾客

随着社会的发展，顾客变得逐渐成熟，进而对产品和服务的要求也不断提高，要在激烈的竞争环境下生存，企业就要研究这些顾客变化，不断提高顾客的满意度，这样就会建立起以顾客为导向的组织结构和工作流程。

（2）资源供应者

任何企业都不是孤立存在的，企业的经营离不开资金资源、原材料资源、人力资源、信息资讯等基本资源要素，企业的生产经营活动必须能得到资源供应者的有效协助才能顺利开展，所以资源供应者如，风险投资商、银行、供应商等组织的变动和政策等的变动会导致企业的组织调整，特别是对资源供应者依赖性很强的企业。如，一家依靠电信运营商生存的SP 企业，就很可能因为电信运营商的重新组合业务调整而变动自己的组织。

（3）竞争者

企业从创建的那一天开始就意味着必须要面对竞争，竞争环境的变化，主要竞争者的战略调整，竞争举动等都可能要引起企业的重视，为了在竞争中求得胜利，企业很可能通过组织变革来应对挑战。

（4）技术

科学进步引起产品升级换代，技术革新导致的产业结构变化，这就要求企业必须作出相应的组织调整。

（5）政府及其他社会利益代表

由政府、行业协会等组织出台的一些新法规、新政策，这些会直接导致企业进行组织调整。

总之，无论是一般的社会环境，还是特定的具体环境都在不同程度的发生变化，这些不同方面的外部环境的变化都可能对组织产生强烈的冲击，从而促使组织正常发展进程和工作秩序发生改变，致使产生变革的压力，引发组织变革。

2．内部环境因素

除了外部环境之外，内部环境也是引起组织变革的另一重要原因。所谓组织内部环境，是指组织成员的工作态度、士气、期望、个人的价值观念、人员素质的变化、组织结构、组织目标、组织冲突等方面的变化。在现实组织管理当中，现行的组织结构、设计和管理形态与职工期望之间存在很大差异。差异的扩大，将压抑组织成员的积极性。为了改变这种状况，组织必须变革。

（1）员工素质和组织文化

企业员工结构改变；员工素质及理念的改变；学历、经验、技能、工作态度、作风、期望值、价值观等发生变化；人员数量、规模的增减等都会是企业组织变革的动因。

（2）决策层的变化

推行现代企业制度的法人治理结构，决策层的人事变动及企业股权结构的变更而导致的管理方式的改变，新的决策者为了实现自己的利益，势必会对组织进行调整。

（3）信息技术在管理中的应用和升级

为了适应信息技术在企业管理中的应用和升级，企业就必须调整组织结构，优化业务处理流程。

（4）战略需求

企业战略调整和新战略目标的实现，都需要有与之相适应的组织结构，正所谓战略决定结构。

（5）企业自身成长的需要

根据企业生命周期理论，企业在创建后，由于外部及本身的原因，企业必然要争取成长壮大，企业成长的过程就是企业生理周期的变迁过程，企业处在不同的生命周期，需要有不同的组织结构与之相配套。

美国学者西斯克认为，如果一个组织内部出现了下列情况中的一种，那就是组织变革的征兆：①决策的形成过于缓慢，以致无法把握良好的机会，或者时常造成错误的决策。②沟通不良。③组织的机能不能得到正常发挥，效率低下。④缺乏创新精神，开发不出新产品，无法开拓新市场，组织发展处于停滞状态。

7.1.2 物流企业组织变革的动因与方向

随着经济全球化、网络化和信息化的发展以及社会分工的细化，物流在社会经济中的地位不断提高，传统的物流企业组织结构已不能适应和满足新的市场环境的变化和客户多元化的需求，物流企业组织结构进行创新，已成为物流企业对内提高组织工作效率和对外增强核心竞争力的关键。

1．物流企业组织结构变革的外部因素

（1）信息技术的发展

传统物流企业是在我国经济、信息技术水平低下的条件下产生的，从事传统意义上的仓储、运输，即进行成品配送和原材料运输、储存、存货、顾客服务等单项活动。经济的全球化、网络化、信息化，国外先进的信息技术源源不断地冲击国内传统物流结构，而现代的物流基础是信息技术，已经在物流各个环节改变其效率，如数据库管理系统、物流信息技术管理系统等。信息技术在物流活动中的运用，不仅大大提高了物流企业的运行效率，降低了物流成本，而且使得物流企业的组织结构高度地区复杂化成为现实，推动了物流企业的网络式发展。

（2）市场规模的扩大

长期以来，受计划经济时代传统的“重生产轻流通”观念的影响，我国的物流业一直是不受重视的冷门行业。但随着市场化改革的深入，物流业在我国已不再是单纯的运输、仓储、装卸、搬运、包装、加工、配送等企业的集合，开始以消费者提供成本服务为目标，逐渐向多功能、规模化和网络化方向发展。

如果从网络、功能、服务、业绩等方面综合评估，在我国的物流企业中，真正实力超群、竞争力强的则为数不多。“小”（经营规模小）、“少”（市场份额少、服务功能少、高素质人才少）、“弱”（竞争能力弱、融资能力弱）、“散”（货源不稳定且结构单一、网络分散、经营秩序不规范）是我国绝大多数物流企业存在的主要问题。与此相对的是，我国庞大的市场对物流企业的需求正呈现出不断增长的势头。

2006 年我国物流总额增长 24%，无论现价还是可比价，增长率都明显高出同期 GDP 增长。亚洲商业银行集团乐通投资集团（Latitude Capital）在其关于物流行业的年终报告中表示，2005 年在华物流支出已增至 3600 亿美元。物流产业继续为中外企业提供巨大的增长潜力。凭借其 10%的年增长率，该产业的价值有望在 2010 年达到约 5000 亿美元。其中大部分增长将有赖于中国供应链效率的提高。效率一旦提高，就会鼓励更多制造商将配送业务外包给物流企业。

物流市场规模的扩大令现有物流服务不足的缺点明显暴露出来。我国物流企业规模普遍偏小，功能单一，建立在此基础上的服务水平难以保证，小型物流公司“蒸发”现象时有发生。市场需求推动物流企业组织结构进行变革。

2．物流企业组织结构变革的内因

作为管理活动的主体和物流活动的承担者——物流组织，对现代物流企业的发展和竞争能力的发挥起着非常重要的作用。我国传统的物流企业组织结构与国际物流集团相比明显呈现出落后的状态。

（1）首先，在经济全球化的今天，物流企业不仅要面对国内同类企业的竞争，而且要面对国际上具有更高管理和经济水平的物流企业的竞争，竞争的加剧使企业的环境变得更加不稳定，传统的物流组织结构的信息传递系统落后，无法对顾客和市场的变化作出快速的反应。

跨国公司全球化战略调整后对物流业的需求增强，物流管理在使跨国公司降低交易费用、获得更大的成本优势方面，将起到更为关键的作用。我国传统物流组织，仅仅停留在对传统的仓储、运输企业向物流企业简单转型上，没有打破地域的界限和部门的垄断，难以根据客户和市场的变化，使物流管理活动快速、高效地进行。

跨国公司全球供应链不断向中国延伸。与之相应，中国企业必然要参与到跨国公司的全球物流管理之中，传统的物流组织结构不能与国际物流相接轨，以全球视角来看待物流管理及物流组织结构，必须确保管理工作能适应快速变化的市场环境。

加入 WTO 后，我国内外环境发生了很大的变化，客户对物流的需求也不断增加，并呈国际化多元化趋势。许多国内制造和流通企业迫于市场竞争的压力，努力改变营销模式挖掘“第三利润源”，物流服务外包的趋势增强，一体化物流需求增长很快，要求物流服务的范围越来越广泛。对第三方物流服务的数量和质量要求越来越高。特别是国内外资企业、合资企业，在物流招标中对物流企业提出了诸如知识产权、公共责任险和高层主管免受起诉等近乎苛刻的条件；跨国采购在我国迅猛发展，许多采购商要求在国内完成采购、货、分装等前端物流工作，到国外直接送达客户；国内中央及地方各级政府进一步强化政府采购行为；更多的客户除了运输、仓储等基础服务以外，要求加工、配送、集拼、联运、代收货款等。多样化需求需要提供多元化的产品和服务，而传统的物流企业组织结构都是按照不同职能工作划分权利与责任的，从而造成职能分割，仅对客户提供其职责范围内的服务，难以满足客户多元化的服务需求。

（2）多元化的产品。渠道和客户需求导致管理流程的复杂化和维护费用的上升，传统的物流企业过细的职能分工却造成了企业机构臃肿，组织僵化和部门间的内耗，使企业整体运行效率降低。2006 年，全国社会物流总费用为 38 414 亿元人民币，物流总费用与 GDP 的比率为 18.3%，比 2005 年下降 0.2 个百分点。近年来物流总费用与 GDP 的比率虽然实现了持续下降，但这一比例仍然接近发达经济体的两倍。现行物流的客户满意度不高，比如工业企业对物流代理的满意度不高，不满意的原因依次是：成本高；反应慢；产品破损多。

为追求组织内部行为和外部环境变化间的均衡，物流企业必然要根据环境变化的需求而进行组织结构的变革。

3．物流企业组织结构变革的发展方向

在全球市场化的激烈竞争中，21 世纪的物流是形成多元化网络所必需的全球物流，物流业将呈现信息化、网络化、智能化、柔性化、标准化和社会化的特征，物流组织也必须适应环境的变化，向更科学合理的方向发展。

跨国物流企业规模大、实力强、经验丰富，具有强劲的国际竞争力。具有代表性的竞争手段有：高度重视物流解决方案设计；在服务操作上严格执行统一的服务标准；坚持严格的质量管理制度；以信息技术和信息网络贯穿物流整个服务过程。在组织结构方面，目前世界大型物流公司大多采取总公司与分公司体制，采取总部集权式物流运作，实行业务垂直管理。从事物流业务、承担全程服务时，只能有一个利润中心，其他各个机构、各个部门都是成本中心，一切听从利润中心的指挥，一切为利润中心服务，从而不断提高企业对环境、技术和市场急剧变化的适应能力。

7.2 企业组织结构类型及特征

7.2.1 企业组织结构的基本类型

企业组织结构是指企业内部的机构设置和权力的分配方式，按照企业内边界考虑的企业管理组织和作业组的组织形式主要有直线制、直线职能制、事业部制、矩阵制。在一些讨论公司制企业组织的文献中，常常把企业集团的组织结构也作为一种管理组织形式。

1．企业组织的产生

企业的出现是近两三百年的事，它是社会生产力发展到一定水平的结果，是商品生产与商品交换的产物，在资本主义社会之前，也有一些手工业作坊，它们并未形成社会的基本经济单位，从严格意义上讲，这些手工业作坊不能称之为企业。因为那时自给自足的自然经济占统治地位，社会生产和消费主要是以家庭为经济单位。尽管有些作坊具有一定生产规模和一定量的劳动者，但生产的产品只是为部落、家族、奴隶主、封建皇室享用，不是为了进行商品交换，不发生经营活动，故也不是企业。只是到了资本主义社会，随着社会生产力的提高和商品生产的发展，社会的基本经济单位才发生根本的变化，才产生本来意义上的企业。

企业的初期形态，主要是由资本所有者雇佣许多工人，使用一定的生产手段，在分工协作的基础上从事商品的生产和交换而形成的。由于企业这种组织形式能较好地应用当时社会的科学技术（主要是机器、设备），能显著地提高劳动生产率，能大幅度降低成本，带来高额利润，能集中、大量地生产商品，满足日益增长的社会需求，因而社会生产力有了长足的发展，企业就是在这样一个漫长的演变过程中逐渐成为社会的基本经济单位的。

2．企业组织结构的演进

随着企业的产生和发展及领导体制的演变，企业组织结构形式也经历了一个发展变化的过程。迄今，企业组织结构主要的形式有：直线制，职能制，直线-职能制，事业部制，模拟分权制，矩阵结构等。

历来认为直线式的等级制度最有效，命令可以畅行无阻地层层下达，这是工业时代典型的企业管理形式。不过，这种管理系统依赖的条件是：现场要有大量精确的反馈，决策的性质大致相同。如果决策者面临的问题是重复性的，种类又不多，经理人员就能够收集到与它们有关的大量信息，而且能从以往的成败中积累有用的经验。

今天，森严的垂直等级制度正逐渐失效，因为它所依靠的两大根本条件已难以为继了。摆在决策者面前的问题，种类日见繁多，除了复杂的技术、经济决策外，政治、文化、社会责任也压得他们不胜其苦，而现场的反馈却越来越小。就绝对数量而言，领导部门从来没有掌握过这么多来自下层的信息，其数量之大，绝非一个经理能够吸收和处理。可是，与当前问题的规模和多样性相比，与越来越快的节奏相比，反馈又少得可怜。超工业革命大大分化了企业所处的经济、技术和社会环境，要求它更迅速地作出多种多样的反应。由于要求、机会和压力日益变化无常，从时间上讲，有关的信息更难逐级向上；或者说，最上层的领导更难以在任何一类问题上积累起大量的经验。上下之间的距离不单纯是层次过大或过多，还在于需要处理的数据种类越来越多了。

这样一来，就企业内部而言，决策的层次应该越来越低，才能见效。因此，公众参与势在必行。也就是说，企业管理权是从集中走向分散，企业的组织结构是从金字塔型走向大森林型（也有人称之为扁平型或网络结构）。所谓金字塔型组织结构，就是企业管理组织从结构上层层向上，逐渐缩小，权力逐级扩大，有严格的等级制度，形成一种纵向体系。大森林型组织结构则是减少管理层次，形成同一层次的管理组织之间相互平等，横向联系密切，像一棵棵大树组成森林那样形成横向体系。一个良好的企业，必须有一个良好的组织结构。现代企业的外界环境与以往传统企业的外界环境比较，发生了一系列变化，它形成了一系列新的特点，也加剧了现代企业外部环境的动态性、复杂性。企业为了求得自身的生存和发展，依据外界环境的变化和自身的条件，进行新的战略调整，环境发生更大变化，战略经营决策就要进行相应调整或重新决策。而且还要看到，现代企业经营的地理范围、产品范围扩大，形成跨地区、跨国界的经营，向世界发展。这样一来，过去那种金字塔型的管理组织结构就难以适应现代动态环境和经营的变化，必须寻找新的组织结构形式。大森林型组织结构就是在这种形势下产生的。

从国内外企业发展的情况分析，大森林型组织结构大体上有以下几种类型：

（1）分厂制代替总厂制。即把规模庞大、产品众多的企业，或按产品，或按生产工艺，或按销售方式，分解成若干个各自相对独立的分厂，享有相应的权力，总厂对分厂进行目标、计划等管理。分厂之间是平等的、横向联系的关系。

（2）分层决策制代替集中决策制。即各分厂或各独立经营的单位享有决策权，在总厂的整体目标指导下，按照自身的条件和特点进行决策，而不是由总厂进行包揽，改变过去那种集中统一的决策形式。

（3）以产品事业部代替职能事业部。实行事业部制，是从金字塔型向大森林型发展的一种重要形式。它是按计划、开发、生产、销售、财务等职能部门进行划分。现在，国外许多企业在这个基础上进一步发展，实行按产品划分，建立产品事业部。实行按产品来划分事业部，不仅让各产品事业部去管生产，而且管产品规划、研究开发、市场销售，并且加强各事业部的独立核算，这就使得各事业部具有更大的自主权。

（4）分散的利润中心制代替集中利润制。许多国家的企业把内部各部门按生产、销售特点划分为若干个利润中心，这种利润中心除承担一定利润任务外，可以依据自身情况进行独立的经营活动，成为一个相对独立的经营单位。这样，各个利润中心的建立，改变了过去那种只负责生产或销售，不负责盈亏，利润最后集中到企业总部才能反映经营的状况。

（5）研究开发人员的平等制代替森严的等级制。大森林型的组织结构还表现在企业内部研究开发人员与各级经营决策人员建立平等关系，可以在一起进行平等的、自由的讨论，而不是像金字塔型结构中等级森严，“官大一级压死人”。

随着现代企业管理组织结构的改革，还将出现许多不同形式的大森林型结构。我国的经济体制改革，从纵向管理体制上，就是要减少层次，改变政府包得太多，统得太死的现象，让企业在市场上成为独立的商品生产者和经营者，企业之间是平等交换关系，形成网络型管理。在企业内部，权力下放，建立分厂或成立事业部，划小核算单位，实行层层经济责任制等，这实际上也在改金字塔型结构为大森林型组织结构，有不少企业内部已形成了大森林型组织结构。

有人预测未来的企业组织可能有以下几个特点：① 组织将在一种动荡的环境中经营，组织必须经受住不断的变化和调整，从管理结构到管理方法都将是柔性的；② 组织规模日益扩大，日益复杂化，组织将需要采取主动适应型战略，以进行其动态自动调节过程而寻求新的状态；③ 科学家和专业人员的数量将增多，职工队伍素质不断提高，他们对组织的影响将不断扩大；④ 企业管理将重点放在说服而不是强迫职工参与组织的职能工作。

有人认为将来最有效的组织，不是官僚主义结构，而是可塑的“特别机构主义”。将来组织是由一些单元或组件构成的，任务或目标完成后可以拆卸，甚至可以扔弃。构成组织的各单元之间并没有上下级关系，而只具有横向的联系。组织的决策也同产品和服务一样，即不是统一的和标准的，而是因时制宜的。

7.2.2 企业组织结构模式发展方向及演变类型

一个组织如果只保持今天的眼光，今天的优点和成就，必将丧失对未来的适应力。因为一切事物都在变化，维持现状，就不能在变化了的明天中生存。未来的企业组织如何变化，朝着什么方向变化，是人们关心和探索的问题。

1．企业组织结构模式发展方向

企业外部环境的变化，已使得传统的层级制结构难以适应其日益动态化的要求。不管是U型组织结构，还是M型、H型组织结构本身存在的局限性，已成为新时期企业组织进一步发展的智障。总的看来，当前企业组织结构变革呈现出非层级制趋势，它要求减少甚至消除“高耸型”层级制组织中常用的直接监控方式，而主张采用自我管理、文化价值观等形式的组织手段。总之，这种非层级制趋势或者是从层级制结构内部的对立面上对层级制结构进行进一步发展完善，或者是从层级制结构的外部对层级制结构的根本否定，并体现出以下几个特征：

（1）由纵向科层结构向横向扁平结构转变。传统组织结构均是按照工作的相似性来进行职能分工和部门化，纵向层级链较长，从而管理和信息成本较高，降低了组织灵活性。而现在，通信技术的快速发展和员工素质的不断提高，使得大量复杂的信息能被迅捷传输和及时处理，从而可以大大压缩组织纵向层次、扩大管理幅度等，致使整个组织结构扁平化，组织的适应能力和战斗力也大为增强。

（2）组织状态由刚性向柔性转变。所谓“刚性组织”是相对“柔性组织”而言的，传统的“刚性组织”以规章制度为中心，坚持正式的职权层级和统一指挥的原则，作业行为简单化、常规化和标准化。而这在产品开发周期不断缩短、市场需求瞬息万变的今天颇显迟钝。因而，组织结构需柔性化，以充分利用其所掌握的资源，增强其对环境不确定性变化的应变能力。这主要表现为集权与分权、稳定与变革的统一，并常采用微型组织结构、核心开发计划、策略联盟等形式增进组织的柔性。

（3）组织边界由清晰向模糊化转变。即组织结构的无边界化倾向，这主要是因为在新环境中经营的企业，仅凭其单个力量难以实现充分利用市场机会和资源的目的。它主要包括：组织本身打破内部各种不必要的部门分割，再造企业流程，强化组织内部的沟通和协调能力；消除企业、客户和供应商之间的外部障碍，要求组织与外部利益相关者加强信息交流和共享，必要时还可与它们（包括竞争者）建立策略联盟，共同应对市场变化，这样一来，组织边界就变得有点模糊了。

（4）由组织的非人格化向人性化转变。传统的组织设计强调“因岗择人”和组织的刚性，很少考虑到人的因素。这在智力资本成为构筑企业核心竞争能力主导来源的今天，已不合时宜。因此现代企业需注入人格化的因素，如，推行弹性工作制、工作轮换、职务丰富化、网络办公等制度，让员工能充分感受到组织浓厚的人文氛围，为广大员工提供一个“人尽其才”的机制和环境。

（5）由强调组织的“硬件”能力向强调组织的“软件”能力转变。以前，组织追求的是诸如土地、机器设备、资本等“硬件”要素。而在知识经济时代，企业的战略资源是知识资源，企业的竞争优势主要来自于对知识资本的有效开发和管理。这时，“组织”这个有机体应更多地强化其“自组织”和创新等“软件”能力，不断提高组织的学习能力。

2．企业组织结构模式的演变类型

面对新经济环境下出现的多角度、多形式、全方位的挑战，企业唯有变革原有的组织结构模式，才能立于不败之地。根据詹姆斯·昌佩和尼丁·诺利亚在他们所撰写的《管理的变革》一书中的描述，未来的企业组织应该是以信息为基础，在组织上分散而又被技术紧密连接，有快速敏捷的应变能力，既有创造性又有团队合作精神。具体而言，主要表现为：

（1）网络型组织结构模式

所谓网络型组织是指企业间的一种联盟方式，它把若干个具有某种经济联系的、相互分散且具有独立法人资格的企业通过资源、品牌、信息、服务等要素连接而形成一种实体或虚拟企业组织形式。它是一种超越了传统组织边界和空间障碍的“功能群体”。根据组织对其所属资产的控制力和影响力大小，可把网络组织结构分为外部网络组织和内部网络组织。

①外部网络组织是基于传统组织边界外的一种企业与企业之间的组合形式，企业相互之间的控制力和影响力比较弱，其主要实现形式是企业战略联盟。企业联盟是一种介于传统的合约关系和紧密的股权关系之间，关系较为松散的组织形态。那么企业间为什么不选择一体化整合战略或直接在市场价格机制下进行交易呢？其中最重要的原因是现代技术进步和社会进步产生需求多样化、个性化的张力，同时要求企业提高生产多样化、定制化产品的能力。而且现在的企业愈来愈追求把规模经济、范围经济和速度经济融为一体，这使得企业在整合和改进内部能力的同时，还需要企业与外部企业之间建立比市场交换更加紧密、比管理协调相对弱些的战略联盟。

更为重要的是，企业可通过战略联盟来获得使用他方优势资源的机会，能够实现强强联合和弥补公司的“战略缺口”。因此那些专业化程度较高的企业，特别是那些跨国公司都寻求通过合约或非合约关系，如建立 R&D 联盟、销售联盟等形式来共担风险，共享市场利益，实现优势互补。

②内部网络组织实质上是传统职能型企业结构的对外扩展，是指集团公司发展到一定规模或阶段后基于交易费用问题和组织适应性等原因而分化成若干个分公司（或一直分解下去），它一般以产品或地理区域为中心，各子公司都具有独立法人资格。由于母公司主要通过股权安排来形成对子公司的控制，因此相对外部网络组织而言，它拥有较强的控制关系。

为了适应新环境要求，从 20 世纪 90 年代开始，各跨国公司纷纷进行以分权化、扁平化、多元化为特征的组织结构调整，变革后的公司总部从传统的决策中心变为支持性和战略协调性机构，只保留一些诸如主要零部件采购、主要人事任免等职能，而把具体的生产经营决策、甚至是技术研发等职权下放到各分公司。而且各公司还注重通过建立组织内的讨价还价机制和经理人激励机制等措施来实现公司内部的市场化，把母公司与分公司之间传统的“命令-执行关系”转化为“协商-交易关系”，以强化它们的竞争意识和“企业家意识”。如通用电气公司的组织结构就是一种典型的内部网络结构模式，它取得了自由和控制之间的平衡，有效协调了公司规模和效率间的矛盾，从而大大提高了这一巨型跨国公司的灵活性和适应能力。

总之，不管是以战略联盟为主的组织外部结构调整还是以分权化、扁平化、多元化为特征的组织内部结构重组，都表现为企业组织结构的一种网络化趋势。

（2）水平型组织

根据亚当·斯密的分工理论，传统的企业组织大都被设计成诸如韦伯、法约尔等古典管理学派所倡导的等级制森严的金字塔型结构。时至今日，这种结构模式已正在逐渐失效，而团队工作形式开始显示出它的优越性。现在许多知名公司（如，摩托罗拉等）均大量采用了工作团队形式，最大限度压缩组织层级、增大管理幅度，使整个组织呈水平状或原子状，从而称之为水平式组织或原子式组织。

水平式组织主要采用团队工作形式，其特点是高度分权，极力打破部门与部门之间的界限，把决策权下放到团队成员手中，从而组织灵活性较强、组织效率和适应能力都较高。工作团队也有很多形式，而且不同的工作团队形式起着不同的作用。如，史蒂芬·P.罗宾斯就根据团队存在的目的，把企业的工作团队分为三种类型，即问题解决型团队、自我管理型团队、多功能型团队：①问题解决型团队是指其成员主要针对如何改进工作程序、工作方法、操作技能，互相交流意见并提出各种建议，但这种团队很少有权力对各种建议进行决策及采取行动，如质量管理团队；②自我管理型团队被授予较大的决策权和自主权，并有权调度完成任务所需的资源；③多功能型团队是为完成某项技术性和复杂性很高的任务而组织的，它由来自同一等级、不同工作领域、不同部门的专业人员组成，任务一完成即自行解散。

（3）虚拟型组织

所谓虚拟组织是指“运用技术手段把人员、资产、创意动态地联系在一起。”换言之，它是指由多个独立的企业法人实体，为迅速向市场提供产品和服务、在一定时间内、通过电子契约结成的动态联盟。它本身不具有法人资格，也没有固定的组织层次和内部命令系统，是一种开放型组织。但它是以某一企业组织为核心建立起来的，美国学者赖克把这一核心企业组织称为战略经纪人，而把虚拟组织中的其他成员组织称为问题解决者。

虚拟组织中各专业合作成员是经纪人组织通过竞争招标或其他方式精选出来并结合在一起，迅速形成各专业领域中的独特优势，实现对外部资源的整合利用，从而以强大的结构成本优势和机动性完成单个企业难以承担的市场功能，如产品开发、销售等。而且各加盟成员共同分担成本费用，共享活动成果，项目目标一旦完成，虚拟组织就宣告解散；当有了新的目标，“战略经纪人”又组织新的合作者，组成新的虚拟组织。显然，这不同于传统企业内部的一体化扩张，它是通过与其他企业合作或联盟来扩大组织的经营规模与范围，拓展组织的边界。在某种意义上说，虚拟组织结构是一种无边界的、动态的网络结构，是网络型组织结构的一种极端形式。

（4）学习型组织

学习型组织理论最早出现在 1990 年彼得·圣吉所著写的《第五项修炼》中，但当时作者并没有给出“学习型组织”的具体含义。彼得·圣吉认为应该通过“五项修炼”模型，即自我超越、改善心智模式、建立共同愿景、团队学习、系统思考来提高组织的学习速度和能力，发现、尝试和改进组织的思维模式并因此而改变组织的行为，从而成为一个成功的学习型组织。但这只是理论上的构建，在现实中如何具体化为组织行为，这已成为当前企业界探讨和实践的热点。一般来说，首先，要建立一个适合于组织学习的结构模式，力争消除结构制度方面的“组织的学习智障”；接着，就是要重塑企业文化，营造组织的学习氛围，培育组织的学习习惯，让学习融入员工的日常行为；最后，企业应加强与外部组织的交流和沟通，组建知识联盟，积极汲取外界知识。总之，学习型组织的构建不能脱离组织结构、管理模式、组织文化而孤立存在。

（5）自适应型组织

所谓自适应型组织是指那些能根据环境变化而有能力从根本上改变自我的组织，也称之为自我设计型组织。它如同一种生命体，当遇到险境或受到某些伤害时，能够通过自我调整和自我修补来适应新的环境或再生出新的机体组织以继续生存下去。而这种适应能力的获得正是组织不断学习的结果，因此也可以说自适应型组织就是学习型组织的拓展和应用，它促进了学习型组织的发展。

7.3 物流组织的发展

由于物流工作地理位置分散、通常跨行业运作，因此没有绝对对错的组织结构存在。处于竞争中的两个物流企业，可能使用截然不同的两种方式来组织企业的事务。每一个企业都会用独特的能力来满足被其视为关键客户的需求，每个企业也在试图形成不同的竞争优势。

企业正在尝试着用前所未有的变革来满足市场需求，适应新的机会。纵观物流组织的发展过程，可以归纳为以下几个阶段，如图 7-1 所示。

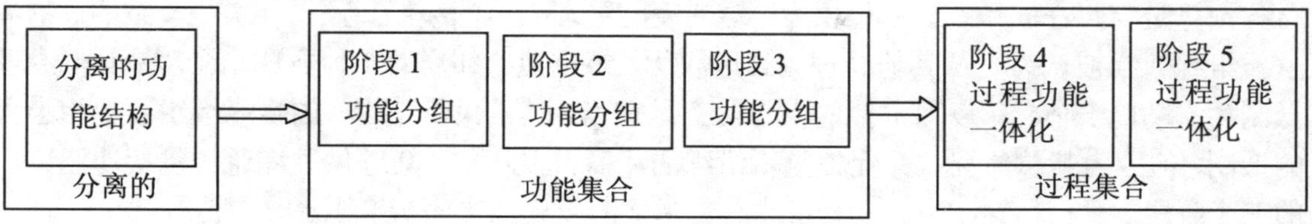

图 7-1　物流组织的发展过程

（1）分离的功能结构

20 世纪 50 年代前，通常只把物流的功能局限在便利和支持工作上面，因而物流的组织责任遍布整个工厂各部门。这种部门分割的现象，意味着物流方面工作缺乏跨职能方面的协调，从而导致重复和浪费，信息常常被扭曲和延迟，权力界限和责任常常是模糊的。只有当经理们认识到对总成本需要控制、机构需要重新组织，并将物流功能结合进单一的管理团体中去之后，物流结构才得以作为一体化的组织。如图 7-2 所示。

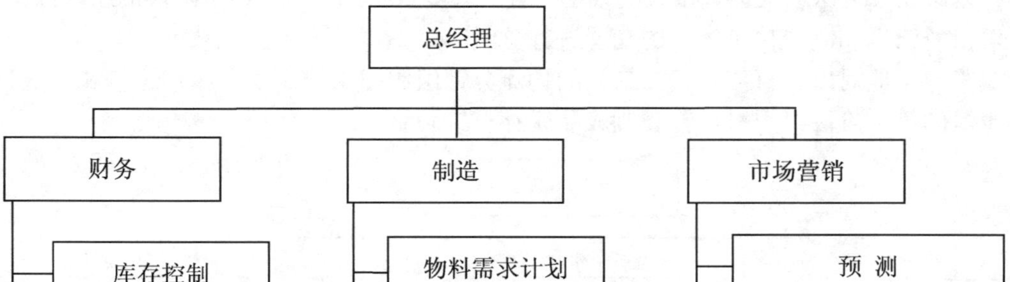

图 7-2　分离功能结构

（2）功能集合阶段

物流功能的集合会形成单一的命令及控制结构。人们认为，如果所有的物流工作被整合进一个组织中去，这些功能将会管理得更好、利益互换会分析得更清楚、更便于确认最小总成本方案。但也受到了来自于其他部门经理的抵制，因为会涉及重新分配管理权限和责任。财务预算是与责任联系在一起，权力、透明度与管理人员的编制、预算补偿是一致的。物流重新组织通常被认为是从其他经理处夺取权力、透明度、补偿的一种方法。这也是其他经理抵制物流功能一体化，以保卫他们权力的充足理由。其结果是：统一的物流组织面临相当大的抵制，但因为其总体利益又促使重新组织的厂商日益增加。其进化过程通常包括功能集合的三个阶段。

①第一阶段组织，20 世纪 50 年代末 60 年代初：将两个或更多的物流功能在运作上进行归组，而对总体的组织层次不做重大改变。最初的集合就只能发生在职能部门及组织的直线管理层。在这个最初的发展阶段，很少有涉及采购和分销物流一体化的组织单位。

图 7-3 举例说明了一个有代表性的阶段 1 物流组织。尽管物资配送和原料管理单位已完全分离出去，它们仍分别用来集合其相关功能。当一体化物流的潜力在一个企业中得到确认时，一个或两个统一的运作集中点就出现了。在市场营销领域，集中点通常围绕在客户的周围。在制造领域，集中点通常发生在进入原料或零件采购阶段。除少数例外，大多数的传统部门并未改变，组织层次也未做大的改动。对于大多数组织结构，第 1 阶段的组织改变只包括了对市场营销和制造传统领域的功能进行分组。

缺陷：不能对库存直接负责。最初的物流分销组织通常控制了仓库、运输和订货程序，只有少量的第 1 阶段组织对运输和制成品库存直接负责。

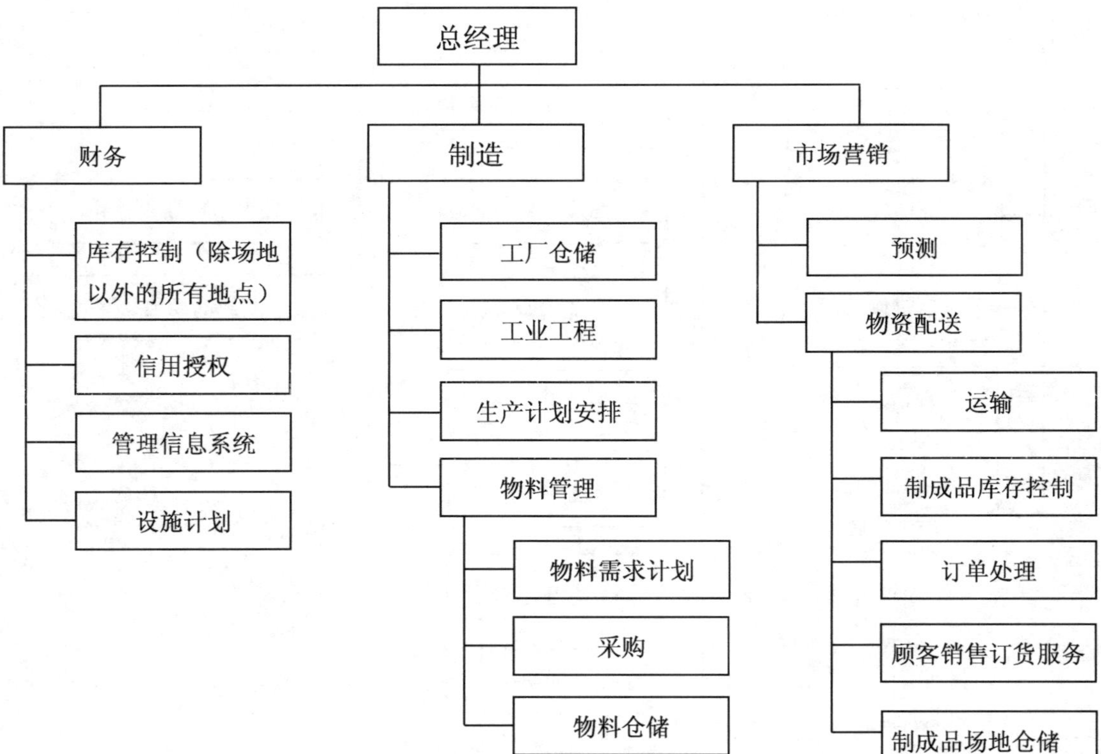

图 7-3　阶段 1 物流组织

②第二阶段物流组织，20 世纪 60 年代晚期、70 年代早期。当企业赢得统一的物流运作

经验和成本利益时，就开始向第二阶段组织进化了。此时，物流被单独挑选出来，并提升到一个更高的组织权限和责任的地位。将物流定位到一个更高的组织水平上可增加战略影响。为了创建第二阶段的组织，在总的组织结构中，必须分派功能，并在高层次上给创新的组织定位。在第二阶段组织中，还没有完全的一体化物流单位的概念，一体化仅集中于物资配送或物料管理，部分原因是由于全神贯注于特定功能的绩效上，如订单处理或采购，它们被视为对传统运作至关重要；另一个原因在于缺少跨功能的物流信息系统。

第二阶段组织的一个重点在于物资配送和物料管理的一体化开始被金融界、制造商和市场营销等对象认可。在第二阶段组织中，一体化单位通常是商业战略中的主要贡献者。这个阶段的组织在今天的工业中可看到，它仍能很好地保持作为最能被采纳的促进物流的方法。

被提升的物流功能取决于企业的主要业务性质。如图 7-4 举例说明物资配送被重组和提升。

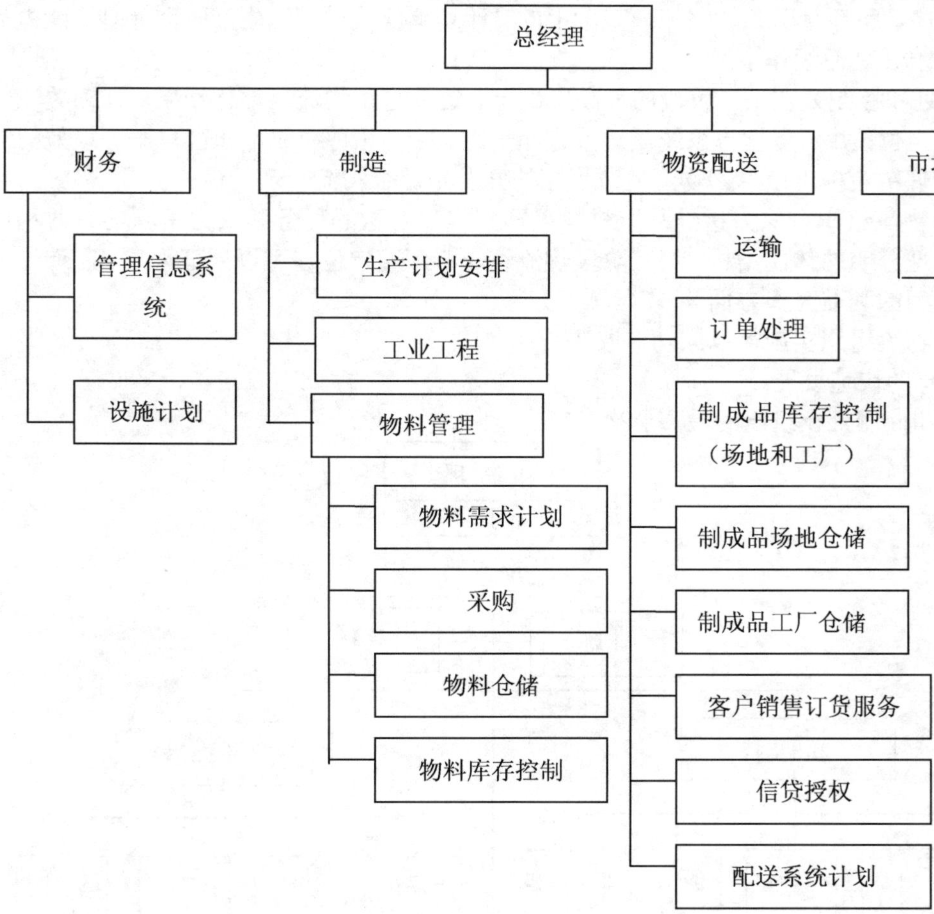

图 7-4　阶段 2 物流组织

③第三阶段物流组织，20 世纪 80 年代初。作为物流复兴的第三阶段的物流组织出现了。这种组织试图在一个高层经理的领导之下统一所有的物流功能与运作。图 7-5 展示的物流组织的广泛性是少有的，今后也是罕见的。第三阶段组织结构层次的趋势是清楚的，它将实际上可操作的许多物流计划和运作功能归于同一个权力和责任之下，目的是对所有的原材料和制成品的运输、储存进行战略管理，以使其对企业产生最大的利益。

物流信息系统的快速发展，促进了第三阶段物流组织的形成。信息技术可用来计划和运作彻底的一体化物流运作系统。第三阶段物流组织的几个方面需要做进一步讨论：

a 物流的每一个领域：采购、制造支持、物资配送等被组合构建成一个独立的直线单元。直线领导的权力和责任可使每一项支持服务在总的一体化物流框架内完成。由于运作责任的领域得到很好的界定，作为一个单元，它对制造、采购及物流配送的支持得到同等对待，每个单元均可以灵活适应所在领域的关键需求，地区之间也可以综合运作。

b 归类在物流支持下的 5 个功能被定位为运作服务，这使得总的物流一体化机构能给这些共同的服务确定方向，重要的是强调物流支持并不是一个职能部门，而是直线部门，管理每日的物流工作。它被建成矩阵负责制，可在物资配送、制造支持和采购运作间进行直接沟通。

c 物资资源计划包括了计划和协调运作管理信息的全部潜力。订单处理开始了物流系统的运作，并产生需要的完整数据库。物流资源计划促进了一体化。计划是建立在产品/市场预测、订货程序、库存状况和战略能力基础上的。计划单位通过协调生产时间计划、能力计划以及原料需求计划而运作生产。

d 总的计划和控制处在第三阶段的最高层次上。这促进了物流一体化结果。计划关注的是长期的战略定位，并负责物流系统质量改进和重组。控制几种在成本和客户服务绩效的测量上，并为管理决策提供信息。物流控制程序的开发是综合物流管理的最关键领域之一。

第三阶段物流组织方法为指导从原材料采购到客户发送等财务和人力资源的有效利用提供了一个条理分明的体制结构。第三阶段物流组织将厂商定位在可以处理采购、制造支持和物流配送之间的利益互换方面。

第三阶段物流组织实施得以成功，取决于：

a 物流信息的快速发展；

b 的计划和控制处在组织的最高层次。

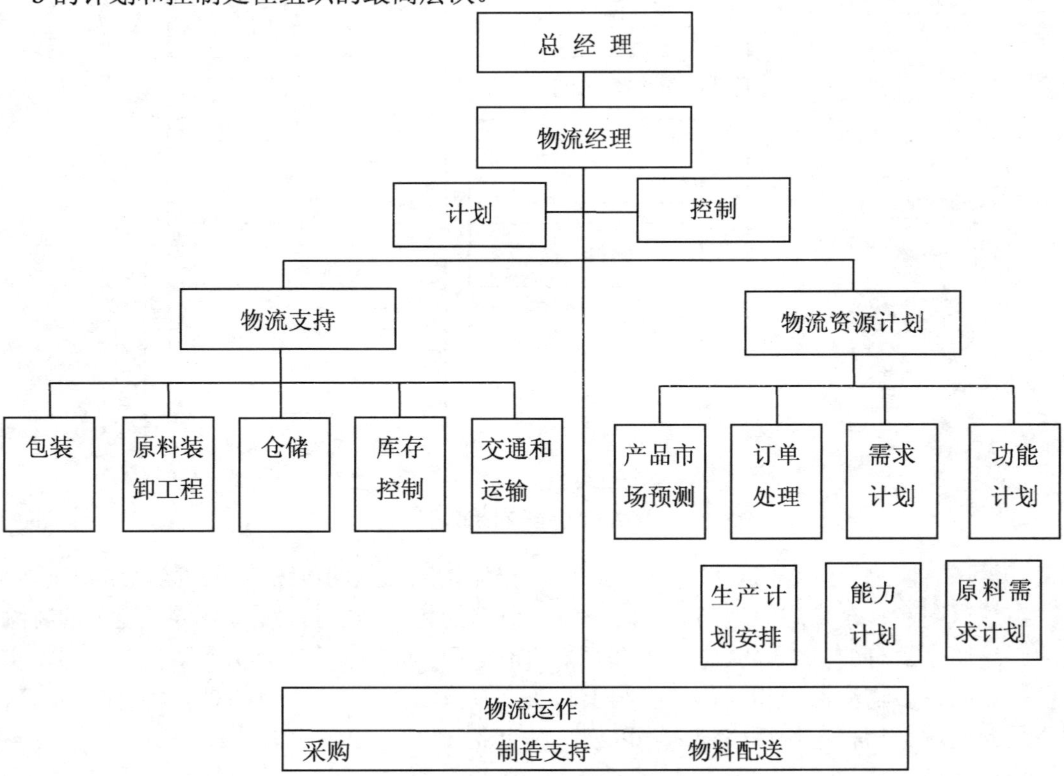

图 7-5 阶段 3 物流组织

结论：功能集合阶段的显著特征趋势：从职能制转到直线制或职能直线相结合的组织结构；首席物流经理向上提升从而使副总裁或副董事长人数有所增加；扩展责任以包括更多的功能；集中点外向转移，增加了市场营销、生产、金融和数据处理相互间的时间分享；着重点从以时间为基础转移到更广泛的经济和技术问题；认识到物流管理需要更科学的方法。

（3）过程集合。不受功能集合或分隔的影响，着重点从功能向过程转移。

①第四阶段：一个明显的趋势是物流组织努力朝着以过程为导向的管理转化，垂直层次组织可转换成一个以过程为导向的水平组织的模式，如图 7-6 所示。

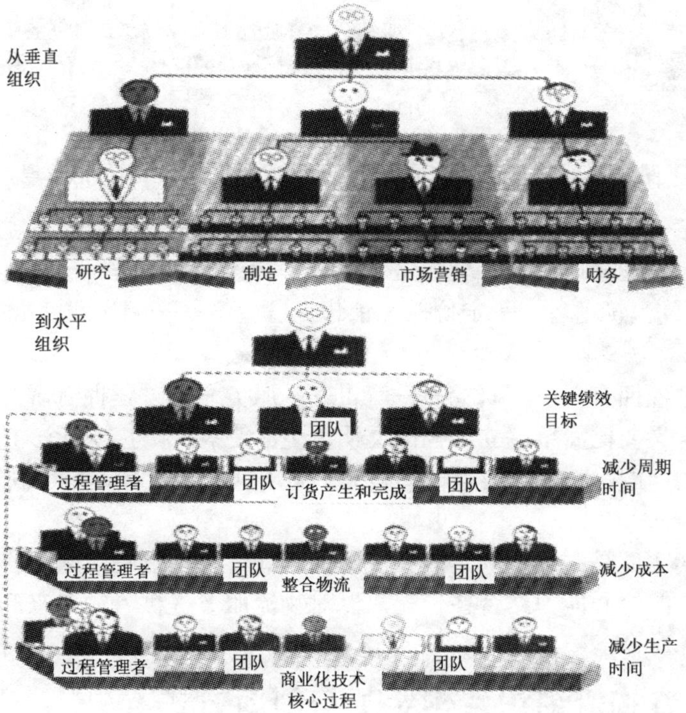

图 7-6　从垂直层次组织到水平组织模式的转换

21 世纪的组织概念被设想为由三个因素组成：第一，大力开发适宜于自我指导的工作环境；第二，通过管理过程而非功能提高生产率，这个观念永远是整合物流的核心；第三，迅速精确的信息分享有利于组织的一体化实现，使信息技术替代组织层次，成为新企业的承重结构。

将物流作为过程管理的奋斗目标在于三个方面：第一，所有的努力必须集中于对客户的增值方面。只有当一种活动能带来客户价值增值时，其存在才是正当的。所以，一项物流承诺必须基于这样的动机，即客户需要特殊的物流活动。物流经理必须发展这种能对外在因素进行思考的能力；第二，能从组织的角度认可物流作为过程的一个组成部分；第三，在一个过程的框架中完成的工作应该有利于综合，即以最小的投入取得最大的产出。实施过程管理，对于一个物流组织而言，关键的问题是：在实施过程导向时，能够和应该保留多少层次结构？一个组织应如何建立结构，才能有效管理像全球物流那样的复杂过程，而不是变得过度官僚？

②第五阶段：在结构之前：虚拟性与组织透明性。

正式的层次命令及控制组织结构将被非正式的电子网络即虚拟组织所取代。关键的工作队伍会用电子连接、用整合的方式完成至关重要的活动。物流的未来组织，应该在组织实施中实行功能分隔，将注意力集中于工作流而不是结构，如图 7-7 所示。

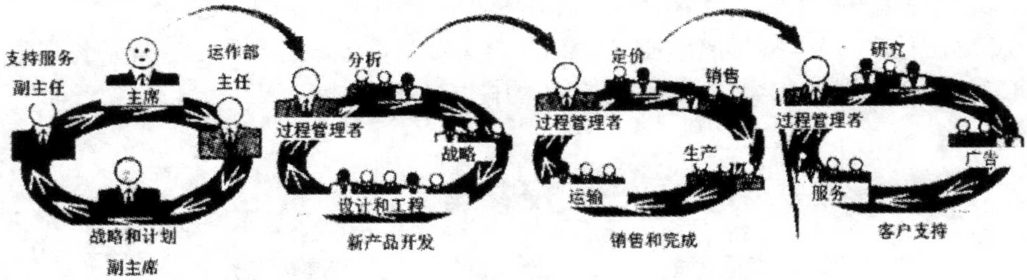

图 7-7　水平企业：这是跨部门的管理，不是自上而下的管理

领导层：主席——运作部主任——战略计划副主席——支持服务副主席——主席；

新产品开发：过程管理者——分析——战略——设计和工程——过程管理者；

销售和完成：过程管理者——定价——销售——生产——销售和完成——运输——过程管理者；

客户支持：过程拥有者——研究——广告——服务——过程拥有者。

虚拟组织的含义要比简单建立结构的透明度更广泛。必须注意一个对管理联盟的奋斗目标具有重要意义的问题：一个单独存在的实体，为了共同的目标，即可联合多种力量，也可使它们解散。

所谓虚拟，其实质是：不用固定的和灵活的形式，将可以在一起工作的厂商组合起来，使它们具有的单个的核心能力结合在一起，以对物流服务提供者的未来产生重大影响。

7.4　第三方物流组织架构变革与创新方式

7.4.1　第三方物流组织变革与创新的内容、方向

组织创新的主要内容就是要全面系统地解决企业组织结构与运行以及企业间组织联系方面所存在的问题，使之适应企业发展的需要，具体内容包括：企业组织的职能结构、管理体制、机构设置、横向协调、运行机制和跨企业组织联系六个方面的变革与创新。

1．职能结构的变革与创新

要解决的主要问题包括：

第一，走专业化的道路，分离由辅助作业、生产与生活服务、附属机构等构成的企业非生产主体，发展专业化社会协作体系，精干企业生产经营体系，集中资源强化企业核心业务与核心能力。

第二，加强生产过程之前的市场研究、技术开发、产品开发和生产过程之后的市场营销、用户服务等过去长期薄弱的环节，同时加强对信息、人力资源、资金与资本等重要生产要素的管理。

2．管理体制（组织体制）的变革与创新

管理体制是指以集权和分权为中心、全面处理企业纵向各层次，特别是企业与二级单位之间权责利关系的体系，亦称为企业组织体制。其变革与创新要注意以下问题：

第一，在企业的不同层次，正确设置不同的经济责任中心，包括投资责任中心、利润责任中心、成本责任中心等，消除因经济责任中心设置不当而造成的管理过死或管理失控的问题。

第二，突出生产经营部门（俗称一线）的地位和作用，管理职能部门（二线）要面向一线，对一线既管理又服务，根本改变管理部门高高在上，对下管理、指挥监督多而服务少的传统结构。

第三，作业层（基层）实行管理中心下移。作业层承担着作业管理的任务。这一层次在较大的企业中，还可分为分厂、车间、工段、班组等若干层次。可以借鉴国外企业的先进经验，调整基层的责权结构，将管理重心下移到工段或班组，推行作业长制，使生产现场发生的问题，由最了解现场的人员在现场迅速解决，从组织上保证管理质量和效率的提高。

3．机构设置的变革与创新

考虑横向上每个层次应设置哪些部门，部门内部应设置哪些职务和岗位，怎样处理好他们之间的关系，以保证彼此间的配合协作。改革方向是推行机构综合化，在管理方式上实现每个部门对其管理的物流或业务流，能够做到从头到尾、连续一贯的管理，达到物流畅通、管理过程连续。具体做法就是把相关性强的职能部门归并到一起，做到一个基本职能设置一个部门、一个完整流程设置一个部门；其次是推行领导单职制，即企业高层领导尽量少设副职，中层和基层基本不设副职。

4．横向协调的变革与创新

有三个措施：

第一，自我协调、工序服从制度。实行相关工序之间的指挥和服从；

第二，主动协作、工作渗透的专业搭接制度。在设计各职能部门的责任制时，对专业管理的接合部和边界处，有意识地安排一些必要的重叠和交叉，有关科室分别享有决定、确认、协助、协商等不同责权，以保证同一业务流程中的各个部门能够彼此衔接和协作；

第三，对大量常规性管理业务，在总结先进经验的基础上制定制度标准，大力推行规范化管理制度。这些标准包括管理过程标准、管理成果标准和管理技能标准。

5．运行机制的变革与创新

建立企业内部的“价值链”，上下工序之间、服务与被服务的环节之间，用一定的价值形式连接起来，相互制约，力求降低成本、节约费用，最终提高企业整体效益。改革原有自上而下进行考核的旧制度，按照“价值链”的联系，实行上道工序由下道工序考核、辅助部门由主体部门评价的新体系。

6．跨企业组织联系的变革与创新

前面几项组织创新内容，都是属于企业内部组织结构及其运行方面的内容，除此之外，还要考虑企业外部相互之间的组织联系问题。重新调整企业与市场的边界，重新整合企业之间的优势资源，推进企业间组织联系的网络化，这是新世纪企业组织创新的一个重要方向。

7.4.2 第三方物流企业组织变革与创新模式类型

在我国现阶段经济改革过渡时期，企业组织创新可划分为三种模式：战略先导型组织创新模式、技术诱导型组织创新模式、市场压力型组织创新模式。

1．战略先导型组织变革与创新模式

从创新的动力源看，战略先导型组织创新的动力主要来自于企业战略导向的变化。在企业高层管理者对内外环境变化的预见或快速反应的驱动下，企业首先将企业家的智力和时间资源以及相应的物质和组织资源集中投入到企业战略的变革上，分析外部环境和内部条件、确立组织视野、明确目标规划、调整产品结构，实现战略创新。在此基础上，一方面转变观念、形成新规范、调整人际关系，进行文化创新；另一方面，则着眼于重新配置企业责权结构，使结构创新适应战略创新和文化创新的需要。

战略先导型组织创新的本质在于，由企业战略创新启动，文化创新、结构创新同步进行，从而实现企业战略创新、文化创新和结构创新的动态匹配。正是这三类创新的协同匹配，使战略先导型组织创新表现出带有企业内源性根本组织创新的特点。战略先导型组织创新模式的实现除了要求企业家具有战略眼光和超前决策能力外，还要求企业必须在快速发展的产业环境中，具有充分的成长空间，并能够有效利用各种信息源，尤其善于创造性学习借鉴外部组织创新的经验，以尽量减少创新成本。

2．技术诱导型组织变革与创新模式

从创新的动力源看，技术诱导型组织创新的动力主要来自于企业新技术的发展，尤其是企业带有根本性的产品创新导致的产品结构的变化。由于产品结构的变化，企业的部门设置、资源配置及责权结构都要有相应的调整，从而引发结构创新。在结构创新的基础上，企业价值观念和行为规范会发生潜移默化的转变，完成渐进的文化创新。结构和文化的逐渐变化又会进一步诱致企业战略创新。因而，技术诱导型组织创新总是表现为由结构创新到文化创新，再到战略创新的逻辑顺序。

技术诱导型组织创新的最大特点是源自企业内部产品结构的变化，并由此引起的结构和文化调整也是逐渐进行的，一般不至于导致企业组织在短期内的整体变化，因而，技术诱导型组织创新属于企业内源性的渐进组织创新。技术诱导型组织创新是企业中常见的组织创新类型，尤其是对于那些正由单一品种生产向多元经营转化的企业来说，适应新产品生产经营的需要，就要进行相应的组织创新。应该注意的是，这种类型的创新应该首先从开发、生产和销售的技术条件和管理条件的角度，考察新产品与企业原有产品之间的关系，以避免机构重叠和资源浪费；其次，结构创新和文化创新应该保持连贯性和循序渐进性，以避免打破企业原有的平衡；第三，一旦结构创新和文化创新得以实现，应适时进行战略调整，使企业战略真正转换到多品种生产经营上来。

3．市场压力型组织变革与创新模式

从创新的动力源看，市场压力型组织创新的动力主要来自于市场竞争压力。市场竞争压力迫使企业求生存、谋发展，努力通过战略创新、文化创新和结构创新来保持和提高企业核心能力，靠持续的技术创新赢得竞争优势。对于我国大多数企业来说，市场压力型组织创新更多地表现为由文化创新启动，进而诱发大规模战略创新，最终以反复的结构创新来实现企业组织创新的逻辑顺序。

市场压力型组织创新属于企业外源性创新，但它既可能是渐进的，又可能是根本性的，这要视企业具体的内部和外部环境而定。由于我国大多数企业的战略、结构和文化都急需重组，因而，对于国有企业来说，市场压力型组织创新多表现为从文化创新开始的企业根本性创新。而这种转轨或过渡一旦完成，市场压力型组织创新将主要表现为渐进性创新，而且将成为企业日常占主导地位的创新类型。

一般来说，表现为企业根本性创新的市场压力型组织创新，要求企业首先要有转变观念的内在需要，最高管理层和基层员工都要意识到竞争的压力；其次，要有进行根本性战略创新的勇气，适应市场的需要重新配置企业资源；第三，要熟悉市场变化、明确竞争来源、及时准确地把握各种内外部创新源的变化，尤其要善于学习外部组织成功创新的经验，以尽量降低创新成本。

7.4.3 我国第三方物流企业组织变革与创新的主流模式

目前，我国企业组织创新的主流模式为战略先导型组织创新模式与市场压力型组织变革模式，此模式之所以成为主流，既与其符合我国经济转型时期特点有关，又与其适应当前世界经济发展大趋势相联系。我们可以看到：即使在市场经济相对发达的国家，由于近年来高新技术的飞速发展和产业经济结构的调整，经济发展正逐步由资源依赖型向知识依赖型转变，致使企业带有根本性的战略先导组织创新也层出不穷。

而战略先导型组织创新模式的主导模式是“业务流程重组”，市场压力型组织变革模式的主导模式是企业并购。

1．业务流程重组

业务流程是企业为达到一个特定的经营成果而执行的一系列逻辑相关的活动的总和，而业务流程重组则是企业为达到组织关键业绩（如，成本、质量、服务和速度）的巨大进步，而对业务流程进行的根本性再思考和再设计，其核心是业务流程的根本性创新，而非传统的渐进性变革。业务流程重组属于企业内源型的根本性组织创新，创新的动力源来自于企业家精神或企业战略导向变化，强调由战略创新启动，战略、文化和结构创新密切配合，因而，业务流程重组是典型的战略先导型组织创新。另外，选择这种模式，必须考虑如下几个方面的影响因素：

第一，企业所处的环境正在发生深刻变化，如我国经济体制改革这样的大规模制度创新或像世界范围的高新技术革命引发的技术经济模式的变革，而这种创新或变革又深刻地影响到企业所在产业的发展，使产业结构发生深刻变化。这一切将成为企业重新考虑自身生存和发展问题的必要条件，也是进行战略先导型组织创新的重要外部环境。

第二，这种根本性的创新必须源自企业自身的内在需要，必须由企业家的战略眼光和超前决策来推动，而且还能够从企业家思想、经验以及外部组织变革的启示中获得足够的创新信息以顺利实现创新。

第三，围绕核心能力的提高和未来发展，战略、文化和结构的创新必须紧密配合。

第四，战略、文化和结构的根本性创新必须能够保证企业核心能力的稳定和持续提高。

我国企业在选择业务流程重组这种战略先导型组织创新模式时，必须考虑以上四个影响因素。如果不能对这些影响因素做全面而细致的分析，就选择进行企业业务流程重组，那将是非常盲目的。我国企业在进行业务流程重组时，必须要有明确的战略视野，也要有相应的管理哲学和观念变革的方法，这样才能达到适应环境变化、重新配置企业资源的目的。

2．企业并购整合模式

物流企业兼并重组的趋势十分明显。这种趋势的背后是整个市场环境的变化及由此带来的对物流服务的新需求，在这种需求的推动下，整个物流行业正在经历着巨大的变化。

在具备了内外部的并购环境，第三方物流企业必须根据各自产品和服务的不同，选择合适的并购形式，加强综合物流服务能力，增强核心竞争力。并购的类型可以分为横向并购、纵向并购以及混合并购。

（1）横向并购

物流企业的横向并购是指供应链物流同一个环节的功能由复数物流企业共同承担或转移到其他专业物流企业承担，即生产同类产品或提供同类服务的物流企业之间的并购。两个物流企业之间的并购就是横向并购，例如：企业通过横向整合社会资源构建跨地区的产品流动网络系统，形成水平一体化物流，通过同一行业中多个企业在物流方面的合作而获得规模经济效益。

横向并购适用于并购后能实现规模经济的企业。横向并购容易生成规模经济，产生技术和管理上的协同效应，即 1+1>2 的效应，实现规模效益递增。横向并购带来规模经济的协同效应可以分为三类，即技术上的协同效应、管理上的协同效应和市场上的协同效应。

①技术上的协同效应。生产技术的不可分性存在着规模经济的潜能。只要边际收益大于边际成本，厂商扩大生产就有利可图。并购后企业可以实现生产要素的优化配置与专业化经营。比如，在技术方面，物流企业之间的并购可以采用射频技术、全球定位系统等高新技术，扩大技术的适用范围可以降低企业成本。在运输方面，可以选择合理的运输方式、确定最短的运输路线，实现整车运输和混载运输等运输大批量化，提高运输效率、减少运输成本。

②管理上的协同效应。高效的管理作为一种资源同样具有规模经济的特性。并购企业通过裁减重复职能部门和人员，建立一个崭新的、统一的管理组织，达到管理资源的共享从而产生收益。另外，企业在并购后，可以对原来的供销网络进行整合，或利用对方的现成网络，建立统一的供销网络，例如：企业通过横向整合社会资源构建跨地区、跨行业的产品流动网络系统，促进物流效益，带来物流成本的下降。

③市场上的协同效应。横向并购的市场协同效应主要体现在两方面：减少了物流行业内的企业数量，提高了市场集中度，形成潜在垄断力量，可以有效抵御国外物流巨头的竞争。解决行业整体生产能力扩大速度和市场扩张速度不一致的矛盾，使资源配置更为集中合理，有效降低竞争的激烈程度，保持市场的供求平衡和行业内的利润率水平。

（2）纵向并购

物流企业的纵向并购是指供应链中的物流企业把其承担的功能转移到供应链的上游或下游，前者称为上游替代，后者称为下游替代。物流企业采用纵向并购的方式，可以降低交易费用。交易费用理论的权威罗纳德·科斯指出："市场运行是有成本的，通过形成一个组织，并允许某个权威（实力雄厚的企业）来支配资源，就能节约某些市场运行成本"。按照科斯的观点，企业并购，尤其是纵向并购，是在比较运作成本的基础上，某种企业组织对市场的替代，其目的是为了减少经营活动的交易费用。在物流业务外包、第三方物流业务发展迅速的今天，纵向并购成为当今物流企业并购的一种重要方式。

纵向并购适用于经营的产业比较多，包括有志建立和形成自己核心价值链的物流集团公司。纵向物流资源整合的结果形成垂直一体化物流，要求企业将提供产品或物流服务的厂家（商家）和客户纳入管理范围，并作为物流管理的内容，实现从原材料到最终消费者的每个过程对物流进行一体化管理。另外，交易费用的高低是由资产的专用性、交易的不确定性和交易发生的频率这三个因素的不同组合所决定的。

①资产的专用性。资产的专用性指为特定交易或服务而投入的资产。对物流企业而言，资产专用性指自身拥有的耐久性、专门性的投资，包括物流人力资本专用性、信息技术专用性、网络专用性、物质资产和专项资产专用性等。专用性越高，退出成本就越高，也就是说阻止其他物流企业进入同一经营领域的壁垒就越高。企业面临的是一旦需求方发生矛盾，就可能陷入亏损甚至处于破产状态。通过以低于其平均成本的价格并购有专属资产生产的产品或服务可以将这种亏损或者破产的可能性降低。

②交易的不确定性。主要指人的有限理性和交易双方信息的不对称性。交易双方很难准确预见有关价格、质量、品种、交易对手等情况。为了避免损失，交易者总是要尽可能多地了解有关信息，把能考虑到的因素都反映在合约中，这样对合同条款的要求越来越复杂，必然增加了信息成本、谈判和签约成本。当交易成本变得越来越高的时候，生产者和采购商、销售商就势必会合并起来，以一体化组织替代市场合同交易。

③交易的频率。如果交易发生的次数很多，交易双方就值得花费资源作一个特殊的安排，尽管这种特殊的安排可能会耗去不少资源，但这种耗费可以分摊到大量不断进行的交易中去，这样，相对交易费用便下降了。当一家物流企业与它所服务的工商企业之间交易的频率很高，以致产生很高的交易费用，这时，合并应该是最佳选择。

（3）混合并购

物流企业的混合并购是指处于不同产业部门、不同市场，且这些产业部门之间没有特别的生产技术联系的企业之间的并购。混合并购可以降低一个企业长期从事一个行业所带来的经营风险，也可以使企业的技术、原材料、设备、管理经验等各种资源得到充分利用。物流企业的混合并购适用于在其经营主业中实力很强，居产业龙头地位的企业，在原来主业已经实现了规模经济效益，同时有较好的管理能力和有剩余的资金、精力等资源的条件下，企业可以根据市场条件，通过混合并购，积极寻找新的行业增长点，实现多元化经营。例如：我国远洋运输（集团）公司通过并购上海众城实业股份有限公司，由其原来经营的航运业拓展到了房地产开发、餐饮、娱乐、商贸等多个领域，取得了良好的经营效果，成为我国企业混合并购的典型案例。

①资源的充分利用与共享。无形资产的协同效应。不相关行业间的企业并购是把管理资源有过剩能力的企业转移到另一家需求的企业。除行业内的专属资产外，无形的管理经验同样是一个企业重要的资源。例如，一个有知名度的厂商与无知名度但拥有生产实力的厂商之间往往相互并购，采取多样化的经营，其结果是给消费者带来关于新产品和服务可靠性的准确信息，取得无形资产的协同效应。

财务资源的协同效应。一个需求增长低于整个经济增长的行业中，企业往往会意识到，在现有的经营领域中的投资机会是有限的，因此，通过收购另一个在需求高速增长行业中的企业，可以抓住被收购企业所在行业中可以获得的投资机会。如果被收购企业的现金流量较低，那么利用收购企业的现金流量的机会就会增加，于是财务资源从收购企业所在的需求增长缓慢的行业转移到被收购企业所在的需求高速增长的行业。通过混合并购的投资路径，企业可以实现财务资源的重新分配。我国的众多中小型物流企业目前正处于高速增长的时期，大多企业资金比较短缺，可以考虑与较为成熟行业中的企业合并，获得财务上的资源。

②分散经营风险。混合并购把经营领域拓展到与原经营领域相关性较小的行业，即在一个企业里经营若干没有直接投入产出关系和技术经济联系的各自独立的产品或服务。这样，当其中的某个领域或行业不景气时，可以通过其他领域的成功经营达到补偿，使整个企业的收益率得到保证。因此，物流企业可以考虑通过混合并购的方式涉足其他新兴领域，如房地产、医药、生物科技等行业进行多元化经营，分散经营风险。而和企业进行直接投资方式进行多元化经营相比，通过混合并购方式实现多元化经营无疑是最直接、最快捷、低成本的最佳方式。

3．我国第三方物流企业并购整合的策略选择

在我国，第三方物流企业的背景分为国有企业、民营企业、外资企业及中外合资企业。结合物流企业并购的内外部环境，不同背景的第三方物流企业在并购的选择上，有不同的侧重。

国企背景的第三方物流企业，特别是央企背景的企业，在并购中，充分利用国家对于央企的发展政策。国资委在《关于推进国有资本调整和国有企业重组的指导意见》中明确指出：进一步推进国有资本向关系国家安全和国民经济命脉的重要行业和关键领域(以下简称重要行业和关键领域）集中，到 2010 年，国资委履行出资人职责的企业（以下简称中央企业）调整和重组至 80～100 家。这为国有的第三方物流企业通过国有资本重组，结合企业自身的特点，并购重组符合企业发展战略的目标企业，实现跨越式发展提供机遇。同时，国有第三方物流企业往往是依附于某大型企业集团，或者是由原有的仓储企业、运输企业转型而来的，其具有良好的网络布局及基础物流服务设施。因此，国有第三方物流企业在并购过程中，可以主要在管理规模经济、整合业务流程等方面，展开横向并购或者纵向并购活动，也可以本着分散经营风险，多元化经营的原则，进行混合并购。

民营的第三方物流企业，则可以根据自身经营灵活的特征，参与到企业并购当中。在并购的政策环境上，国家鼓励民营企业参与国有企业的重组，这也就为民营企业并购国有企业铺平了道路，使得民营企业在并购选择上，更具有灵活性。

外资的第三方物流企业，目前主要是国外的物流巨头在我国投资设立的公司，这些企业具有良好的管理能力、物流服务技术及信息技术。外资的第三方物流企业在国内的并购，主要是在获取战略机会，加大网络布局等方面，展开有针对性的横向或者纵向并购活动。

由此可见，随着我国物流行业不断开放，企业并购环境的不断成熟，国有资本、民营资本、外国资本在其中展开激烈的竞争。这对于我国物流行业的发展是十分有利的，能有效促进第三方物流企业的健康、快速成长。而第三方物流企业，则可以根据自身的优势，展开特定的并购活动，增强市场竞争能力。

4．第三方物流企业并购整合的实现方式

（1）资本扩张方式

资本扩张是资本自身生存发展的需要，也是资本具有的本质属性。企业资本扩张经营的方式是多种多样的。目前，我国企业资本扩张中采用的基本方式有兼并、收购、战略联盟等。

企业资本扩张经营的根本目的是实现股东价值的最大化，并且使现有管理者的收益更大。这既是现代经营管理目标所决定的，也是企业代理理论所决定的。企业资本扩张的价值

来源主要体现在：获取战略机会；产生协同效应；提高管理效率；从目标企业的价值低估中获益；降低交易成本；在联盟中实现共赢等方面。

（2）资本收缩方式

企业在经营中，随着经营战略和条件的变化，会出现一些不适合企业长期战略、没有成长潜力或影响企业整体业务发展的子公司、部门或产品生产线。为了使资源配置更加合理，更好地规避风险，使企业更具有竞争力，企业可以采取资本收缩经营方式。资本收缩方式主要有股份回购、资产剥离、企业分立、股权出售、企业清算等。资本收缩经营并非一定是企业经营失败的标志，经常与资本扩张方式相配合，通过资本扩张方式进入有发展前途的经营领域，同时从前景不佳的原有经营领域中撤退出来。面对激烈的市场竞争，企业有时采取资本收缩方式，在产业衰退初期就把经营不善的经营单位或业务，通过资本收缩方式进行战略撤退，最大限度地收回投资，降低企业风险，将过剩的资本转移到其他经营领域，使资本获得更有效的配置，提高企业资本利用效率和效益。

（3）资产重组方式

资产重组的方式主要有股份制改造、资产置换、债务重组、债转股、破产重组等。资产重组是指对一定企业重组范围内的资产进行分拆、整合或优化组合的活动，是优化资本结构、达到资源合理配置的资本经营方式，资产重组的实质是对企业资源的重新配置。企业在经营过程中，由于市场竞争日益激烈，各种经济因素变动导致企业经营收益不确定，风险也明显增加，很多企业的现金流入与高负债的资本结构所要求的法定现金流出要求严重不匹配，陷入严重的债务支付危机状态。尽管有些企业通过贷款、高负债进行高风险的资本扩张获得成功，但资产负债率过高引发的财务危机，有可能使企业因资产无法变现，不能及时清偿债务，导致失败甚至破产。为了控制企业财务风险，在资本经营过程中，企业必须根据市场环境的不断变化，经常运用资产重组方式，对企业的各种资源进行重新配置，优化资本结构，提高资源利用效率，保证企业持续发展。

（4）租赁经营和托管经营方式

租赁经营和托管经营都是通过存量资本的流动和重组来实现资本经营的。租赁经营是企业所有者将企业资产的所有权在一定时期内出租给承租方，承租方按合同规定定期交纳租金的一种经营方式。托管经营是将经营不善、管理混乱的企业委托给实力较强的优势企业经营管理的一种经营方式。租赁经营和托管经营的实质是在企业所有权与经营权彻底分离的情况下，通过市场对各种生产要素进行优化配置，提高社会资源的利用效率，实现资本经营的目标。用企业租赁、托管方式取得其他企业的资产经营权，拓宽了企业的筹资方式，可避免一次性大规模投入的困扰和企业产权关系转让中出现的一系列矛盾，达到迅速扩大经营权的效果，是增强企业经济实力的有效手段。放弃资产经营权的企业既可以盘活存量资产，优化资本结构；又可以取得一定的收入，同时又不丧失资本的所有权。

（5）无形资本经营

无形资本经营是指企业对所拥有的各种无形资本进行运筹和策划，用无形资本的价值实现企业的整体价值增值目的的资本经营方式。无形资本经营的方式主要有：一是通过无形资本实施资本扩张战略。资本经营能够快速做大企业这艘船，船的航行则需要品牌这样的风帆牵引和推动。企业在采用兼并、收购、参股、合资、特许经营等方式实施资本扩张战略时，可将品牌等无形资本作为重要的投入资本，实施名牌发展战略，借助于目标企业的有形资产，以名牌为龙头，迅速扩大生产能力和市场占有率，既可以大大减少增量资本的投入，又可以充分利用对方企业的资本潜力。二是无形资本所有权或使用权转让。通过对无形资本的所有权或使用权进行转让，盘活企业的无形资本，充分发挥无形资本的作用。三是保护和整合无形资本。在经济全球化和网络化市场的情况下，无形资本在企业资本经营中的作用变得越来越重要，成功地运营无形资本，能够有效地提高资本经营的效果。在资本经营过程中，企业必须对品牌资本进行价值评估，采取有效措施防止知识产权等无形资本受到侵权，避免品牌等无形资本的流失，整合本企业与关联方企业的相关品牌，延伸名牌系列产品和服务，提高品牌资本的知名度。

（6）知识资本经营

狭义的知识资本经营概念，是指在企业资本经营过程中，利用市场机制，转让和引进知识、智力，整合企业内部与外部的知识资本，借助于企业外部的知识资源创造出具有自身竞争优势的经营模式。知识资本经营的主要方式有：在资本经营过程中充分发挥知识资本的作用，建立产、学、研相结合的学习型组织，吸引国内外高素质技术和经营管理人才加盟，借用“外脑”使企业组织虚拟化，创造知识资本的自由流动机制，建立以顾客为中心的顾客资本经营体制等。在知识经济时代，知识资本对企业的发展具有举足轻重的作用。知识资本的出现使企业的价值不只体现在企业规模的大小，而是越来越体现在拥有知识资本的数量上，它也成为一种商品，其价值在交易中体现出来。随着工业经济时代向知识经济时代的发展，各企业将主要是通过知识而不是金融资本或自然资源等来获取新的竞争优势。企业拥有的内、外知识是无限的，搞好知识资本经营所产生的效益也必将是巨大的。此外，知识资本经营围绕市场组织智力资本和企业其他资本，灵敏度高，适应性强，相对减弱了企业经营的风险性。

第 8 章　第三方物流企业绩效评价及体系建立

8.1　第三方物流企业绩效评价理论基础

绩效是一个较为广泛的概念，它可应用于各种不同的组织。从某种意义上说，其基本概念是效率。但效率是绩效的必要条件而不是充分条件，也就是说，较高的绩效必须以较高的效率为基础，但较高的效率并不能保证较高的绩效。特别是在市场经济条件下，较高的绩效必须以企业所生产的产品在市场上实现其价值为前提，否则，以高效率生产出来的产品只能积压在仓库里，而不能实现其最终的效益。绩效，Longman 词典如此解释“Performance:the action of performing，or the action of performed.”由此可以看出绩效是业绩和效率的统称，包括活动过程的效率和活动的结果两层含义。第三方物流企业绩效评价包括了对物流企业的经营效益和经营者业绩两方面的评判。

8.1.1　第三方物流企业绩效评价的一般理论基础

第三方物流企业绩效评价系统的建立和运行涉及许多理论，其中控制论、系统论、信息论是它的理论基础，行为科学、信息经济学、代理理论、权变理论等理论与它密切相关。这些理论的主要成果对第三方物流企业绩效评价系统有着重大影响。

1．控制论

控制是指按照给定的条件和预定的目标，对一个过程或一系列事件施加影响的一种行为。控制论的研究表明，无论是自动机器还是神经系统、生命系统，或者是经济系统、社会系统，撇开各自的质态特点，都可以看做是一个自动的控制系统。系统中有专门的调节装置控制系统的运转、维持自身的稳定和系统的目的等。控制机构发出指令传递到系统的各个部分中去，由它们按指令执行之后再把执行的情况作为反馈信息输送回来，为决定下一步调整控制提供依据。反馈对系统的控制和稳定起着决定性的作用，它是控制论的核心问题。控制论是研究如何利用控制器，通过信息的变换和反馈作用，使系统能自动按照人们预定的程序运行，最终达到最优目标的学问。

控制论对第三方物流企业绩效评价系统研究的影响主要体现在：通过运用控制论的基本原理，可以充分地认识到绩效评价系统程序各个环节的功能，设计控制的节点，实现绩效评价系统的目标。

2．系统论

系统论的核心思想是系统的整体观念。世界上任何事物都可以看成是一个系统，任何系统都是一个有机整体。系统不是各个部分的机械组合或简单相加，它的整体功能是各要素在孤立状态下所没有的性质。系统论的基本思想方法就是把研究和处理的对象当做一个系统，分析系统的结构和功能，研究系统、要素、环境三者的相互关系和变动的规律性。

系统论对物流企业绩效评价系统的影响主要体现在：

（1）系统论可以为第三方物流企业绩效评价系统的建立提供一种观念上的指导，有助于我们从完整、系统、全面的角度去分析和研究第三方物流企业绩效评价系统及其相关的问题。在建立第三方物流企业绩效评价系统时，应注意四点：以目标为中心，始终强调系统的客观成就和客观效果；以整个系统为中心，强调整个系统的最优化而不是系统要素的最优化；以责任为中心，分配给每个管理人员一定的任务，而且要衡量其投入与产出；以人为中心，每个员工都被安排做具有挑战性的工作，并根据其业绩支付报酬。

（2）系统论可以帮助我们在研究第三方物流企业绩效评价系统各个具体问题时，注意研究它们之间的关系及其相互影响。第三方物流企业绩效评价涉及企业经营的各个部门和领域，各部门和领域的绩效既相互独立，又相互联系。因此，在指标的设计和评价过程中，应当关注系统中各部门之间的关系及其相互影响。

（3）系统论有助于我们树立从战略角度对第三方物流企业绩效系统进行全面研究的观念，以促进第三方物流企业战略目标的实现。第三方物流企业是为实现一定的目标而将不同的要素结合起来的整体，绩效评价应当以系统观点来对第三方物流企业进行管理控制，更清楚地认识到第三方物流企业计划、生产、控制和各个子系统的基本职能不是孤立的，而是围绕第三方物流企业整体及其目标发挥作用。同时，要从战略的角度认识绩效评价系统在第三方物流企业整体中的定位，既不能只注意绩效评价系统的特殊职能，而忽略了第三方物流企业的整体目标，也不能因注重企业战略目标而忽视绩效评价系统在第三方物流企业中的地位和作用。

3．信息论

信息论是研究信息的计量、发送、传递、交换、接收和储存的一门新兴学科。随着信息科学的研究与发展，信息观念被引入企业管理系统中，并与系统理论、计算机科学密切结合，逐渐形成了完善的管理信息系统。第三方物流企业绩效评价是第三方物流企业管理信息系统的一个分支，与会计信息系统又密切联系。当前，正处在“信息革命”的新时代，有大量的信息资源可以开发利用，信息论的基本原理对第三方物流企业绩效评价系统的形成、评价指标的确定和取得绩效评价系统运行等方面的指导作用是相当明显的，而且还有助于在绩效评价系统中形成一种信息优势。

8.1.2 第三方物流企业绩效评价的直接理论基础

1．行为科学

行为科学是一门综合性很强的边缘学科，以“激励理论”和“领导理论”为其核心。行为科学主张人是组织的主体，是生产力最活跃的因素。探索人的行为的规律，充分调动人的积极性，发挥人的主观能动性是现代管理的核心问题。

根据行为科学的基本思想，在第三方物流企业绩效评价系统的设计和运行过程中，应注意下列几个问题：

（1）在整个绩效评价系统的建立时，应进行充分的调查研究，广泛听取企业的各方面意见。第三方物流企业绩效评价系统是靠人来运行的，它不是一个孤立的系统，涉及第三方物流企业生产经营的各个方面，通过与第三方物流企业中有关人员来进行交流和沟通，可以引起他们对绩效评价的重视，理解绩效评价系统的运行机制，消除绩效评价系统设计上的死角。

（2）在评价标准编制的过程中，应实行参与式的民主管理方式。下级参与评价标准的制订可以得到精神上的满足，会更重视评价标准的执行。上级通过下级的参与可以摸清下面的情况，使评价标准不致脱离实际。

（3）评价指标应具有可控性，并且具有激励性。可控性指标使评价标准执行人感到自己的行为能影响结果，以此类指标进行考核，会产生公平感。具有激励性的指标可以使评价标准执行人有一定的压力，使其积极性和创造性的才能得以充分发挥。

总之，在第三方物流企业绩效评价系统中重视人的作用，艺术地融行为科学的研究成果于其中，必然会有良好的效果。

2．信息经济学

信息经济学是研究如何经济的利用信息的一门学科。其研究成果表明，在当代以信息为主的时代，信息本身也是商品，这种商品的使用会产生效用，即它具有使用价值，同时，为取得信息，人们必须付出一定的代价，即信息是有一定成本的。估计信息的成本与信息的价值，并将两者进行比较，是信息经济学的主要内容。信息经济学为我们利用系统的信号特征评价信息系统提供了一套概念体系。但信息经济学的方法过于复杂，因此，以效益成本分析的观点评价信息系统，是我们从信息经济学中汲取的最重要的东西。

信息经济学对第三方物流企业绩效评价系统的有效运作具有以下几点启示：

（1）第三方物流企业绩效评价系统从某种意义上讲也是一个信息系统，它所产生的信息可以有多种效用。对于绩效评价系统的设计和运行，一定要注意成本和效益的分析，即应根据企业的具体情况，不应过分强调绩效评价系统的复杂而忽略了其运作成本及可能产生的效益。

（2）在具体进行绩效评价系统的设计时，应强调简洁和实用。在信息流程设计方面，应以简明、流畅为原则。在评价指标的选择上，以简单、易懂、关键为原则。

总之，只要领会信息经济学的基本思想，认识到信息并不是无代价的，在第三方物流企业绩效评价系统的应用方面考虑到成本效益因素，一定会形成一个经济的绩效评价系统。

3．代理论和和谐论

代理理论主要研究如何设计一套激励方案和支持性的信息系统，以促进代理人为委托人的最大利益而工作。代理理论的基本思想对第三方物流企业绩效评价系统的研究具有一定帮助，因为战略实施的过程在某种程度上讲也是一种代理过程，认清其中的代理关系和可能产生的问题，会提高第三方物流企业绩效评价系统的实用性。

（1）在评价标准编制过程中，可采用在高级管理人员的参与下由下级自行编制的方式。在此过程中，信息不对称引起的问题得到一定程度的缓解，不应认为下级是被动的反应者。

（2）在绩效评价过程中，由于不确定性的存在，可适当扩大对代理人的评价范围，而不仅仅局限于可控因素。同时，对下级进行适当的授权，使其在存在不确定的情况下能作出对企业最有利的决策，并承担一定的风险。

与代理理论相反，和谐论强调不合作关系的机会成本，并希望通过相互信任。相互合作的态度来使合作成果最大化。应用和谐论进行管理所形成的观念在许多方面与代理理论相反。对上、下级基本关系的假设前提不同，对绩效评价系统的态度和运作方式也截然不同。所以，应重视不同的内外因素，针对不同的情况，实行区别对待的原则。

4. 权变理论

权变理论（contingency theory）肯定了各种管理理论的优点及其假设的合理性，强调进行环境分析的重要性，将事物分为不同类型，并为每一类型寻找一种最好的管理模式。

权变理论的基本观点对绩效评价系统产生了重要的影响，绩效评价系统的设计，应考虑不同类型的企业的内外环境的独特性和复杂性，对特殊的环境问题进行分析，使绩效评价系统在各种情况下都能为企业的战略管理提供有效的服务。

8.2 第三方物流企业绩效评价概述

8.2.1 第三方物流企业绩效评价的含义

企业是一个盈利性的经济组织，它聚集一定的生产要素（如，土地、劳动力、资本和技术等），通过开展生产经营活动为社会提供产品和服务，并在提供产品和服务的活动中取得盈利，从而不断壮大自己。企业是市场经济的产物，它不是为自己而生产，而是为交换而生产的，其生产经营活动必须经受市场的检验，它所提供的产品和服务只有通过市场交换才能实现其价值，才能实现生产过程的循环。也就是说，企业绩效不表现为它已经生产和提供了多少产品和服务，而表现为它所提供的产品和服务，在多大程度上已经被社会承认。企业产品和服务的交换性决定了企业的使命就是在市场竞争中为社会提供更多更好的产品和服务。企业只有在提供产品和服务中才能创造自己的绩效。企业绩效的集中体现就是在市场交换和竞争中实现了越来越多的产品和服务价值。由于企业为社会提供产品和服务是有成本的，企业能否发展壮大就在于其产品和服务的价格能否在补偿成本后有盈余，这个盈余越大，企业的发展能力越强。企业生产的目的就是用尽可能少的生产经营成本去创造和实现尽可能多的产品和服务价值，这就是企业绩效之根本所在。

企业绩效评价就是为了实现企业的生产经营目的，运用数量统计和运筹学方法，采用特定的指标体系和标准，按照一定的程序，通过定量、定性分析，对企业在一定经营期间内的生产经营活动过程及其结果作出客观、公正和准确的综合评判。企业绩效评价是评价理论方法在经济领域的具体应用，它是在会计学和财务管理的基础上，运用计量经济学原理和现代分析技术而建立起来的剖析企业经营过程，真实反应企业现实状况，预测未来发展前景的一门科学。

第三方物流企业绩效评价就是第三方物流企业根据自身的物流战略规划和发展目标，在一定时期内，利用一定的方法，根据预先确定的评价指标体系和评价标准，对反映企业物流历史的、当前的和未来的发展状况的有关指标进行综合分析，对第三方企业物流水平和发展状况进行全面的系统评价的过程。第三方物流企业绩效评价是对物流业绩和效率的一种事后的评估与度量以及事前的控制与指导。

8.2.2　第三方物流企业绩效评价的作用

绩效评价被看成是企业计划与控制的有机组成部分。这是因为绩效评价有其重要的作用。第三方物流企业绩效评价同样具有重要的作用，主要表现在四个方面：

1．认识作用

通过物流绩效评价，能够比较全面、客观地认识被评价企业（或评价对象）的物流绩效水平以及其物流系统存在的问题，而且这种认识是理性的，认识的程度较深，且有一定的定量依据。

2．考核作用

通过物流绩效评价，可以对被评价企业的物流工作作出全面的考核，这种考核不仅直接考核了其物流绩效的大小，而且间接考核了其物流活动的全部状况，对被评价企业的物流活动状况水平有一个整体的定位。

3．引导、促进作用

通过物流绩效评价，有利于帮助管理人员以及其他活动主体树立正确的价值观和行为取向，尽可能地降低物流过程中的费用，提高经济效益。此外，通过绩效评价，有利于激发管理人员以及其他活动主体的积极性和主动性。

4．挖潜作用

通过各企业之间物流绩效的横向比较、通过被评价企业自身现实物流绩效和历史物流绩效的纵向比较，通过物流绩效达到的水平与标准水平的对比分析，通过各项物流绩效评价指标之间的对比分析等，可以发现被评企业的差距和优势，找出其薄弱环节和优势所在，从而达到发挥优势、克服薄弱环节、充分挖掘潜力，进一步提高物流绩效的目的。

正如 1973 年美国乔伊和米勒在《国际会计》中指出的：一个设计良好的业绩评价系统，可以使企业的高层管理者有效判断当前企业经营活动和获利程度，发现企业尚未控制或控制不到的领域，更有效地配置企业现有资源和评判企业经营者的业绩。这就充分说明了绩效评价的重要作用。通过物流绩效评价，对于广大第三方物流企业来说，可以通过对绩效评价结果的分析，及时了解和掌握自身在地区、行业、规模中的优势和差距，从而不断改进和优化物流运作程序，及时调整物流运作方式，实现更高效的物流运作效率，以提升企业物流绩效。同时，通过物流绩效评价，可以使企业更系统地整合现有资源，更有效地降低物流成本，更准确地提高物流服务质量，从而创造更多的物流价值和经济效益。因此，对我国第三方物流企业进行物流绩效评价，是第三方物流企业长远发展的有利保证，是第三方物流企业现代化管理的重点。

8.2.3　第三方物流企业绩效评价系统的基本要素

有效的第三方物流企业绩效评价体系主要由以下几个基本要素构成：

1．评价对象

一是第三方物流企业，对其评价关系到企业的扩张、维持、重组、收缩、转向或退出；二是第三方物流企业的管理者，对其评价关系到其奖惩、升降等问题。

2．评价目标

评价目标是绩效评价体系运行的指南和目的，它服从或服务于企业目标，它与第三方物流企业的发展目标和战略规划有着密切的关系。

3．评价指标

对第三方物流企业绩效进行综合评价必须设置若干个具体的指标，这些指标就是评价的依据和标准。评价指标的设置是否全面、选择是否科学、指标数值的测定是否准确，均影响物流绩效的评价结果。在设计指标体系时，必须遵循事先规定的指标体系设计原则。

4．评价标准

它是判断被评价对象绩效优劣的基准。评价标准的确定取决于评价目的。

（1）历史标准。即企业自身的纵向比较，它以企业前几年的绩效作为评价标准，通过绩效评价来判断企业的发展状况；

（2）标杆标准。即企业在行业中的横向比较，它以行业中优秀企业的绩效水平为评价标准，通过绩效评价，使被评价对象认清自己在行业市场中的位置，找出其优势与劣势，并且扬长补短，以不断完善和提高物流水平，从而提升竞争实力和地位。

5．评价方法

这是现代物流企业绩效评价的具体手段。有了绩效评价指标和评价标准，还需采用一定的评价方法来建立评价模型，以对评价指标和评价标准进行实际应用。没有科学、合理的评价方法，其他要素就失去了本身存在的意义。

6．分析报告

第三方物流企业得出的结论性文件即分析报告，通过将评价对象的评价指数的数值状况与预先确定的评价标准进行比较，通过差异分析，找出产生差异的原因、责任及影响，得出评价企业绩效优劣的结论，形成结论评价报告。

8.2.4 第三方物流企业绩效评价的实施步骤

1．确定评价工作实施机构

评价组织机构直接组织实施评价，评价组织负责成立评价工作组，并选聘有关专家组成专家咨询组。

2．制订评价工作方案

由评价工作组根据有关规定制订第三方物流企业评价工作方案，经评价组织机构批准后开始实施，并送专家咨询组的每位专家评审。

3．收集并整理基础资料和数据

根据评价指标体系的要求及评分的需要收集、核实及整理基础资料和数据。

（1）收集连续 3 年的会计结算报表，有关统计数据及定性评价的基础资料，并确保资料的真实性、准确性、全面性。

（2）选择物流行业同等规模的几个物流企业进行横向物流绩效比较，可参考其他企业的评价方法及评价标准值。

（3）整理收集数据资料，并进行预处理。

4．专家模糊评判

由专家对指标进行两两比较判断，并建立指标之间的相对重要性比较判断矩阵。

5．计算指标的权重

根据指标的基础资料和数据以及专家的模糊判断矩阵，计算指标的权重。

6．综合评价

根据指标的基础数据及指标的权重，计算指标的绩效评价值。

7．评价结论

对第三方物流企业绩效进行分析判断，形成综合评价结论，并听取第三方物流企业有关方面负责人的意见，进行适当的修正和调整。

8．撰写评价报告

评价报告的主要内容包括：评价结果、评价分析、评价结论以及相关附件等。

9．评价工作总结

将评价工作背景、时间地点、基本情况、评价结构、工作中的问题及措施、工作建议等形成书面材料，建立评价工作档案，同时报送第三方物流企业备案。

以上这些步骤相互联系，相互影响，共同构成了物第三方流企业绩效评价的体系，其大致的流程如图 8-1 所示。

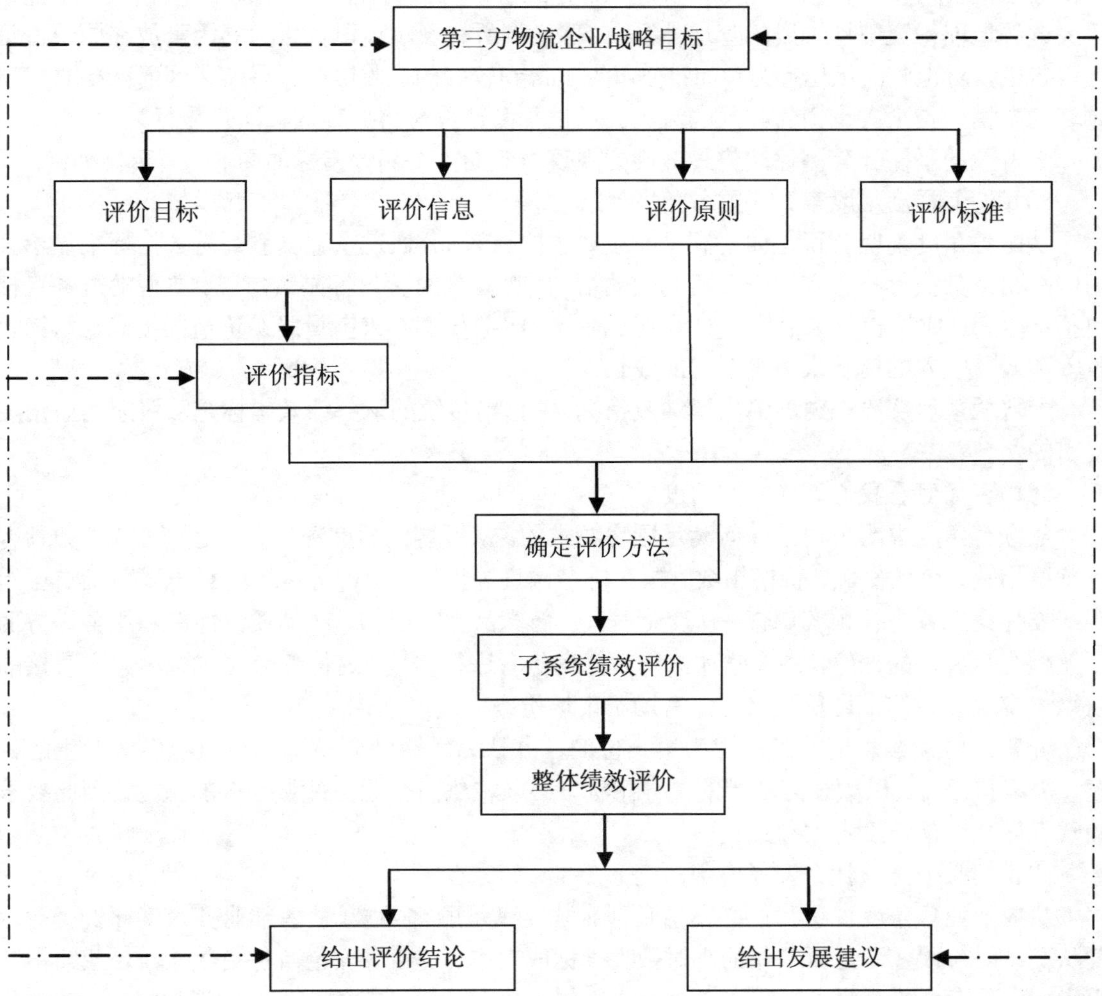

图 8-1　第三方物流企业绩效评价程序

8.3 第三方物流企业绩效评价体系的建立

8.3.1 第三方物流企业绩效评价指标体系建立的方法

1. 平衡记分卡——种典型的绩效指标体系

（1）平衡计分卡原理

在《哈佛商业评论》（1992 年 1、2 月）上发表的《综合平衡积分卡——良好绩效的评价》这篇开拓性的文章中，基于传统绩效评价方法中财务指标的局限性，哈佛商学院教授罗伯特·S. 卡普兰和复兴全球战略集团的创始人兼总裁大卫·P. 诺顿于 20 世纪 70 年代提出了“平衡计分卡”的业绩考核方法设想。这种方法所采用的考核指标来源于组织的战略目标和竞争需要，它要求企业经理人员从四个角度来观察企业，将财务测评指标和顾客满意度、内部程序及公司创新与学习能力结合起来，建立有助于公司在产品、程序、顾客和市场开发等关键领域取得突破性进展的管理体系。该体系将所有影响公司竞争力的因素放在同一份管理报告中，防止了次优化行为，如：公司为了得到较好的应收账款周转率，因而减少对优质顾客的赊销，带来大量销售收入的流失。通过平衡计分法将摒弃这种次优化行为。

卡普兰的平衡计分测评法将最关键的观察企业的 4 个测评指标如图 8-2 所示排列：

①我们怎样满足股东？（财务角度）

从财务角度说明公司是如何满足股东要求的。该部分通过设置一系列财务指标来显示公司的战略及其执行是否有助于公司利润的增加，公司的财务目标是否实现。典型的财务目标包括：盈利、成长和股东价值。如用现金流量、权益报酬率来衡量股东价值的提高，用销售收入和经营收入的增长来衡量公司的成长性。

卡普兰最后从股东角度给出了绩效指标，并指出传统的财务绩效指标是从股东利益角度提出的。

②顾客如何看我们？（顾客角度）

从顾客角度说明公司是如何满足顾客要求的。从顾客的角度评价企业运营状况：如顾客满意度指数、市场份额、价格指数、顾客排名调查等指标。该部分运用各种方式包括自己组织或委托第三者进行顾客调查，从交货时间、新产品上市时间、产品质量性能和服务等方面了解顾客对公司的评价，并将此评价与其他竞争者进行比较。这样使公司与顾客建立直接的联系，实现较高的市场反馈水平，有助于市场份额的提高。

卡普兰将顾客角度的指标视为第一位的，并认为顾客绩效指标来自组织中所发生的程序、决策和行为。以顾客为基础的测评指标，必须转化为企业内部做什么的指标。因此要求经营者能从内部角度考察绩效。

③我们必须擅长什么？（内部角度）

从内部业务角度说明我们必须擅长什么才能满足顾客要求。从内部业务角度评价企业运营状况：如与顾客讨论新工作的小时数、投标成功率、返工、安全事件指数、项目业绩指数等指标。要满足顾客要求必须要求公司内部组织中有一套有效的程序、决策和行为。该部分通过设置一系列内部测量指标，及时反馈影响顾客评价的程序、决策和行为是否有效。如：若经理发现按时交货的总体测评结果较差，马上就可通过内部测量指标确定是销售部门哪个环节导致了交货的推迟。该部分指标的设置向公司所有成员清楚无误地传达了与顾客建立紧密关系并满足顾客需要的重要性。

卡普兰的“内部业务角度”指的是：“平衡计分测评法的内部测量指标，应当来自对顾客满意度有最大影响的业务程序包括：影响循环期、质量、雇员技能和生产率的各种因素。公司还应努力确定和测量自己的核心能力，即为保证持久的市场领先地位所需的关键技术。”

④我们能否继续提高并创造价值？（创新和学习角度）

从创新与学习角度说明公司提高并创造价值的后劲。从创新和学习角度评价企业运营状况：可用新服务收入所占比例、提高指数、雇员建议数、雇员人均收益等指标。创新学习能力包括公司技术领先能力、产品成熟所需时间、开创新市场能力和对竞争对手新产品的灵敏程度。前面以顾客为基础的测评指标和内部业务程序的测评指标确定了公司在竞争中取胜的重要参数。但在全球化、信息化的竞争中，不断改进和创新是公司增加股东价值的前提。

卡普兰将“创新和学习角度”绩效指标列于第四位，是针对激烈的市场竞争影响股东价值而提出来的。卡普兰指出：公司创新、提高和学习的能力，是与公司的价值直接相连的。也就是说，只有通过持续不断地开发新产品。为顾客提供更多价值并提高经营效率，公司才能打入新市场，增加收入和毛利，才能发展壮大，从而增加股东价值。也就是因为市场竞争，企业不得不考虑竞争者对企业绩效（股东利益）的影响。于是，卡普兰将战略而不是控制放在了企业绩效指标的中心。

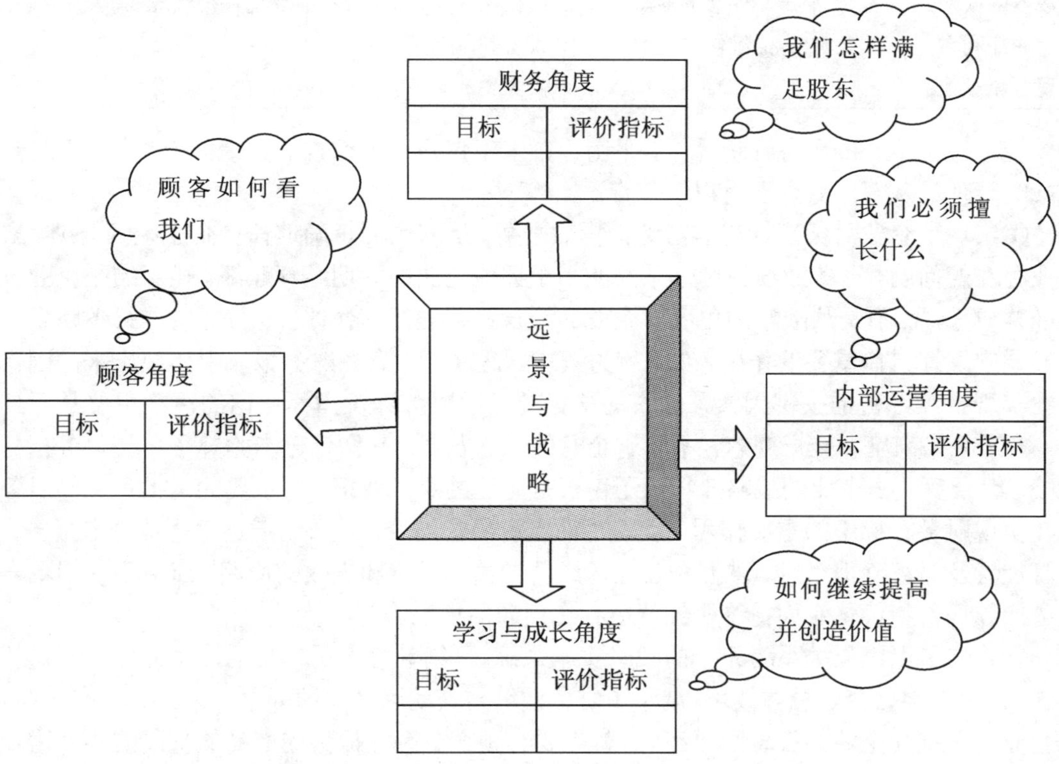

图 8-2　平衡计分卡与绩效评价指标的联系示意图

（2）平衡计分卡的特点

平衡计分法是把战略而不是控制置于中心地位。平衡计分法不仅仅是一种测评体系，它还是一种有利于企业取得突破性竞争业绩的管理体系，并且它可以进一步作为公司新的战略管理体系的基石。从上述四个角度，平衡记分法一方面考核企业的产出（上期的结果），另一方面考核企业未来成长的潜力（下期的预测）；再从顾客角度和内部业务角度考核企业的运营状况参数，把公司的长期战略与公司的短期行动联系起来，把远景目标转化为一套系统的业绩考核指标（如表 8-1 所示）。平衡计分法具有系统性与全面性，并把目标聚焦到战略远景；能告诉经理下一期怎样改善业绩，可充当公司当前及未来成功的基石；可使经营收入等外部考核指标与新产品的开发等内部考核指标之间达到平衡；隐形的智力资源越来越在平衡计分法中显示突出的地位。

表 8-1　平衡计分卡的指标内容

财务维度的绩效指标	客户维度的绩效指标	内部运营的绩效指标	学习与成长维度的绩效指标
净资产收益率	市场占有率	新产品开发能力	员工满意程度
资产负责率	产品质量等级率	研究开发费增长率	员工流动率
投资回报率	客户满意度	产品制造周期	员工知识水平
销售利润率	产品交送货率	产品设计水平	员工培训次数
应收账款利润率	产品退货率	工艺制造能力	管理水平
存货周转率	产品返修率	生产能力利用率	信息系统更新程度
成本降低率	产品保修的期限	机械完好率	环境保护状况
营业净利率	产品维修的天数	设备利用率	
现金流量净额		安全生产率	

较之过去单一的财务评价体系，平衡计分卡不仅是一个综合的业绩评价系统，而且是企业战略管理的基石，其主要有以下优点：

①实现了企业财务指标与非财务指标的平衡，能够全面正确地评价企业经营业绩，揭示企业存在的问题。财务业绩指标体系只能用于评估企业的短期经营业绩，显示的是企业过去的经营成果，而不是从战略的角度对企业的经营业绩进行综合评价。且随着非财务因素在企业发展中发挥日益重要的作用，如，智力资本、商誉等没有在财务报表中体现出来的因素是企业实现持续经营的关键因素，原有的根据单一的财务评价指标作出的决策主要是短期性的，缺乏战略高度和全局观念，不利于企业的长远发展。平衡计分卡弥补了单一财务指标的缺陷，综合反映了企业的战略业绩而不仅仅是企业的财务业绩，更重要的是揭示了非财务因素在实现财务目标中的重要作用，实现了两者有机的结合。此外，通过平衡计分卡报告，能使管理者及时正确地了解、掌握企业经营成功的关键因素和失败的原因，避免因使用单一的财务业绩评价指标体系而掩饰了经营中存在问题的现象。

②建立了以因果关系为纽带的战略实施系统。平衡计分卡所包括的四个方面并不是相互独立的，它是根据企业总体战略，展示了财务业绩与其动因之间的因果关系的一个有机整体。如企业为了提高企业的投资回报率，这就需要有顾客对企业提供的产品的重复购买及增加每次的购买量，这有赖于顾客对企业产品满意度的提高。那么如何提高顾客对企业产品的满意度呢？顾客偏好的分析结果可能是：产品的质量、价格及交付使用的时间。随之而来的便是企业如何提高产品质量、降低成本、缩短产品交付时间，这将取决于企业内部生产经营流程的不断改进，如引进新流程、控制销售渠道等，而这又有赖于高素质的员工队伍为之努力，

学习和培训是提高员工素质的必要手段。这样就形成了一条因果关系链贯穿着战略平衡计分卡的所有层面。可用图 8-3 表示。

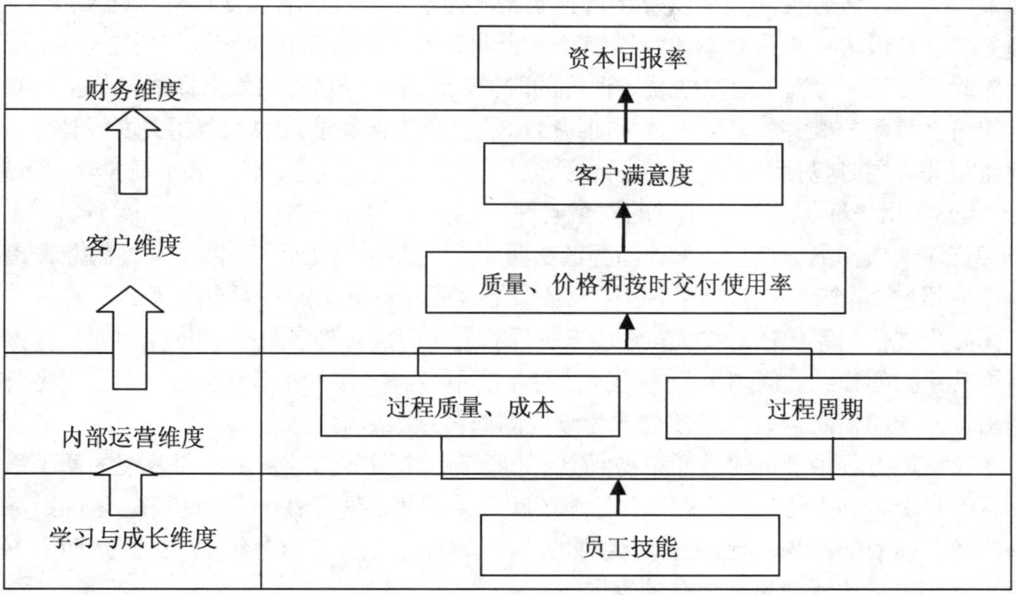

图 8-3　平衡计分卡因果关系链

③跨越了制订战略和实施战略之间的鸿沟。平衡计分卡是一种自上而下的企业战略目标任务的沟通、分解与管理的过程，这一过程始终将企业的战略目标管理作为其中心。战略平衡计分卡代表着外部股东满意程度和客户满意程度的平衡；内部的经营过程、激励机制、职员知识的学习和产品销售收入增长之间的平衡；过去的经营结果考核与将来业绩评价之间的平衡。

（3）平衡计分卡的不足之处

平衡计分卡作为过去近 20 年间最重要的业绩评价方法之一，尽管有诸多益处，但在实施过程中还是产生了不少问题，暴露了许多不足之处：

①平衡计分卡在一定程度上关注了股东、顾客、员工的利益，却忽视了其他利益相关者的利益要求。随着现代企业制度的推进和信息经济大环境的影响，企业的生存发展越来越受到来自各方面利益相关者的影响，如，供应商、政府、上级监管者、环保组织等的影响，因此，单单只重视股东或者顾客利益的行为对企业的长远发展是不利的，甚至是不行的。

②作为业绩评价系统，平衡计分卡没有系统的指标目标值确定方法，也没有涉及经营者报酬计划的配套设计，这使得平衡计分卡显得系统性不够强。

③平衡计分卡建立的基础是高层管理者已经明确制订出的战略，之后的工作只是将战略逐层分解、下传、落实。这种自上而下将战略转化为行动的过程使员工只能被动反应，不利于调动他们的积极性、激发他们的创造性，且在战略的制订上忽略了通过利益相关者分析等来认识企业经营目标和发展战略，对战略动因认识不清等。

不难发现，卡普兰的平衡计分测评法，已经从利益相关者角度思考企业管理绩效指标体系问题。但是在卡普兰的指标体系中，缺乏经营者角度、债权人角度、供应商角度以及国家角度的指标；同时，除了股东外，并没有给出其他利益相关者的收益指标。由此可以看到，卡普兰的“平衡计分测评法”指标体系，仍然反映股东价值最大化思想。随着工业经济时代的结束和知识经济时代的到来以及现代企业制度的不断发展，从“股东利益最大化”到“利益相关者利益最大化”是必然的发展趋势。企业管理绩效指标体系应该体现这一发展趋势。

为此，第三方物流企业在做绩效评价的时候，应对卡普兰的绩效指标体系从企业利益相关者的角度重新分类并将其扩充，例如：得出一些企业管理绩效的利益相关者标体系。而企业利益相关者同时包括：了股东、经营者、雇员、债权人、顾客、供应商、竞争者、国家等。

（4）应用平衡计分法应注意的几个问题

①要谨慎选择测评指标。测评指标的数量不应过多，一般而言，四个角度的测评指标加起来不应超过 20 个。并且，测评指标还必须是客观和可量化的，须有人为之负责。

②要重视信息系统的选择。信息系统在帮助公司高层管理者分解总体性测评指标方面发挥着极其重要的作用。但如果公司选择信息系统不当，信息系统不够灵敏，无法满足公司使用平衡计分法的信息需要，它便会成为绩效测评体系的致命之处。

③在实施过程中要同时注重财务绩效和经营绩效。财务和经营是公司发展的两个重要方面，不可偏废其中任何一个方面。财务绩效和经营绩效之间存在一定的联系，好的财务绩效是好的经营绩效的结果，但好的经营绩效并不一定能产生好的财务绩效，只有这两个方面都健康发展，公司才能健康、长久的发展。

④考核的立足点——经济增加值 EVA（EconomicVafueAdded）。以往通常用权益报酬率、总资产报酬率、销售净利率、每股收益等指标评价公司的资本营运效益。但这些指标一般没有考虑“资本成本”因素，不能反映资本净收益的状况和资本运营的增值效益。为了考核企业全部投入资本的净收益状况，要在资本收益中扣除资本成本，评价企业当前已经实现的收益。如果使用传统的基于利润的业绩评价方法，公司或事业部的经理们会倾向于只注重利润指标。使用 EVA 的价值在于：在用 EVA 进行评价时，经理们不仅要注意他们创造的实际收益的大小，还要考虑他们所应用的资产量的大小以及使用该资本的成本大小。如果资产收益小于资产的使用成本，假设单位资产使用成本按银行同期贷款利率计算，实际净资产收益率小于同期贷款利率。即使公司的利润大于零或有很大的利润数额，公司的财产也可能是贬值的。经济增加值指标能综合的反映企业投入资本的规模、税后平均的资本成本以及资本收益，更直接的真实反映了企业资本运营的增值情况。

（5）平衡计分法的最新应用动态及运用

“平衡计分法”由于其简洁性，近年来已被很多的美国公司采用（如，AT&T、可口可乐），也成为有效的咨询工具，被很多咨询公司采用。日本公司也在纷纷效仿。但平衡计分法有使企业的战略规划可操作性差的缺点，因此单独使用不多。

2．绩效三棱镜——一种新型的绩效指标体系

（1）绩效三棱镜的原理

绩效三棱镜是在 2000 年由英国克兰菲尔德学院的 Andy Neely 和 Chris Adams 提出的一种较新的绩效评价体系。绩效三棱镜是一个三维框架模型，它把重要利益相关者放在核心位置，用棱柱的五个方面分别代表企业绩效的五个方面：利益相关者的满意、利益相关者的贡献、战略、流程和能力。对企业绩效的评价正是基于这五个方面的满足为前提来进行的。其

寓意是：日光经过三棱镜的折射显示出七彩颜色，企业的经营环境则经过绩效三棱镜的“折射”后，则反映出各类利益相关者的需求，企业可以据此开展管理并对结果进行评价。其结构如图 8-4 所示。

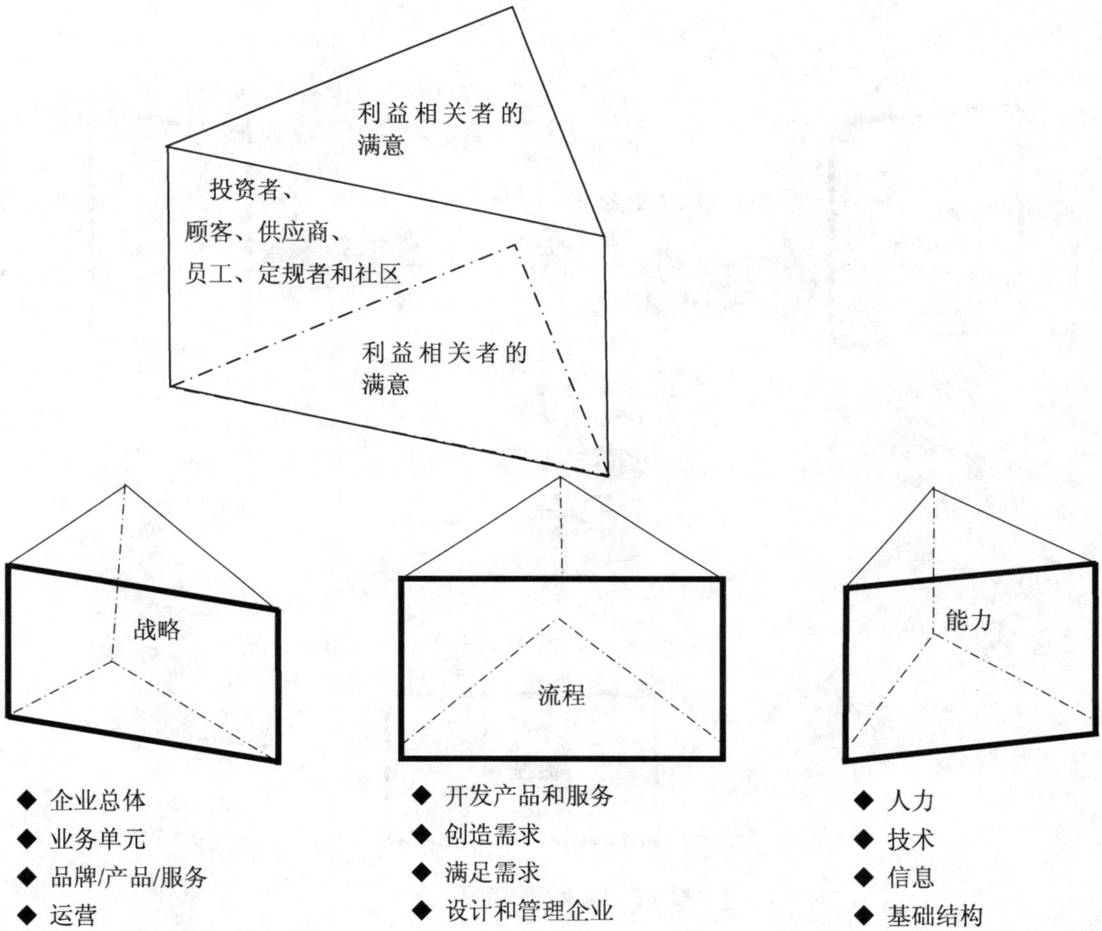

图 8-4　绩效三棱镜结构图

绩效三棱镜的最大特点就是把利益相关者置于绩效评价的中心地位，从利益相关者的角度出发来形成企业的战略、确定企业的内部流程和发展企业的能力。为了便于企业构建绩效评价系统，Neely 等人以利益相关者的满意度为起点，为每一方面设计了相应的问题，企业可以通过对问题的思考和回答来导出企业的绩效评价指标。这五个问题分别是：

利益相关者的满意：谁是我们的主要利益相关者？他们的愿望和要求是什么？

战略：应该采取什么样的战略来满足利益相关者的需求同时也满足我们自己的要求呢？

流程：我们需要什么样的流程才能执行我们的战略？

能力：我们需要什么样的能力来运作这些流程？

利益相关者的贡献：为了获得和维持这些能力，我们需要利益相关者为我们作出什么贡献？

绩效三棱镜能够告诉我们组织的内部到底有多复杂。过去，当我们用单维的、传统的架构来考察组织的复杂性时，这些架构法提供了一个个独特的视角来衡量组织绩效，但它们所提供的是：单维视角。然而，组织绩效却不是单维的。所以，要对组织绩效有一个全面的、深入的了解和考察，就必须要有衡量棱镜所提供的相互关联的多维视角。如图 8-5 所示揭示了绩效三棱镜的五个方面之间的相互联系。

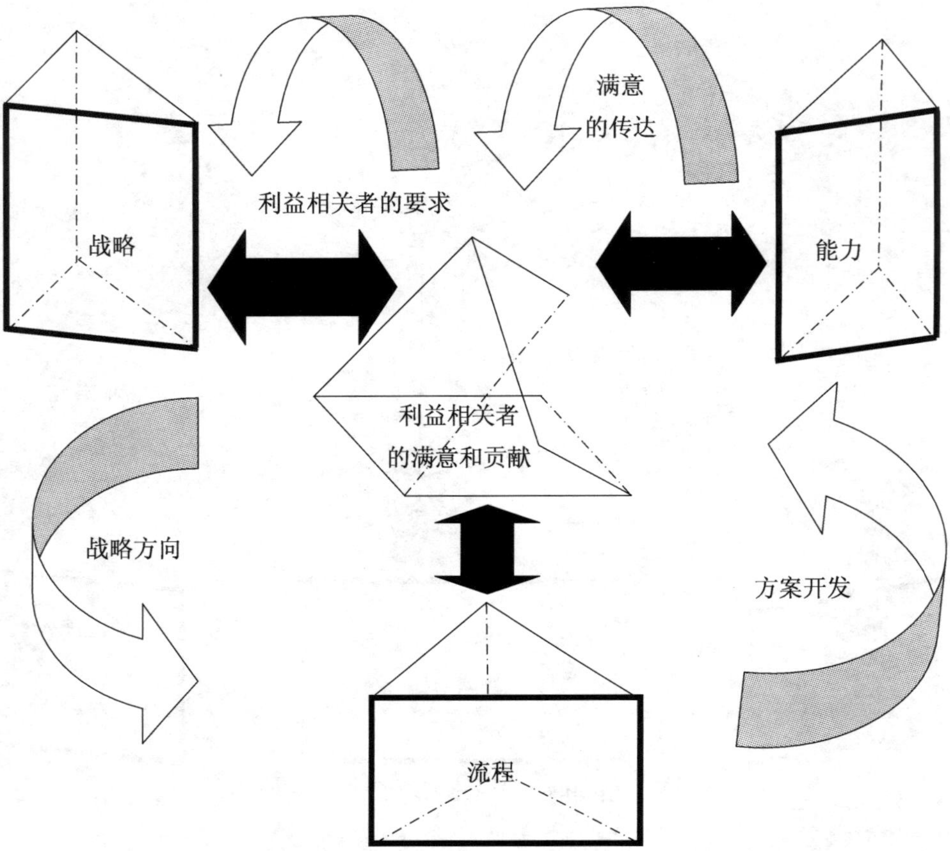

图 8-5　绩效三棱镜关系图

绩效三棱镜为企业绩效评价的研究提供了新的思路。它针对不同的利益相关者，分别从需求、贡献、战略、流程、能力五个方面建立评价指标体系（如表 8-2 所示），从而将利益相关者与公司战略有效地结合起来，进而将战略与行动有效地结合起来，形成了矩阵式结构的绩效评价指标体系。

表 8-2　绩效三棱镜的评价指标体系结构

利益相关者 / 维度	股东、债权人	员工	顾客	供应商	定规者和社区	其他
利益相关者满意						
利益相关者贡献						
战略						
能力						
流程						

（2）绩效三棱镜的优势

绩效三棱镜在现有绩效测量架构和方法的基础上，对它们进行整合，提出了一个更为全面的绩效考核方法，突出了许多创新之处。

①引入了系统思考思想

这主要体现在五个方面的设计，这五个方面是一环扣一环的，从而使其在逻辑上构成了一条“因果闭环”，如图 8-6 所示。“因果闭环”的存在不仅可使企业明确各种结果与其驱动因素的逻辑关系，而且还能使企业看清每一方面的行动都会对闭环上前后各方面行为或结果造成影响，这实际上大大拓宽了企业决策的视野。“因果闭环”能很好地解决单向因果链不能反映“动态性复杂”的难题。如顾客满意度的问题，通过“因果闭环”就可以得到很好的解决：顾客满意度的提高（满意度）→顾客购买增加、财务业绩提高（贡献度）→增加人手、加强培训（能力）→设计和实施更好的服务程序（过程）→采用更为积极的 CRM 战略（战略）→保持或持续提高顾客满意度……

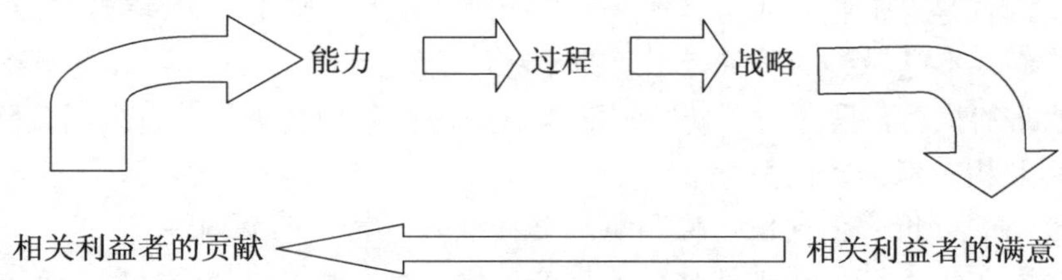

图 8-6　绩效三棱镜的因果闭环

②坚持了利益相关者的价值取向，强调了利益相关者群体的宽泛概念

以往的绩效评价方法只注重单一股东的利益（杜邦财务分析体系、EVA 法），或者只考虑股东、员工、顾客等少数几个利益相关者的利益评价（平衡计分卡）。绩效三棱镜在对利益相关者范围的界定上更为明确和宽泛，确定了基于科学发展观的利益相关者群体价值最大化，而非股东价值的评价目标。Neely 等认为，公司所有的利益相关者对公司价值的实现都有影响，在一个公司中所有的利益相关者都在一个“生态系统”之中相互作用。现在以及将来，对组织来讲，能够长期生存和繁荣的最好途径是考虑其所有重要的利益相关者的需求，并且努力满足他们的需求，否则，公司价值会在相关者的利益摩擦中不断损耗。在现今社会中忽视任何利益相关者都是极度短视和幼稚的。绩效三棱镜将所有关键的利益相关者都加以考虑并进行监测，不仅考虑了投资者和顾客，也考虑了雇员、供应商、中介商、定规者和社区，是目前为止最为全面地考虑企业利益相关者需要的绩效评价体系。

③考虑了利益相关者在企业中的双向作用，强调企业与利益相关者的“相互”关系

利益相关者和企业之间的关系由单向的索取关系正逐步变成一种基于社会交换理论和公平理论的互惠互利的关系。利益相关者需要从企业获得一定的收益，必然要对企业有一定的付出。例如：就供应商而言，希望企业忠诚，保持甚至不断增长购买数量。希望企业能保证付款的及时性，希望企业更多地与之沟通；反之，企业也希望供应商降低成本、提高质量、提高对计划时间的反应能力。以往的绩效评价方法注重价值判断主体对企业的期望，例如：平衡计分卡只评价了股东、顾客的满意度却未反映其对企业的贡献，只考核了员工的贡献却忽视了员工的满意度。在绩效三棱镜中，很微妙又非常重要地折射出利益相关者对公司的要

求和公司对其利益相关者的要求之间的差别。Neely 等认为。利益相关者的满意与贡献其实是企业生存与发展的两翼，缺少对其中任何一方的测评对企业都是不利的，因此他们在绩效三棱镜中提出了不仅要考虑利益相关者的满意程度，而且要测量利益相关者对企业的贡献思想。利益相关者对企业的贡献大小直接影响着企业战略的实施及最终目标的实现，从而更能体现利益相关者在企业绩效的能动地位，实现企业及其利益相关者的共存与共赢，更好地适应未来风险集聚的市场竞争环境。

④重新认识了企业绩效评价的起点是利益相关者的满意程度，而非战略

以往的绩效评价方法存在一个普遍性认识就是：绩效计量是从战略衍生、推导出来的，也即是以战略为起点的。平衡计分卡的特点是始终把战略远景放在其变化和管理过程中的核心地位。在当前的经济环境下，能对企业产生影响的利益相关者越来越多，影响也越来越大，而且各种利益相关者对组织的重要性并不是不变的。此时，若仍围绕战略来构建绩效评价系统，则容易因为忽视战略包含的改善绩效的内在驱动因素而使战略僵化和过时，因此。绩效测量的起点不应该是“企业的战略是什么？”而应该是“利益相关者是谁及其对企业的要求是什么？”战略并不是最终的目的，相反的，它只是所选择的路线——如何达到所期望的目标的路线。战略的执行，只是为了使组织能够更好地在各种利益相关者之间分配价值，战略必须要适应利益相关者需求的变化。

⑤凸现战略的评价客体地位，提高了战略在绩效测量中的明晰性

以往的绩效评价方法虽然承认战略的核心地位，但是始终将战略隐藏在背后。在平衡计分卡中，基于一种经验的总结，假设财务、客户、内部业务流程、创新与学习是战略成功实施的充分必要条件，并通过一系列指标将战略与其变化驱动因素联系起来，这种设计的最大缺点就是使得战略呈现静态特征而难以进行检验、确认和修订；而绩效三棱镜将战略作为评价客体中的一项重要构件突出表现，企业要考虑包括：总体战略、业务战略、品牌、产品和服务战略、经营战略在内的不同的战略层次，使其能够根据利益相关者需求的变化而变化，从而便于企业对战略的沟通与执行，也便于将战略和流程、能力进行匹配，更便于对当前战略建立的前提条件进行监测并及时对战略进行调整。

⑥建立了基于系统思考的“闭环式”因果关系模型

因果关系的存在确实可以理顺企业根据其战略来规范的流程，增强企业根据其流程来行动的能力。然而，因果关系本身存在复杂性，诸如：一因多果、多因一果、因果倒置等，因果关系也会随着时间的推移而发生变化。以往的绩效评价方法揭示的主要是单向式的因果关系，不能解决现实经济活动中大量存在的“动态性复杂”问题。绩效三棱镜的五个透视层面之间的逻辑关系更加明确，它开始提出问题——“我们的利益相关者是谁以及他们的需求是什么？”；接着它会提出有关向利益相关者传送价值需要什么战略的问题，执行这些战略需要什么样的流程？巩固这些流程又需要什么能力——人员、技术、经验和基础组织的结合体？该模型的设计是一环扣一环的，从而使其在逻辑上构成了一条结果与其驱动因素的“因果闭环”，使企业看清每一环节对其前后各环节造成的影响，从而很好地解决单向因果不能反映“动态性复杂”的难题。

⑦提高了评价对象的全面性，既重结果评价，也重过程和能力的评价

以往的各种绩效评价理论没有一种能成为最好的测量和管理企业绩效的方法，其原因就在于企业绩效本身就是一个多重层次的概念，现有的框架模型仅仅部分地提供了有价值的解

决某一点的方法。杜邦财务分析体系仅仅强调了获得高资产净利率的两个来源——高利润率或高资产周转率或是两者的结合，代表性财务指标选择过少，反映企业的信息较少；EVA指标反映的仅仅是企业经营的最终结果；平衡计分卡也只是在静态的时间截面上选取相应的测量。而绩效三棱镜不仅注重了业绩评价结果，也注重了对传达利益相关者价值的战略实施过程的评价以及运作内部流程的人力、实践、技术和基础结构的评价。随着企业外部经营环境中各种不确定因素的增加，对企业提出了快速响应和弹性运作的变革要求，对业务流程的“过程性”和“创新性”的考核随之备受关注。绩效三棱镜主要从质量、数量、时间、使用的容易程度、货币五个方面对流程加以测量。还涉及意外事故流程如，产品召回、各类系统故障处理的准备执行水平。同时，绩效三棱镜也认为，流程不能单独发挥作用，企业的能力尤其是核心能力必须实现利益相关者所特别关注的价值，能够为利益相关者提供根本上和实质性的利益和效用。Neely等认为，所谓能力，是指一个组织的人力、实践、技术和基础结构的结合。通过绩效三棱镜的测量方法可以帮助管理者考察企业具有哪些能力，这些能力是否与流程匹配？哪些是具有竞争性的与众不同的能力，即所谓的核心能力？并特别强调针对能力动态性的识别与评价研究，即企业内部过程对环境变化的动态适应。

⑧提升了开放系统的灵活性和扩展性，建立了持续改善机制以实现不断自我更新和完善

绩效三棱镜综合考虑了各个关键因素，这个框架设计得非常有弹性，有很多绩效测量变量。从利益相关者的角度出发，在形成的战略、确定的流程到发展的潜在能力上都设置了一系列具有沟通和反馈特点的相关评价指标，弥补了单一财务指标的不足，既可以适应宽泛的要求，也能适应严格的要求，而且适合于对所有的组织进行业绩计量。此外，绩效棱柱又有自我升级机制。定期评估和更新测量方法和测量系统，使其不断地与组织保持适应性。在绩效三棱镜评价体系开发和展开的 4 个基本流程中的最后一个流程就是管理绩效测量系统本身，即确保绩效测量系统是与时俱进的，并且保证测量方法与组织需求相关。绩效三棱镜评价体系主张：企业必须定期对测量方法和管理实践进行审核，诸如市场环境有无变化？绩效目标是否很容易达到甚至超越？利益相关者的满意和组织需求有无改变？组织的战略是否正在有效地、持续地满足这些需求？流程是否合理？能力是否有待提高？数据能否取得并分析？是否根据绩效测量数据采取行动？这些都是企业需要定期回答的不可忽视的问题，由此可提出改善建议，调整绩效测量指标，改变绩效测量频率，改善数据分析，使企业的绩效评价系统随着时间的推移而与其变化着的目标并行发展，保持了测量系统的相关性和有效性。

（3）绩效三棱镜的不足之处

①绩效三棱镜在将组织的整体战略目标分为更加具体的、可执行的、易于衡量的具体行动目标时有着很大的难度，同时未涉及具体指标目标值的确定，对一些指标，特别是非财务指标，无法进行定量分析，缺乏具体的“计分”的手段；

②绩效三棱镜未能进一步分析利益相关者的利益通过什么机制和企业的战略目标相联系，使得利益相关者的分析对于绩效评价的影响不能真正落到实处；

③绩效三棱镜需要在各利益相关者下面设置各利益相关者的满意、各利益相关者的贡献、战略、流程、能力等五个方面的指标，有多少利益相关者就需要设置多少组这样的指标，做到了面面俱到，但这种设置容易造成考核体系过于复杂，增加考评的成本和难度，不容易在实践中执行。同时，这种庞大的指标体系，会分散管理者的注意力，使其关注不到对企业绩效产生重要影响的指标，有时甚至会造成管理者的无法适从。

8.3.2 第三方物流企业绩效评价指标的确定

目前，在企业中应用得较多的绩效评价方法是平衡计分卡，它从战略的高度分别从财务、客户、内部流程、学习与成长等四个方面以因果流程的方式描述了战略的实施过程。理论界近年来也提出了一些新的绩效评价方法，如基于利益相关者的绩效三棱镜等，但是它们还没有形成一套完整的绩效评价体系，在实践中也很难单独应用。由于第三方物流企业的绩效评价有其自身的特殊性，它的活动从上游的供应商到下游的客户都有所涉及，因此平衡计分卡那种只考虑客户、股东的绩效评价方法不能很好的对物流企业的绩效作出评价。所以，在此本文结合平衡计分卡和绩效三棱镜的优点，准备从以下六个方面对物流企业的绩效作出评价，如图 8-7 所示。

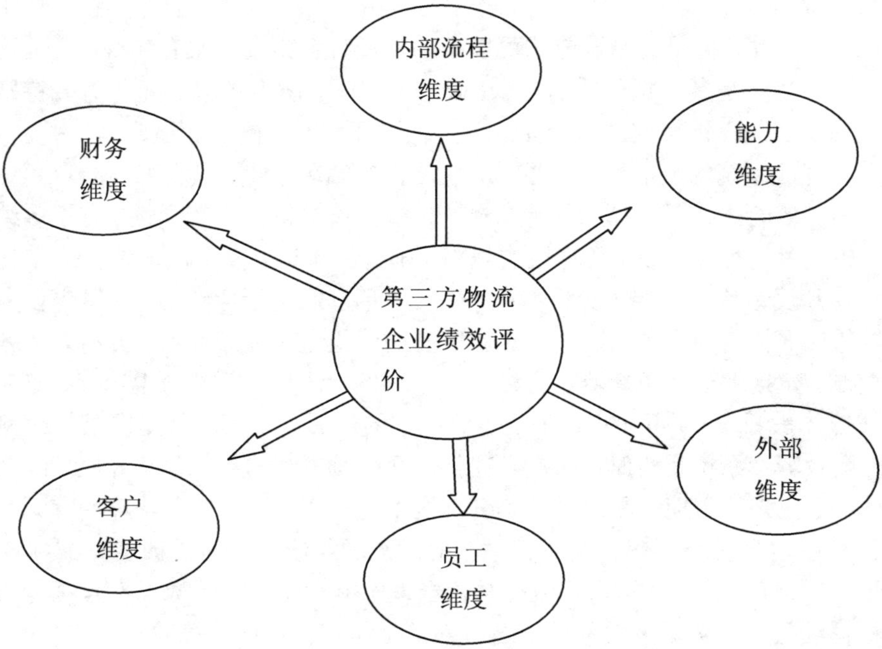

图 8-7 第三方物流企业评价模型

1．内部流程维度

内部流程绩效评价主要是从物流系统的主要功能因素考虑，着重将活动过程与作业目标以及行业标准相比较。由于管理层对内部运作比较精通，因此，这部分的信息收集工作也相对容易。物流系统的功能要素主要包括：运输、仓储、配送、包装、装卸搬运以及流通加工等，其中运输和仓储分别解决了供需者之间场所和时间的分离，是分别创造“场所效应”和“时间效应”的主要物流功能，因而在物流系统中处于主要功能要素的地位。本文主要从这两方面来设计物流企业内部流程维度的指标。

（1）运输

运输是用设备和工具将物品从某一地点向另一地点运送的物流活动，其中包括：集货、分配、搬运、中转、装入、卸下、分散等一系列操作。运输是实现整个商品交易过程必不可少的重要阶段。对运输活动进行绩效评价时，可按以下评价标准来选择评价指标体系：

①运输、取货、送货服务质量良好，即准确、安全、迅速、可靠；

②能够实现门到门服务而且费用合理；

③能够及时提供有关运输状况的信息及其服务；

④货物丢失或损坏，能够及时处理有关索赔事项；

⑤认真填制提货单，票据等运输凭证；

⑥与顾客长期保持真诚的合作伙伴关系。

当然，在进行具体的绩效评价时，并非完全按上述6项标准选择，可结合承运人及顾客的实际情况，确定评价标准。根据运输活动的特点及运输活动评价标准，本文选择以下评价指标来对运输活动进行评价。

◆运输经济性指标

①单位运输成本

$$\text{运输费用单位运输成本}=\frac{\text{运输费用}}{\text{货物周转量}}$$

运输费用主要包括：燃料、各种配件、养路、工资、修理、折旧及其他费用支出。货物周转量是运输作业的工作量，它是车辆完成的各种货物的货运量与其相应运输距离乘积之和。单位运输成本指标可用来对企业运输作业效益高低以及综合管理进行评价。

②运输费用效益

$$\text{运输费用效益}=\frac{\text{经营盈利额}}{\text{运输费用支出额}}\times 100\%$$

③里程利用率

$$\text{里程利用率}=\frac{\text{载重行驶里程}}{\text{车辆总行驶里程}}\times 100\%$$

减少车辆空载，可以加快物资流转，节省运力，节约能源，降低运输耗费，是运输管理的目标之一。里程利用率指标反映了车辆的实载和空载程度，可以评价运输调度管理水平，促进车辆管理人员采用双程运输、定时搬运等管理措施，减少空载行驶，提高运输车辆使用效率。

④燃料消耗定额比

$$\text{燃料消耗定额比}=\frac{\text{百公里燃料实耗量}}{\text{百公里燃料定额量}}\times 100\%$$

燃料消耗是运输费用中的重要支出，节约燃料消耗，可降低物资流转中的耗费。燃料消耗量定额比反映驾驶人员消耗燃料是否合理，能促进企业加强对燃料消耗的管理。

◆运输可靠性指标

①正点运输率

$$\text{正点运输率}=\frac{\text{正点营运次数}}{\text{营运总次数}}\times 100\%$$

准时运送物资是物资流转通畅的一种保证。正点运输率指标是对此管理工作的评价，它反映运输工作的质量，促进企业做好运输调度管理，采用先进的看板运输管理技术，保证物资流转的及时性。

②无缺损运输率

$$无缺损运输率=\frac{无缺损运输次数}{总运输次数}\times 100\%$$

在运输过程中，注意对货物的保护，降低货物可能的损坏，这显然对顾客和服务提供商都有好处。

◆运输能力指标

评价运输能力从交货柔性与服务性两方面来考虑，运输服务性的指标可围绕运输服务的成套性或货主的满意程度两方面予以建立。

①迅速交货的能力：在客户要求大批量或者迅速交货的时候，这是体现服务能力柔性的一个重要指标。

②减少前置时间的能力：交货前置时间越小，对客户来讲，经营灵活性越强。

③一票运输率

货主经一次购票（办理托运手续）后，由企业全程负责，提供中转联程服务至目的地的运输，叫一票运输。该指标反映了运输一条龙或一体化服务程度的高低。

$$一票运输率=\frac{一票运输票号数}{同期票号总数}\times 100\%$$

④意见处理率

影响运输服务性的因素很多且不易考核，对此，通常采用设置意见箱收集货主意见的办法进行操作。在货主针对运输服务质量问题指出的诸多意见中，企业予以及时查处并给予货主必要的物质或精神补偿，取得满意效果的意见，称为已处理意见。

$$意见处理率=\frac{已处理意见}{货主提出意见数}\times 100\%$$

⑤满意率

企业对货主进行满意性调查，凡在调查问卷上回答对运输服务感到满意及以上档次的货主，称为满意货主。意见处理率和满意率均可按季度计，必要时也可按月计。前者反映了货主对运输服务性好坏的基本倾向及企业补救力度的大小；后者是对运输服务质量的总体评价。

$$满意率=\frac{满意货主量}{被调查货主数}\times 100\%$$

◆运输可达性（方便性）指标

由于有些运输方式如，铁路、航空等，不能直接把货物运至最终目的地，所以要利用直达性这个标准来评价物流企业提供多种联运服务的能力。尤其是当商品来往于机场、铁路端点站、港口时，直达性就显得尤为重要。

$$货物直达率=\frac{直达票号数}{同期总票号数}\times 100\%$$

◆运输安全性指标

①事故频率（次/万公里*车）

指单位行程内发生行车安全事故的次数，一般只计大事故和重大事故。反映车辆运行过程中随时发生或遭遇行车安全事故的概率。

$$事故频率=\frac{运输事故次数}{运输总次数}\times 100\%$$

②安全间隔里程

指平均每两次行车安全事故之间车辆安全行驶的里程数。

$$安全间隔里程=\frac{评价期总行程}{行车安全事故次数}\times 100\%$$

（2）仓储

仓储是对货物的储存。从广义上讲，它包括一系列的提供储存货物服务的设施和场地，例如，露天场地对铁矿石的储存，生产厂家对成品的储存，以及在运输过程中对原材料、工业货物和成品的储存。另外，它包括一些专门的储存设施，比如储存粮食的仓库、储存烟草的仓库以及冷库。

◆反映仓储生产成果数量的指标

①吞吐量

它是指计划期内进出库物资的总量，其计量单位通常为“吨”。

吞吐量＝入库量+出库量+直拨量

②库存量

它是指计划期内平均库存量，同时也是反映仓库平均库存水平和库容利用状况的指标，计算单位为吨。其计算公式为：

$$月平均库存量=\frac{月初库存量+月末库存量}{2}$$

③库存周转率

库存周转率是评价物流企业购入存货、入库保管、销售发货等环节的管理状况的综合性指标，它是在一定时期内销售成本与平均库存的比率，用时间表示库存周转率就是库存周转天数。其计算公式如下：

$$库存周转率（次）=\frac{销售成本}{平均库存}$$

$$库存周转天数=\frac{360}{库存周转率}=\frac{平均库存\times 360}{销售成本}$$

式中：销售成本是指企业销售产品、商品或提供服务等经营业务的实际成本。平均库存是指库存年初数与年未库存数的平均值，即：平均库存＝（库存年初数+库存年末数）/2。

◆反映仓储生产作业质量的指标

仓储质量是指物资经过仓库储存阶段，其使用价值满足社会生产的程度和仓储服务工作满足货主和用户需要的程度。

①进、发货准确率

$$进、发货准确率=\frac{期内吞吐量-出现差错总量}{期内吞吐量}\times 100\%$$

其中，出现差错总量包括因验收不严、责任不明确造成错收、错发的物资总量，不包括丢失、被盗等因素造成的物资损失量。

②物资完好率

$$物资完好率=\frac{期内平均库存量-期内丢失、损坏的物资总量}{同期平均库存量}\times100\%$$

丢失、损坏、变质的物资总量包括由于保管条件差或保管方法不恰当或没有进行维护保养或维护保养不善及其他失职而造成的物资损失量。

③业务赔偿率

$$业务赔偿率=\frac{期内业务赔、罚款总额}{期内业务总收入}\times100\%$$

业务赔罚款是指在入库、保管、出库阶段，由于管理不严、措施不当而造成库存物资损坏或丢失所支付的赔款和罚款以及为延误时间而支付的赔款等。业务总收入指计划期内仓储费和进出库费收入之和。

④账卡相符率

$$账卡相符率=\frac{相符项目数}{考核总项目数}\times100\%$$

账卡物相符指物资库存总账、库存卡所反映的库存状况应与库存实物的状况三者一致。这是库存作业最基本的要求，也是一项重要的基础工作。

质量指标由于各物流企业仓库的管理水平不同，技术水平不同而不等。因此，国家有关部门没有进行统一的规定，而由各级、各部门、各单位的仓库根据同行业的水平和本仓库的历史经验，在计划期初确定一个目标，如业务赔偿率 0.3%，期末据此考核生产作业质量，评价仓储经济效果。

◆反映存储作业物化劳动和活劳动消耗的指标

①物资消耗指标

储存作业的物资消耗指标是指材料、燃料和动力的消耗定额。

②平均验收时间

$$平均验收时间=\frac{期内各批验收天数之和}{期内验收批数}$$

每批物资验收天数是指从物资具备验收条件的第二天起，至物资验收完毕单据返回财务部门止的累计天数。当日验收完毕并退单的按半天计算。入库验收批数以一份入库单为一批计算。

③发运天数

$$整车平均发运天数=\frac{期内各车发运天数之和}{期内发运车总量}$$

整车发运天数是从调单到库第二日起，到向承运点交完作业的累计天数；在库内专用线发运的物资，是从调单到库第二日起至车皮挂车走为止的累计天数。发运天数指标不仅可以反映出仓库组织出库作业时的管理水平，而且可以反映当期的交通运输状况。随着综合运输体系的建立和完善以及运输能力的加强货运进度会加快，发运天数就相应缩短。

④进出库成本和仓储成本

$$进出库成本=\frac{期内进出库总费用}{期内进出库物资总量}$$

$$仓储成本=\frac{期内物资储存费用}{期内各月平均库存量之和}$$

◆反映仓储资源利用程度的指标

①仓库面积利用率

$$仓库面积利用率=\frac{库房、货棚、货场占地面积之和}{仓库总占地面积}\times 100\%$$

②仓容利用率

$$仓容利用率=\frac{一定时期内仓库平均库存量}{最大库存量}\times 100\%$$

③设备利用率

$$设备利用率=\frac{期内设备作业总台时}{期内设备应作业总台数}\times 100\%$$

式中，库容量指仓库设计能力。仓库面积利用率、仓容利用率指标反映仓库的利用情况以及仓库规划水平的高低，其值随着物资的接收量、保管量、发放量、物资的性质、保管的设备、物资的放置方法、通路的布置方法、库存管理方法而异。

◆反映储存生产劳动效率的指标

反映储存生产劳动效率的指标主要是全员劳动生产率。

◆反映储存生产的经济效益指标

反映储存生产的经济效益指标主要有成本盈利率、资金利润率、人均盈利率等。

2．财务维度

财务指标是传统的企业绩效评价指标，虽然现代企业绩效理论越来越强调非财务指标的重要性，但这并不能否定财务指标的重要作用，财务评价依旧是评价企业经营管理效果的重要方面，而对于企业重要的利益相关者——股东、债权人而言，财务评价的结果仍然是其决策的重要依据。第三方物流企业的财务绩效评价指标主要包括：企业偿债能力、资产运营能力、盈利能力、发展能力。

（1）偿债能力

偿债能力是企业偿还到期债务的能力。

①资产负债率

资产负债率是指企业一定时期内（通常为一年）负债总额与资产总额的比率。

$$资产负债率=\frac{负债总额}{资产总额}\times 100\%$$

②流动比例

流动比率，是企业一定时期流动资产同流动负债的比率。它所衡量的是企业的短期债务偿还能力。

$$流动比率=\frac{流动资产}{资产负债}\times 100\%$$

③速动比率

速动比率是指速动资产总额与流动负债总额的比率，它是衡量企业流动资产中可以立即变现用于偿还流动负债的能力。速动资产通常是指从流动资产中扣除变现速度最慢的存货等资产后，可以直接用于偿还流动负债的那部分流动资产。

$$速动比率=\frac{流到资产-存货}{流到负债}\times100\%$$

④已获利息倍数

已获利息倍数是企业一定时期息税前利润与利息支出的比值，它反映了企业偿付债务利息的能力。

$$已获利息倍数=\frac{息税前利润}{利息支出}\times100\%$$

（2）资产运营能力

①固定资产周转率

固定资产周转率是指在一定时期内，物流企业的销售收入净额与全部固定资产的平均总额的比值，是评价第三方物流企业固定资产经营质量和利用效率的重要指标。

$$固定资产周转率=\frac{销售收入}{固定资产平均总额}\times100\%$$

②应收账款周转率

应收账款周转率是指一定时期内，物流企业的销售收入净额与平均应收账款的比值。应收账款是物流企业流动资产中重要的组成部分，应收账款周转越快，说明企业的资产运营能力越强，经营风险越低。第三方物流企业的行业特性决定了其必须是采用赊销的方式，因此如何加强应收账款管理、降低经营风险是第三方物流企业财务管理中的重要课题。

$$应收账款周转率=\frac{销售收入}{平均应收账款}\times100\%$$

（3）盈利能力

盈利能力是指企业获取利润的能力，直接反映企业的经营绩效。对企业的盈利能力进行评价时，主要采用以下两个指标：净资产收益率和营业收入利润率。

①净资产收益率

$$净资产收益率=\frac{净利润总额}{平均净资产}\times100\%$$

净资产收益率是评价企业自有资本及其积累获取报酬水平的最具综合性与代表性的指标，反映企业资本运营的综合效益。通过对该指标的综合对比分析，可以看出企业获利能力在同行业中所处的地位以及与同类企业的差异水平。

②营业收入利润率

营业收入利润率是指在一定时期内，物流企业所取得的净利润额与营运总收入的比值，它表明企业每单位收入所带来的营业利润，反映企业主营业务的获利能力，是评价企业经营效益的主要指标。

$$营业收入利润率=\frac{净利润额}{营业总收入}\times100\%$$

该指标体现了第三方物流企业经营活动最基本的获利能力，能够充分反映出企业成本控制、费用管理、经营策略等方面的不足与成绩。该指标越高，说明企业的市场竞争力越强，发展潜力越大，盈利水平越高。

（4）发展能力

企业的长远发展潜力是企业通过自身的生产经营活动，不断扩大积累而形成的发展潜能。发展能力反映了持续发展的能力，通常采用资本积累率、销售增长率作为评价指标。

①资本积累率

资本积累率是指企业本年所有者权益增长额同年初所有者权益的比率。资本积累率是企业当年所有者权益的增长率，体现了企业当年资本的积累能力，是企业扩大再生产的源泉，反映了企业的发展潜力。

$$资本积累率=\frac{本年所有者权益增长额}{年初所有者权益}\times100\%$$

②销售增长率

销售增长率是指企业本年销售收入相对于上年销售收入的增长情况。销售增长率反映了企业主营业务的扩张情况，是衡量企业经营状况和市场占有能力的重要指标。

$$销售增长率=\frac{本年销售收入增长额}{上年销售收入总额}\times100\%$$

销售（营业）增长率是衡量企业经营状况和市场占有能力、预测企业经营业务拓展趋势的重要标志，也是企业扩张增量和存量资本的重要前提。

3．客户维度

第三方物流企业的经营，不仅为了获取财务上的直接收益，还要考虑战略资源的开发和保持，即客户为企业带来物流服务产品的市场，它是第三方物流企业战略性成长的需求基础。本文主要从以下五个方面来考核客户维度的绩效水平：

（1）客户满意度

客户满意度是指客户对第三方物流企业所提供的物流服务的满意程度。影响客户满意度的因素有很多，如物流服务的质量、成本、及时性、客户需求的响应程度、物流企业的形象等，很难用具体指标一一度量。然而，在买方市场下，客户如果对第三方物流企业有任何不满，一般情况下是会向其抱怨的，基于这个前提，可以用客户满意率指标从整体上去衡量客户的满意程度，它是指第三方物流企业向客户所提供的物流服务没有得到抱怨的次数与第三方物流企业提供服务的总次数之比。

$$客户满意度=\frac{物流企业中服务次数-客户抱怨数}{物流企业中服务次数}\times100\%$$

（2）客户保持率

客户保持率反映第三方物流企业的市场保持状况，它是指一定时期内保留或维持同老客户的业务关系比例，即：

$$客户保持率=\frac{企业当期客户-企业当期新增客户}{企业上期客户}\times100\%$$

一般而言，客户保持率越高越好，据统计，客户保持率每增加5%，企业的利润会增加25%到 95%，由此可以看出，第三方物流企业经营的绩效如何与客户满意水平有着直接的关系，客户满意水平越高，则客户保持率越高，企业的绩效就越好。

（3）客户获得率

客户获得率反映物流企业拓展市场的绩效，它是指一定时期内第三方物流企业吸引或赢得新客户或业务量的比例，即：

$$客户获得率=\frac{当期新增客户或业务量}{上期客户或业务量}\times 100\%$$

（4）市场份额

市场份额反映了物流企业提供的物流服务在市场上所占的业务比例。它可以通过一定时期内，第三方物流企业提供的物流服务市场占有率指标来计算与评价：

$$市场占有率=\frac{本期物流企业的营业额}{本期物流市场的营业总额}\times 100\%$$

（5）客户利润率

客户利润率也称客户贡献率，是指企业从客户处获得利润的水平。企业成功地留住客户、获取新客户和使客户满意，并不能保证企业从客户处获得利润，这是因为客户的满意度与客户的利润率两项指标，从本质上看存在冲突和矛盾：通常客户感到极为满意的方式是以低价出售高质量的产品和服务，但是就企业而言，它不仅希望得到对企业感到极为满意的客户，它更希望获得有利可图的客户。“80/20”管理原则认为：企业80%的利润来自20%的客户，少量的客户创造了大量的利润。由此可见，企业不可能也没有必要满足每一位客户的需要，因为企业不可能对客户有求必应，而且都以盈利的方式满足需求；而应充分关注重要客户，将有限的资源用在能为企业创造80%利润的关键客户身上。

$$客户利润率=\frac{客户的净利润}{为争取该客户所投入的成本}\times 100\%$$

这里的净利润是指扣除为争取某一客户所投资的成本后的净利润；为争取客户投资的成本是指运用成本作业法分配给客户承担的研发、营销等成本费用。

4．员工维度

第三方物流企业要保持核心竞争力，实现可持续发展，必须依靠每一位员工。员工的学习培训、素质的提高、工作热情的调动直接影响着企业的未来发展潜力。本文主要从以下几个方面来评价员工的绩效：

（1）员工的知识结构

员工的知识结构反映第三方物流企业的员工文化素质即员工接受教育的程度，是指第三方物流企业的员工所具备的知识水平，可根据员工拥有的学历层次进行评价。

$$员工的知识结构=\frac{企业某一学历层次员工数}{企业全体员工数}\times 100\%$$

（2）员工流动率

对企业满意的员工是提高生产率和客户服务质量的前提条件。而对于第三方物流企业，客户服务质量直接影响着企业的经营绩效。因此，要想获得高水平的客户服务质量，需要有对企业最满意的员工来为客户服务。员工满意度是影响客户服务质量的一项重要因素。对员工满意度的评价可采用员工流动率指标来衡量。员工流动率可以用一定时期内（通常为一年）企业重要人事变动的百分比来计算与评价，即

$$员工流动率=\frac{员工辞职数}{全体员工数}\times 100\%$$

这一指标主要反映职员对企业的满意度，也反映了企业在智力资本投资方面的损失，尤其是那些长期在企业工作，掌握企业许多具体业务技能与技巧的职员更是如此。

（3）员工培训时数

员工培训方面的评价指标用以反映企业对员工智力资产的投资状况，定期培训不但可以提高职员迅速捕捉市场信息及提取有用信息的能力，而且还利于职员之间的交流，建立亲密和谐的工作氛围。其指标可以用员工培训时数来表示

员工培训时数＝培训员工人数×培训时间

（4）员工参与管理的程度

在企业管理中，员工参与管理的重要途径就是提出合理化建议，员工建议的多少、建议被采纳的多少、建议被采纳后所产生的效益是衡量员工参与度的重要指标，为此有必要设置员工建议采纳次数和效益的指标。员工建议采纳数或效益，可以用一定时期内管理者采纳员工建议数量或产生的经济效益来计量评价。

（5）员工生产效率

员工生产效率，是指一定时期内每个员工平均创造的收入或每个员工创造的价值增值。即

$$员工生产效率=\frac{企业一年内的净利润}{企业全体员工}\times 100\%$$

5．能力维度

能力可以定义为一个组织的人力、实践活动、信息水平、技术创新等的结合，它们共同代表了组织通过截然不同的运作方式为其利益相关者创造价值的过程。

（1）信息化评价指标

信息技术在物流企业中有很多具体应用，根据第三方物流企业的实际情况及其特点，可以从以下几种技术进行评价：如计算机、网络、EDI、人工智能专家系统、通信以及条码和射频技术等。所涉及的主要评价指标有

①信息技术投入比重

信息技术投入比重是指当年信息技术的投入费用（含软硬件、网络建设等）占当年固定资产投资的比重。

$$信息技术投入比重=\frac{信息技术投入费用}{当期固定资产投资总额}\times 100\%$$

②网络规模、性能

可以按照第三方物流企业局域网联网计算机台数、局域网带宽、数据流量、服务器容量、速度及安全性等进行评价。

③企业数据库建设水平

根据企业建立的数据库的数量和质量进行评价：企业没有建立任何数据库为四级水平；建立了企业的人、财、物等基本数据库，为三级水平；建立了企业的经营、管理决策所需的各种数据库，具有初步评价、优化、决策等功能的软件，如物流运输优化调度软件，为企业决策提供参考，为二级水平；在二级水平基础上，建立了人工智能专家系统所需的各种知识库、规则库，并能够利用社会上的数据库资源为本企业的决策服务，为一级水平。

④企业重大决策取得信息支持程度

企业重大决策没有信息技术的支持，为四级水平；通过信息资源的开发利用，能为领导

科学决策提供初步支持，为三级水平；能开展数据分析处理，对各种决策方案进行优选，为领导科学决策提供有力的辅助支持，为二级水平，如用定量化模型来协助评估选址、存货水平等；采用人工智能专家系统，进入管理决策智能化，为一级水平。

（2）技术创新维度

第三方物流企业要在激烈的市场竞争中求生存、求发展就必须创新，创新是企业核心竞争力形成和保持的关键，是企业走向成功的主导因素之一。

第三方物流企业在实现技术创新的活动过程中，主要包括四个环节：第一环节为创新思路的形成阶段；第二环节是将创新思维转为新的物流产品和新物流技术的开发阶段；第三环节是新产品的市场营销活动阶段及新物流技术的正式启用阶段，在这一阶段中，创新企业会因技术领先优势而享有一定的垄断收益；第四环节是创新成果的推广阶段，在这一环节，技术创新成果开始为其他第三方物流企业所采用，其结果是推动了整个行业的技术进步与发展。

（1）研发费用率

这一指标是指第三方物流企业的本期研究开发费用占企业营业收入总额的比例。

$$研发费用率=\frac{本期研发开发费用}{本期营业收入总额}\times 100\%$$

（2）新物流产品开发增长率

$$新物流产品开发增长率=\frac{本期开发的新产品种类}{上期开发的新产品种类}\times 100\%$$

（3）新物流产品、新物流技术的创利能力

$$新物流产品投资回报率=\frac{新产品利润}{该产品研发费用}\times 100\%$$

$$新物流技术研发收益率=\frac{采用新物流技术增加的利润}{新物流技术研发费用}\times 100\%$$

6．外部利益维度

在过去，企业的目标通常是利润或者股东价值最大化，但是随着各种利益团体的介入，现代社会已经不能允许企业仅仅考虑股东的利益诉求而忽略其他利益相关群体——供应商、环境保护群体、社区及政府等的利益需求。企业提高绩效的根本目的是为了实现企业的价值——不仅是股东的价值，而且是各个利益相关者寄托于企业的期望。如果企业不能实现绩效目标，就不能实现各方的利益；如果企业只能完成其中一部分目标，单纯维护某一两个方面的利益，就势必导致各方利益的失衡，从而会造成企业正常的运营遇到障碍。第三方物流企业的运营是一个涉及从上游供应商到下游客户的复杂过程。

（1）总资产税费率

总资产税费率是指企业上缴给当地政府的税费额占企业平均资产总额的比例。

$$总资产税费率=\frac{上缴的税费额}{企业平均资产总额}\times 100\%$$

（2）社会贡献率

社会贡献率是指企业对当地社区活动及公共事业的发展所捐献的数额占企业年销售收入的比例。它是企业从事公益事业活动的重要衡量指标之一。

$$社会贡献率=\frac{对社区活动及社会公共事业的捐款额}{企业销售收入}\times 100\%$$

（3）（直接或间接）解决就业的水平

这一指标可以通过第三方物流企业的运营给当地社区带来的直接就业人数或间接带来的相关产业的就业人数占当地就业人数的比例来衡量。

（4）生态效率

生态效率是企业为改善当地社区的环境而投入的资金占企业销售收入的比例。

$$生态效率=\frac{用于环境治理的费用}{企业销售收入}\times 100\%$$

（5）“三废”排放总量

这一指标主要考虑在第三方物流企业的生产经营活动中，企业所产生的“三废”对环境造成的影响程度。

8.4 第三方物流企业绩效评价方法

物流绩效评价方法大体上可以分为定量评价方法与定性评价方法。其中，定量评价方法又包括了单目标评价方法与多目标评价方法。在物流研究相关文献中，多数涉及的是多目标评价方法，主要有：层次分析法、主成分分析法、模糊综合评判法。

层次分析法（AHP）体现了决策思维的基本特征：分解、判断、综合，因此能够将人们的决策思维活动系统化、清晰化、定量化；主成分分析法通过将原来相关的各原始变量作数学变换，使之成为相互独立的分量，然后再对分量计算综合评价值。使用这种方法的优点在于：消除了评价指标之间的相关影响，减少了指标选择的工作量，采用信息权数有助于客观地反映样本间的现实关系；模糊综合评判法是目前最常用的物流系统评价方法。模糊综合评价是利用模糊集理论进行评价的一种方法。模糊评价方法不仅可对研究对象按综合分值的大小进行评价和排序，还可根据最大隶属度原则去评价对象所属的等级。

以上为目前最常用的三种物流系统综合评价方法，每种方法在进行物流系统评价时各有优劣，综合如下表 8-3 所示。

表 8-3 物流绩效评价方法优劣比较

评价方法	难易程度	输入指标	评价指标权重	能否对评价单元进行排序	能否得到改进方案	对于动态的物流系统的适用性
层次分析法	较简单	无需量化	需要确定	能	否	差
主成分分析法	较简单	需要量化	无需确定	能	否	差
模糊评价法	适中	无需量化	需要确定	能	否	一般

8.4.1 层次分析法（AHP）

层次分析法是美国著名的运筹学专家匹兹堡大学教授 T.L.saaty 于 20 世纪 70 年代提出的。层次排序法（AHP 法），原理简单，有较严格的数学依据，广泛应用于复杂系统的分析与决策。

层次分析法作为一种评价方法，是一种定性分析和定量分析相结合的评价决策方法，它将评价者对复杂系统的评价思维过程数学化。其基本思路是评价者通过将复杂问题分解为若干层次和若干要素，并在同一层次的各要素之间简单地进行比较、判断和计算。就可以得出不同替代方案的重要度，从而为选择最优方案提供决策依据。层次分析法的特点是：能将人们的思维过程数学化、系统化，便于人们接受；所需定量数据信息较少。但要求评价者对评价问题的本质、包含要素及其相互之间的逻辑关系能掌握得十分透彻。这种方法尤其可用于对无结构特性的系统评价以及多目标、多准则、多时期等的系统评价。比较适合制度成熟公司的整体绩效评价，但对于某一部门的单一绩效评价并不适合。

1. 层次分析法的基本原理

现代复杂的决策问题往往涉及许多因素，如社会、政治、经济、科技乃至自然环境等，因此要认识一个复杂系统就比较困难。层次分析法正是处理此类问题的有效方法。它首先提出了递阶层次结构理论，然后给这种递阶层次结构作定量描述，通过排序理论得出满足系统总目标要求的各个方案（或措施）的优先次序。因此，层次分析法的基本原理可归纳为层次的数学原理——特征向量方法、递阶层次结构原理、两两比较标度与判断原理、层次排序原理。

（1）特征向量方法原理是对于复杂管理决策问题，通过建立层次分析模型，构造出判断矩阵，就可以应用这种求解判断矩阵的最大特征根及其特性向量的方法，来确定出相应各种方案、措施、政策等相对于总目标的重要性权值，以供决策者参考。

（2）递阶层次结构原理是对于一个复杂的无结构问题，可分解为它的若干组成部分或因素。例如，目标、约束、准则、子准则、方案等，按照属性的不同把这些因素分组形成互不相交的层次，上一层次的因素对相邻的下一层次的全部或某些因素起着支配作用，形成按层次自上而下的逐层支配关系，具有这种性质的层次称为递阶层次。通过分析建立一个有效的、合理的递阶层次结构对于能否解决问题具有决定性意义。

（3）两两比较的标度与判断原理是：任何一个递阶层次结构，均可以建立若干个判断矩阵，判断矩阵数目是该递阶层次结构图中，除最低一层以外的所有各层次的因素之和。选择标度方法有一定的事实和科学依据。

层次排序原理包括：层次单排序、层次总排序和一致性检验理论。确定各层次中因素对相邻上一层次的各因素的优先次序称为层次单排序。层次单排序可归结为计算判断矩阵的特征根和特征向量问题，即对判断矩阵A，计算满足$A=W*\lambda_{max}$的特征根与特征向量，式中λ_{max}为A的最大特征根，W为对应于λ_{max}的正规化特征向量，W的分量，即相应因素单排序的权值。其最常见的计算方法有和积法和方根法，这两种近似方法使得人们可以在使用小型计算器并保证足够精确度的条件下应用层次分析法。一致性检验原理指在计算出层次单排序结果之后，对于计算所依据的判断矩阵还要进行的检验。检验应按照各因素重要程度、优先次序对比的内在规律，判断矩阵应该满足以下三个条件（称为“完全一致性条件”）。如果给出的判断矩阵完全满足这三个条件，说明评分与决策准则没有矛盾。但由于客观事物的复杂性，人们在分析问题时，认识具有片面性，要达到完全一致性是非常困难的。当判断矩阵不具有满意的一致性时，就需要对判断矩阵进行调整。计算同一层次上不同因素对总目标的优先次序称为层次总排序。而这一过程是由最高层次到最底层次逐层进行的。

归纳层次分析法分析问题的过程，大体上可分为以下五个步骤：

①建立层次结构模型；

②构造判断矩阵；

③层次单排序；

④层次总排序；

⑤一致性检验。

其中后三个步骤在整个过程中需要逐层地进行。

2．层次分析法定权重的工作程序

（1）构造判断矩阵

设 $u=\{\mu_{1,}，\mu_2，\cdots，\mu_m\}$为评价因素集，A 表示目标。本次调查的评价因素有 m 个，即 $\mu_{1,}，\mu_2，\cdots，\mu_m$，$v=\{\nu_1，\nu_2，\cdots，\nu_m\}$为评价因素等级集合。

根据专家打分表得到判断矩阵：

$$\begin{pmatrix} \mu_{11},\mu_{12},\cdots,\mu_{1j} \\ \mu_{21},\mu_{22},\cdots,\mu_{2i} \\ \bullet \quad \bullet \qquad\qquad \bullet \\ \bullet \quad \bullet \qquad\qquad \bullet \\ \bullet \quad \bullet \qquad\qquad \bullet \\ \mu_{i1} \quad \mu_{i2},\cdots,\mu_{ij} \end{pmatrix}$$

矩阵中 μ_{ij} 表示 μ_i 对 μ_j 的相对重要性数值。

判断矩阵标度及其含义标度值含义如下：

1 表示因素 μ_i 与 μ_j 比较，μ_i 与 μ_j 具有同等的重要性。

3 表示因素 μ_i 与 μ_j 比较，μ_i 与 μ_j 稍微的重要。

5 表示因素 μ_i 与 μ_j 比较，μ_i 与 μ_j 明显的重要。

7 表示因素 μ_i 与 μ_j 比较，μ_i 与 μ_j 强烈的重要。

9 表示因素 μ_i 与 μ_j 比较，μ_i 与 μ_j 极端的重要。

2，4，6，8 分别表示相邻判断 1-3，3-5，5-7，7-9 的中值。

（2）选定专家组

先请一些专家组成专家组开展调查。调查的目的是应用专家们集体智慧，对影响因素的相对重要性进行评估。然后，向专家发出了征询意见表如 8-4 所示，收回问卷。根据回收的打分表，综合构造判断矩阵。

表 8-4　专家打分表

U_1	U_2	U_3	……	U_m
U_2				
U_3				
……				
U_m				

根据回收的问卷，整理得到判断矩阵 A，对判断矩阵 A，计算满足 A=W*λ_{max} 的特征根与特征向量，式中 λ_{max} 为 A 的最大特征根，W 为对应于 λ_{max} 的正规化特征向量，W 的分量，即相应因素单排序的权值。

（3）计算重要性排序

根据判断矩阵，利用线性代数知识，精确地求出 A 的最大特征根所对应的特征向量。所求特征向量即为各评价因素的重要性排序，归一化后，也就是权数分配。

3．层次分析法的基本步骤和分析计算过程

其计算方法最常见的计算方法有和积法和方根法，这两种近似方法使得人们可以在使用小型计算器并保证足够精确度的条件下应用层次分析法。

（1）和积法的具体步骤如下：

①将判断矩阵经过每一列正规化；

②每一列经过正规化后的判断矩阵按行相加；

③对向量正规化。

所得到的 ω_1，$\omega_2,\cdots$，ω_n 就是层次单排序权重。

（2）层次单排序的一致性检验

在计算出层次单排序结果之后，对于计算所依据的判断矩阵还要进行一致性检验。按照各因素重要程度、优先次序对比的内在规律，判断矩阵应该满足以下三个条件（完全一致性条件）。

①对角线元素为 1，$b_{ij}=1$，$i=j=1$，2，…．，n；

②右上三角和左下三角对应元素互为倒数，$b_{ij}=1/b_{ij}$，i，j=1，2，…，n，$i\neq j$；

③因素优先次序的传递关系，$b_{ij}=b_{ik}/b_{jk}$，i，j，k=1，2，…，n，$i\neq j$。

如果给出的判断矩阵完全满足这三个条件，说明评分与决策准则没有矛盾。但由于客观事物的复杂性，人们在分析问题时，认识具有片面性，要达到完全一致性是非常困难的。例如：甲、乙两个因素相比较，当问甲比乙的重要等级时，回答是较重要，甲得 5 分，而问乙比甲的重要等级时可能回答是乙比甲稍次要，乙得 0.25 分，这里 5 共 1/0.25 分，破坏了一致性条件，判断出现矛盾，正确的应是乙得 1/5 分。而一致性检验是根据矩阵理论来进行的，根据矩阵理论有公式 CI=($\lambda_{max}-n$)/$n-1$，当判断矩阵具有完全一致性时 CI=O，λ_{max} 为判断矩阵阶数 n。当判断矩阵具有满意一致性时，λ_{max} 稍大于 n。a，（$a_i=b_{ij}*a_j$，$a_j=w_j$）表示向量 Bw 的第 i 个元素。

为了检验判断矩阵一致性，需要计算其一致性指标 CI。可以看出 CI 为零，具有完全一致性，CI 越大，一致性越差。对复杂问题进行判断时，做到完全一致性比较困难，但是必须要有满意一致性。何为满意一致性呢？为此，将 CI 与平均随机一致性指标进行比较，将各阶值分别求出。在这里，对于 1，2 阶判断矩阵，只是形式上的，因为 1，2 阶判断矩阵总具有完全一致性，当阶数大于 2 时，判断矩阵的一致性指标 CI 与同阶平均随机一致性指标之比称为随机一致性比率，记为 CR，即 CR=CI/RI。判断矩阵应具有满意的一致性，否则就需要对判断矩阵进行调整。其中 RI 为判断矩阵维数 n 所对应的修正值，RI 的取值如下表 8-5 所示。

表 8-5　RI 的取值

n	1	2	3	4	5	6	7	8	9
RI	0.00	0.00	0.58	0.90	1.12	1.24	1.32	1.41	1.45

（3）层次总排序及其一致性检验

计算同一层次上不同因素对总目标的优先次序称为层次总排序。这一过程是由最高层次到最低层次逐层进行的。若上层次 *A*，包括 *m* 个因素（A_1，A_2，…，A_m），其层次总排序权值分别为（a_1，a_2，…，a_m）；下一层次 *B* 包含 *n* 个因素（B_1，B_2，…，B_m），它们对于因素 A_i 的层次单排序权值分别为 b_{1j}，b_{2j}，…，b_{nj}（当 b_{kj} 与 U_j 无关时，记 $b_{kj}=0$），则此时下层元素 B_j 关于最上层排序值（层次总排序权值）为 $z_j = \sum_{j=1}^{m} a_i b_{ij}$，*i*=1，2，…，*n*。同样因为判断矩阵不是一致的，必须对其进行一致性检验。

为了评价层次总排序的一致性，需要进行与单排序类似的检验，称为层次总排序的一致性检验。这一步骤也是从高到低逐层进行的。如果 *B* 层次某些因素对于单排序的一致性指标为 CI_j，相应的平均随机一致性指标为 RI_j，则总排序随机一致性比率 $CR = \dfrac{\sum_{j=1}^{m} u_i CI_j}{\sum_{j=1}^{m} u_i RI_j} < 0.10$，类似的，*CR*<0.10 时，认为层次总排序结果具有满意的一致性，否则需要重新调整判断矩阵的元素取值。

8.4.2　主成分分析法

主成分分析（Principal Component Analysis）也称主分量分析，是由 Hotelling 于 1933 年首先提出的。主成分分析就是利用降维的思想，把多指标转化为少数几个不相关的综合指标的一种多元统计分析方法。

1．主成分分析法的基本思想

在多变量（经济指标、因素）分析中，为了尽可能完整的搜集信息，对每个样品（企业、年份）往往要测量许多项指标，以避免重要信息的遗漏。然而，以变量形式体现的诸多指标很可能存在着很强的相关性，则信息可能重叠、问题也变得较为复杂。因此，人们自然想到用少数几个不相关的综合变量来反映原变量提供的大部分信息。从数学角度来看，这就是降维的思想，把多指标转化为少数几个综合指标。

上述思想可进一步解释为：用较少的综合指标 z_i（i=1，2，…，p，$p \leqslant m$）反映 m 个原指标 x_j（j=1，2，…，m）所包含的信息，实际就是建立用标准化指标 $\mathrm{x}^*{}_j$ 表示的综合指标 z_i 的方程：

$$\begin{cases} \mathrm{z}_1 = b_{11}x_1 + b_{12}x_2 + \ldots + b_{1p}x_p \\ z_2 = b_{21}x_1 + b_{22}x_2 + \ldots + b_{2p}x_p \\ \qquad \cdots\cdots \\ z_p = b_{p1}x_1 + b_{p2}x_2 + \ldots + b_{pp}x_p \end{cases} \tag{8-1}$$

其中，$\mathrm{z}_1, z_2, \ldots, \mathrm{z}_p$ 分别称为第一主成分，第二主成分，…，第 p 主成分。z_1 包含原有指标的总信息最多，即方差最大，且与其他的 z_i（i=2,3,⋯,p）无关；z_2 是除 z_1 外的方差最大者，且与其他 Z_i（i=1,3,⋯,p）无关；其余类推。

该方法的核心就是通过主成分分析，选择 p 个主成分 $\mathrm{z}_1, z_2, \cdots, \mathrm{z}_p$，以每个主成分 z_i 的方差贡献率 a_i 作为权数，构造综合评价函数：

$$Z = a_1Z_1 + a_2Z_2 + \cdots + a_pZ_p \tag{8-2}$$

其中 Z_i（i=1,2,⋯,p）为第 i 个主成分的得分。当计算出每个企业的主成分得分后，可由主成分得分衡量每个企业在第 i 个主成分所代表的经济效益方面的程度及地位。当把 p 个主成分得分代入（8-2）式后，即可计算出每个企业综合评价函数得分，根据这个得分的大小排序，即可得出每个被评价目标的综合名次。

2．主成分分析法的一般数学模型

经济研究中经常见到的是关于 n 个样品（企业、年份），p 个变量（经济指标、因素）$\mathrm{x}_1, x_2, \ldots, \mathrm{x}_p$ 的问题。

原始统计资料整理的原始数据矩阵为

$$X = \begin{pmatrix} x_{11}, x_{12}, \cdots, x_{1p} \\ x_{21}, x_{22}, \cdots, x_{2p} \\ \cdots\cdots \\ x_{n1}, x_{n2}, \ldots, x_{np} \end{pmatrix} \tag{8-3}$$

通常，一些经济指标具有不同的量纲，有的指标在数量级上存在很大差异，在用主成分进行分析研究经济问题时，不同的量纲和数量级会引起新的问题。为了消除由于量纲的不同带来的不合理影响，在进行主成分分析之前先对数据进行无量纲化处理，这里采用标准化处理方法。

为方便，将数据标准化后的矩阵仍用（8-3）式的 X 记，那么 X=（$\mathrm{x}_1, x_2, \ldots, \mathrm{x}_p$）的 p 个变量综合成 p 个新变量，新的综合变量可以由原来的变量 $\mathrm{x}_1, x_2, \ldots, \mathrm{x}_p$ 线性表示，即

$$\begin{cases} z_1 = b_{11}x_1 + b_{12}x_2 + \cdots + b_{1p}x_p \\ z_2 = b_{21}x_1 + b_{22}x_2 + \cdots + b_{2p}x_p \\ \quad \cdots\cdots \\ z_p = b_{p1}x_1 + b_{p2}x_2 + \ldots + b_{pp}x_p \end{cases} \tag{8-4}$$

并且满足

$$u^2_{k1} + u^2_{k2} + \cdots + u^2_{kp} = 1 \quad k=1,2,\cdots,p \tag{8-5}$$

其中，系数 u_{ij} 由下列原则来确定：

（1） $y_i y_j$ （$i \neq j$; $i,j=1,2,\cdots,p$）相互无关；

（2）y_1 是 $x_1,x_2,\cdots,x_p$ 的一切线性组合（系数满足（8-5）式）中方差最大者；y_2 是与 y_1 不相关的 $x_1,x_2,\cdots,x_p$ 的所有线性组合中方差最大者；y_p 是与 $y_1,y_2,\cdots,y_{p-1}$ 都不相关的 $x_1,x_2,\cdots,x_p$ 所有线性组合中方差最大者。

如此决定的综合变量 $y_1,y_2,\cdots,y_{p-1}$，y_p 分别称为原变量的第一，第二，……，第 p 个主成分。其中 y_1 在总方差中占的比重最大，其余综合变量 $y_2,y_3,\cdots,y_p$ 的方差依次递减。在具体经济分析时，只挑选前几个方差最大的主成分，从而达到简化系统结构、抓住问题实质的目的。

3．主成分分析法的方法与步骤

（1）将原始数据进行标准化处理。将各样品指标值 x_j 按（8-6）式转换成标准化指标 $x^*{}_j$，其中，$\overline{x_j}$ 和 s_j 分别为 x_j 的均值和标准差。$x^*{}_j$ 的均值为 0，方差为 1。

$$x^*{}_{ij} = \frac{1}{n\text{-}1}\sum_{t=1}^{n} x_{ti}x_{tj} \tag{8-6}$$

（2）求各标准化指标 $x^*{}_j$ 的两两相关系数 r_{ij}，并写出相关系数矩阵 $R=\left[r_{ij}\right]_{m*m}$。其中

$$r_{ij} = \frac{1}{n\text{-}1}\sum_{t=1}^{n} x_{ti}x_{tj} \quad (i,j=1,2,\cdots,m)$$

（3）求相关矩阵 R 的特征根 λ_i （$i=1,2,\cdots,m$），将其由大到小排列。

$\lambda_1 \geqslant \lambda_2 \geqslant \lambda_3 \geqslant \cdots \lambda_m \geqslant 0$，称 $\alpha_i = \dfrac{\lambda_i}{m}$ 为第 i 个主成分 z_i 的贡献率；$\dfrac{\sum_{i=1}^{p}\lambda_i}{m}$ 为前 p 个主成分 $z_1,z_2,\cdots,z_p$ 的累积贡献率。

按预定的累积贡献率，通常累积贡献率达到 85%以上为宜，确定主成分个数 p（$p \leqslant m$），求出 λ_i（$i=1,2,\cdots,p$）对应的贡献率、累积贡献率和特征向量。

（4）求各主成分 z_i 与标准化指标 $x^*{}_j$ 对应的系数关系。

各主成分z_i与标准化指标$x^*{}_j$对应的系数关系如（8-1）式。

（5）求各例样品在p个主成分的得分$Z_1,Z_2,\cdots,Z_P$

将标准化后的数据代入（8-1）式，得各例样品在p个主成分的得分$Z_1,Z_2,\cdots,Z_P$。

（6）求各样品综合得分Z，按（8-2）式计算各样品综合得分，并排列名次。

8.4.3 多级模糊综合评价法

模糊综合评价作为模糊数学的一种应用方法，其优点是：数学模型简单，容易掌握，对多因素、多层次的问题评价效果好。在现实生活中，同一事物或现象往往具有多种属性，因此对事物进行评价就要兼顾各个方面，都必须对多个因素作综合考虑。模糊综合评价就是解决此类问题的有效工具。第三方物流企业经营绩效评价是一个复杂的系统问题，只有从不同的角度来考核，才能做到全面客观的评价。同时所建立的企业经营绩效评价指标体系中既包含了定量指标，又设计了定性指标，并且定量指标之间的量纲也不尽相同，而许多定性指标又难以量化处理。因此，需要采用多级模糊综合评价模型来对第三方物流企业经营绩效进行多层次的评价。

1．模糊综合评价的基本步骤如下：

（1）建立因素集合（指标体系）；

（2）建立评价集合；

（3）建立权重集合；

（4）模糊综合评价；

（5）评价结果的处理。

2．模糊综合评价模型

模糊综合评价模型有三个基本要素：因素集合$U=\{\mu_1,\mu_2,\cdots,\mu_m\}$、评价集合$V=\{v_1,v_2,\cdots,v_m\}$以及因素评价矩阵。因素集合$U=\{\mu_1,\mu_2,\cdots,\mu_m\}$是由影响评价对象的各因素所组成的集合，其中因素$\mu_{\mathrm{i}}$（$i$=1，2，…，$m$）是若干个影响因素，对应的权重系数为$\alpha_{\mathrm{i}}$（$i$=1，2，…，m），$\alpha_{\mathrm{i}}$反映了各因素在综合评价中所具有的重要程度，通常应满足归一化和非负条件：$\sum_{i=1}^{\mathrm{m}}\alpha_i=1$，$\alpha_{\mathrm{i}}\geqslant 0$，所有的$\alpha_{\mathrm{i}}$构成了$U$上的一个模糊权重向量$A=\alpha_1$，$\alpha_2,\cdots$，$\alpha_{\mathrm{m}}$。进行因素评价时，应根据因素$U_i$确定事物对评价等级$V_{\mathrm{j}}$（$j$=1，2，…，$n$）的隶属度，从而得到因素评价向量$\gamma_1=(\gamma_{\mathrm{i}1},\gamma_{i2},\cdots,\gamma_{\mathrm{im}})$，它是评价集上$V$上的模糊子集，对$U$中所有的元素进行评价，得到的（m×n阶）评价矩阵：

$$R=\begin{pmatrix}\gamma_{11},\gamma_{12},\cdots,\gamma_{1n}\\ \gamma_{21},\gamma_{22},\cdots,\gamma_{2\mathrm{n}}\\ \cdot\quad\cdot\quad\cdot\\ \cdot\quad\cdot\quad\cdot\\ \cdot\quad\cdot\quad\cdot\\ \gamma_{\mathrm{m}1},\gamma_{m2},\cdots,\gamma_{\mathrm{mn}}\end{pmatrix}$$

通常称之为单因素评价矩阵，R为因素集U到评价集V上的一个模糊关系，

$\mu_R(\mu_i,\nu_j)=\gamma_{ij}$ 表示因素 μ_i 对评价等级 ν_j 的隶属度。当模糊权重向量 A 与模糊评价矩阵 R 为已知时，做模糊变换来进行综合评价：

$$B = A * R = \{\alpha_1, \alpha_2, \cdots, \alpha_m\} * \begin{pmatrix} \gamma_{11}, \gamma_{12}, \cdots, \gamma_{1n} \\ \gamma_{21}, \gamma_{22}, \cdots, \gamma_{2n} \\ \cdot \quad \cdot \quad \cdot \\ \cdot \quad \cdot \quad \cdot \\ \cdot \quad \cdot \quad \cdot \\ \gamma_{m1}, \gamma_{m2}, \cdots, \gamma_{mn} \end{pmatrix} = \{b_1, b_2, \cdots, b_n\}$$

其中，*表示模糊矩阵相乘，B 称为评价集 V 上的等级模糊子集，b_j（j=1，2，…，n）为等级 v_j 对综合评价所得等级模糊子集 B 的隶属度。

评价集合是由对评价对象可能作出的评价结果的集合，模糊综合评价的目的就在于通过对评价对象综合考虑所有的影响因素，以便从评价集合 V 中获得一个最佳的评价效果。评价等级划分的越细，评价越准确，但过程越难以掌握，所以评语等级要选择恰当。

3．模糊算子的选择

在理沦上，广义的模糊合成运算有无穷多种，给出一种模糊算子，便给出了一种综合评价模型。在实际应用中经常采用的三类模糊算子有：主因素决定型、主因素突出型和加权平均型。主因素决定型的综合评价模型 M（∧，∨），其评价结果只取决于在总评价中起主要作用的那个因素，其余因素均不影响评价结果，比较适用于单项评价最优就能算出综合评价最优的情况。主因素突出型综合评价模型 M（•，∨）和 M（∧，○）和模型 M（∧，∨）比较接近，其中的运算比模型 M（∧，∨）中的运算更精细，评价结果比模型 M（∧，∨）要“细腻”，不仅突出了主要因素，也兼顾了其他因素。加权平均型的综合评价模型 M（•，+），依权重的大小对所有因素均衡兼顾，比较适用于要求总和最大的情形。

由于企业绩效评价涉及的因素众多，要想使评价结果科学合理，就必须充分考虑各种因素的影响，全面地反映各单因素评价的信息，这就要求依权重的大小对所有因素均衡兼顾，因此选用加权平均型模糊算子较为合适。

4．确定各层面指标的隶属度

隶属函数是模糊数学中最重要和基本的概念。进行模糊评价的时候，如何确定各个因素对应于各个评价等级的隶属程度的大小，是整个评价能否进行的关键。隶属函数的确定方法有很多，有模糊统计法、模糊分布法、构造隶属函数的待定系数法、二元对比排序法、子集比较法、集值统计法、推理法、滤波函数法等。还有常用的通过专家评价给分的方法来确定，即专家调查法。无论采用何种方法确定隶属函数，隶属函数的定义都可归结为三个途径：根据主观认识或个人经验，给出隶属的值；根据问题的性质，选取某些典型的函数作为隶属函数；以调查统计结果得出的经验曲线作为隶属函数。

第三方物流企业在我国还处于发展初期阶段，各类企业发展水平参差不齐，可供利用的数据少，因此无法确定合适的行业标准。更主要的是，各个企业的发展阶段、发展战略不同，无法确定统一的绩效评价标准，因此各指标的隶属度应采用专家主观调查法确定。由专家根据其对第三方物流市场的了解，同时结合企业的发展阶段，对各个绩效评价指标的隶属进行评价。

5．评价结果的进一步分析

绩效评价的目的是帮助企业管理者发现其经营管理中的不足，并指出未来改进的方向。对模拟评价结果作进一步的分析，可以看出企业经营的薄弱环节，今后的努力方向及其应采取的相应措施，从而为客户提供更多个性化和令其满意的服务，以提高企业的市场份额和竞争能力。

第 9 章　第三方物流合同

9.1　第三方物流合作风险及识别

9.1.1　第三方物流合作风险来源

第三方物流合作的风险来自多方面，简言之，有自然灾害这种不可抗力的因素，如地震、火灾、暴风雨雪等；也有人为因素，主要有这几个方面。

（1）独家供应商问题。供应链上出现独家物流供应商，由于供应商服务地域和管理能力的有限性，独家物流供应商政策可能在某些地区的物流服务中给货主企业带来物流服务风险。

（2）委托-代理机制所固有的信息风险。由于信息不对称和信息不完全，委托人（货主企业）往往比代理人（第三方物流企业）处于一个更不利的位置，从而不可避免地给委托人带来一定的信息风险，主要是常见的两种代理人问题：①逆向选择，即货主企业（委托人）在选择第三方物流供应商（代理人）时，第三方物流供应商掌握了一些货主企业所不知道的信息（例如，第三方物流供应商自身内部管理问题、业务专长与缺陷等），而这些信息可能对货主企业是不利的，第三方物流供应商因此与货主企业签定了对自己有利的契约，致使货主企业受到损害。这种信息不对称的决策导致了“逆向选择”——货主企业误选了不适合自身实际情况的第三方物流供应商。②败德行为。假定第三方物流供应商与货主企业在签定契约时各自拥有的信息是对称的，但契约签定后，货主企业无法观察到第三方物流供应商的某些行为，或者是由于外部环境的变化仅为第三方物流供应商所观察到。在这种情况下，第三方物流供应商在有契约保证后，可能采取不利于货主企业的一些行为，进而损害货主企业利益。当货主企业集中精力对内部诸如，生产管理、销售与服务、产品设计、市场调查控制时，它就不可能像原先那样全面、细致地了解第三方物流供应商的运作全过程，那么第三方物流供应商就可能给货主企业带来不确定性，表现在第三方物流供应商服务质量的下降和服务水平的降低。这种隐藏行为导致了“败德行为”——第三方物流供应商降低了服务水准、增加了货主企业的潜在费用。

基于“委托-代理”理论，我们发现选择合适的第三方物流供应商作为供应链物流服务的合作伙伴，是加强货主企业供应链物流管理中最重要的一个基础。如果货主企业选择合作伙伴不当，不仅会减少企业的利润，还会使企业失去其他企业合作的机会，从而无形中抑制了企业竞争力的提高，增加了整条供应链的运行成本。

（3）企业文化方面的问题。不同的企业一般具有自己的企业文化，就可能导致对相同问题的不同看法，从而存在分歧，影响物流供应链的稳定。

（4）IT 技术的缺陷会制约供应链物流作用的发挥。如，网络传输速度，服务器的稳定性和运行速度，软件设计中的缺陷，病毒等。

（5）信息传递方面的问题。当供应链物流规模和服务范围日益扩大，结构日趋繁复时，供应链上发生信息错误的机会也随之增多。特别是大多数的第三方物流供应商，由于资金和管理能力等的限制，在承担签约制造商的物流服务时，往往还需寻找二级甚至三级供应商（如，车队、仓库等），外购部分物流服务。信息传递延迟会增加企业供应链物流管理的风险。

（6）经济波动的风险。经济高速增长容易导致市场物流供应出现短缺，影响企业的正常物流服务进行，而经济萧条，也将使产品库存成本上升。另外还有其他不可预见的因素，小的如，交通事故、海关堵塞、停水停电等；大的如，政治因素、战争等，也都影响着供应链物流的正常运作。

（7）合作管理中的问题。例如：不现实的希望和服务要求；缺乏双方共同的利益和目标；缺乏高层的支持；双方权利上的不平等；成本与定价不合理；缺乏信任，沟通不良；对市场变化不能作出相应的改变，服务水准不确定；承诺高，而实施低等都是导致第三方合作风险与合作失败的原因之一。

9.1.2 第三方物流合作风险的表现形式及危害性

（1）合作双方未达成共识。合作双方不能达成共识是导致第三方物流合作失败最常见的原因。

从物流服务的购买方来说，不能达成共识的主要因素是：①不能对物流需求进行准确描述。②视物流为成本中心而非价值中心。③视第三方物流供应商为卖方而非战略合作伙伴。从第三方物流服务供应方来说，不能达成共识的主要因素包括：①推销过度，而倾听不足。②缺乏对物流需求的准确把握。

以上情况一般在物流服务供应方不能获得预期利润，或购买方的物流服务无法满足最终客户要求之后才被重视。这时，物流服务供应方往往要求增加服务费用，而物流服务购买方则对供应方不能按要求完成任务而产生不满，如果这种状况不能通过主动协商及时得以解决，合作双方即会在陷阱中越陷越深，最后导致合作关系的破裂。

（2）第三方物流服务供应方承诺过高而无法履行。在双方洽谈物流合作协议时，物流服务供应方为了获得物流业务，可能会夸大其物流能力，导致承诺过高而无法履行，从而给双方的物流合作产生严重的负面影响。首先，双方难以建立和维护信任机制，从而危及双方合作的信任机制。其次，合作双方利益受损。由于第三方物流服务供应方不能履行承诺，购买方的企业形象和市场份额必将受损，而第三方物流服务供应方的利益建立在购买方成功的基础上，这样就会出现一损俱损的局面。

（3）物流服务购买方管理人员隐藏抵触情绪或不能获得高层支持。第三方物流合作将对物流服务购买方内部的经营管理方式产生重大的影响，公司内部诸如，生产、营销、财务、人力资源等部门的运作方式和工作内容必须进行相应变革和调整，这可能直接影响到某些部门和人员的直接利益。因而，这些部门的管理人员可能从合作之初就产生抵触情绪，这种抵触情绪将对第三方物流管理合作的影响不可低估，如一些管理人员会对本职工作采取消极态度，当合作中出现困难或障碍时，就会形成一股很强的反对势力来阻碍合作进程。这时如果不能及时获得公司高层领导的支持或领导层不能及时觉察这种抵触情绪并采取相应措施加以克服，当这种隐藏的抵触情绪发展成对合作失败的渴望时，就会对第三方物流合作产生致命性的危害，并将可能直接导致第三方物流合作的失败。

（4）物流服务不能满足最终客户需求。第三方物流合作中，由于物流服务供应方所提供的物流服务不能满足最终客户需求，或物流服务购买方虽然认识到物流服务对自身发展和客户关系管理的重要性，但对第三方物流服务绩效缺乏有效的监督和约束机制，不能直接和适时控制物流服务质量，在这种矛盾状况下就会产生物流服务不能满足最终客户需求的合作陷阱。

（5）协议导致利益损失，缺乏终止条款。第三方物流合作协议中缺乏终止条款也常常导致合作陷阱。由于管理上的变动或外部环境的变化，即使成功的第三方物流合作最终也会终止或进行很大程度的变更。如果协议中缺乏终止条款，双方合作关系在应该终止或变更时，无疑会为终止合作关系产生一系列的纠纷。

9.1.3 第三方物流合作风险防范

针对企业第三方物流合作风险、合作陷阱，我们可以且必须采取相应的措施进行防范控制。

1．加强对物流供应商的选择管理。

针对企业物流管理业务的需求，物流服务购买方可考虑分片区选择不同的第三方物流合作伙伴，避免独家供应商导致的物流服务风险。

为确保物流供应稳定，供应链物流管理应发展多个物流服务供应渠道，不能单单依靠某一个物流供应商（特别在当前我国宏、微观物流服务环境还不是很完善的情况下），否则一旦该供应商出现问题，势必影响整个供应链物流管理的正常运行。在实际操作中，为了减少公司的供应商管理成本，可考虑分服务片区选择不同的物流服务商，要求所选择的物流服务商在该片区内具有区域优势，尽量避免地域物流服务风险。同时，严格物流供应商服务标准和甄选程序。另外，在决定实施第三方物流管理前，物流服务购买方必须首先分析市场竞争环境。目的在于找到针对哪些产品市场、供应链的哪个物流活动环节开发物流外包更有利、更有效，必须知道现在的物流需求是什么，确认是否有建立第三方物流管理的必要。如果已建立第三方物流管理，则根据物流服务需求的变化确认双方合作关系变化的必要性。同时分析现有物流供应商的现状，分析、总结双方合作和物流服务中存在的问题，如可能，还应对物流供应商的业绩、人力资源开发、质量控制、成本控制、用户满意度、企业文化和理念等方面作充分的调查，一旦发现某个供应商出现问题，应及时调整供应链物流管理战略。

2．建立基于 Internet、面向电子商务的第三方物流管理信息交换平台。

加快和加强对第三方物流服务过程中有关产品库存、物流指令的执行情况、物流费用等信息的实时跟踪管理，提高信息的共享度和透明度。从而有效地降低信息传输错误，降低委托—代理关系中存在的信息风险，并及时对风险进行管理控制。

3．建立合作信用机制，加强物流服务合作双方中的信用管理，不断增进合作信用。

（1）首先，合作双方要重视共识的达成

必须树立正确的合作观念：①视第三方物流合作为战略合作伙伴关系，而非交易关系。交易关系注重短期利益，战略合作伙伴关系则追求长远发展。②视物流合作为价值中心，而非成本中心。对物流服务购买方而言，第三方物流合作不仅能降低库存持有成本和物流服务管理成本等企业的物流综合成本，还能使企业获取集中于核心竞争力、增强客户满意度、提高企业灵活性等诸多利益。③合作双方要明确各自职责范围，共同制订合作计划。在物流服务供应方的客户化定制方案、物流服务购买方的内部工作计划和操作管理流程中，要明确合作中各自的工作任务以及工作细节和要求，针对存在的问题进行认真协商并达成共识。

（2）其次，要树立共赢（Win－Win）的目标

合作中共赢目标的树立和实践可以避免或克服一些物流合作陷阱。合作双方的共赢，意味着合作中双方共享信息、共御风险，从而双方都获得更多利益，具有更强的竞争力。当合作中由于市场环境变化或其他因素引起某一方的合理利益受损，合作双方应秉着公平与灵活的原则进行适当变更，确保合作共赢目标的实现。例如：协议中根据物流服务购买方的产品数量确定一定费率，但市场环境变幻莫测，物流服务购买方的产品数量发生了很大变化，远低于协议中费率对应的数量基础，如果双方能够按照共赢目标，根据实际情况对协议进行适当变更，仍然能在市场风险中保证物流服务供应商获取合理的利润；而若物流服务购买方没有考虑合作方的利益，坚持按协议费率履行，物流服务供应方的合理利润就难以实现，甚至会出现亏损。在这种情况下，供应方很可能以降低服务质量来确保自身利润的实现，导致双方合作的长远利益受损。

（3）再次，要不断增进合作信用

信任是合作开始的基石，也是合作成功的关键。它不仅要求合作双方保持相互信任态度，更重要的是合作者要从自身做起，用行动来获得对方的信任。对物流服务供应方而言，从公司高层管理者到基层操作人员，必须努力实践对物流服务购买方的各项承诺。用实际行动获得合作对方的信任。对物流服务购买方而言，必须统一思想，努力克服内部管理人员及员工对物流外包的抵触情绪，通过各种工作使合作方理解公司对外包物流工作的重视，认可为维护合作关系所做的努力，从而获得对方的信任。

4．明确分工责任，加强绩效评价管理

第三方物流合作是基于分工基础上的合作，因而要求物流服务供应方和购买方在磋商合作协议时，必须对合作中各自的责任进行明确分工。从总的责任分工来说，物流服务购买方在程序和系统的设计方面起领导作用，而物流服务供应方则在执行这些活动时起领导作用。具体执行物流合作方案时，必须在明确合作各方的工作任务的基础上，根据合作目标制订完成各项任务的规则和要求，并按照相应标准对工作绩效进行适时评估，当合作中出现问题时，就可以及时进行协商改进，避免事态恶化和造成严重损失，从而防范合作风险。

5．建立开放式交流机制。

从以上关于合作风险和合作陷阱的论述中不难看出，合作双方陷入合作困境的一个重要原因在于没有及时进行交流沟通，或这种交流的程度不够。因此，建立开放式交流机制，使合作双方在一种制度化而又比较轻松的环境下坦诚交流，对及时发现并有效解决合作中出现的问题、避免第三方物流合作陷阱非常重要。开放式交流的方式可因人、因地而异，例如：作业层每天的电话交谈、双方客户服务代表每月的电话会、双方项目管理人员一年数次的相互拜访、定期的绩效评估交流等。

6．制定处理突发事件的应急措施

供应链物流管理是多环节，多通道的一种复杂的系统，很容易发生一些突发事件。供应链物流管理中，对突发事件的发生要有充分的准备。对于一些偶发但破坏性大的事件，可预

先制定应变措施，制定应对突发事件的工作流程，成立应变事件的处理小组（合作双方或单方）。

7．合作协议中明确终止条款

合作协议对合作关系的稳定、合作责任及义务的明确各方面起着重要作用，同时随着环境的变化和市场竞争的加剧，第三方物流合作的终止和变更是常见的现实，在欧洲，第三方物流合作关系的更新速度很快，几乎一半的合作关系通过重新协商后终止，75%终止合作关系的第三方物流服务购买方会与其他的第三方物流供应商重新合作。因此，在第三方物流协议中应明确合作终止条款，一方面，当终止条款中规定的某些情况出现预兆时，双方可以根据情况进行理性的协商，及时采取措施改进合作，避免当合作双方利益受到很大损失之后，以终止协议来结束合作；另一方面，协议终止条款将有效约束双方合作行为，使合作双方为了获得长远利益，保持长期合作关系，避免损失的出现。

第三方物流管理是当今工商企业物流管理的重要发展趋势和发展方向，正确认识和评估第三方物流管理风险，加强对第三方物流合作的风险管理是保证第三方物流管理能长期、高效、成功实施的关键。第三方物流合作风险管理的核心是加强第三方物流合作中激励-约束机制、风险防范机制、信任机制、协商机制的建设。

9.2 第三方物流合同范本

9.2.1 第三方物流合同简介

1．第三方物流合同名称的法律界定

第三方物流是指物流需求企业为集中精力搞好主业，把原来属于自己处理的物流活动，以合同方式委托给专业物流服务企业，同时通过信息系统与物流服务企业保持密切联系，以达到对物流全程的管理和控制的一种物流运作与管理方式。因此，第三方物流又称为契约式物流。从实质上讲，它是物流活动的外包，将物流活动外包给第三方物流商。第三方物流商既不属于“第一方”发货人，也不属于“第二方”收货人，而是通过与“第一方”或“第二方”的合作来提供其专业化的物流服务，它不拥有商品，不参与商品的买卖，而是为客户提供以合同为约束，以结盟为基础的系列化、个性化、信息化的物流代理服务。

第三方物流由主体与行为两个要件构成。主体要件是指物流主体为“第三方”，表明第三方物流是独立的第三方企业，而不是依附于供方或需方等任何一方的非独立性经济组织。行为要件是指实施“物流”的行为，表明第三方物流从事的是现代物流活动，而不是传统意义上的运输、仓储等。

第三方物流是站在物流需求企业（货物供应方）的立场上，以物流需求企业的物流合理化作为系统设计和运营管理的目标，争取物流需求企业利润的最大化。第三方物流企业的经营效益直接同物流需求企业物流效率，物流服务水平以及物流系统效果紧密联系在一起，它们的利益一体化，并不是一方多赚而另一方就少赚的传统交易方式，为客户节约的物流成本越多，第三方物流企业自身的利润率就会越高。可见，第三方物流是第三方物流企业按照合同的约定，在特定的时间段内，以特定的价格向物流需求企业提供个性化的系列服务，是第三方物流企业与物流需求企业所达成的战略联盟。它包含两方面的含义：首先，第三方物流是合同导向下的一系列服务。第三方物流有别于传统的外协，外协只限于一项或一系列分散的物流功能，如运输公司提供运输服务，仓储公司提供仓储服务，而第三方物流则是第三方物流企业根据事先所签订的合同条款，为物流需求企业提供多功能，甚至全方位的物流服务。第三方物流企业所提供的物流服务形态可以分为与运营相关的服务，与管理相关的服务，以及两者兼而有之的服务三种类型，其中包括：物流活动的组织，协调和管理，设计，建议最优物流方案，物流全程的信息搜集，管理等。其次，第三方物流还是第三方物流企业之间的业务协作。第三方物流的企业之间充分共享信息，合作各方相互信任，共担风险，共享收益；在行为上，各自不完全采取导致自身利益最大化的行为，也不完全采取导致共同利益最大化的行为，只是在物流方面通过契约结成优势相当，风险共担，要素双向或多向流动的中间组织。

因此，根据第三方物流的运作机制，可以将第三方物流合同界定为：专业物流服务企业按照与物流需求企业所达成的，在特定的时间段内，由专业物流服务企业向物流需求企业提供系列化的物流服务，而物流需求企业支付报酬的协议。

2．第三方物流合同的具体内容

在我国的《合同法》中，并没有物流合同的概念和相关规定，对于物流，是新的合同关系还是现有法律中规定的不同合同的组成，有不同的看法。但我们在确定第三方物流合同当事人权利、义务时，必须明确合同当事人之间的法律关系。

由于物流合同中经常包含海运、铁路、公路、河运、仓储、加工、装卸等内容，同时由于第三方物流经营人拥有的资源不同，第三方物流合同当事人之间的法律关系也变得复杂起来。总体来讲，主要包括以下几种法律关系：

（1）第三方物流经营人自己完成物流合同所约定的内容时，则当事人双方形成相应的法律关系，如运输法律关系、仓储法律关系、加工法律关系等。这时，物流合同当事人之间的权利、义务关系就要受到《海商法》《合同法》等不同法律的调整。

（2）委托代理关系。第三方物流企业不可能拥有履行物流合同的所有资源，因此不可避免在第三方物流合同中约定物流经营人在一定权限内可以以物流需求方的名义委托第三人完成物流业务，这时第三方物流合同的当事人之间就形成了委托代理关系，包括直接代理关系和间接代理关系，即第三方物流经营人以物流需求方的名义同第三人签订分合同，履行物流合同部分内容，该分合同的权利、义务物流需求方也应享有和承担。

（3）居间法律关系。当第三方物流经营人只提供与物流有关的信息，促成物流需求方和实际履行企业签订合同，从中收取一定费用，而自己并未同任何一方签订委托代理合同时，第三方物流合同当事人之间就存在居间法律关系。第三方物流经营人处于居间人的法律地位，享有报酬请求权，并依法承担相应的诚信义务。

第三方物流合同中，当事人包括以下几类：

a．物流服务需求方，一般作为物流合同的当事人之一，享有法律及物流合同规定的权利，履行相应义务，是物流法律关系中主要的一方，主要包括：各种工业企业、批发零售企业及贸易商等。

b．第三方物流经营人，是物流合同的另一方，与物流服务需求方签订物流服务合同的企业。

c. 物流合同的实际履行方。物流服务需求方和第三方物流经营人是第三方物流法律关系中的重要主体，但一般还包括物流合同的其他实际履行方，包括：运输企业、港口作业企业、仓储企业、加工企业等。第三方物流经营人通过实施代理权或分包权使这些企业参与物流合同的履行，成为第三方物流法律关系不可或缺的主体。

9.2.2 第三方物流合同范本

每项物流合同的签订，都具有以下两条对立的原则：

（1）物流服务提供者的投资与回收；

（2）甲方（物流服务的使用者）选择是否中断物流服务关系。

物流服务使用者希望必要时能够立即中止合同与物流服务提供者希望投资能够得到摊提与回收是相互对立的。下面的合同范本把这两个对立面融合起来。这个范本是实际中常用的合同，此合同的重点是与仓储有关的服务，根据实际情况，可以加入与删除相应的内容。使用下面的合同格式可以大大地减少达成合同的时间与费用。

说明：

本合同是一个第三方物流服务合同范本，×××物流可以结合法律环境、提供服务的种类、甲方的要求等，在实际应用中参考应用其中的相关条款。

本协议在××公司（甲方）与青岛×××物流储运有限公司（乙方）之间于××××年××月××日在某地生效。

甲方要求乙方进行物流与存货管理服务；甲方要求乙方以下列条款和条件提供这些服务。

双方达成以下协定：

（1）服务、支付和期限

乙方将履行在“工作范围”内所定义的服务，费用支付与价目表中所定的服务费用一致。如果在合同下提供的物流服务的货币价值（在其中任何一个月内）比价目表中提出的每月最小额要少，甲方需支付不小于最小额的费用，不能再少。除非任何一方根据 8（a）条款提出书面终止通知，合同期限自____日（起始条款）起 3 年。合同的起始条款与续定条款终止日期前的 60 天，双方将重新洽谈下一个延期合同的物流、仓储费。

（这一部分的主要内容是“工作范围”。许多第三方物流公司忽视了这一内容的重要性。物流服务的使用者和提供者在第一次合作时，这个“范围”特别重要，没有它，物流服务提供者对要求干什么就没有明确的定义，而物流服务的使用者也不清楚支付的是什么服务费用。尽管如此，“工作范围”还是双方关系最容易被忽视的部分。“工作范围”详细描述了有关货物的物理特征，所有装卸搬运和运输需要、运输方式、信息流和物流过程中的每一个细节。这一“范围”应由物流服务的使用者和提供者及双方功能领域的代表共同研究。例如，关于包装方面，使用者和提供者应让包装专家研究。具体履行目标则是“工作范围”内的另一个例子。）

（2）运输

①货物运输以乙方作为指定收货人

甲方同意不以乙方作为指定收货人来运输货物。乙方有权利、自由地拒绝或接受以乙方作为指定收货人的货物。如果乙方接受以乙方作为指定收货人的货物，甲方在得到乙方通知后，应立即书面通知承运人，副本一份送给乙方，说明乙方对上述财产没有受益权或利益关系。

②不符合规定的货物

甲方同意不把不符合下列条件的货物运输到乙方：

a．与货物清单中规定的不一致。

b．与每一批货物的包装条上描述的不一致。

乙方有权利自由地拒绝或接受任何不符合规定的货物。如果乙方接受了这种货物，甲方应支付价目表中所规定的费用，若价目表中没有规定，则支付合理的费用。乙方收到这些不符合规定的货物，将尽力快速通知甲方，以获得有关指令，乙方不负责由于口头传递所造成的失误。

在用户和提供者之间的成功合作期间，用户公司的其他人常常可能开始以设计阶段未考虑的方式使用乙方关系。但是“工作范围”应该考虑这种不测之事，也应该提出对没有预料到的货物的处理的建议。乙方提供者一般应具有接受或拒绝“工作范围”内没有提到的货物的能力，但这可能对物流服务产生影响。例如，接受不在计划内的危险物料对任何一个物流中心或运输渠道的业务都可能造成很大的破坏。

（3）仓储的提供

由乙方配送的所有货物都必须恰当地标记和包装，然后送到仓库以便配送。双方同意，甲方在送货前，准备好符合“工作范围”的货单。双方同意乙方以相互同意价格，贮存和搬运其他货物，这是以达成书面协议为前提的。工作范围内所列货单和将来可能加到货单中的其他物品，在这里称为“货物清单”。所有送到乙方的货物都必须是清单中所列的货物。

（4）送货要求

①没有甲方明确的书面的指示，乙方不运输或转移货物。当然也可以根据电话发送货物，但是乙方不承担口头传递信息而造成失误的责任。

试图达成协议的双方间的一个很麻烦而又必须解决的问题是缺少乙方责任。一般的，向乙方物流发展的公司传递信息已经习惯于口头这种方式。但是，通过 EDl 或书面的形式处理这些信息更好，更具有法律效力。当口头交流成为普遍接受的做法时，必须事先洽谈准确接受指令和按指令行事的责任。

②当甲方从仓库中订购了货物时，必须给乙方合理的时间执行指令。如果因为天灾、战争、公敌、罢工、扣押、骚乱等，或者其他乙方不能控制的任何原因，或者因为不由乙方责任而造成货物的损失或损坏，或者因为法律所提供的任何其他理由，乙方不承担这种过失的责任。如果执行过程中发生了某一事件或困难，甲方与乙方应同意适当地延期。

（5）增值服务（特殊服务）

①不属于通常物流服务（即“工作范围”内）的服务所需的乙方劳动力，按乙方的通常费用标准收取额外的合理费用。

②甲方所需要的特殊服务包括（但是不仅仅限于）编制特定的存货报表、报告标记的重量及包装上的系列数字或其他数据、货物的物理检验和物流运输清单。乙方提供服务不限于这些服务，这些服务按乙方的通常费用标准承担额外的合理费用。

③为甲方提供材料、包装材料或其他特殊材料，按乙方的通常费用标准承担额外的合理费用。

④由于事先安排，不在正常商业时间内收到或运输货物，按乙方通常费用标准，承担合理的额外费用。

⑤包括邮资、电传、电报或电话的通信费用，如果这些方面的服务超过通常的服务标准，或者在甲方的要求下，这些通信不采用邮政的正常方式，那么上述费用向甲方收取。

⑥必须认识到，有时乙方在没有甲方书面同意的情况下，造成一些“非常”费用是必需的，甲方因此同意支付乙方由此而产生的合理适当的费用，然而，只要可能，乙方在造成这些费用前，应从甲方那里获得许可。这种许可可以是口头的，但乙方对口头传递信息所造成的失误不负责任。

在上面这一部分中，要明确的是：乙方物流提供者有必要提供额外服务，或者即使服务时条件不利，乙方物流提供者也有必要代表甲方的利益执行协议。在许多情况下，这一做法成为收取额外费用的理由。有时，有些协议会提出额外服务限制或通知的期限。

（6）责任和损失限制

①损失责任

作为委托人的甲方把私有财产送到作为受托人的乙方，乙方在下列条件下同意接受上述财产：乙方对贮存货物的丢失或损坏不负责任，除非这种丢失或损坏是由于乙方照管不当而造成的，对收据中的所有财产，乙方不为甲方投保火灾险或其他意外事故险，甲方因火灾或其他事故对财产所造成的损失，同意乙方无法律责任。

②保险

对任何原因所造成的货物损失乙方不负责保险，但乙方同意当前的保险单继续生效，该保险单阐述：在协议的期限或延期内，对放在协议中指定的乙方仓库里的别人私有财产，如果遭受丢失、毁坏或损坏，作为受托人的被保险人，由于法律上所规定的义务必须赔偿，但这些赔偿金额（在其保险范围内）由保险公司代表乙方物流公司来支付。该保险单在协议期限，包括延期内，应全部生效（除去一些除外条款）。甲方若需要的话，可以提供该保险单的副本。

在洽谈第三方物流合同时，讨论谁是保险的提供者是必不可少的一个环节。用户一般可通过公司或根据推断的内容保单，通过物流渠道为货物处理获得保险。因此，供应商购买在仓储环境的内容保险或运输环境的在途保险，会产生重复保险与重复开支。如果要求第三方物流公司按所提供的服务来保险，用户有时可能为所得到的服务而付出更多。仓储环境下一个很有成本效益的方法就是坚持提供者提供仓储所有人的法律责任保险。这个保险允许用户的保险公司在供应商疏忽时，取代提供者。这样，当存货得到乙方提供者的保管和监护时，就可避免支付双重保险费。

③损失计算

如果乙方对甲方货物的丢失或损坏负责，那么为了计算这种损失，货物将按它的售价的存货成本来估算。

④装卸

乙方对由于进货卸货或出货装货的延误而造成的滞期费负责。乙方应竭尽全力提供及时的服务。

⑤随后损失

不是由于乙方的任何行为或疏忽而造成的随后损失，乙方不负责任。

随后损失有时成为不可保险的风险，有时成为潜在的交易风险。从用户的观点来看，导致销售损失的一个事件，或者迫使生产线停产、工人停工的送货失误，将付出很大的代价，为此，用户想从供给商那里搜集损失情况是合理的。相反的，供给者可能对这样的偶发事件不保险，或者不负担此类保险费。把这种额外费用加到乙方交易费用中，可能导致对保险的成本抑制关系，即当没有乙方关系存在时，如果事件发生，用户将承担主要责任。

（7）义务

乙方将负责监督、人员配备、看门服务、物流设备、办公家具、正常安全（包括下班后锁门和启动电子安全系统）、包装材料、捆绑和房屋的保养。

（8）风险分担

有关方都认识到乙方为提供服务将作出承诺并投资。因此，双方同意下列条款：

①中止

尽管与以上的协议相反，无需任何理由，任何一方在 90 天前以书面形式通知另一方，可终止该协议。该书面通知应有中止日期。无论什么原因的终止、无论是甲方或乙方或法律等作用提出中止，甲方同意补偿乙方全部的未摊提的贷款或租金……所有由乙方购买和租赁的与协议有关的资产，包括房屋租赁资产的改进，在此称为“资产”，甲方同意一旦中止，无论何种原因，甲方应确保_______（出租人）和乙方作为承租人于_____年，开始于______年，为租赁这些房屋，甲方将完全负责在租约下的承租人的责任，包括（并不仅限于）支付租金或其他费用。

这部分的意图是，由法规或其他理由引起的由任何方中止的协议，乙方应全部得到补偿，乙方不遭受任何由于终止合同而引起的财务损失，乙方与银行、其他贷款人、个人财产或不动产出租人、或其他方的责任无关。

中止也许是合同中最为重要的部分，当双方进入第三方合同，其中的一方（供应方）将很可能要作出显著的投资，另一方（使用者）将关心如何处理潜在的控制力的失去和与表现标准的一致。处理这种问题的方法之一，即是允许使用者在相对短的时间里以任何理由中止合同。如果使用者选择终止合同，则使用者同意支付未摊提的贷款和拥有的资产，并承担乙方项目的租赁。这提供了使用者相应的信息，他可以无故终止，而其行为的后果应有他来承担。有了这个“安全阀”，供应者可以据此投入资金，如果终止发生，资产的支付根据预先计划已有安排。供应者应在一开始就记录所有的资产，并通知使用者在关系期所购买的所有资产，除了在此提出的补偿条款，在中止协议时，应确定资产的名称和所有权，以下列方式：

a. 如果乙方在 3 年的该协议起始条款下的任何时候中止该协议，在甲方满足所有的如第 8 款中的财务义务后，该资产的名称和所有权应归属于甲方；

b. 如果甲方在第一个 18 个月的任何时间中止该协议（或由法规作用与其他原因引起的中止），该资产的名称和所有权应归属于甲方；

c. 如果甲方在起始条款的以后的任何时间终止合同（或在第 18 个月后由法规作用与其他原因引起的中止），在甲方满足所有的如第 8 款中的财务义务后，可以有如下选择：

（i）支付给乙方￥________，该资产的名称和所有权应归属于甲方；

（ii）如果甲方没有支付￥_______给乙方，该资产的名称和所有权应归属于乙方。

甲方在不迟于中止日期前，应通知乙方自己的选择，即选择（i）或（ii）。

任何在此部分提供的由甲方给乙方的补偿支付，不应迟于终止通知中指定的中止日期。

如果中止日期前，这种补偿支付没有支付的情况下，甲方同意在最后的补偿支付之前，及时支付所有的租赁机构和个人财产出租人原应由乙方支付的费用，以避免乙方借用或租用私人财物的名义受损失。双方进一步同意，上述租赁机构与出租人在上述租约下应对甲方具有要求支付费用的权利。为此，上述租赁机构或出租人应被任务认为是本协议的乙方受益人。如在此和第 12（a）部分确定的，由甲方承担的支付费用责任，在发生中止时，应不是乙方赔偿。

在快速折旧计划或相对较短的合同情况下，经常有这样的问题："如果中止，谁得到资产？"解决这个难题的方法之一是让使用者在合同的前半期，自动获得和拥有资产，如果供应者计算出了拥有资产的残余价值，作为服务定价的基础，在合同剩余的一半时间中止时，它可能得到额外支付。

②劳动力价格：双方承认在第一部分中所提出的价格和物流是存储服务的最低收费，是基于一定的劳动力价格的，在实际的劳动力价格超过乙方的假设时，双方应调整支付给乙方的费用与最低月费用，结果是甲方应支付乙方额外的劳动力成本。

在开始时，供应者经常要求提供在劳动力价格为基础的服务价格，然而，在报价请求（RFQ）和开始时间经常有半年到一年时间，如果当地的条件发生了变化，供应者可以要求一次劳动力价格的调整。

（9）参与各方的地位

①参与各方达成共识：乙方不从事与出租货物的存储业务，也不能被看成法律中规定的"仓库所有人"，并且，乙方明确表示在任何时候都不提出索赔、抵押、特免、抵消的优惠权或类似的有关对合同中所规定乙方所处理的货物的权利，货物的全部的、单一的、无疑问的权利仍属于甲方；

②以与合同中的任何条款不冲突为前提，据此同意：乙方对于合同中所规定的货物而言，他是一位受托者，乙方与甲方之间的关系是受托者-寄托人的关系。进一步又达成共识：乙方对于完成任务所需的方法和措施，应有独立控制和自由处理的能力。他不是甲方的代理或雇员。为了是乙方能完成作为该合同的受托者的任务，甲方允许乙方按甲方的利益，在任何适当的时间内，能独立控制并进行对货物和房产的检查。

（10）索赔通知和诉讼

①以下所有的索赔必须在法庭宣判前，以书面形式提交。

②只有当这些索赔用书面形式提交，并且是在事件发生后一年内提出索赔，甲方或乙方才能作出反应。

（11）口头交流

前面的几个小节规定了由于与甲方进行口头交流后所产生的误交流的责任。在与以上各节内容无冲突的条件下，甲方因而同意用书面形式在发生口头交流 24 小时内，对这些口头交流内容进行确认。乙方收到这些书面确认后，再也无权依靠自己对口头交流的理解行事，而应按书面确认的情况为准。但是，在乙方收到口头交流确认前，乙方不必对根据口头交流内容而发生的行为负责。

（12）仓库

房产与中止的结果：以下用于服务活动的仓库应为一定的房产，位于______，"房产"

由乙方租赁，规定______年，自________年开始，该房产在“表”（“租赁”）中有比较详细的介绍。当由于某些原因要中止该合同时，甲方应承担该中止后的租赁，因而，甲方应单独承担租赁中承租人的法律责任，而乙方不应承担所有这些责任：即包括但不限于必须付的租金或其他任何款项。一旦合同中止，乙方应向甲方移交其在所有租赁改进中所获得的利益。

（13）转让

不得到甲方书面同意，乙方不能转让、转送、抵押或让渡这一合同或合同的任何一部分，或与合同有关的任何权利。上述书面同意是不能随意收回的。

注意，在这一转让条款规定中，并不排除乙方向持有股份的或控股的公司或主要持股人转让利益，这些利益的转让或转送不需要甲方同意。

（14）授权

在合同上签名的工作人员、代理或雇员声明并保证完成所有必需的工作，他们有权使各自的组织受到法律保护。

（15）违约

下列情况被认为是乙方违约：

①如乙方在执行或遵守合同条款时，有实质性的违约。

②如果乙方向法院提出自愿破产的申请，或被法院宣布破产或资不抵债，或为债主的利益进行转让，寻求或同意对所有资产任命乙方的接收人或清算人。

如果乙方收到这一书面违约通知单后 30 天，违约还在继续，在这种情况下，甲方有权中止合同，它满足第 8 节中所述的中止付费的规定。与前述无冲突的情况下，乙方在收到这一违约通知后有 30 天时间来消除、纠正他的违约行为。

“允许供应商有多少时间来纠正他的违约情况？”这是双方谈判合同时通常争论的问题。用户希望他的货物能顺利到达其甲方处，而供应方需要时间来纠正他（她）的违约状态。关键是时间和严密程度。在违约情况下，用户应派代表在现场监督事态的发展，但不能妨碍供应方纠正导致违约的情况。在合同样本中建议的 30 天的时间可能在一定条件下适用，在其他情况下不适用。无论如何，违约一旦发生，不及时纠正违约情况，只要符合合同中止条款和条件，就会导致合同中止，并中止付费。

（16）继任者和受让人

该合同应对各方的继任者和受让人具有法律效应。

（17）说明

在限定为条款的实际工作范围内，说明仅供参考。

（18）所适用的法律

该合同应根据______________________的法律执行。

（19）修改——最终完成合同

除了下面所述或各方签名的书面协议外，这一合同不能以口头或其他任何方式改变、修改、作废或丢弃，或中止。书面意见包括完整的协议，是双方签署的，而不能由任何代表，无论是书面还是口头的都不可以。

双方签字盖章

9.3 美国第三方物流合同范本

以美国物流服务环境为背景的第三方物流合同范本，是在其发展过程中物流服务提供者与使用者遇到的一些问题总结发展而来的。合同范本对物流服务的业务范围，包括运送、仓储提供、额外服务、损失责任等作了具体规定，对保险、风险分担、索赔和诉讼也制订了相应的条款。

工商企业与第三方物流服务提供者建立合作关系的动机包括：资产利用、资金问题、长期业务增长、市场全球化及其他与第三方物流分享有关的利益。有时，当企业利用外部资源进行物流过程时，就会要求第三方物流公司购买资产、雇佣长期劳动力、承担设备租赁等工作。第三方物流的服务承诺，常常要付出很高的代价，可能对其财务平衡产生很大的影响，因此，第三方物流坚持要求签订长期合同，以规避风险。相反的，在第三方物流不能提供它所期望的服务标准时，企业可以终止合同，以便选择别的第三方物流者。下面的合同范本是实际中常用的合同，此合同重点是仓储有关的服务，根据实际情况，可以加入与删除一部分。使用下面的合同格式可以大大地减少达成合同的时间与费用。

本合同在_____物流公司（第三方物流）与______公司（客户）之间于某年某月某日在某地生效。

1．服务、支付和期限

第三方将履行在“业务范围”所规定的服务，费用支付与价目表中所定的服务费用一致。如果在合同下提供的物流服务的货币价值（在其中任何一个月内）比价目表提出的每月最小额要少，客户需支付不小于最小额的费用。

除非任何一方根据 8（a）条款提出书面终止通知，合同期限自____日（起始日期）起 3 年，然后自动延期 1 年（续定条款）。合同的起始条款与续定条款终止日期前的 60 天，双方将重新洽谈下一个延期合同的物流、仓储费。

2．运送

（1）货物运送以第三方作为指定收货人

客户可不以第三方作为指定收货人来运送货物；第三方也有权利自由地拒绝或接受以第三方作为指定收货人的货物。如果第三方接受以第三方作为指定收货人货物，客户在得到第三方通知后，应立即书面通知承运人，副本一份送给第三方，说明第三方对上述财产没有受益权或利益关系。

（2）不符合规定的货物

客户不把不符合下列条件的货物运送到第三方：①与货物清单中规定的不一致；②与每一批货物的包装标记不一致。第三方有权利拒绝或接受任何不符合规定的货物。如果第三方接受了这种货物，客户应支付价目表中所规定的费用，若价目表中没有规定，则支付合理的费用。第三方一旦收到这些不符合规定的货物，将尽快通知客户，以获得有关指令，第三方不负责由于口头传递所造成的失误。

3．仓储的提供

由第三方配送的所有货物都必须恰当地标记和包装，然后送到仓库以便配送。客户在送货前，准备好符合“业务范围”的货单。双方同意第三方根据协议规定的价格，储存和搬运其他货物。

4．送货要求

（1）没有顾客准确的书面要求，第三方不运送或转运货物。然而也可以根据电话发送货物，但是第三方不承担口头传递信息而造成失误的责任；

（2）客户要求从仓库中提货，必须给第三方合理的提货期限。如果因为天灾、战争、公敌、罢工、扣押、骚乱等，或者第三方不能控制的任何理由，或者因为不由第三方责任而造成货物的损失或损坏，或者因为法律所提供的任何其他理由，那么第三方不承担这种过失的责任。如果执行过程中发生了某一事件或困难，顾客与第三方应同意适当地延期。

5．额外服务（特殊服务）

（1）不属于通常物流服务（即“业务范围”内）的服务所需的第三方劳动力，按第三方的通常费用标准收取额外的合理费用。

（2）顾客所需要的特殊服务包括：编制特定的存货报表、标出的重量及包装上的系列数字或其他数据、货物的物理检验和物流运送清单等，但不仅限于这些服务，这些服务按第三方的通常费用标准承担额外的合理费用。

（3）为顾客提供材料、包装材料或其他特殊材料，按第三方的通常费用标准承担额外的合理费用。

（4）由于事先安排，不在正常商业时间内收到或运送货物，按第三方通常费用标准，承担合理的额外费用。

（5）包括邮资、电传、电报或电话的通信费用，如果这些方面的服务超过通常的服务标准，或者在顾客的要求下，这些通信不采用邮政的正常方式，那么上述费用向顾客收取。

（6）有时第三方在没有顾客书面同意的情况下，造成一些“非常”费用是必需的，顾客因此同意支付第三方由此而产生的合理适当的费用。然而，只要可能，第三方在造成这些费用前，应从顾客那里获得许可。这种许可可以是口头的，但第三方对口头传递信息所造成的失误不负责任。

6．责任和损失限制

（1）损失责任

客户把私人财产送到作为受托人的第三方，第三方在下列条件下同意接受这些财产：第三方对储存货物的丢失或损坏不负责任，除非这种由于第三方没有照管好而造成的丢失或损坏，对这些财产，第三方不为客户保火灾险或其他意外事故险，客户因火灾或其他事故对财产所造成的损失，第三方无法律责任。

（2）保险

对任何原因所造成的货物损失不由第三方负责保险，但第三方同意当前的保险单继续生效，该保险单阐述：在协议的期限或延期内，对放在协议中指定的第三方仓库里的别人私人财产，如果遭受丢失、毁坏或损坏，作为受托人的被保险人，由于法律上所规定的义务必须赔偿，但这些赔偿金额（在其保险范围内）由保险公司代表第三方物流公司来支付。该保险单在协议期限包括延期内，应全部生效（除去一些除外条款）。客户若需要的话，可以提供该保险单的副本。

（3）损失计算

如果第三方对顾客货物的丢失或损坏负责，为了计算这种损失，货物将按它的售价的存货成本来估算。

（4）装卸

第三方对由于进货、卸货或出货、装货的延误而造成的逾期费负责。第三方应竭尽全力提供及时的服务。

（5）随后损失

不是由于第三方的任何行为或疏忽而造成的随后损失，第三方不负责任。

7．义务

第三方将负责监督管理、人员配备、看门服务、物流设备、办公家具、日常安全（包括下班后锁门和启动电子安全系统）、托盘、包装材料、捆扎和房屋的保养。

8．风险分担

有关方都认识到第三方物流公司为提供服务将作出承诺并投资。双方同意下列条款：尽管无需任何理由，任何一方在 90 天前以书面形式通知另一方，可终止该合同。该书面通知应有终止日期。无论什么原因的终止、无论是客户或第三方或法律等作用提出终止，客户同意补偿第三方全部的未摊提的贷款或租金。即由此而造成的损失，第三方应得到相应的补偿。

9．参与各方的地位

（1）参与各方达成共识：第三方对存储的货物不能被看成州的法律中规定的“仓库所有人”，并且，第三方明确表示在任何时候都不提出索赔、抵押、特免、抵消的优惠权或类似的有关对合同中所规定第三方所处理的货物的权利，货物的全部的、单一的、无疑问的权利仍属于客户；

（2）以与合同中的任何条款不冲突为前提，据此同意：第三方对于合同中所规定的货物而言，他是一位受托者，第三方与客户之间的关系是受托者与寄托人的关系。第三方对于完成任务所需的方法和措施，应有独立控制和自由处理的能力。他不是客户的代理或雇员。为了使第三方能完成作为该合同的受托者的任务，客户允许第三方按客户的利益，在任何适当的时间内，能独立控制并进行对货物和房产的检查。

10．索赔通知和诉讼

（1）以下所有的索赔必须在法庭宣判前，以书面形式提交；

（2）只有当这些索赔用书面形式提交，并且是在事件发生后一年内提出索赔，客户或第三方才能作出反应。

11．口头交流

2～4 和 5 小节规定了由于与客户进行口头交流后所产生的误交流的责任。在与以上各节内容无冲突的条件下，客户因而同意用书面形式在发生口头交流 24 小时内，对这些口头交流内容进行确认。第三方收到这些书面确认后，再也无权依靠自己对口头交流的理解行事，而应按书面确认的情况为准。但是，在第三方收到口头交流确认前，第三方不必对据于口头交流内容所发生的行为负责。

12．仓库（略）

13．转让

不得到客户书面同意，第三方不能转让、转送、抵押或让渡这一合同或合同的任何一部分，或与合同有关的任何权利。上述书面同意是指不能随便收回的。注意，在这一转让条款规定中，并不排除第三方向持有股份的或控股的公司或主要持股人转让利益，这些利益的转让或转送不需要客户同意。

14．授权

在合同上签名的工作人员、代理或雇员声明并保证完成所有必需的工作，他们有权使各自的组织受到法律保护。

15．违约

下列情况被认为是第二方违约：

（1）如果第三方在执行或遵守合同条款时，有实质性的违约；

（2）如果第三方向法院提出自愿破产的申请，或被法院宣布破产或资不抵债，或为债主的利益进行转让，寻求或同意对所有资产任命第三方的接收人或清算人。如果第三方收到这一书面违约通知单后 30 天，违约还在继续，这种情况下，客户有权中止合同，它满足第 8 节中所述的中止付费的规定。与前述无冲突的情况下，第三方在收到这一违约通知后有 30 天时间来消除、纠正他的违约行为。

16．继任者和受让人

该合同应对各方的继任者和受让人具有法律效应。

17．说明

说明仅供参考，在限定为条款的实际工作范围内。

18．所适用的法律

该合同应根据_______州的法律执行。

19．修改最终完成合同

除了各方签名的书面协议外，这一合同不能改变、修改、作废或丢弃，或终止，以口头或其他任何方式。书面意见包括完整的协议，是双方签注的，而不能由别人代表。

第 10 章　传统道路运输业、仓储业向第三方物流转换

10.1　世界物流前十强启示

10.1.1 世界物流前十强简介

如表 10-1 所示：

表 10-1　全球物流十强企业简介

公司	资产	总部	业务地区	业务结构
UPS	303 亿美元	美国	美洲业务占总收入的 89%，欧洲占 7%，亚洲占 4%	国内陆上运输占 54%，国内空运占 19%，国内延迟运输占 9%，非包裹业务占 8%
FedEX	210 亿美元	美国	美洲业务占总收入的 76%，欧洲占 15%，亚洲占 9%	空运业务占 83%，公路占 11%，其他占 6%
Deutche post World Net	25.5 亿美元	德国	德国、法国、意大利和欧洲其他国家业务分别占总收入的 23%、17%、8%、23%，斯堪的纳维亚、美洲、远东澳洲业务分别占 12%、11%、6%	邮政、快递、物流和金融业务分别占 49%、21%、18%和 12%
Maerst		丹麦		世界最大的船公司
Nippon Express		日本	经营收入有 93%来自于日本	汽车运输、空运、仓库及其他分别占 44%、16%、5%、25%
Ryder		美国	美国业务收入占总收入的 82%，国际业务占 18%	运输服务占 57%，物流占 57%，物流占 32%，其他占 11%
TNT		荷兰	欧洲业务占总收入的 85%，其他占 15%	邮政、速递、物流分别占 42%、41%和 17%
Expeditors		美国	远东业务占总收入的 56%，美国占 25%，其他占 19%	空运占 63%，海运占 25%，货代占 12%
Panalpina		瑞士	欧洲和非洲业务占总收入的 52.7%，美洲占 33.9%，亚太地区占 13.4%	空运、海运、物流及其他分别占 44.9%、31.3%、20.3%及 3.5%
EXEL	65 亿美元	美国	英国与爱尔兰业务占总收入的 39%，美国占 30%，欧洲大陆占 21%，非洲及亚太地区占 10%	配送占 58%，运输管理占 39%，环节配送占 3%

1．UPS（美国）

业务概况：UPS 是全球最大的速递机构，全球最大的包裹递送公司，同时也是主要的专业运输和物流服务提供商。每个工作日，该公司为 180 万家客户送邮包，收件人数目高达 600 万。该公司的主要业务是在美国国内并遍及其他 200 多个国家和地区。该公司已经建立规模庞大、可信度高的全球运输基础设施，开发出全面、富有竞争力并且有担保的服务组合，并不断利用先进技术支持这些服务。该公司提供物流服务，其中包括一体化的供应链管理。

业务分布：UPS 的业务收入按照地区和运输方式来划分呈现出不同的分布特点。从地区来看，美国国内业务占总收入的 89%，欧洲及亚洲业务占 11%。从运输方式来看，国内陆上运输占 54%，国内空运占 19%，国内延迟运输占 10%，对外运输占 9%，非包裹业务占 4%。

最新动态：2001 年 1 月 10 日，UPS 以发行价值 4.33 亿美元新股方式收购 Fritz 集团公司旗下的加利福尼亚物流公司，并将该公司并入 UPS 不断拓展的物流业务之中，使其成为更大规模的运输集团。2000 年 11 月 28 日，UPS 公司将其每周的环球飞行从 3 次增加到 5 次，以应付日渐增多的跨国运输业务。UPS 在这一路线上运输的货物总量每日增长 20 万磅。

2．FedEX（美国）

业务概况：FedEX 公司的前身为 FDX 公司，是一家环球运输、物流、电子商务和供应链管理服务供应商。该公司通过各子公司的独立网络，向客户提供一体化的业务解决方案。其子公司包括：FedEX Express（经营速递业务）、FedEXGround（经营包装与地面送货服务）、FedEXCustom Critical（经营高速运输投递服务）、FedEXGlobal（经营综合性的物流、技术和运输服务）以及 Viking Freight（美国西部的小型运输公司）。

业务分布：从地区来看，美国业务占总收入的 76%，国际业务占 24%。从运输方式来看，空运业务占总收入的 83%，公路占 11%，其他占 6%。

最近动态：2001 年 1 月 11 日，根据一项能够产生 63 亿美元收益的合约，FedEX 将在各机场间为美国邮政服务系统运送特急件和快递信件。在未来的 18 个月内，FedEX 将支付 1.26 亿至 1.32 亿美元给予邮局，作为在 10 000 家邮局内设立收件箱的费用并保留在其余 38 000 家邮局设立收件箱的权利。上述举措将使该公司获得约 9 亿美元的新增收入。2000 年 12 月 29 日，FedEX 宣布计划按照每股 28.13 美元的价格收购 American Freightways 公司 1638 万股，以实现其最初提出的收购该公司 50.1%股权的承诺。

3．德国邮政世界网（DeutschePostWorldNet）

业务概况：德国邮政是德国的国家邮政局，是欧洲地区领先的物流公司，并着眼于成为世界第一。近期更换了品牌，一方面为挂牌买卖做准备，另一方面也是意识到了其业务的全球化特点以及电子商务日益重要的影响。DPWN 划分为四个自主运营的部门，即邮政、物流、速递和金融服务。

邮政部门由邮政、市场直销和出版物发放构成业务组成，建有最高水准的作业网络，由遍及德国的 83 家标准化分检中心组成，并越来越重视高成长的市场直销业务。速递部门通过 Euro ExpressGermany 和 EuroExpress Europe 的全球邮政和国际邮政业务部门提供覆盖欧洲的快递业务；通过与 DHL（德国邮政世界网拥有其 25%的股权）的合作提供全球业务。

通过几次收购 Danzas 品牌下的公司，于 1999 年成立了物流部门。该部门提供一站式的服务，并提供整个物流链各个环节的服务。服务内容包括：全球航空、海运、欧洲陆运服务和客户定制的物流解决方案。

同时，通过 Postbank 提供的金融服务于 1999 年 1 月成为一家全资的附属公司。在 2000 年 1 月收购了 DSL 银行，向私人和商业客户提供多渠道银行业务。

业务构成及分布：从净收入来看，DPWN 的四大业务邮政、快递、物流和金融分别占 49%、21%、18%和 12%。特别是对于物流业务在地域上的分布来说德国、法国、意大利和欧洲其他国家分别占 23%、17%、8%和 23%。

最近动态：2001 年 1 月，德国政府为邮政部门制定新的立法，新法律将允许国家出售其在德国邮政持有的多数股权。2000 年 11 月，德国经济部长称政府将不会按照原计划在 2002 年年底结束 Deutsche Post 的完全垄断。同时德国邮政有意将其在 DHLInternational 的持股比例从 50%提高到 75%。

4．Maersk/A.P.Moeller（丹麦）

Maersk Sealand 是世界上最大的航运公司，拥有 250 艘船舶，其中包括：集装箱船舶、散货船舶、供给和特殊用途船舶、油轮等，该集团还拥有大量的装卸码头，并提供物流服务。Moeller 的附属公司同时还在挪威、委内瑞拉和其他国家进行石油和天然气的钻探。另外，该集团还从事船舶和联运集装箱的制造，药品生产，并经营一家国内航空公司 Maersk Air 和提供信息服务。另外，该公司还拥有丹麦第二大连锁超级市场。

是最早进入中国的欧洲物流企业。2003 年 6 月 10 日马士基物流在哥本哈根再次被沃尔玛评为“Cargo Manager of the Year”。这是马士基物流继 2002 年在沃尔玛总部阿肯色州本顿维尔镇后第二次获此殊荣。

5．NipponExpress（日通）

日本通运的业务主要分为汽车运输、空运、仓库及其他，分别占 44%、16%、5%及 25%。从地域上看，其经营收入有 93%来自于日本。其客户主要分布在电子类产品、汽车类产品中。

6．Ryder（美国）

业务概况：Ryder（锐得）公司成立于 1933 年，是美国的最大的供应链物流公司之一。目前，公司在美国有 184 个分拨中心，173 000 辆卡车，在全球有 900 多个分公司或办事处，为 14 000 家客户提供物流服务。该公司在全球提供的产品范围包括：全面服务租赁、商业租赁、机动车的维修以及一体化服务。此外还提供全面性的供应链方案、前沿的物流管理服务和电子商务解决方案，从输入原材料供应到产品的配送，致力于支援客户的整条供应链。2005 年营业收入为 57 亿美元，位列财富 500 强之一。

业务分布：从地区来看，美国业务占总收入的 82%，国际业务占 18%。从业务板块来看，运输服务占 57%，物流占 32%，其他占 11%。

最近动态：2000 年 11 月 20 日，Ryder 系统公司与丰田（美洲）公司及其日本母公司丰田集团共同组建了一家名为 TTR 物流公司的合资企业。新的实体由 Ryder 公司和丰田公司持有相同的股份，将主要集中留意与丰田以及其他在北美地区的日本汽车公司相关的运输与物流业务机会。2000 年 11 月 14 日，Ryder 公司和 From2 Global Solutions 公司（全球各大公司国际物流技术和贸易智能的主要供应商之一）宣布达成策略性联盟关系。Ryder 系统公司将利用 From2 公司的解决方案，通过互联网向其顾客提供具体的国际贸易服务。

7．TNTPostGroup（原荷兰，现美国）

业务概况：TPG 在全球超过 200 个国家和地区提供邮递、速递及物流服务，并拥有 Postkantoren（经营荷兰各邮局的机构）50%的股权。TPG 利用 TNT 品牌提供速递发送及物流服务（TNT 的物流业务主要集中在汽车、高科技以及泛欧洲领域），其物流领域现有 137 间仓库，共占地 155 万平方米。

业务划分及分布：按业务类型来看，TPG 的三大业务邮递、速递和物流（净收入）分别占 42%、41%及 17%，而从地域表现来看（净收入），欧洲占 85%，澳洲、北美、亚洲及其他地区分别占 6%、4%、2%、3%。如果从运盈利润来看，邮递、速递和物流分别占 76%、15%和 9%。

最近动态：主要由 TNT 物流、TNT 快递和 TNT 邮政三个部门组成的荷兰跨国物流及快递巨头 TNT，由于战略侧重点的改变，将其物流部门作价 14.8 亿欧元，出售给美国知名的私募股权基金“阿波罗管理公司”。TNT 物流全面更名为 CEVA 物流，名字变了，但优质的服务不会变虽然 CEVA 现在与 TNT 总部变成完全独立的两家公司，但如果有好的项目，不排除双方会继续合作，达到双赢。按照时间表，更换标识将先从网站、制服、车辆标志等开始。不过，标识变更中有一个例外———CEVA 下属的“安吉天地”，已经在中国做到汽车物流的“一哥”地位，其业务量超过 20 亿人民币，且业务拓展到欧洲和澳大利亚，TNT 物流变身 CEVA 物流，“安吉天地”的名字将不会改变。

TNT 物流变身 CEVA 物流后，原来依托 TNT 的运输优势不复存在，对其竞争力有何影响？没有了自己的运输飞机，可能更加有优势。光有运输能力而没有货物，不见得好，只要有源源不断的货物，CEVA 就可以显示出自己独特的优势。它能在全球范围内为跨国公司及本地大型公司专业设计、实施并经营复杂的供应链解决方案，在全球 26 个国家设有经营设施，经营全球 567 个仓库，面积达 700 多万平方米。

8．Expeditors（美国）

业务概况：该公司注册地为美国，是一家提供全球物流服务的公司，向客户提供了一个无缝的国际性网络，以支持商品的运输及策略性安置。公司的服务内容包括：空运、海运（拼货服务）及货代业务。在美国的每个办事处以及许多海外办事处都提供报关服务，另外还提供包括配送管理、拼货、货物保险、订单管理以及客户为中心的物流信息服务。

业务分布：从业务类型来看，主要集中在空运、海运和货代方面，按照收入划分分别占 63%、25%和 12%。而从地区分布来看，主要集中在远东，占 56%，在美国、欧洲和中东、南美、澳大利亚的收入分别占 25%、15%、2%、1%。

9．Panalpina（瑞士，泛亚班拿公司）

业务概况：Panalpina 是世界上最大的货运和物流集团之一，在 65 个国家地区拥有 312 个分支机构。Panalpina 的核心业务是综合运输业务，所提供的服务是一体化、适合客户的解决方案。通过一体化货运服务，将自身定位于标准化运输解决方案和传统托运公司之间。除了处理传统货运以外，该集团还专长于提供物流服务予跨国公司，尤其是汽车、电子、电信、石油及能源、化学制品等领域的公司。AirSea Broker 是 Panalpina 集团的全球性货运“批发商”，同时它也协调 Panalpina 集团的海运系统与世界各地的定期联系，同时还为联合运输提供新型服务。Air SeaBroker 下分三个业务部门：海运处、西非处、租船和重型起重处。

Swissglobalcargo 是 Panalpina 和 Sairlogistics 于 1999 年 7 月建立的一家合资公司，这是

世界上第一家提供完全一体化、门到门、有时限担保、无重量限制的航空货运公司。

业务划分及分布：从总利润来看，Panalpina 的四大业务即空运、海运、物流及其他分别占 44.9%、31.3%、20.3%及 3.5%。而在地域上又分布为欧洲/非洲占 52.7%，美洲占 33.9%，亚太占 13.4%。

最近动态：2000 年 12 月，开创了一个以客户为中心的“电子商务”平台，该平台旨在连接其货运和物流作业所有运营阶段。这种“电子网络”提供了一个“综合系统”，该系统既连接了 Panalpina 公司内部设备，又连接了为客户提供的外部电子平台。

10．Exel（英国英运物流）

业务概况：Exel 分为 5 大业务部门：（消费品/零售/医疗）欧洲部、（消费品/零售/医疗）美洲部、开发和自动化部、技术和全球管理部以及亚太部。该公司全球网点达到 1300 个，50 000 多名员工。目前，该公司三家主要运营子公司为 Exel（旧的 NFC）、Msas 全球物流公司和 Cory Environmental 。Msas 是世界上规模最大的货代之一，在全球范围内提供多式联运、地区配送、库存控制、增值物流、信息技术和供应链解决方案等各项服务。Cory Environmental 是英国规模最大的废品处理公司之一。Exel 在地面运输供应链服务方面占有很强的市场地位，所提供的服务包括：仓储和配送、运输管理服务、以客户为中心的服务、JIT 服务和全球售后市场物流服务。

业务分布：从业务种类来看，Exel 主要集中在配送、运输管理和环境服务三个方面，按照净收入划分分别占 58%、39%和 3%，如果按照运盈利润划分分别占 62%、28%、10%。从地理分布来看，业务主要集中在英国与爱尔兰，同时遍及美洲、欧洲大陆和非洲以及亚太地区，按照净收入划分分别占 39%、30%、21%和 10%，如果按照运盈利润划分则分别占 54%、27%、10%和 9%。

最近动态：2001 年 1 月，Exel 被选中来管理摩托罗拉公司在美国、欧洲和亚洲地区半导体产品的配送。该项合约价值约为 1.34 亿英镑。同时与 Mercedes BenzEspana 签署了 10 年期合约，提供供应链服务。Exel 汽车部赢得了一项为期 7 年的合约，向法国 Sandouvilielear 公司提供供应链管理服务。2000 年 12 月，Exel 收购了 Total 物流公司（一家总部设在澳大利亚和新西兰的地区性供应链管理公司，专门向 30 多家大型制药和医疗公司提供供应链管理服务）。同年 10 月，Exel 和 UPS 共同为福特公司创建供应网络，并对福特公司在欧洲的供应链需求进行大规模改造。

10.1.2 世界物流前十强企业经验总结

1．特征

（1）全球物流十强企业中，美国物流企业占据主导地位，共有 5 家，其中包括两家最大的公司 UPS 和 FedEX，同时这 5 家的收益之和占前十大企业收益的 2/3，可见，美国物流企业在世界上的地位举足轻重。从某种意义上说，物流市场发达程度和经济的发达程度成正比。

（2）10 大成功物流企业中，以空运、快递、陆运等业务为主要背景的公司居多；如 UPS 的陆运和空运业务分别占 54%和 19%，FedEX 的空运和公路运输业务分别占 83%和 11%，日本通运的汽运和空运业务分别占 44%和 16%，TNT 的邮递和速递业务分别占 42%和 41%，Panalpina 的空运和海运业务分别占 45%和 31%。

（3）业务的地区性集中化程度高（即本土化程度高）；如 UPS 的美国国内业务占其整个业务的 89%，FedEX 的美国国内业务占 76%，DPWN 的欧洲业务占其总业务的 70%以上，TNT 在欧洲的业务占它总业务的 85%，日本通运本土化达到 93%。

（4）10 大物流企业中绝大部分是资产密集型企业，大多拥有物流设施和网络。因此从业务结构来看，在进军现代物流行业的诸路大军中，具备快递、空运等快运业务背景的综合企业将拥有巨大潜力。

2．运作模式

目前，世界大型物流公司大多采取总公司与分公司体制，采取总部集权式物流运作，实行业务垂直管理，实际上就是一体化经营管理模式，即只有一个指挥中心，其他都是操作点。从实践上讲，现代物流需要一个统一的指挥中心、多个操作中心的运作模式。因为有效控制是现代物流的保证。从物流业务的内容来看，每项内容并不复杂，但协调整个过程的服务必须建立一个高效而有权威的组织系统，能控制物流实施状态和未来运作情况，并能及时有效地处理衔接中出现的各种疑难问题和突发事件。也就是说需要有一个能力很强、指挥很灵的调控中心来对整个物流业务进行控制和协调。各种界面和各种决策必须联系在一起，才能创建一个作业系统。如果各部门都强调自己是利润中心，考虑问题总是将成本与最大利润联系起来，这样对外报价肯定无竞争性。所以从事物流业务、承担全程服务时，只能有一个利润中心，其他各个机构、各个部门都应该是成本中心，一切听从利润中心的指挥，一切为利润中心服务，一切以利润中心的最大利益为自己的利益。

可以说，没有一个坚强的指挥中心和内部有机连接的运行网络，是做不出真正意义上的物流的。真正的现代物流必须是一个指挥中心、一个利润中心，企业的组织、框架、体制等形式都要与一个中心相符。一方面，要求分部坚决服从总部，总部对分部有高度的控制力，分部在作业上做到专业化、流程标准化；另一方面，总部必须具有强大的指挥、设计能力、对市场把握的高度准确性和控制风险的能力。要做到这一点，离不开对市场的迅速反应能力，必须以实现信息化、网络化作保证。在现代物流的管理与运作中，信息技术与信息网络扮演着一个十分重要的角色，甚至就是公司形象和核心竞争力的标志。因此，大型的专业物流企业通常都设有运作管理系统、质量保证系统、信息管理系统和客户管理系统。

3．盈利模式

①非资产型物流公司的盈利能力显然强于资产型物流公司，而且具有竞争力的业务核心是物流管理，也称供应链管理。其中物流设计、控制、组织、协调能力是其竞争基础。具有代表性的竞争手段有：高度重视物流解决方案设计；在服务操作上严格执行统一的服务标准；坚持严格的质量管理制度；以信息技术和信息网络贯穿物流整个服务过程。

②在 10 大成功物流企业中，以空运、快递、陆运等业务为主要背景的公司居多，而且规模大、盈利能力强，表明时间敏感性强的运输服务在物流行业的成长空间大，有前途。

③尽管非资产型物流公司盈利快，但在世界物流前 10 强中仍以资产型物流公司居多，特别是既拥有大量的物流设施、网络，又具有强大的全程物流设计能力的混合型公司发展空间最大。

近年来，各大型物流公司为了拓展业务，增加盈利，纷纷采取以下手段：

①通过整合或并购，进军多种运输业务，提高利润。纵观世界物流 10 强企业，都是能提供运输方面的多项服务，并且在与物流相关的一些行业或者新领域里联合或者兼并，借以

巩固或者占领新的市场，从而达到增加利润、赢得客户的目的。UPS 在保住现有重要客户的基础上，继续通过和客户的合作来扩大业务范围，同时重点开发具有巨大潜力的市场。如拓展零配件物流服务领域，涉及从电脑组装到汽车制造等全球经济中几乎所有的行业。该公司几年前就与丰田、本田、克莱斯勒等公司建立了联系，近日又与福特汽车公司组成策略同盟，提供供应链重新策划、运输网络管理、零件服务物流，并替汽车制造商及供应商提供技术解决方案等服务。近来，UPS 分别收购了法国一家零配件物流服务供应商 Finon。FedEX 开拓中国市场，目前服务遍及中国 190 个城市，有航班服务于北京、上海及深圳机场，将在上海建设中国最大的快件处理中心。德国邮政集团过去两年中以 50 亿美元收购了瑞士的货运代理公司丹莎以及北美的 AEI 货运代理公司，经过整合之后，营业额显著上升，达 83 亿欧元，比上年同期上升 86%。该公司还将在敦豪国际快递公司中的股份由原来的 25%提高到 51%，并准备在未来两年中将这一份额再度提高至 73%。Exel 与 Amey 铁路维修公司签署了一份价值 2000 万英镑的合同，Amey 公司将所有物流业务交给 Exel 来管理。Exel 近日以 3.31 亿美元购买了美国的一家物流公司，该公司主要为汽车业提供物流和货代服务，此次收购将加强 Exel 在北美的业务。该公司去年在北美地区的营业额上升了 53%，达 15 亿英镑，营业利润达 5630 万英镑，上升了 43.3%。

②重新整合业务流程，实现资源最优化配置

现代物流是一个更广泛的概念，它包括电子商务和一系列相关的服务项目，电话服务中心、网站、交易系统的建立，以及原料采购、订单履行、运输管理等操作。目前这 10 大公司都拥有“一流三网”，即订单信息流，全球供应链资源网络，全球用户资源网络，计算机信息网络。可以使仓储利用率提高两倍以上。

③ 提供优质及个性化服务

TNT 与 SmartParcel 公司达成协议，为德国客户提供全新的基于互联网的欧洲速递服务。TNT 与 Smart Parcel 公司协议的最大优势在于“量身定制”。客户可以利用计算机或具有 WAP 功能的手机来决定包裹何时送达目的地，而包裹送到后，信息将自动反馈到客户指定的计算机或手机上。

总之，世界物流前 10 强在业务结构、运作模式、盈利模式上具有诸多优势，值得我们去认真研究、分析，值得我们中国物流企业或正在向物流转型升级的企业借鉴。特别是这些著名物流企业的成功之处，比如：拥有较大的营运规模，建立有效的地区覆盖，具备指挥能力强、控制能力强的管理层，具备高水准的综合技术、财务资源和经营策略等，非常值得我国大型物流企业或准备向大型物流企业进军的企业学习。

10.2 禁区打开后，我国物流业如何面对

1999 年 11 月 15 日，中美双方就中国加入 WTO 正式达成协议，这样在经历了漫长的谈判和等待之后，中国在加入 WTO 的道路上终于迎来了灿烂的曙光。

10.2.1 中美 WTO 协议关于物流方面的条款

根据中美达成的 WTO 协议文本，我国将在以后 3～5 左右的时间内逐步放开一些重要

的领域。WTO 将对我国未来的社会、经济、文化和科技造成重大的影响，现有的一些行业或部门将会受到来自国外竞争的结构性冲击和整体性挑战。其中对物流业影响较大的条款主要有以下几个方面：

1．制造业的分销权

根据协议，我国将首次向外国公司提供分销权，取消现有的法规限制，并将于三年内逐步取消大部分产品的分销服务限制，外国商人可以分销进口产品和在我国制造的产品。分销权将会在我国目前限制最严的分销行业，例如：批发、运输、维修和运输等行业中实施。

分销权是制造业和贸易的优先部分。目前，我国严重限制分销权，外国公司无权分销在我国制造之外的产品，或拥有或管理相关的分销网络、批发市场或货仓等业务。在有些情况下我国还会发出各种商业许可证，限制美国公司进行市场推广、售后服务、维修和顾客支援的活动能力。

2．物流服务行业

根据协议，我国承诺所有的服务行业，在经过合理过渡期后，取消大部分外国股权限制，不限制外国服务供应商进入目前的市场，不限制所有服务行业的现有市场准入和活动。同时在辅助分销的服务方面也作出了类似的承诺，具体包括：租赁、速递、货物储运、货仓、技术检测和分析、包装服务等方面，这方面的限制将在以后 3～4 年内逐步取消，在此期间，国外的服务供应商可以建立百分之百的全资拥有的分支机构或经营机构。

目前，我国的服务行业竞争力极其弱小，没有形成一定的规模优势和资本优势，质量方面与国外也存在着很大的差距，在加入 WTO 之后，可以想象我国的服务业将面临怎样的困境。

3．电子商务方面

根据协议：我国允许国外网络公司直接拥有我国网络公司 49%～100%的股份，并允许相关的银行、运输和服务等领域的开放，这极大地刺激了全球各类网络公司以收购和兼并或直接投资的方式涌入我国。另外，电子商务中 ISP 的接入服务属于半开放到开放的领域，在加入 WTO 以后，全球一些有实力的 ISP 厂家蜂拥而至。同时，长期困扰中国电子商务发展的网上支付、网下运输以及网络成本将迅速溶入全球网络的标准化。

目前，我国电子商务的发展处于起步阶段，网上销售尚在实践阶段，与国外相比，在各方面都存在较大的差距。尤其是网络配送和运输、网络后勤服务一直困扰着我国电子商务的发展，国内仅有的几家网上销售网站（如：8848，85818 等）也因此而遇到物流费用过高的难题。在加入 WTO 以后，我国的电子商务由于在其资金、规模和技术等方面的局限性将受到国外电子商务的强大冲击。

8 月 11 日，阿里巴巴雅虎在北京宣布签署合作协议。阿里巴巴收购雅虎中国全部资产，同时得到雅虎 10 亿美元投资，阿里巴巴还获得雅虎品牌在中国无限期使用权。雅虎部分将全部并入阿里巴巴，雅虎中国的资产包括：门户网站、搜索，通信，广告以及 3721 业务。雅虎愿意把雅虎中国合并到阿里巴巴里面去，这说明雅虎非常看好中国市场。此外，阿里巴巴获得了雅虎的品牌使用权，并且主品牌仍然使用“阿里巴巴”。

中国网民超过 1 亿，可是中国手机的用户已经超过 4 亿，手机用户只要动动拇指，就可以轻松完成比价、询价、查询和订购等功能，确认购物和送货地址后，当当网的配送人员将直接把产品送到您手中。表 10-2 是中国入世承诺中与物流服务有关的内容。

表 10-2　中国入世承诺中与物流服务有关的内容

服务领域	入世承诺	2002 年 11 月 12 日	2003 年 11 月 12 日	2004 年 11 月 12 日	2005 年 11 月 12 日	2007 年 11 月 12 日
运输服务						
海运服务（货运和客运）	允许外资在合资企业中拥有少数股权					
海运理货服务； 海运报关服务； 海运代理服务	允许外资在合资企业中拥有多数股权； 允许外资在合资企业中拥有多数股权；外资股比不超过 49%					
铁路运输服务	允许外资在合资企业中拥有少数股权			允许外资在合资企业中拥有多数独资子公司股权		允许设立外资独资子公司
道路运输服务	允许外资在合资企业中拥有少数股权	允许外资在合资企业中拥有多数独资子公司股权； * 自 2002 年 11 月起，允许外资股比不超过 75%		允许设立外资独资子公司		
货物运输代理服务	允许外资股比不超过 50%；外方需拥有至少连续 3 年的经验；最低注册资本应不少于 100 万美元； 在中国经营一年后，合资企业在双方注册资本均到位后，可设立分支机构，每设立一支分支机构，合资企业注册资本应增加 12 万美元	允许外资在合资企业中拥有多数独资子公司股权； * 自 2003 年起，允许外资股比不超过 75%	分支机构在注册资本要求上享受国民待遇（50 万人民币；）合资企业在中国经营 2 年（原来规定位 5 年）后，可建立第二家合资企业； * 自 2003 年起合资企业在中国经营两年后，可建立第二家合资企业	在最低注册资本要求上享受国民待遇（200～500 万人民币）	允许设立外资独资子公司	
仓储服务	允许外资在合资企业中拥有少数股权	允许外资在合资企业中拥有多数独资子公司股权在道路运输、货运代理和海运规定中得到规定		允许设立外资独资子公司		
包装服务	允许外资在合资企业中拥有少数股权	允许外资在合资企业中拥有多数独资子公司股权		允许设立外资独资子公司		

（续表）

服务领域	入世承诺	2002年11月12日	2003年11月12日	2004年11月12日	2005年11月12日	2007年11月12日
物流服务	无承诺； * 国际物流服务允许外资股比不超过 50%；自2002年7月起允许设立从事第三方物流服务的合资企业					
装卸服务	无承诺					
加工服务	无承诺					
配送服务	无承诺					
信息处理服务	无承诺					

10.2.2 加入世贸，是我国物流业的机遇，还是挑战

1．我国物流发展现状：

（1）萌芽状态的物流服务

航运：主要还是以初级产品为主。空运：货运飞机只占飞机总数的不到 20%，最大的问题是缺乏支持性的地面网络。铁路：经常性的延误，可用的路线很少，而且缺乏为客户服务的态度。卡车：还是一种原始产业，最大的限制是地方保护主义。仓储：基础建设还是比较差，管理信息系统也不完善。

①航运：中国国内的航运主要还是以初级产品（矿石等）为主。

散装轮和集装箱船的单位运量较大，运输频次低，日程固定；国内航运沿两条主要的河流运行，从一个沿海港口到另一个沿海港口的服务还相当不发达；对价值较高和对时间比较敏感的货物而言，航运其实并不能与其他的运输模式竞争。

②空运：

空运航线还比较零散，货运飞机只占不到飞机总数的 20%，而且现有的客运飞机的腹仓空间并没有被充分利用，其主要原因是飞行的路线比较迂回曲折而且航班频次比较低；航班与货代之间的信息交换比较差，所以互相之间的合作和货物的交付非常糟糕；不过，最大的问题是缺乏支持性的地面网络。虽然中国有货代，但可能是因为缺乏需求等原因，他们很少提供足够的支持性服务。邮政包裹服务也可以使用，但是很难满足制造商运送时间敏感性货物的需求（如表 10-3 所示）。

表 10-3　航线过于分散，而且服务水平较差（2000 年）

航空公司	航线份额（100%）
南方航空	14.8
东方航空	8.8
西南航空	6.9
北方航空	6.3
中国国际航空	5.4
厦门航空	5.3
四川航空	5.1
其余 8 家	26.2

③铁路：

虽然铁路是运送煤炭、矿产、谷物的主要方式，但是由于经常性的延误，可用的路线很少，而且缺乏为客户服务的态度，所以也不适合制成品的运输；另外一个限制是，很少有延伸到工厂或港口的铁路专线。因为货车必须要用来运送货物到铁路系统，所以很自然干脆用货车送完整个旅程（如表10-4所示）。

表10-4 铁路运输不适合制成品

问题	表现
货物损害	每车箱损坏率是卡车的2～3倍，损坏发生在装卸货时
延误不确定性	不紧张的路线，一周到达，拥挤的路线，四周到达
信息缺乏	很少有发货追踪，到货了也不通知发货人
很差的铁路基础设备	大部分地区有铁路，有些地区没有
很长的预订仓时间	拼车货物需要两周左右的预订时间
仓位可得性差	最少10吨，满车货物要看大宗干散货的长期合约

④卡车：

a．由于某些结构性的因素影响，卡车运输在中国还是一种原始产业。因为在计划经济体系下“购买”运输的概念是没有的，所以传统上制造商自己来完成陆地上的运输服务。卡车运输服务有时是以一种私下租借的方式进行的。

b．不过最大的限制是地方保护主义。它阻碍了现代化卡车运输网络的发展和车队之间的有效合作。

c．另外一个问题就是收费路段所造成的高额成本：过路费高达卡车运输成本的20%。

虽然有这些问题，但是由于这种运输模式的灵活性，现在和将来卡车运输都会是运输制成品来供应国内市场的方法之一。

⑤仓储：

仓储服务在中国仅仅满足了客户的基本需求。总体上基础建设还是比较差，许多仓库都设计得不好，而且货物处理都是靠人力完成的；各类管理信息系统的不完善，制造商和分销商经常要面对种种问题：真实的存货与记录的存货不符，货物的丢失率很高，没有实时的存货信息或没有订单跟踪信息系统。这些仓储上的种种不足，迫使制造商，特别是国外的制造商，不得不建设自有的仓库设施。

（2）客户的五大忧虑

丢失，损坏或被盗。铁路运输和卡车运输都涉及大量的人工搬运。在这个过程中，货物可能被放错地方、损坏或被偷。集装箱卡车可以解决这个问题，但在中国大约60%的卡车是开放式的。

运送和提货时间不可靠。

运输过程不透明。在中国，如果货物没有抵达目的地，没人知道它们究竟身处何处。

营销／销售缺乏控制。制造商严重依赖于分销商，因此难以掌握确切的销售时间。虽然制造商试图约束跨区销售（冲货）和维护品牌的定位，但是分销商在激烈竞争中，可能会将货物卖到其他地方，或是以毁灭性的低价出售。

物流成本过高。在中国，运输和仓储成本可以占到制成品总成本的 30%～40%；占食品和家畜产品的 60%；占某些化工产品的 70%～80%。平均而言，存货加运货周期超过 30 天。物流的这种问题在某些竞争激烈的行业里更为尖锐，例如：消费电子产品和家电行业。

2．我国企业发展现代物流面临的问题

从宏观方面来看，我国现代物流业发展尚处于起步阶段。国家对于物流业目前还没有形成明确的和系统的产业政策和法律法规体系，管理体制也尚未确定。在物流市场上，主要表现出以下几方面问题。

（1）物流的专业化、网络化和社会化程度不高，物流的功能作用尚未得到充分发挥。由于受传统体制的影响，我国的物流行业还带有一定的行政和部门色彩，很大程度上妨碍了物流业作用的充分发挥。现在，我国物流业内各经营组织所拥有的物流设施、设备利用率却普遍偏低。据统计，物流业仓库的使用率一般才只有 50%左右。很少有物流企业能提供全国性或全球的物流服务网络。而先进国家的大部分物流企业都能为客户提供全球性的物流服务，因而能适应企业跨国经营的要求。

（2）配置在物流产业内部的设备陈旧落后，服务水平低，满足不了经济社会发展需要。现在，我国一些物流企业所拥有的基础设施和设备，仍处于 20 世纪 70 年代水平，从总体上看，除了一小部分功能和技术标准达到了世界先进水平以外，其余大部分则相对落后，物流服务功能单一。有一些物流企业虽然有强烈的服务意识，但是市场营销能力很差，因而缺少有效的供给引导作用。

（3）缺乏完善而有效的行业协调机制。长期以来，我国物流业的协调机制一直是处于分散状态的。近年来，虽然在我国流通领域内成立了一些物流协会或类似的行业组织，但效果欠佳。由于行业管理既分散又薄弱，因此，在很大程度上影响了中国物流业的快速、健康发展。

（4）物流服务信息化程度很低，很多物流企业仍采用最原始的信息传递和控制方法。这降低了物流服务水平，很难与国际惯例接轨。另外，也大大影响了我国物流业的整体形象。

（5）市场集中度低。大部分物流企业规模较小，尚未形成规模经济。物流管理不够科学，再加上技术落后，因此普遍缺乏竞争力。特别是在中国加入 WTO 后，可能会使物流业受到强烈的冲击。

10.3　传统道路运输业、仓储业的选择——向第三方物流转换

10.3.1　转换的意义

能提升传统道路运输业、储运业的竞争力及整个行业的发展能力。目前，传统道路运输业、储运业的突出问题在于行业整体竞争力不强，散、小、弱特征比较突出，其主要表现为：

缺少产业组织，大多数储运从业者是个体户和小型私营企业，行业集中度不高。缺乏具有集中能力的大型龙头企业和领先企业。

行业现代化程度较低。特别是道路运输行业的管理水平、经营水平、技术水平普遍不高。

缺乏支持行业发展的有效资源和能力。如，人力资源，现代服务业发展的核心资源是高素质的人力资源，而道路运输业、储运业的人力资源水平是比较低层次的：

在科技创新方面，比较重视车辆、装载等运输和设施技术的研发和现代化，而对运输的管理技术、组织技术、服务流程管理方面的创新能力及技术没有给予足够的重视。

道路运输业、储运业整体竞争能力不高和发展能力的不足，是当前制约行业发展的重要"瓶颈"，这不仅难以满足国民经济发展对道路运输服务和物流服务不断提高的要求，而且也难以应对日益开放、全球经济加速发展背景下日益激烈的国内外竞争挑战。道路运输行业不具备太强的竞争能力，而使得行业的发展受到了很大的制约。

因此，当前以及今后一段时间道路运输业、储运业要加快发展，需要转变传统的以提升运力、增加投入为主线的发展思路，寻求提高行业整体竞争能力和发展能力、提高现代化水平的发展方式，以实现道路运输行业、储运业的加快发展和向现代服务业的转型。由传统服务向现代物流服务转型和升级，是道路运输业、储运业加快转型的一个行之有效的途径。通过引入现代物流的服务理念、运行方式、管理方式和企业组织形式，推动传统储运业的服务创新、管理创新和组织创新，创造新的运输和物流服务品牌和有竞争能力的现代化企业，以带动储运业整体竞争能力的提升和加快发展。

10.3.2 向第三方物流转换的优势

第三方物流与传统储运是同一个行业，传统储运向现代物流转化，还是在搞本行，可以充分发挥行业特长，在发展现代物流中逐步克服各种困难和障碍，这比将投资分散到另一个全新的行业更具有优势。

1．业务功能上有继承性

业务功能上有继承性，可以自身业务为基点，纵向和横向拓展，是一种相关多元的较安全的发展模式。

发达国家20世纪60年代以来出现的现代物流企业的前身就是批发企业或储运企业，如日本菱食、大田花卉等的前身均是储运和批发，现在物流已是这些公司的业务主体。我国台湾从20世纪90年代开始，传统批发、储运也向现代物流转化，出现了一些比较成功的公司，如捷盟行销、新竹货运、德记、东源储运等。

现代物流的主体功能是仓储、运输、装卸搬运、包装、配送等，传统储运是以仓储与运输为主要业务的行业，这种业务功能上的继承性使得这种转化比进入一个陌生行业具有更低的"门槛"。因此，在业务功能上不需要另起炉灶。

2．传统储运具有向第三方物流转化的物资条件

有装备条件可资利用，运输仓储企业有着强大的运力以及堆场、仓库等基础设施，而且往往具有连点成片的网络优势。近50年来我国储运业积累下来的设施与设备基本上可为发展我第三方物流所采用。因此，在设施设备上不需要大量投资。

3．传统储运具有适合我国国情的具体管理经验

这些经验在现代物流中仍可发挥作用，比如：我国20世纪五六十年代在推行"按经济区域组织商品流通"时所采用的大宗商品的批发、调运组织方式及合理运输的一些具体作法，仍可为现代物流所借鉴。因此，在管理上不需要从头学起。

4．有客户和品牌等资源积累，是一笔巨大的无形资产。

10.3.3 机会分布的领域

（1）创建有效的国内运输网络，或至少在重要区域内建立全国性的网络。譬如，能够打破地区保护并建立起独立灵活的“拼车”（less－than－truck－load，LTL）或“满车”（full－truck－load，FTL）服务的公司一定生意兴隆。相对目前从业者恶劣的服务水平，他们可以提高服务，从而获得略高的价格。类似的，一个面向大批零售商，覆盖全国主要城市，并提供真正联网、高效、而且透明的“最后一公里配送”的公司，将很少有竞争对手。不计其数的分销商和制造商会对这种服务趋之若鹜。

（2）为中国主要的制造商、分销商和零售商们提供真正的供应链优化服务。当然，不是所有的公司都准备外包供应链管理。但我们有理由预言，面临日益巨大的竞争压力，越来越多的公司会尝试聘请装备精良的服务商提供物流服务，降低成本。现在，即使是最好的制造商也没有优化的供应链。高价值的产业，如电脑和配件、消费电子类产品和家电，完全可以通过优化供应链获取更多的利润。不过，做到这点需要一个对供应链的整体认识，而且需要精准控制信息流和高质运输服务的支持。掌控运输资产的本地服务商显然还没有能力帮助客户优化供应链。这为那些能够创新和爱冒险的公司提供了一个独特的机会。他们可以通过与当地或外资的公司建立联盟，从而在中国（或是中国以外）建立一个世界级的公司。

（3）为那些更为专业的服务商找到细分的利基市场来提供技术解决方案。例如，货物跟踪系统的硬件和软件、专业的网络优化软件、相关分销的财务服务等。中国市场的规模可以提供一个广阔的空间，让更为专业的公司在不久的将来成为一个大公司。

10.3.4 进入市场的路径

（1）本地化思维 / 多地区思维

目前，还难以建立一个全国性的网络，这是由于经济活动集中在小范围地区：各地的进入障碍差异很大，且各不相同。就算是全国性运作的公司也应该考虑地区优先排序，然后再扩展到其余部分。考虑到中国的市场规模，在一部分地区取得成功可能带来可观的回报，相当于在其他亚洲国家取得全国范围性的成功。

（2）专注于发展信息流和物流解决方案，而非资产的所有权

许多核心资产掌握在国内公司手中，但是以国际标准来衡量，这些资产并不是很好。这些资产需要更好的配置使用才能取得更高的协作、应用和其他运营上的协同效益。如何使用它们来为客户创造价值的各种解决方案需要仔细琢磨。聪明的企业会应用他们的知识，用创建各类解决方案来利用各类资产，而不是仅仅全部买下它们。

（3）积极追求联盟

联盟能有效地控制潜在的竞争，建设运输网络和建立各种各样的关系。领先进入的企业应该锁定一些有希望的协作项目。一个拥有资产实力但寻求全球化投资和管理的本土公司，可能是拥有强大全球网络、充足资金的外资公司的“绝配”。

更为重要的是，在发展运输网络这个问题上是有“先发优势”的。在发展运输网络的时候，主动地去掌控竞争、化敌为友，是非常必要的。相似的，由于供应链解决方案的市场还比较小，而且集中在较少的产业中，所以主动地掌控竞争就成为决定盈利与否的关键因素。

（4）像关注战略或运营一样关注组织的建设

从长期来看，物流服务的成功与否将取决于解决方案的质量、人的技术和决心。员工们的内在驱动力，创新和投入会使服务质量和解决方案的效果截然不同。在中国，这些因素更是双倍的重要，因为任何一个成功的公司都需要强力团队的支持，特别是那些知道如何在各类限制性因素下工作的团队，在中国尤其是。还有，就像大多数成功的物流企业依靠联盟一样，设立合理的薪酬激励、业务结构和管理流程是取得服务质量的前提条件。

（5）发展逆向物流。

10.4 传统道路运输企业、储运业如何发展第三方物流

10.4.1 传统储运企业向第三方物流业务转型对策分析

1．战略重点

（1）发展方向：由单一的仓储或运输企业发展为在仓储和运输功能基础上的多种物流服务提供商。

现在，普遍存在的问题是仓储运输公司存在的“储而不运”或者“运而不储”，服务功能单一。因此，无论是仓储还是运输企业都必须增加服务功能，提供延伸服务，由“点”向“链”扩展，仓储和运输是物流服务的两个主要环节，对于仓储企业“走出去”，由仓储到运输，开展运输服务；对于运输公司“请进来”，由运输到仓储，开展仓储服务。

由于物流是一个很宽泛的行业，包括：仓储、运输、配送、包装、代加工、货代、报关、信息服务等，因此仓储运输企业在立足仓储和运输功能的基础上，根据自身的资源状况或者战略规划所确定的目标和任务进行市场定位，确定目标市场和开发的重点领域。

（2）培育核心竞争能力。物流企业最主要的核心竞争能力有三种：①物流运作能力。具体表现为：订单完成率高、运作成本低、运作时效性好、适应新业务快、意外处理能力强、服务柔性化强等。②物流管理能力。物流管理能力分为内部管理能力和外部管理能力，其中内部管理能力表现为订单管理、库存管理、运输优化；外部管理能力包括：信息服务、客户关系管理、公共关系管理、品牌提升。③物流体系创新的能力。主要表现为物流创新服务研究与策划、物流体系综合规划等。

培育核心竞争力的关键有两点。一是转变管理思路，把管理重点从旨在提高企业运行效率的内部管理转变到外部的对客户、资源、信息的旨在满足顾客需要的营销管理；二是树立社会的、开放的观念，扩大联手和合作，在战略联盟、信息共享的基础上，实现各企业间的优势互补和集成化合作。

（3）竞争战略：集中化战略。企业的竞争战略包括三种类型：成本领先战略，差异战略以及集中战略。成本领先战略追求的是标准化的、规模化的服务，这需要以雄厚的基础为保证；差异战略追求的是创新的、差别化的服务；而集中战略则追求小范围的、专业化的服务。在制定物流服务战略时，传统储运企业一般并不存在明显的规模优势，因此不宜采取成本领先战略，同时在创新能力上与现代物流企业尚有不小的差距，因此目前向第三方物流转型的传统储运企业适宜的服务战略指导思想就是集中化战略，从小的做起和从简单的做起，根据专业化的思想逐步改变用户结构和产品结构，确定自己服务的行业和企业类型，选择若

干个企业和若干个产品，提供全面的专业化服务，在打好专业化服务的基础上再进一步拓展。

10.4.2 传统道路运输企业如何发展第三方物流

1．发展成为大型的承运企业

将运输作为核心竞争能力，搞运输的大生产，树立专业运输优势。

（1）依托运输市场，承运业务；

（2）依托固定线路，承运业务；

（3）依托第三方物流企业，承接第三方物流业务外包；

（4）依托固定客户，承运业务。

2．向第三方物流延伸发展

（1）建立业务外包的联盟关系；

（2）完善仓储、转运、配送中心设施；

（3）加强客户管理；

（4）增强接货、送货服务能力；

（5）巩固运输优势；

（6）建立信息网络；

（7）开发客户。

总结：综合以上 11 种途径，从理论与实践的结合上，可以概括为 8 种模式：

1．“三大、三资、三联”式。即与大厂家、大商家、大的物资集散地和“三资”企业联营、联办、联合发展物流。从工厂下线产品的运输、装卸、配货、发送到仓库管理等业务全部由运输企业负责。发展产品物流服务。

2．合同运输式。即用运输合同的形式与客户联系起来，并以此为切入点，通过延伸服务，逐渐扩展合同中的服务内容，发展多环节的物流服务。

3．代购、代销、代办服务的“三代”式。在市场经济条件下，市场物资大流通的格局为运输企业开展代购、代销、代储、代加工配送等一条龙物流服务提供了有利条件。

4．运输两端延伸式。以运输本业为基础，向两端延伸，提供多环节的服务是运输企业开展物流的最基本方式。

5．城市配送物流服务式。专业运输企业有丰富的仓储、运输、配送经验，可利用自己的优势，联系厂家、商家，扩展城市的配送物流服务，如：食品、粮食、家电等。

6．信息服务配载式。现代物流的发展，必须以信息化为支撑，辐射全国的货运信息网络是道路运输行业提供快速、高效、低成本物流服务的保障，这也是道路运输行业的一大优势，是其他行业不可比拟和不可替代的。

7．筑巢引凤式。即建立集储存、停车、配送、修理、住宿、加油等功能于一体的物流中心，吸引配载业户进场经营、承托双方进场交易、配载车辆进场停放、待运货物进场储存，形成以运输业为主体，以配载为依托的物流模式。

8．联运服务式。联运企业经营的性质决定了其发展多功能物流服务具有特殊的优势，以联运货代为依托，延长服务链，发展物流服务。

10.4.3 传统储运企业如何发展第三方物流

可以围绕仓储业务开展：

（1）仓库业务社会化：营业仓库；

（2）仓库业务生产化：流通加工；

（3）向配送延伸。

10.5 传统道路运输业、仓储业向第三方物流转化的方式、途径选择

1．内部自主式转化

内部自主式转化就是在一定的战略目标下通过内部资源的整合运作，克服内部障碍，逐步走上第三方物流服务之路；外部带动式转化指主要依据外部资源、外部力量来克服障碍，逐步完成向第三方物流服务的转化；结构式转化就是针对不同阶段和不同的目标要求选择内部或外部式的方法来克服内部障碍，完成向第三方物流服务的转变。

实施内部自主式转化，首先，要根据第三方物流的基本要求，针对自己的实际，制订相应的战略，在战略的指导下，分阶段地实施；第二，加强内部培训工作，促进现代物流观念的形成，为转变提供坚实的思想基础；第三，加强基础设施的投入，特别是信息系统方面的建设，创造开展增值服务的条件。具体的操作方式有：

（1）逻辑渐进方式。逻辑渐进方式就是按物流战略的主导逻辑推进，在实施的过程中对物流战略某些部分作必要的修正。逻辑渐进方式是传统物流企业实现转化的一个主要方式，也是一个最易着手实施的方式。这种方式的主要优点是能以现有业务为基础，充分地挖掘现有优势，实现优势的有效发挥，有利于业务的延伸。同时，还可促进现有业务的发展和核心能力的形成。实施逻辑渐进方式其重点思路是如何将现有业务节点间（如，仓库、货运站等）的货物位移与两端点上的延伸增值服务（如，订货、取货、分拣、包装、仓储、装卸、咨询及信息服务等）紧密结合为一体，使货物从最初供应者到最终用户间各个物流环节成为完整的物流链管理系统。

（2）技术跳跃式方式。技术跳跃式方式指通过采用先进的物流核心技术，以物流核心技术作先导，在战略组织实施过程中能直接在一个较高的技术水平上进行。传统物流业的转化，也可直接采取技术跳跃式方式，如把资源集中于某一关键技术上，使其达到先进的水平，并以此作为先导，提供优质的增值服务并带动其他增值服务的进行，或以此为主要连接纽带，建立战略联盟，提供系统的物流服务，促进转化。这种方式有利于传统物流企业迅速摆脱内部困扰，为自己提供一个较高技术水平的平台，利用这个平台提升市场地位，从而促进转化。像宝供就是利用信息系统所形成的技术优势，实现从一个提供传统转运服务的传统物流企业向第三方物流企业的转化。

（3）分步迂回推进方式。在战略目标下，根据自己的实际和环境的要求，由易到难地进行，并且以战略目标为主，不纠缠眼前的得失，为了战略目标的实现，甚至可以牺牲部分眼前利益，在具体方法上是迂回的而不是直接的。采取分步迂回推进方式，传统物流企业可以暂时绕开自己无法直接进行的业务或暂时无法克服的内部障碍，而将业务逐步推展开。通

过业务的开展不断地克服内部障碍，从而达到目标，实现转化。

（4）全面综合式推进方式。按既定战略内容和目标全面展开，同时迅速实现转化。对于业务来源有保证，又具有良好基础和实力的大企业，可采取全面综合式推进方式，以迅速占领市场，取得优势和竞争力。

2．外部带动转化方式

采取外部带动的转化方式，关键是如何选中外部目标企业和与选中的外部目标企业结盟。其实这种外部带动转化方式，也是一种战略联盟，即一种“伴随巨人同行”的方式。传统物流企业可以利用现有从事某环节物流功能性服务的条件，积极主动地创造条件去寻找具有经验与实力的第三方物流企业，通过联盟，甚至是不平等的联盟，在对方的战略框架或物流业务统一管理领导下开展第三方物流服务，放弃目前的主动权，充当对方的从属协作单位或一个战略环节。通过这种一次次不平等的结盟，完成自己的经验、业务积累和清除内部障碍，实现向第三方物流企业的转化。或者选择具有强大业务来源保证和需要更好服务的企业，通过不断满足其要求、不断超越自己、不断克服内部障碍，从而实现转化。

3．结合式转化方式

根据转化战略的不同阶段、自己不同的业务环节、不同的内部障碍及不同的目标，分别采取内部自主转化方式和外部带动转化方式实现自己的转化。结合式转化方式具有较高的灵活性，能根据不同的外部环境及可能的机会，更迅速、有效地完成转化。

传统道路运输仓储企业是我国物流活动的基础，也是第三方物流发展的基础。虽然传统企业向第三方物流转化的方式不尽相同，但物流企业只要针对自身的情况，选择适合本企业的方式，传统物流企业向第三方物流的转化一定能够实现。

参考文献

[1] 王淑云. 物流外包的理论与应用. 北京：人民交通出版社，2004

[2] 刘胜春，李严锋. 第三方物流. 大连：东北财经大学出版社，2006

[2] 陈雅萍，朱国俊，刘娜. 第三方物流. 北京：清华大学出版社，2008

[3] 魏际刚，谬立新，施祖麟. 基于业务外包的第三方物流研究. 数量经济技术经济研究，2002，(9)

[4] 李海燕. 物流外包的理论新视角. 商场现代化，2007

[5] 刘萍萍，裴葆春. 企业物流外包风险的理论基础解析. 商业经济研究，2009，(8)

[6] 孟祥茹. 基于战略理论的物流外包分析. 交通企业管理，2006，(1)

[7] 孟祥茹. 基于社会交换理论的物流外包研究. 交通企业管理，2005，(11)

[8] 连业伟，左为民. 基于委托代理理论的物流外包. 产业与科技论坛，2008，(7)

[9] 杨丹辉，贾伟. 外包的动因、条件及其影响：研究综述. 中经评论

[10] 董雷. 国外物流外包发展与启示. 中外物流，2008

[11] 华春革. 我国企业物流外包的现状分析. 商场现代化，2008

[12] 吴鹏华. 国内物流外包分析及对策研究. 厦门理工学院学报，2007，(3)

[13] 赵佳妮. 对第三方物流服务供应商选择问题的研究. 物流科技，2006，(125)

[14] 孙志刚. 企业物流外包及其模式探讨. 铁路采购与物流，2008，(12)

[15] 吴继承. 企业物流外包的模式选择与实施. 中国储运，2008，(4)

[16] 郝聚民. 第三方物流. 成都：四川人民出版社，2002

[17] 杜文，任民. 第三方物流. 北京：机械工业出版社，2004

[18] 邹辉霞. 供应链物流管理. 北京：清华大学，2004

[19] 林慧丹. 第三方物流. 上海：上海财经出版社，2005

[20] 张卫星. 物流学. 北京：北京工业大学出版社，2002

[21] 骆温平，谷中华. 第三方物流教程. 上海：复旦大学出版社，2006

[22] 刘胜春，李严峰. 第三方物流. 大连：东北财经大学出版社，2004

[23] 霍红. 第三方物流企业经营与管理. 北京：中国物资出版社，2003

[24] 李松庆. 第三方物流论. 北京：中国物资出版社，2005

[25] “中国物流学会网”中《第三方物流的风险分析与规避》

[26] 彭剑锋. 人力资源管理概论. 复旦大学出版社，2005

[27] 赵先，周登极，王俊鹏. 物流系统评价方法综述. 系统工程（增刊），2004

[28] 安迪·尼利，克里斯·亚当斯，迈克·肯尼尔利著. 超越平衡计分卡. 李剑锋译. 北京：电子工业出版社，2004

[29] 孙宏岭，戚世钧. 现代物流活动绩效分析. 北京：中国物资出版社，2001

[30] 姜英兵. 绩效三棱柱模型：启示与借鉴. 财经问题研究，2002(7)
[31] 孟建良. 中国企业绩效评价. 北京：中国财政经济出版社，2002
[32] 王莲芬，许树柏.层次分析法引论. 北京：中国人民大学出版社，1990
[33] 许树柏. 层次分析法原理. 天津：天津大学出版社，1988
[34] 林俊杰. 平衡记分卡导向战略管理. 北京：华夏出版社，2003
[35] 肖位枢. 模糊数学基础及应用. 北京：航空工业出版社，1992
[36] 康国兵. 物流企业绩效评价研究. 西南财经大学硕士论文，2007
[37] 王瑞亮. 第三方物流企业绩效评价指标体系构建与实证分析. 大连海事大学硕士论文，2006
[38] 杨晓雁. 供应链管理.上海：复旦大学出版社，2005
[39] 鲁晓春. 物流管理案例与实训. 北京：清华大学出版社，北京交通大学出版社，2004
[40] 易华. 物流成本管理. 北京：清华大学出版社，北京交通大学出版社，2004
[41] 丁力. 第三方物流企业运作管理. 长沙：湖南科学技术出版社，2003
[42] 陈水坤. 第三方物流的组织与管理. 苏州：苏州大学出版社，2004
[43] 骆温平. 第三方物流与供应链管理互动研究.北京：中国发展出版社，2007
[44] 房仲民. 物流系统规划与设计. 北京：机械工业出版社，2007
[45] 兰洪杰. 物流战略管理. 北京：清华大学出版社，2006
[46] 迈克尔·波特. 竞争战略. 北京：华夏出版社，2007
[47] Ronald H.Ballou.企业物流管理——供应链的规划组织和控制. 北京：机械工业出版社，2006